河北省社会科学基金项目资助

（项目编号：HB19ZW014）

李广研究

王福栋 彭宏业◎著

人民出版社

序

福栋《李广研究》书稿要付梓，嘱我写序。其时我正走在"向阳"路上，浑身无力，精力无法集中，加上周边皆是阳了、阳过、阳康、复阳，少阳老阳阴阳转换之声，此时此刻，此情此景，虽李广之勇亦不能救治颓颓沮丧失望愤懑无助于一二，所以拖了些时日。但学生的事总是个事，还是要说几句聊充书序。

福栋撰写博士学位论文以战争文学作为研究对象。研究李广应该是他博士论文的副产品，或者是延伸研究。战争从来就是以士兵作为主体的，离开士兵的血肉之躯，什么样的将帅领袖，都是摆设。士兵冲锋在前，牺牲在前，用尸骨堆起皇帝的宫阙，用鲜血染红王冠的红绿，"凭君莫话封侯事，一将功成万骨枯"，但翻遍中国的史籍，没有留下一个士兵的姓名，连篇累牍记载的都是帝王将相的发迹史。所以研究中国的战争文学，不能不把将帅翻转为研究的主体，福栋研究战争文学，再研究李广，既限于史料，也基于传统的史识。

本书围绕李广形象如何生成、如何传播两个问题展开研究。在福栋的书中，将李广设置为三重形象：历史上的李广形象，史书中的李广形象和文学、文化中的李广形象。这三重形象的设置，符合历史人物的存在事实和传播逻辑。

本书第一章将李广作为一个历史人物进行研究，《李广年表》是本章的核心内容。福栋通过细致的梳理和辨析，试图还原一个真实存在的李广。然而历史人物的存在形式，也颇不相同。有的既有正史、杂史、笔记的记载，也有个人流传下来的诗文等著述，这样的历史人物，可以通过诗史互证的研究方法，勾画出更为丰满的人物形象。譬如李白就是这样的历史人物，他的历史存在，其一依赖于两唐书正史的传记、碑铭墓志和文集的序跋，其二依赖笔记与民间传说，其三就是依赖李白的别集。有的则只有正史的记载，其他文献皆阙如。李广就是这样的历史人物存在，除了《史记》和《汉书》，再无其他文献记载。福栋试图在《史记》《汉书》基础上，还原一个与《史记》《汉书》不一样的所谓历史上真实存在的李广。我以为他此番努力的价值在于：其一，把李广的事迹，通过编年形式，更加具体化；其二，通过对李广射石故事的生成与演化的考察，进一步证明，李广的形象，是史学家塑造出来的。

第二章探讨《史记》中李广形象的生成，这是本书的一个关键。司马迁为何要将李广塑造为名将，以及如何将李广塑造为名将，是本章重点讨论的问题。此书通过李广与《史记》中项羽等其他人物的对比，论述司马迁是如何塑造了李广的人物形象的。进而分析司马迁为何要塑造李广这个人物，福栋发掘出如下原因：李陵之祸深深触动司马迁，他以如椽巨笔塑造李广形象，目的是自证坚韧精神与人生价值。司马迁喜欢李广身上的"奇"，理解李广身上的"悲"，挖掘李广的"立德"之名，欣赏李广舍身护名的举动，于是《李将军列传》便产生了。但同时，司马迁也完成了对于李广的超越。与其说司马迁的《李将军列传》是在书写李广，倒不如说他是在书写自己，司马迁的人生价值观由此可以一窥无遗。福栋的研究说明了我的一个观点：对于书写的历史而言，以"可信"作为标准，似乎可商。与其说"信史"，毋宁说"良史"更为确切。所谓"良史"，就是书写的历史事件与人物，是做出了有良知判断的历史。

本书后面六章重点探讨李广形象传播史，广及各种文献。汉唐之间李广的传播，不但有诗歌，还涉及诸子之作。唐代李广形象的传播研究，除重点关注诗文外，还扩至小说、文学理论、《文选》注、类书等更广泛的领域，甚至扩展至武庙祭礼。本书把宋代作为李广形象传播的转折期，揭示出两点新变，其中之一是赋予李广以爱国主义内涵。这也说明，历史人物是因历史的不同时期而被赋予新的形象内涵的。明代也是如此，李广的爱国形象在戚继光抗倭相关诗篇中熠熠生辉。清代的李广传播，突出表现在一批台湾诗作涌入诗坛。还有一些明末清初遗民以及以丘逢甲为代表的爱国诗人的作品引李广入诗，很好地反映了当时的国际、国内情况。

我读书稿，认为本书主要有如下创获：本书以李广为例，从文学接受学角度具体分析一个历史人物如何一步步从真实走入史书，再由史书进入文学，形成经典形象，最后又走入文化领域，这是文学接受理论指导下的一次具体的实践。此书还是从宏观的文化角度审视文学现象的一次尝试。受唐诗中的李广形象研究的启发，本书对于李广形象的研究一直向外、向深拓展，走向文学理论探讨、书画理论探讨、战争问题探讨、历史问题探讨、性格命运探讨、祭祀现象探讨等。李广形象传播史的冰山逐渐显现全貌，这是单纯的文学研究所难以实现的。最后是关于李广形象的生成与传播背后推动力量的寻找。纵观整个李广形象的生成史与传播史，可发现所有发生在李广形象上的文学、文化现象，都与不同时期的社会现实相关。社会现实所发生的问题与李广形象的契合，推动了李广形象内涵的拓展与传播。由此亦可知，所有的历史现象都是现实的折射，所有的历史人物都有可能活在当下。

詹福瑞

2023 年 1 月 2 日

目　录

绪论 李广研究的缘起、现状与意义

一、李广研究的缘起

对于李广的研究兴趣萌发于大学期间的文学史学习，我惊诧于李广的传奇人生，他与匈奴射雕手的较量、他临阵不乱的威武、他爱兵如子的带兵方法，以及他在匈奴"汉之飞将军"的威名等，他的一切都是那么令人着迷。此后几年间，我对李广的兴趣从未间断，但认真的思考却是断断续续。而且我一直在思考，历史上真实的李广到底是什么样子的，他是不是真的将箭射进了石头？司马迁把李广写进《史记》的目的和原因到底是怎样的？2009 年我撰写博士学位论文的时候，李广不经意间又闯入了我的视界。从此，我对李广的兴趣就更浓了，我想是不是可以专门进行李广研究？在我认识到学术界的李广研究主要集中在"李广难封"的原因探讨和唐代边塞诗中的李广形象研究之后，我想我可能发现了《史记》研究领域中一块极小的空白。这个想法在我工作之后的第 5 年实现了，2015 年我发表了我的第一篇有关李广的研究论文《李广射石故事的生成与演化》。此后，我不断发表有关李广的论文。当然，我对这些论文是有一个总体设想的，那就是我想搞清楚李广到底是如何从一个实在的历史人物变成史书中的历史人物形象，又如何由历史人物形象变成文学人物形象的，这是创作和再创作的问题，所以后来我发表的论文基本都是按照这个逻辑来设计的，因此就有了李广研究。随着研究的不断深入，我也越来越认可西方文学接受理论的观点，体会也越来越深：文学接受的实质确实是再创作。那再创作的动因是什么呢？文学接受理论并没有言明。结合李广的研究实际，我认为文学再创作的动因是需要。马斯洛的需要层次理论很科学，他认为人的需要分为五个层次，而最高级之需要就是人生价值的实现。我以为司马迁把李广这样一个原本平凡的失败将领塑造为名将是人生价值实现的需要，而后世改造李将军形象的诸多文人墨客，同样是基于自己各种各样的需要，而这些需要与人生价值都多多少少有关联。因为需要，他们让李广按照自己的需要变换成想要的模样，给李广和他身边的人重新设计台词。李广在后代的各种作品中已经变得面目全非，有时只有名字没变，其他的都不一样了。于是，文本的对比阅读就是必须做的事情了，而对比的过程和解释的努力就成了最有意思的工作。我一次次看到不一样的李广，又一次次投入对比和分析的工作当中，然后努力探寻李广变形的过程和原因，于是就有了本书。

二、李广研究的现状①

李广是我国家喻户晓的一个著名的汉代将领，"冯唐易老，李广难封②已经成为形容仁人志士不得志的固定说法。古今关于李广的研究也有很多，本书现对近年来关于李广的研究状况做一扼要阐述。

学术界关于李广的研究多从史学和文学两个角度出发。关于李广的史学研究最常见的就是考证类的文章，以及探讨古代诗文中的李广形象，后者数量远大于前者。关于李广的文学研究相对于史学研究要繁荣很多，既有专门分析《史记》中李广形象的文章，也有阐述李广形象接受史的文章；既有分析《史记·李将军列传》艺术特色的文章，也有对李广和其他人物形象进行对比的文章。总之，关于李广的研究，角度不同，风格各异，现将其分类归

---

① 参见王福栋《李广研究述略》，《唐山师范学院学报》2015年第6期，内容有改动。
② 语出（唐）王勃《秋日登洪府滕王阁饯别序》。

纳如下:

(一) 关于李广生平的考证类研究

历史上的李广是真实存在的,但史书上记载的李广和文学作品中呈现的李广却变动不居。关于李广的考证文章不多,可分为两类:一类是关于李广生平的某些考证,一类是关于历史上真实的李广的探讨。前者如赵满海的《李广两任上郡太守考论———兼论〈史记〉、〈汉书〉互校》,可算是其中比较优秀且具有代表性的文章。"司马迁与班固都认为李广在汉武帝时曾担任未央卫尉,但前者认为李广是由上郡太守转任此职,后者认为李广在出任该职之前担任陇西太守,为此他将《史记·李将军列传》中'徙上郡'三字略去。后世学者大多吸收了班固的看法而放弃了司马迁的观点。"这篇文章的作者通过考察"徙上郡"的意义和讨论汉代一个人是否能够不连续地担任同一官职,并结合其他学者的观点,最后得出的结论是支持司马迁原来的说法,认为李广可能先后两次出任上郡太守,一次是在平定七国之乱后不久,另一次是在景帝中元六年前后,并在第二次任上郡太守时转为未央卫尉。这篇文章对我们了解李广生平是有益处的。①

关于李广之死真实原因的考察,多数学者认可司马迁的说法,如聂石樵就认为以卫青为代表的统治阶级是造成李广之死的罪魁祸首,是卫青对李广的排挤和打击造成了李广的自杀②。张小锋的《漠北大捷与李广之死》则与此相反,他非常认可汉武帝对李广在最后一战中的安排,而且结合杨生民先生的意见,认为卫青也是无辜的,把李广之死的主要原因归于李广个人的素质和性格,进而分析了多数学者同情李广的原因在于司马迁抱着一颗同情之心描写李广,因而描写方法也就带有倾向性。

---

① 赵满海:《李广两任上郡太守考论——兼论〈史记〉、〈汉书〉互校》,《中国典籍与文化》2007 年第 4 期。

② 聂石樵:《司马迁论稿》,中华书局 2010 年版,第 230 页。

（二）关于李广悲剧的分析研究

"李广难封"是对李广悲剧命运最简洁的概括，正如丛月明先生所言，"李广难封"已经成为了一个文学命题①，甚至已经突破了李广单个人的命运悲剧，成为了一种社会普遍的现象，值得人去思考。所以关于李广到底为何"难封"的原因就有诸多的推测，如李丽的《20世纪80年代以来"李广难封"问题研究》②以及巩宝平《李广难封之因诠释》③基本捋清了现当代学者对"李广难封"问题的各种代表性看法，这些看法大致可以归为以下三方面：一些学者认为"李广难封"的内因是其自身性格和能力上的缺陷造成的，一部分学者认为是西汉的制度及统治者对李广的态度等外部因素造成了"李广难封"，还有部分学者认为是外部原因加上李广自身的缺陷造成了李广最终"难封"的结果。

一般文章总结李广的悲剧性格时，多言其心胸狭窄，多勇力而少智谋，自负而无自知之明。还有一些文章依据《史记·李将军列传》提出了新的观点，如郭庆林的《试析"飞将军"李广的弱点》认为李广少文才而不善与人沟通，依据是李广带兵时多依靠行为感动士兵而不是法律条文（这点与程不识相比，尤其明显）④；王群的《一曲悲歌唱尽，无限惋惜在心——李将军悲剧的性格因素》⑤认为李广缺乏政治斗争经验，其主要依据是李广接受了梁王的将军印，而没有考虑当时的政治形势；吴汉林的《李广的遗憾》⑥认为李广缺少反省，与项羽一样，把自己的失败归咎于命运而不从自身寻找原因；古春梅在《正视性格缺陷　完善人格培养——〈史记·李将军列传〉中李广悲

---

① 丛月明：《李广难封——一个文学命题的产生》，《文艺评论》2012年第6期。
② 见《北华大学学报》2007年第4期。
③ 见《长安大学学报》2010年第2期。
④ 见《南阳师范学院学报》（社会科学版）2012年第8期。
⑤ 见《文学界》（理论版）2011年第3期。
⑥ 见《南方论刊》1994年第9期。

剧命运的启示》① 一文中论述李广心胸狭窄的时候认为李广性格中还有残忍的
一面，因为李广不仅杀死了尽忠职守的霸陵尉，还诱杀了 800 羌族降卒。以上
文章比较全面地总结了李广性格的缺陷，便于我们理解他悲剧命运的原因。
就"李广难封"原因的探讨，除李氏个人性格因素外，杨宁宁的《从汉匈战
争中认识真实的李广》② 比较有新意，她用表格的方式对比了卫青、李广、霍
去病同时参加的战争的结果，非常直观地看到李广并不是一个战绩很突出的
将军，反而是卫青、霍去病在战争中的表现更好，因此得出李广军功甚少是
他"难封"的直接原因的结论。张清改的《从儒墨文化冲突的角度看李广、
岳飞的人生悲剧》③ 一文，从思想角度对"李广难封"做出了新的解释，认
为李广和岳飞一样都秉承着墨家平等、节俭、勇于承担责任、侠客思想等精
神，而这些恰恰与社会上层所崇尚的儒家统治思想格格不入，这是导致李广
和岳飞悲剧命运的深刻的思想原因。王传武把西方理论引入对李广悲剧命运
的研究，他的《李广的悲剧与"意外后果"》认为，主观客观的分析似乎都
没能解释"李广难封"的原因，通过对李广一生军事活动的考察，认为"李
广难封"是一种"意外后果"，意即与李广悲剧有关的人物"任何一方对自己
的行动有所改变，李广的悲剧都将不至于发生，这就是意外后果，尽管这种
后果的责任不能归之于与之有联系的任何一方，但却又与之有着密切的联
系。"④ 作者认为李广之死是在所有与之有关的人的"意图之外"，而不是
"意料之外"。作者尝试"通过分析这种偏离（李广的悲剧）去关注个人命运
与时代其他个体行为之间的错综复杂的关系，在追寻这一关系的过程中，我
们可以把事情与事情之间真实的联系清晰地呈现出来。"应该说王传武的这种
分析方式是具有一定启发性的。

---

① 见《语文学刊》2009 年第 6 期。
② 见《中央民族大学学报》2005 年第 5 期。
③ 见《山东省农业管理干部学院学报》2009 年第 2 期。
④ 见《陕西师大学报》（社科版）2006 年第 2 期。

针对"李广难封"问题的深入研究还促进了对于李广性格及家族悲剧命运的研究。史庭宇的《万古悲风——解读李广家族悲剧之谜》①在分析李广个人悲剧命运的基础上进一步分析了李广家族的悲剧原因，指出当时的社会形势是李广家族悲剧形成的重要原因。其表现主要有以下四端：当时诸侯势弱而专制渐强，李广家族都有国士风度，他们并不适应当时的社会状况，这是其一；当时裙带盛行，重用外戚蔚然成风，这是其二；军功制度不合理。这是其三；当时的大臣和将领普遍嫉贤妒能、争宠倾轧、贪功诿过，这是其四。这些在更深层次上挖掘了"李广难封"悲剧命运的外在原因。

(三) 有关《李将军列传》的创作研究

鲁迅称《史记》为"史家之绝唱，无韵之离骚"②，这是对《史记》至高的评价。司马迁没有把自己定位在一个普通的史官身份上，所以他的《史记》也就突破了单纯写人记事的限制，而走向文学创作，尤其在写人上面甚至做到了令后世文人都望尘莫及的地步，所以探讨《史记》塑造人物形象的方法就显得非常重要。《史记·李将军列传》是《史记》中的名篇，因而针对《史记·李将军列传》创作方法的研究不乏其人。较早的有黄永堂的《论〈李将军列传〉》③，作者认为司马迁通过四次战争就基本概括出了李广性格的所有重要方面，李广传记最后的"太史公曰"对李广的赞颂同样对李广形象的树立起到了重要作用；传记中采用的寓论断于叙事的方法也很重要；文章还点出李广列传的全篇眼目是"善射"和"数奇"，全文正是围绕这两个词而展开的；映衬和对比也是司马迁着重运用的描写方法；而《李将军列传》朴素、自然的语言也对李广形象的塑造起到了重要作用。关于《李将军列传》创作特色分析的文章还有韩兆琦的《〈李将军列传〉赏析》一文，此文在归纳司马

---

① 见《乐山师范学院学报》2006 年第 8 期。
② 语见鲁迅《汉文学史纲要》，人民文学出版社 1956 年版，第 435 页。
③ 见《贵州文史丛刊》1985 年第 4 期。

迁塑造李广形象使用的方法时提出了三点内容：一是选取最典型的材料、最生动的场面来多角度、多层次地表现人物；二是在行文中把叙述、议论、抒情、描写等结合在一起；三是笔法曲折含蓄，于恍惚迷离中表现作者对汉代统治者摧残人才、迫害李广的无比愤怒。所论缺乏新意。

　　顾庆文的《〈史记·李将军列传〉的选材特色》① 后出，此文专门对《李将军列传》的选材进行了分析。认为司马迁在叙事过程中非常注重细节的刻画和琐事的选择，这种独特的选材角度使得《史记》中李广的形象全面而生动。陈潇的《〈史记·李将军列传〉研究》② 是最近几年专门针对《李将军列传》进行研究的一篇学位论文，其中一些论述不乏新意。这篇论文第二章的第二节对李广传记的创作手法进行了分析，主要包括：一是出场定型法，即文章开篇便告诉读者李广善射、勇猛；二是在三次重要战争中表现李广的英勇善战；三是对于细节描写的重视以及描写中对于人物形象对比的恰当运用；四是"不虚美不隐恶"的实录精神等。此文对于《史记·李将军列传》塑造人物形象方法的概括比较全面，可惜的是未进行更深入的探究。深入分析司马迁描写李广的文章当属吴小如的《读〈史记·李将军列传〉》③。这篇论文认为阅读传记文需要作"理头绪"的工作，即需要回答三个问题：一是为什么要给这个人物立传？二是这篇传里有多少人物出现？三是全篇有多少故事情节？这篇文章针对《史记·李将军列传》逐一回答了这三个问题，在回答第二个和第三个问题时尤其能够看到吴先生独特的视角和真知灼见。作者把李广传记中的人物分为四类：第一类是从属于李广而出现的人物；第二类是与李广命运有关的人物；第三类是李广的陪衬人物；最后一类是只有社会关系而没有活动的人物。经此分类，司马迁描写李广时对人物形象安排的用意即非常清楚——司马迁在安排人物是否出场、如何出场以及何时出场的时候

---

① 见《文学教育》（上）2008 年第 9 期。
② 中国传媒大学硕士学位论文，2009 年 5 月。
③ 见《中华活页文选》（教师版）2008 年第 3 期。

始终围绕着李广，并不是随意而为之，足见司马迁创作之用心。按照吴小如的分析，司马迁在叙述李广生平时，并不是把所有事情都按照时间先后顺序进行叙述，而是以塑造李广形象为中心，对所有事情进行统筹安排，让读者在看似繁杂的叙事中对李广形象产生了深刻而明晰的印象。

（四）文学作品中李广形象的接受研究

当历史上的李广进入文学之中并形成李广形象之后，李广形象的接受研究随之展开。其中最多的就是针对唐诗中李广形象的研究。这些成果中系统性最强的当属蔡丹的《古代诗人接受〈史记〉论稿》①，但可惜其中对于李广的论述少之又少。专门对唐诗中李广形象进行分析的文章主要有四篇：分别为曾晓梦的《谈谈唐人诗歌对李广形象的接受》②、林珊的《唐代边塞诗中的李广》③、孔庆蓓的《浅谈唐代边塞诗中的李广意象》④ 和李颖的《浅谈唐诗的李广意象》⑤。曾晓梦在《谈谈唐人诗歌对李广形象的接受》中说："《史记·李将军列传》对唐诗创作的影响史，同时就是它本身被唐诗作者所接受的历史。古老的典籍总是被当作活的生活史、精神史，在各个不同时代被重新理解、阐释，《李将军列传》也是如此。"经过她统计发现，唐代共有71位诗人写过一百多首有关李广的诗⑥，她得出的结论是唐诗对于李广的接受程度是非常高的，这篇文章还统计并分类研究了唐诗引用李广时所用的典故如"飞将（军）""射石（虎）""猿臂""霸陵尉""数奇""不（封）侯"以及"桃李不言，下自成蹊"等，角度确有新意。

李广是武将，所以唐代的边塞诗引用李广相对较多，这方面的研究也早

---

① 陕西师范大学博士学位论文，2012 年 5 月。
② 《司马迁与史记论集》（第六辑），第 397 页。
③ 见《牡丹江教育学院学报》2009 年第 4 期。
④ 见《名作欣赏》2012 年第 29 期。
⑤ 见《传承》2012 年第 4 期。
⑥ 曾晓梦把这 100 多首诗按照内容归纳为五类：称颂边将，讽刺边将，写李广或他人射技，咏史内容和对谚语的借用。

就有人展开。林珊《唐代边塞诗中的李广》总结了唐代边塞诗中李广的特点：唐代边塞诗中的李广首先是一位勇猛的将士，成为诗人仰慕的对象；其次他他抚爱士卒，宽缓简易，是一位仁爱、廉正的好将领；再次他是一个命运不偶的失意者，李广同样在唐代边塞诗中得到了反映；最后，需要指出的是，同样是用李广来借代唐代将领，缅怀李将军，唐代不同时期的边塞诗表现出的感情与格调是不同的。此后的孔庆蓓同样研究唐诗中的李广，不同的是她运用西方文学理论中的原型意象理论重新解释了李广。她认为李广这一历史人物已经逐渐成为了艺术创作上的原型意象与情节，其所蕴含的意象图式也在自汉至唐数百年间不同作者的反复凸显与强化下逐渐沉淀下来，成为无需过多语言提示，仅仅凭借意象本身，就可以激活读者心灵中相应或相关体验和情思的典型；同时其原型意象的激活可以层层扩散到与之相关的各个层面、领域，次第形成不同程度的非原型意象，非原型意象之间以及其与原型意象之间又会产生共振，这样李广这一文学意象及其产生的效应逐步层次化、立体化，最终在唐代边塞诗中璀璨绽放，光彩夺目。她认为唐代边塞诗中的李广主要有四个内涵：1. 借李广塑造骁勇善战、意气风发的边将形象；2. 借李广表达诗人建功立业的渴望；3. 借李广表达对雄才大略、刚正仁爱的完美人格的崇拜与呼吁；4. 借李广表达怀才不遇、命运不济的愤懑。可以说这四点与之前林珊的观点大同小异。李颖的《浅谈唐诗的李广意象》虽然后出，而且研究视野似乎要比之前的文章都广，但内容并无新意，此不赘述。

综上所述，学术界对于李广的研究主要有两端：一是对李广的悲剧形象及其产生原因的分析，二是对李广形象的接受研究，尤其唐诗对于李广形象的接受。研究李广的这些文章角度良多，而且渐趋深入，对于了解李广的真实情况和他在唐诗中的接受情况多有裨益，当然也有遗憾之处，譬如研究缺乏对李广生年的考证，也没有李广的年谱，对李广形象的接受缺乏系统、深入的研究，尤其对李广在文学中的接受史少有涉猎等，而这些正是本书将要探讨的，也是今后研究的方向。

三、李广研究的意义

一是创作论意义。李广本是一个实实在在存在过的古人，但如果不是司马迁在人海中发现了他，并把他写进《史记》，恐怕至今无人知晓在西汉历史上还有一个叫李广的将领。尽管李广在当时并非无名之辈，但如果把李广放入西汉历史，亦不过恒河一沙而已。是司马迁发现并拿起了这粒沙子，然后按照自己的想法对这粒沙子进行了描绘，还把它置于各种宝石之间。于是，众人看到了这颗闪亮的石头，并纷纷对它品头论足，有些还幻想把它置于自己的衣冠上是什么样子。换言之，李广确有可贵之处，但仅凭此，他是不可能进入《史记》的。司马迁发现了李广并按照自己的人生观、价值观重塑了李广形象，李广形象才成为了名将。从这个意义上来说，司马迁写李广的核心原因并非李广本身，而是借李广在写自己。甚至可以说，是司马迁造就了李广的精彩人生，是司马迁写出了李广对封侯理想的执着追求和理想破灭的绝望。是司马迁运用他高超的写人艺术塑造出了李广的名将形象，司马迁的创作艺术值得研究，而司马迁深沉的创作思想更加值得我们深思。

二是认识论意义。所谓认识论，也就是对李广的认识。李广到底是个什么样的人？他确实存在过，《李将军列传》记载了他的一些情况，但基于《史记》"无韵之离骚"的特点，恐怕"李将军"并非历史上真正的李广。努力辨别并剥离李将军身上不实的东西，其目的就是努力接近历史上真正的李广，还原李广原本的样子同时也可以在此基础上重新审视司马迁是如何重塑李广形象的。《史记·李将军列传》写就之后，"李将军"形象并未立即深入人心，至少在唐以前的700年历史中关注李广的人并不多。进入唐代之后，李广形象大放异彩，宋、元、明、清的文学作品中也频频出现李广形象，对这种现象的认识和解释以及其形成原因的探讨，其实已经超越了李广形象本身，而是扩展至对时代风气、社会面貌、文人心态的认识，是社会科学认识论的目标。

三是社会意义。当今时代的任务是讲好中国故事，用中华优秀历史文化塑造民族性格。李广身上的优秀品格很多，廉洁、勇敢、爱国等因素早已融进中华民族的民族性格之中。我们现在已经调查出全国有十几个省份都有李广文化现象存在，从北方的内蒙古、河北、山西、陕西、甘肃到中部的河南、安徽，一直到南方的四川、湖南，再到最南方之广东、广西，以及东南部福建、江西等地区都有李广文化现象。李广文化在南北方的存在形式不尽相同：北方诸省份以李广墓、李广事迹、李广传说故事、李广物产等为主，内容比较丰富；李广射箭入石的故事在南方深入人心，李广在那里已经被奉为神灵人物，因此南方李广文化以李广崇拜为主，如湖南、广西、广东等地区主要以李广祭祀、傩舞活动、石敢当风俗等作为李广文化的主要载体，比较典型的是广东某些地区经常有庆典、傩舞等活动，有些地方近几年还新建了李广庙，充分说明了民间的李广崇拜现象，也说明李广文化在民间更具实践价值。李广虽未到过南方，但李广文化早已遍布祖国各地，这是民族凝聚力的生动体现。因此，李广的研究还具有重要的社会意义，是认识、探寻、解释、塑造我们中华民族伟大民族性格的重要工作。

小结 李广研究的方向

李广是《史记》塑造的最为成功的人物形象之一，所以对李广的研究是非常必要的，也是非常重要的，具有创作论和认识论的双重意义。在现有研究成果的基础上，李广研究的方向大致有三：

一是历史上李广的各种考证。如果不是司马迁发现并着力塑造李广形象，李广在《史记》中是留不下痕迹的。因为李广并无实际的功绩，所以关于李广的确切记载非常少。那么针对历史上李广的各种考证就非常必要。

二是司马迁塑造李广形象的原因、方法及效果研究，其涵义包括司马迁为何要塑造李广形象，以及司马迁用什么样的方法塑造李广形象，后代又是如何在司马迁的基础上继续改造李广形象。

三是《李将军列传》写成之后李广形象的完整演变史研究。这部分不仅包括文学领域内的李广形象接受，还包括军事、绘画、书法、易学等诸多领域，甚至包括国家层面上对李广的接受。

本书即从这三个方向研究李广，希望能够在李广研究上抛砖引玉，也希望更多的学者能够关注李广，关注这个一贯被视为"数奇"的代表，而实质上内涵无比丰富、已经走过了悠悠两千年却一直被忽略的李广。

第一章　历史上的李广

一直以来，不论是对"李广难封"原因的探讨，还是关于唐诗中李广形象的研究，都是建立在《史记·李将军列传》基础之上的。除此之外，李广的生年问题、他的年表，还有他诸多事迹的真伪问题，都值得认真思考和探察。

第一节　李广生年考论[①]

李广活着的时候名气很大，他死后，"飞将军"也一直活在后人的诗文当中。关于他的生平，通过《史记》《汉书》中可以获知。其生年却少有人关注。多数文献在谈到李广时均不言其生年，只是提到李广的卒年是公元前119年。研究李广生年虽然对了解李广性格并无重大意义，但对于完整了解李广人生却很重要。

一、"结发"可作为探讨李广生年的一个线索

研究李广生年最重要也是最直观的资料就是《史记·李将军列传》。因为

---

① 王福栋：《李广生年考论》，《内蒙古民族大学学报》（社会科学版）2015年第5期，内容略有改动。

《史记·李将军列传》和《汉书·李广传》中记述李广生平的文字大同小异，而且《史记》早于《汉书》，所以在探讨李广生年问题时主要以《史记·李将军列传》为参考资料。对于李广生年，从《史记·李将军列传》中可以找到相关线索，比如根据其中记载的李广卒年——元狩四年（前119年）及传记中李广死前所言，可以推知李广死时年龄应该在61岁至69岁之间，这样就可以推知李广的生年应该在公元前188年至公元前180年之间。除此之外，《史记·李将军列传》还有关于李广生年的一个关键词——"结发"。这个与年龄有关的词汇在李广传记中出现过两次，而且全部出自李广本人之口，可信度比较高，因此这个词汇很可能是探索李广生年的一个重要线索。

李广谈到"结发"的两段话都出现在李广自杀前的那次战争前后，即元狩四年（前119年）随卫青出击匈奴的战争。这两段话出现在同一年，相隔时间并不长，一次是战前李广向主将卫青请战，一次是战后李广自杀之前：

> 广自请曰："臣部为前将军，今大将军乃徙令臣出东道，且臣结发而与匈奴战，今乃一得当单于，臣愿居前，先死单于。"

> 至莫府，广谓其麾下曰："广结发与匈奴大小七十余战，今幸从大将军出接单于兵，而大将军又徙广部行回远，而又迷失道，岂非天哉！且广年六十余矣，终不能复对刀笔之吏。"

李广年老未封，所以面对这难得的机会，他向卫青请战做先锋的时候说出了自己终身与匈奴作战的历史；当李广因为迷路而延误战机并最终导致匈奴单于逃走之后，年老的他羞于面对刀笔吏的询问而选择了自杀，他对部属所说的话，应该算是他对自己一生所做的一个简短总结。所以说这两个"结发"表达的内容应该是真实的。

二、"结发"与"加冠礼"联系紧密

包括《辞源》和《辞海》在内的辞典，在解释"结发"的时候多以李广上面说的那句话为例，说明"结发"在李广身上是具有代表性意义的，故讨论"结发"应该对李广生年具有重要意义。无论《辞源》还是《辞海》，在解释"结发"的时候，都以"结发"代指男子成人之时，也就是男子结束少年期，刚刚进入成人行列之时，却没有一个确切的年龄点，因此需要进一步考证"结发"是否与某个具体的年龄有关。遍查古代典籍，发现"结发"在汉代是个很常用的词，像苏李诗就非常具有代表性。南朝梁萧统所编《文选》是文学史上重要的一部诗文总集，其卷二九"苏子卿诗四首"中有"结发为夫妻"一句，李善注云：

> 结发，始成人也。谓男年二十，女年十五时，取笄、冠为义也。

《汉书》李广曰：结发而与匈奴战也。①

在这里，唐代的李善点出了"结发"其实和古代的成人礼——"加冠礼"是一个意思，也就是说"加冠"就意味着"结发"，指古代成人礼，是青年男子结束少年期，进入成年期的一个标志。这里不但指出了男子"结发"——举行加冠礼的具体年龄——二十岁，而且更重要的是他后面所征引的实例正是《史记》和《汉书》中所记载的李广最后一次参加战争前对大将卫青所说的话。这条证据至少说明：第一，如果苏李诗确为苏武和李陵所作，那么李陵作为李广的孙子，对于"结发"就不会有异议，因此通过考察苏武诗中"结发"的意义就可以知道李广口中"结发"二字的指向；第二，即使苏李诗不是出自苏李二人之手，至少唐代李善的注已经表明他的观点——李广"结发"之时就是二十岁，这个对于我们来说也非常重要；第三，由于"结发"和"加冠"具有非常紧密的联系，那么我们对于"结发"的探讨就可以顺着古人对于"加冠"的理解来深入；第四，此处并未标明"结发"与结婚有任何关联，所以此处的"结发"并非像有些人所言是"结发妻子"的渊源所在，如此就省去了由一词多义带来的麻烦。

后代很多学者都认可李善的这条注，他们在解释"结发"的时候基本都

---

① （南朝梁）萧统编，（唐）李善注：《昭明文选》卷二九，上海古籍出版社1986年版，第1355页。

原文引用了李善的注文，例如清代仇兆鳌所撰《杜诗详注》对《新婚别》中"结发为妻子"一句中"结发"的注释，又如现代学者王力先生在《古代汉语》一书中解释陈琳《饮马长城窟行》中"结发行事君"也是原文引用了李善的那条注，还有朱东润先生主编的《中国历代文学作品选》对《孔雀东南飞》中的"结发同枕席"的注等。这也说明众多学者对汉代士人"结发"当在二十岁是非常认可的。

三、对"加冠礼"的探讨

"礼"对古人来说既是个人修养的重要内容，更是重要的社会活动，所以对各种"礼"的记述保存下来的就特别多，最为人所熟知的就是"三礼"——《周礼》《仪礼》和《礼记》。这三部著作中的后两部都对"加冠礼"有相关记载。

尽管学界关于《仪礼》的作者和创作年代一直没有定论，但《仪礼》的创作年代一定不会晚于秦汉是一定的。学术界一般认为《礼记》是战国至秦汉年间儒家学者解释说明经书《仪礼》的文章选集，是一部儒家思想的资料汇编。因为畅行于世的《礼记》是戴圣所编选的版本，所以《礼记》又名《小戴礼记》，应该反映了汉代学者戴圣对于《仪礼》的基本认识。再加上东汉郑玄给《小戴礼记》所作的注释，可以说《小戴礼记》忠实地反映了汉代学者的思想。尽管戴圣的生卒年无法确知，但是仅凭他在宣帝时以博士身份参与过石渠阁论议可知，他距离李广所活跃的时间并不远。郑玄是东汉末年的大学者，距离李广比较远，但都生活在汉代，所以他们的一些基本观念应该不会相差太远。

《礼记》中有两条材料：

人生十年曰幼学，二十曰弱冠，三十曰壮有室……①

---

① （汉）郑玄注：《礼记正义》卷一，中华书局2009年版，第2665页。

男女异长，男子二十冠而字。①

这两则材料非常直接地指出古代男子二十岁的时候行加冠礼以示成人，其中，第一则材料下有唐孔颖达疏，内言：

幼者自始生至十九时……是十九以前为幼……二十日弱冠者，二十成人初加冠体犹未壮，故日弱也。

这段疏文更清楚地表明古代男子二十岁以前都叫"幼"，二十岁行加冠礼以后才能算初成人，所以称"弱冠"，即古人二十岁结发就意味着初成年。

第二则材料下亦有注，云："成人矣，敬其名。"则表明古代男子除二十岁要行冠礼表示成人外，同时还要在冠礼的同时给这个男子取字，以表示对这个刚刚步入成人行列之人的尊重。

由上可知，无论《礼记》的作者，还是《礼记》的编选者，无论是给《礼记》作注的人，还是给《礼记》作疏的人，在行"冠礼"也就是在"结发"的年龄问题上意见是一致的，都认为"结发"当在二十岁。又根据当代钟敬文先生主编的《中国民俗史》（先秦卷）所言，汉魏时代皇室以及诸侯王非常注重加冠礼，尤其西汉时期，皇室诸侯基本都依照先秦的做法，二十岁行冠礼，一般的士人也大都在二十岁前后举行加冠礼以示成年，甚至不举行加冠礼都不能担当重要官职。以司马迁为例，"司马迁在《太史公自序》中说自己二十岁之前一直在家乡生活，二十岁之后开始游历天下。他大概是在举行过'冠礼'，当人们都以成人眼光来看待他之后，才开始自己的游历的。司马迁的父亲司马谈是当时的太史令，司马迁举行士人的加冠礼也是适当的"②。这段话从另外一个角度证明，和司马迁几乎生活在同一个时代的李广，极有可能是在二十岁举行完加冠礼以后从军并担任了第一个重要官职——汉中郎。

---

① （汉）郑玄注：《礼记正义》卷二，中华书局 2009 年版，第 2688 页。
② 钟敬文主编，郭必恒等著：《中国民俗史》（汉魏卷），人民出版社 2008 年版，第 325 页。

四、中国人对数字的表述习惯

从中国人对于数字的表达习惯这个角度来说，也可以印证李广结发当在二十岁。《史记·李将军列传》的开头有这样一段话：

> 孝文帝十四年（前166年），匈奴大入萧关，广以良家子从军击胡，用善骑射，杀首虏多，为汉中郎……

从这段话中可以获得这样一个信息：李广刚一从军就开始与匈奴作战，而且很快就凭英勇杀敌被任命为汉中郎，这正好印证了李广自己所说的："广结发与匈奴大小七十余战"，也就是说他二十岁刚刚结发之年就参加了对匈奴的战争。如果李广在二十岁参军就开始与匈奴作战，而这一年又有明确的历史纪年——孝文帝十四年（前166年），则可以推知李广生年就应该在公元前186年，即高后二年。这正好符合本书开始所推测李广生年当在公元前188年至公元前180年之间。再根据《史记·李将军列传》所记载的李广卒年（元狩四年，即公元前119年），就可以推知李广自杀时的年龄是67岁，这个数字和李广自己所说的"且广年六十余矣，终不能复对刀笔之吏"是比较吻合的，也符合中国人的语言习惯。从这个角度来说，作为一名即将上阵杀敌的将领，67岁的年龄也确实很大了，也就难怪汉武帝嫌李广年老不愿意让李广随卫青出征匈奴。

五、李广的官职与他的生年

关于李广的生年，还可以从李广所任官职的角度考察。司马迁在《史记·李将军列传》中用一句话概括了李广的人生："终广之身，为二千石四十余年，家无余财，终不言家产事。"这里"二千石"是一个很重要的线索。根据《史记》和《汉书》的记载，李广最早的官职是中郎，他自杀时的官职是郎中令，中间李广还变换过很多职位，如未央卫尉、骁骑将军、陇西都尉、骑郎将、骁骑都尉等，然而他做过最多的官职却是太守，也就是一郡的最高长官。据《史记》记载，他曾做过八个郡的太守，俸禄都是二千石。《汉书·

百官公卿表》是记载汉代职官的专门篇章：

中郎：中郎有五官、左、右三将，秩皆比二千石。①

郎中令：郎中令，秦官，掌宫殿掖门户，有丞。武帝太初元年更名光禄勋。属官有大夫、郎、谒者，皆秦官。又期门、羽林皆属焉。大夫掌论议，有太中大夫、中大夫、谏大夫，皆无员，多至数十人。武帝元狩五年初置谏大夫，秩比八百石，太初元年更名中大夫为光禄大夫，秩比二千石，太中大夫秩比千石如故。②

都尉：郡尉，秦官，掌佐守典武职甲卒，秩比二千石。有丞，秩皆六百石。景帝中二年更名都尉。③

太守：郡守，秦官，掌治其郡，秩二千石。有丞，边郡又有长史，掌兵马，秩皆六百石。景帝中二年更名太守。④

由此不难发现，尽管李广一生多次变换官职，但他的俸禄确实始终是二千石。之前推测李广生年是公元前186年，结合司马迁总结李广一生时说他"为二千石四十余年"，按此计算，从李广20岁参加抗击匈奴并很快因为杀敌勇猛而升任中郎"秩八百石"起算，李广至晚在27岁就已经达到"秩二千石"的官职，到李广67岁自杀时身任"秩二千石"的郎中令为止，中间间隔如司马迁所言"四十余年"，正好验证了本书之前所提出来的，李广生年是公元前186年。当然，这里还有一个问题，那就是《史记·李将军列传》明确提到李广的第一个"秩二千石"的官职是李广30岁时所任的陇西都尉。如果按照李广67岁自杀来算的话，李广一生"秩八百石"的年头就应该是37年，而不是如司马迁所言"为二千石四十余年"。其原因可能是因汉代官员俸禄实行浮动制度，即政绩好或杀敌多，则实际发的俸禄可能要比规定的多，考虑

① （汉）班固撰，（唐）颜师古注：《汉书》卷一九上，中华书局1962年版，第727页。
② （汉）班固撰，（唐）颜师古注：《汉书》卷一九上，中华书局1962年版，第727页。
③ （汉）班固撰，（唐）颜师古注：《汉书》卷一九上，中华书局1962年版，第742页。
④ （汉）班固撰，（唐）颜师古注：《汉书》卷一九上，中华书局1962年版，第742页。

到李广年轻时箭术高超、英勇杀敌，所以李广在任陇西都尉之前的实际俸禄很可能已经达到了"二千石"，远远超越了"秩八百石"。如此，司马迁的"为二千石四十余年"也就可以理解了。

综上所述，基于《史记》中有限的资料，尽管李广说自己"结发"之年就"从军击胡"难免有"大略"之意，但说李广生年在公元前186年即使有误差也不会差太多，却为我们了解李广生平提供了某些方便之处。

第二节　李广年表

研究李广，首先必须清楚他一生的行迹，所以制作李广年表就显得非常必要，是李广形象生成研究最重要的基础。现以《史记·李将军列传》为基础，结合《史记·匈奴列传》和《汉书·李广传》等材料整理李广年表如下：

公元前186年（高后二年），李广出生。

据《史记·李将军列传》《汉书·李广传》记载，李广本"陇西成纪①人也"，"李广先人名李信者，秦时为将"，李广是陇西侯李信的后人，而李信也是名将，秦国征讨燕国时他曾俘获燕太子丹。李广故里本在槐里②，后迁徙至成纪。

根据《新唐书·宗室世系表上》的记载，李广家世非常显赫，现全文过录如下：

> 李氏出自嬴姓。帝颛顼高阳氏生大业，大业生女华，女华生皋
>
> 陶，字庭坚，为尧大理。生益，益生恩成，历虞、夏、商，世为大

---

① 陇西，郡名。秦置，汉晋因之，隋废。地在今甘肃东南部一带。成纪，张守节正义云"秦州县"，乃唐代秦州之县，非汉代秦州之县。《中国历史大辞典》云：成纪县，西汉置，隶属天水郡，见《汉书·地理志下》。汉代成纪县，治今甘肃静宁县西南。

② 槐里县，据《中国历史大辞典》云：西汉高帝三年（前204年）改废丘县置。治今陕西兴平市东南十里南佐村一带。属内史，后属主爵都尉、右扶风。东汉为右扶风、三国魏为扶风郡、西晋为始平郡治。后秦皇初元年（394）姚兴称帝于此。北魏移县治于今兴平市西二十二里。北周废入始平县（第931页）。

理,以官命族为理氏。至纣之时,理徵字德灵,为翼隶中吴伯,以直道不容于纣,得罪而死。其妻陈国契和氏与子利贞逃难于伊侯之墟,食木子得全,遂改理为李氏。利贞亦娶契和氏女,生昌祖,为陈大夫,家于苦县。生彤德,彤德曾孙硕宗,周康王赐采邑于苦县。五世孙乾,字元果,为周上御史大夫,娶益寿氏女婴敷,生耳,字伯阳,一字聃,周平王时为太史。其后有李宗,字尊祖,魏封于段,为干木大夫。生同,为赵大将军。生兑,为赵相。生跻,赵阳安君。二子:曰云,曰恪。恪生洪,字道弘,秦太子太傅。生兴族,字育神,一名汪,秦将军。生昙,字贵远,赵柏人侯,入秦为御史大夫,葬柏人西。生四子:崇、辨、昭、玑。崇为陇西房,玑为赵郡房。崇字伯祐,陇西守、南郑公。生二子:长曰平燕;次曰瑶,字内德,南郡守、狄道侯。生信,字有成,大将军、陇西侯。生超,一名伉,字仁高,汉大将军、渔阳太守。生二子:长曰元旷,侍中;次曰仲翔,河东太守、征西将军,讨叛羌于素昌,战没,赠太尉,葬陇西狄道东川,因家焉。生伯考,陇西、河东二郡太守。生尚,成纪令,因居成纪。弟向,范阳房始祖也。尚生广,前将军。①

虽然李广祖上是老子未为可信,但总体而言,李广的祖先多为将相却是事实。李广从小生长在陇西边郡,他的家族具有非常光荣的历史,这些都会给李广以很大的影响。

另,汉朝与匈奴的关系此前一直比较复杂。据《史记·匈奴列传》记载,秦始皇曾派重兵攻打匈奴并修建长城,匈奴势力遂小。后匈奴冒顿单于兴起,先后击败东胡,赶跑月氏,拥有能拉弓射箭的军队三十余万,势力大增。后来,冒顿又征服了北方的浑庚、屈射、丁零、鬲昆、薪犁诸国,势力越来越大。公元前200年,匈奴竟然攻打太原,兵临晋阳城下。汉高祖刘邦亲率32

---

① (宋)欧阳修等:《新唐书》卷七○上,中华书局1975年版,第1955—1956页。

万大军，出征匈奴，结果发生了著名的"白登之围"。此后汉朝与匈奴缔结和亲盟约，然而匈奴并不守信，不断侵扰汉朝边地，汉朝连年给予财物，进行和亲，才得到暂时和平。

高祖死后，孝惠帝、吕太后时期，汉王朝刚刚安定，所以匈奴显得骄傲。太后想攻打匈奴却力不能敌，只好作罢，继续实行和亲政策。在这种历史背景下，李广出生。

公元前 185 年（高后三年），李广 1 岁。
无事。

公元前 184 年（高后四年），李广 2 岁。
吕后大封诸吕。

公元前 183 年（高后五年），李广 3 岁。
秋九月，汉发河东、上党骑屯北地，备匈奴。（《汉书·高后纪》）

公元前 182 年（高后六年），李广 4 岁。
夏六月，匈奴犯狄道（今甘肃临洮南），攻阿阳（今甘肃静宁县南）。（《汉书·高后纪》）

公元前 181 年（高后七年），李广 5 岁。
冬十二月，匈奴犯狄道，房二千余人。（《汉书·高后纪》）

公元前 180 年（高后八年），李广 6 岁。
卢绾妻子自匈奴归汉。（《史记·卢绾列传》）

公元前 179 年（汉文帝前元元年），李广 7 岁。

汉与匈奴复和亲。（《史记·匈奴列传》）

公元前 178 年（汉文帝前元二年），李广 8 岁。

陈平去世，周勃为相。

公元前 177 年（前元三年），李广 9 岁。

此年匈奴入侵北方，停留在北河的南岸，寇盗为害。尽管汉朝一直在给匈奴提供财物，但匈奴频繁往来侵入边塞，搜捕杀害汉朝官吏、士兵。匈奴不断骚扰汉朝边疆，孝文帝即位之后，开始抗击匈奴。孝文帝三年的五月，匈奴右贤王进入河南地居住，侵扰掠夺在边塞小城的蛮夷，屠杀抢掠人民。于是孝文帝下令让丞相灌婴出动八万五千战车和骑兵，前往高奴，攻打右贤王。同时继续实行和亲政策。

公元前 176 年（汉文帝前元四年）李广 10 岁。

安丘侯张说为将军，出代击胡。（《史记·汉兴以来将相名臣年表》）

公元前 175 年（汉文帝前元五年）李广 11 岁。

无事。

公元前 174 年（汉文帝前元六年）李广 12 岁。

是时匈奴强，数侵边。（《汉书·贾谊传》）

公元前 173 年（汉文帝前元七年）李广 13 岁。

无事。

公元前 172 年（汉文帝前元八年）李广 14 岁。

无事。

公元前 171 年（汉文帝前元九年）李广 15 岁。

无事。

公元前 170 年（汉文帝前元十年）李广 16 岁。

无事。

公元前 169 年（汉文帝前元十一年）李广 17 岁。

夏六月，匈奴犯狄道。（《汉书·文帝纪》）

公元前 168 年（汉文帝前元十二年）李广 18 岁。

春三月，汉以匈奴数侵北边，屯戍者多，边粟不足给食当食者。于是募民能输及转粟于边者拜爵。（《史记·平准书》）

公元前 167 年（汉文帝前元十三年）李广 19 岁。

无事。

公元前 166 年（前元十四年），李广 20 岁，从军击胡，被封为中郎，秩八百石。①

李广出身于陇西郡良家子。其祖上多王侯将相，能征善战，其家境殷实，因之，李广是汉初陇西良家子的典型代表。已经 20 岁的李广举行了加冠之礼，李广成婚或在此年。紧接着，李广从军抗击匈奴，因为他长于骑射、英勇杀

---

① 李广家世显赫，再加上李广本人长于骑射、英勇杀敌，所以在实行浮动俸禄的汉代，李广的俸禄很可能不久就因为战功而超越了八百石，升至二千石。

敌，很快被提拔为中郎。①

有一次李广随汉文帝打猎，看到李广格杀猛兽，汉文帝曾言："惜乎，子不遇时！如令子当高帝时，万户侯岂足道哉！"

李广的堂弟李蔡也做了郎官，他们都是武骑常侍②，俸禄八百石。

就在李广从军的这一年——汉文帝十四年（前166年），匈奴单于率领14万骑兵攻入萧关等地，杀死了北地都尉孙卬，劫掠很多百姓和牲畜，到达彭阳，并派突击队攻入并烧毁回中宫。匈奴侦察骑兵到达雍地的甘泉宫。于是汉文帝用中尉周舍、郎中令张武做将军，派出千辆兵车、十万骑兵，驻守在长安旁边，防御匈奴的进攻。同时又任命昌侯卢卿做上郡将军，宁侯魏遫做北地将军，隆虑侯周灶做陇西将军，东阳侯张相如做大将军，成侯董赤做前将军，派出大量兵车和骑兵去攻打匈奴。汉朝出兵时，匈奴已盘踞边塞月余，闻汉兵到来，便退出塞外。此战汉军虽将匈奴驱逐出塞，但汉匈之间并未展开大规模交战。此后匈奴一天比一天骄傲，每年都闯入边境内，杀害和掠夺许多百姓和牲畜，云中郡和辽东郡受害最严重，连同代郡共有万余人被杀被掠。就是在这种情况下，李广毅然从军。

公元前165年（汉文帝前元十五年），李广21岁。

无事。

公元前164年（汉文帝前元十六年），李广22岁。

无事。

---

① 中郎，《汉书》云："中郎有五官、左、右三将，秩皆比二千石。"（见中华书局1962年版《汉书·百官公卿表》）《中国历代职官辞典》云：中郎（中郎将、从事中郎），秦汉两代，设此官担任朝廷日夜的警备工作。隶属九卿郎中令。其官衙分作五官署、左署、右署三部分，各署设将官指挥之，此即中郎将，一般称作中郎。东晋，南北朝时期，诸公府和将军府均设从事中郎为属官，隋废。

② 武骑常侍，官职名。武骑常侍，无员。汉西京官。车驾游猎，常从射猛兽。后汉、魏、晋不置。宋世祖大明中，复置。比奉朝请。即皇帝的侍从人员。（《宋书·百官志下》）

公元前 163 年（汉文帝后元元年），李广 23 岁。

望气新垣平被夷三族。（《史记·孝文本纪》）

公元前 162 年（汉文帝后元二年），李广 24 岁。

匈奴日骄，岁入边杀略人民畜产甚多，云中、辽东最甚，至郡万余人。汉乃遣使者遗单于书，单于亦使当户报谢，复言和亲事。夏六月，文帝乃再遣使遗单于书，与约和亲。诏遗单于秫药、金帛、丝絮、它物岁有数。并布告天下。（《史记·孝文本纪》）

公元前 161 年（汉文帝后元三年），李广 25 岁。

老上单于死，其子军臣立。文帝复与匈奴和亲。（《史记·匈奴列传》）

公元前 160 年（汉文帝后元四年），李广 26 岁。

无事。

公元前 159 年（汉文帝后元五年），李广 27 岁，

无事。

公元前 158 年（汉文帝后元六年）[①]，李广 28 岁，射杀匈奴射雕手。

据《史记·孝文本纪》记载，此年冬，匈奴绝和亲，匈奴三万人入侵上

---

① 据裴骃集解，"匈奴大入上郡"的时间就是此年——"孝文后六年冬"，即后元六年（前 158 年）冬天。

郡^①（今陕西延安），三万人侵入云中（山西归化），所杀略甚众，烽火通于甘泉、长安。文帝以中大夫令勉为车骑将军，驻军于飞狐（直隶广昌县）；以前楚国宰相苏意为将军，驻军于句注（山西代州）；将军张武屯兵北地，河内太守周亚夫为将军，驻于细柳（陕西咸阳），宗正刘礼为将军，屯居霸上（陕西咸宁），祝兹侯虚悍为将军，驻军棘门，以防匈奴，过了数月，匈奴退去，随之罢兵。

汉文帝让中贵人跟从李广带兵抗击匈奴。中贵人带领数十名骑兵出去，见到三名匈奴骑兵，遂予以攻击。三名匈奴兵以弓箭还击，结果中贵人受伤，其他人多被射死。中贵人找到了李广，李广说这些人一定是匈奴中的射雕手。于是李广带领百余名骑兵追击那三个匈奴兵。三个匈奴兵没有了马，徒步行走了几十里。李广命令骑兵左右布阵，而自己张弓搭箭射那三个匈奴兵，射死两个，活捉一个，一问果然是匈奴的射雕手。李广命令把俘虏捆在马上却远远看见匈奴数千骑兵，他们看见李广以为是汉朝诱敌之兵，也都很吃惊，在山上布阵迎敌。李广的百余骑兵深感震惊，想要逃跑。李广说，我们离营地数十里，现在我们这区区百余骑兵如果逃跑，很快就会被匈奴追杀殆尽。如果现在我们不走，匈奴一定会认为我们是汉军诱敌之兵，不敢贸然攻击我们。李广下令"前进！"部队前进到离匈奴只有二里的地方停了下来，李广又下令："下马，解鞍。"李广手下骑兵说："敌人很多，而且离我们这么近，一旦有危险该怎么办？"李广说："敌人以为我们会逃跑，现在我们解鞍，告诉他们我们并不逃跑，这是在坚定他们的想法。"这样一来，匈奴骑兵竟不敢出击李广他们。匈奴方有一个骑白马的将领出来保护他的部下，李广骑马带领十余个骑兵追杀了这个将军，然后返回了队伍当中，解了鞍，命令部队把马就地放开，士兵原地休息。这时已经傍晚，匈奴人一直很困惑，不敢贸然攻

① 上郡，据《中国历史大辞典》云：战国魏文侯置。后属秦。治肤施县（今陕西榆林市东南）。西汉辖境相当于今陕西富县以北，榆林、米脂、子长等市、县及延安市以西和内蒙古乌审旗一带。东汉属并州。永初五年（111）内迁侨治左冯翊衙县（今陕西澄城县西北）。永建四年（129）复旧。永和五年（140）复侨治左冯翊夏阳县（今韩城市南）。建安十八年（213）改属雍州。旋废。秦始皇时蒙恬防御匈奴屯兵于此。东汉初铜马等农民军于此立孙登为帝（第60页）。

击李广等人。到了夜半时分，匈奴人以为汉朝会派伏兵在夜间进攻他们，所以就都撤走了。天明之后，李广带兵回到大营。大军不知道李广去了哪里，所以也就没有办法派兵接应。

公元前 157 年（汉文帝后元七年），李广 29 岁。

文帝驾崩。景帝立。

公元前 156 年（孝景前元元年），李广 30 岁，任陇西都尉①，再徙为骑郎将②，秩二千石。

夏四月，匈奴入代。汉遣御史大夫翟青至代下与匈奴和亲。（《史记·孝景本纪》）

公元前 155 年（汉景帝前元二年），李广 31 岁。

秋，汉与匈奴和亲。（《汉书·孝景本纪》）

公元前 154 年（汉景帝前元三年），李广 32 岁，镇压"七国之乱"并接受梁王之印。任骁骑都尉③，秩二千石。

此年正值吴楚"七国之乱"，李广作为骁骑都尉，跟随太尉亚夫镇压叛乱，夺得对方军旗，在昌邑声名大噪。因为李广接受了梁王私下赐给的将军

---

① 据《汉书·百官公卿表》记载："郡尉，秦官，掌佐守典武职甲卒，秩比二千石。有丞，秩皆六百石。景帝中二年更名都尉。"（中华书局 1962 年版，第 742 页）又据《中国历代职官辞典》云：汉代，都尉官很多，一种为侍从官，其官名有奉车都尉、驸马都尉、骑都尉等。又有作为职事官的水衡都尉、主爵都尉、搜粟都尉各官（第 119 页）。此外，作为地方官有郡将、郡都尉及属国都尉等官名。以此论之，李广的陇西都尉当指陇西的地方官。

② 骑郎将：据《汉书·百官公卿表》云：武帝元狩五年初置谏大夫，秩比八百石……郎中有车、户、骑三将，秩皆比千石。李广的骑郎将当指此，又根据《史记·李将军列传》"骑郎将"的集解（张晏曰：为武骑郎将）和索隐（小颜云：为骑郎将谓主骑郎也），则骑郎将意为统帅骑兵的将官。

③ 都尉之职前已述及，骁骑都尉当是皇帝侍从官，即皇帝禁卫军将官。

印，还朝之后没有得到奖赏。

按，公元前154—公元前140年（汉武帝建元元年），其间历时14年，李广从32岁至45岁，历任上谷①太守②、上郡太守以及陇西、雁门③、代郡④、云中⑤等地太守，秩皆二千石。任陇西太守时，曾杀死800已降羌人，成为李广的终生遗憾。

"七国之乱"以后，李广被调任为上谷太守，经常与匈奴作战。典属国公孙昆邪曾哭泣着对皇帝说："李广才气，天下无双，自负其能，数与虏敌战，恐亡之。"所以李广又被调任为上郡太守。后来转任边郡太守，曾为陇西、雁门、代郡、云中太守，都因奋力作战而出名。

据《史记·李将军列传》记载，李广年老之后有一次同星象家王朔谈话时说："我过去做陇西太守时，羌人曾经反叛，我诱降了他们，投降的有八百多人，我用欺诈的方法在一天里把他们杀死了。直到现在最悔恨的只有这一件事。"所以王朔把李广难封的原因归为杀降。在此期间，李广的堂弟李蔡积累功劳升到禄秩二千石，与李广同。

公元前153年（汉景帝前元四年），李广33岁。

立太子。（《史记·孝景本纪》）

---

① 上谷郡，查《中国历史大辞典》：战国燕置。秦治沮阳县（今河北怀来县东南大古城）。西汉辖境相当今河北张北、完全等县和小五台山以东，沽源、赤城等县和北京市延庆区以西，内蒙古太仆寺旗和河北康保县南古长城以南，内长城和北京市昌平以北地区。

② 太守，《汉书·百官公卿表》云：郡守，秦官，掌治其郡，秩二千石。有丞，边郡又有长史，掌兵马，秩皆六百石。景帝中二年更名太守，即一郡之最高长官。

③ 雁门郡，《中国历史大辞典》云：战国赵武灵王置。秦、西汉治善无县（今陕西右玉县南）。辖境相当今山西宁武县、雁门关以北，大同市、浑源县以西，和内蒙古黄旗海、岱海以南地区（第873页）。

④ 代郡，《中国历史大辞典》云：本代国，战国赵武灵王置郡。秦、西汉治代县（今河北蔚县东北代王城）。西汉时辖境相当于今山西阳高、浑源等县以东，河北怀安、涞源等县以西的内外长城间地及内蒙古兴和县地（第234页）。

⑤ 云中郡，《中国历史大辞典》云：战国赵武灵王置。秦代治云中（今内蒙古托克托县东北）。辖境相当今内蒙古土默特右旗以东，大青山以南，卓资县以西，黄河南岸及长城以北。西汉辖境缩小。东汉属并州（第110页）。

公元前 152 年（汉景帝前元五年），李广 34 岁。

夏，汉遣公主嫁单于，通关市，给遗匈奴，如故约。（《史记·匈奴列传》）

公元前 151 年（汉景帝前元六年），李广 35 岁。

无事。

公元前 150 年（汉景帝前元七年），李广 36 岁。

立胶东王为太子。名彻。（《史记·孝景本纪》）

公元前 149 年（汉景帝中元元年），李广 37 岁。

无事。

公元前 148 年（汉景帝中元二年），李广 38 岁。

春二月，匈奴入侵燕，汉遂不和亲。（《史记·孝景本纪》）

汉以匈奴侵边，汉遣中尉魏不害将车骑、材官士出屯代郡之高柳（今山西阳高县西南）。（《汉书·五行志》）

公元前 147 年（汉景帝中元三年），李广 39 岁。

春，匈奴王二人率其徒来降，皆封为列侯。（《史记·孝景本纪》）

公元前 146 年（汉景帝中元四年），李广 40 岁。

无事。

公元前 145 年（汉景帝中元五年），李广 41 岁。

司马迁出生。①

---

① 据张大可《司马迁生年研究》（商务印书馆 2019 年版）意见。

六月丁巳，赦天下，赐爵一级。（《史记·孝景本纪》）

公元前 144 年（汉景帝中元六年），李广 42 岁。

夏六月，匈奴入上郡，取苑马，使卒战死者二千人。

公元前 143 年（汉景帝后元元年），李广 43 岁。

三月丁酉，赦天下，赐爵一级，中二千石、诸侯相爵右庶长。（《史记·孝景本纪》）

公元前 142 年（汉景帝后元二年），李广 44 岁。

春正月，郅都击匈奴。（《史记·孝景本纪》）

三月，匈奴入雁门，太守冯敬战死。汉发车骑、材官屯雁门。（《史记·孝景本纪》）

公元前 141 年（汉景帝后元三年），李广 45 岁。

无事。

公元前 140 年（汉武帝建元元年），李广 46 岁，以上郡太守之职充当未央卫尉①，秩二千石。据《史记·李将军列传》记载，同为卫尉，李广治军方法与程不识大相径庭。

《史记·李将军列传》说此年"孝景崩，武帝立"。武帝欲伐匈奴，宠臣韩嫣先习胡兵。

李广以上郡太守之职充当未央卫尉。程不识是长乐卫尉，程不识以前和

---

① 未央卫尉，《汉书》云：卫尉，秦官，掌宫门卫屯兵，有丞。景帝初更名中大夫令，后元年复为卫尉。属官有公车司马、卫士、旅贲三令丞。卫士三丞。又诸屯卫候、司马二十二官皆属焉。长乐、建章、甘泉卫尉皆掌其宫，职略同，不常置，则未央卫尉应是未央宫禁卫军长官。（《汉书·百官公卿表》）。

李广都曾为边郡太守，屯兵驻防。出击匈奴的时候，李广的部队没有严密的编组和队列阵势，只选择有水草的地带驻扎。在宿地，人人可以自便，夜晚不打更巡夜，幕府公文簿册很简单。不过也派哨兵远出侦察，部队从未遇到危险。程不识就要求严格部队编组和扎营布阵，晚上打更巡夜。士吏办理公文表格必须清楚明细，全军不得休息。这样也未曾遇到危险。程不识说："李广治军非常简单省事，然而敌人如突然袭击他，他就无法阻挡了。可是他的士卒也很安逸痛快，都乐意为他去死。我治军虽然繁忙，但敌人也不能侵犯我。"这时汉朝边郡之上，李广、程不识都是名将，然而匈奴怕李广的谋略，士卒也大多乐于跟随李广而以跟随程不识为苦。程不识在孝景帝时因为几次直谏调任太中大夫。他为人清廉，认真执行朝廷的法令条文。

按，孝景驾崩在后元三年（前141年），武帝登基在公元前140年，所以此年应该是公元前140年，即建元元年。

又，西汉王朝在经过六七十年长期的休养生息之后，至武帝即位之时，国力已很充实。《史记·平准书》说：武帝初年，都城及边邑的米仓尽满，府库财物有余；京师之钱多至不可点校，太仓之粟年久积压，至腐烂而不可食；民间的马匹到处成群。而且经过平定"异姓诸王"的背叛，及经过文、景削藩和平定"同姓诸王"的"七国之乱"后，中央集权大大加强，抗击匈奴的条件成熟了。

公元前139年（汉武帝建元二年），李广47岁。
无事。

公元前138年（汉武帝建元三年），李广48岁。
张骞出使匈奴，为匈奴所拘，历十余年乃还。（《汉书·张骞传》）

公元前 137 年（汉武帝建元四年），李广 49 岁。

无事。

公元前 136 年（汉武帝建元五年），李广 50 岁。

无事。

公元前 135 年（汉武帝建元六年），李广 51 岁。

司马迁年十岁，诵古文。（《汉书·司马迁列传》）

匈奴来请和亲，武帝接受韩安国建议，答应和亲。（《史记·韩长孺列传》）

公元前 134 年（汉武帝元光元年），李广 52 岁，被封为卫尉，秩二千石。

根据《汉书·百官公卿表下》记载，此年李广被封为卫尉。

公元前 133 年（汉武帝元光二年），李广 53 岁，马邑①之战无功而返。

此年，汉以马邑城引诱单于，在马邑旁谷埋伏重兵，准备伏击匈奴，李广以卫尉作为骁骑将军②，领属护军将军。但匈奴单于意识到自己上当了，于是及时撤退，汉军无获。从是年开始，汉武帝开始与匈奴大规模交战。

匈奴绝和亲，攻当路塞，往往入盗于汉边，不可胜数。（《史记·匈奴列传》）

---

① 马邑，《中国历史大辞典》云：马邑县，秦置。治今山西朔州市。西汉初为韩王信都。高帝六年（前 201 年），韩王信以马邑投降匈奴，即此。元光二年（前 133 年），汉伏兵三十万于马邑旁，欲诱致匈奴邀击之，单于既入塞，谋泄，引兵还，史称"马邑之谋"。汉、晋属雁门郡。西晋永嘉中废（第 89 页）。

② 骁骑将军，《中国历代职官辞典》云：骁骑校尉、骁骑将军、骁骑尉，为将军名号。汉初有骁骑校尉，后汉改为骁骑。晋代骁骑之外特设骁骑营，为强健骑兵部队，由骁骑将军指挥。后历朝仿此制，隋以后废。但至清代，八旗又置骁骑营，其将校称骁骑尉（第 24 页）。

公元前 132 年（汉武帝元光三年），李广 54 岁。

无事。

公元前 131 年（汉武帝元光四年），李广 55 岁。

无事。

公元前 130 年（汉武帝元光五年），李广 56 岁。

夏，汉发卒万人治雁门阻险，以防备匈奴。（《汉书·武帝纪》）

是岁，匈奴大入侵汉，江都易王刘非上书愿击匈奴，武帝不许。（《汉书·景十三王传》）

公元前 129 年（汉武帝元光六年），李广 57 岁，被俘后复逃跑，回朝之后被汉庭废为平民。

根据《史记》《汉书》等记载，李广以卫尉身份作为将军，出雁门打击匈奴。匈奴单于一向知道李广勇猛，所以下令："得李广必生致之。"因匈奴兵多，李广不幸被生擒。匈奴骑兵俘获李广以后，因李广受伤所以把他放到了两匹马中间，用网子装着他，而他就躺在网子里面。走了十余里，李广装死，眯眼看到旁边一个年轻的匈奴士兵所骑之马是好马，所以一跃跳了上去，把那个士兵推了下去，并夺了他的弓箭。追击李广的匈奴兵有好几百个骑兵，李广用弓箭射杀了不少追兵才得以逃脱。李广骑马向南数十里，回到了军营，又遇到他残余的部队，便领着进入关塞。匈奴派了几百骑兵追捕他，李广一边跑一边取匈奴少年的弓，射杀追来的骑兵，所以得以逃脱。于是回到京师，汉朝廷把李广交给执法官吏。执法官吏判决李广折损伤亡人马多，又被匈奴活捉，依法当斩，经纳粟赎罪，成为平民。

秋，匈奴数侵边，渔阳尤甚，汉以韩安国为材官将军屯渔阳，备胡。（《史记·匈奴列传》）

自马邑军后五年之秋，汉使四将军各万骑击胡关市下。将军卫青出上谷，至茏城，得胡首虏七百人。(《史记·匈奴列传》) 车骑将军卫青大破龙城，取得了自汉朝开国以来对匈战役的首次胜利，从此，进入对匈战争的转折点。

从汉武帝登基 (前 140 年) 至是年 (前 129 年)，李广堂弟李蔡在这 11 年时间里做到了代国的相。

按，据《史记·李将军列传》记载，李广马邑无功而返 (公元前 133 年，元光二年)，"其后四岁"随卫青出征被俘后又逃跑，则这一年应该是元光六年 (前 129 年)。《史记·韩长孺列传》《史记·匈奴列传》中的相关记录印证了这个结论。

自马邑军后五年之秋，汉使四将军各万骑击胡关市下。将军卫青出上谷，至茏城，得胡首虏七百人。公孙贺出云中，无所得。公孙敖出代郡，为胡所败七千余人。李广出雁门，为胡所败，而匈奴生得广，广后得亡归。汉囚敖、广，敖、广赎为庶人。其冬，匈奴数入盗边，渔阳尤甚。汉使将军韩安国屯渔阳备胡。其明年秋，匈奴二万骑入汉，杀辽西太守，略二千余人。(《史记·匈奴列传》)

车骑将军卫青击匈奴①，出上谷，破胡茏城。将军李广为匈奴所得，复失之；公孙敖大亡卒：皆当斩，赎为庶人。明年，匈奴大入边，杀辽西太守，及入雁门，所杀略数千人。车骑将军卫青击之，出雁门。卫尉安国为材官将军，屯于渔阳。安国捕生虏，言匈奴远去。即上书言方田作时，请且罢军屯。罢军屯月余，匈奴大入上谷、渔阳。安国壁乃有七百余人，出与战，不胜，复入壁。匈奴虏略千余人及畜产而去。天子闻之，怒，使使责让安国。徙安国益东，屯右北平。(《史记·韩长孺列传》)

---

① 此处有集解，徐广曰："元光六年也 (前 129 年)。"

根据这两则记载，李广被俘逃跑是元光六年（前129年）的结论是正确的。

又按，代国，《中国历史大辞典》云：代，国名。（1）在今河北蔚县东北。战国初为赵襄子所灭。后襄子以其地封其侄赵周为代成君。秦王政十九年（前228年）攻灭赵，赵公子嘉率其宗族百人奔代，自立为代王。后六年，又为秦所灭。（2）西汉初同姓九国之一。高帝六年（前201年），以云中、雁门、代三郡五十三县置。都代县（今河北蔚县东北）。十一年，去云中郡，以云中郡东部分置定襄郡属代国；益太原郡，并徙都中都（今山西平遥县西南），辖境约有今山西离石、灵石、昔阳以北和河北蔚县、阳原、怀安等地。公元前180年刘恒以代王入为皇帝，即汉文帝。其后代国疆域日削，景帝三年（前154年）唯存太原一郡地。武帝元鼎三年（前114年）国废。

此处"代"的意义当取第二个。代国地位当比一般的郡要高很多，而且代国疆域正好包含着李广曾经当过太守的云中、雁门、代郡三个郡。所以这对李广来说刺激一定很大。

公元前128年（汉武帝元朔元年），李广58岁，任右北平①太守，秩二千石，怒杀霸陵尉。李广威名声震匈奴，镇守右北平后，匈奴以"汉之飞将军"称李广，而且"避之，数岁不入界"。

根据《史记·李将军列传》记载，李广已在家居住了几年，李广与前颍阴侯的孙子一起隐居在蓝田南山射猎。有一天夜间他带一名骑兵随从出去，与人在乡下饮酒，回来走到霸陵驿亭，霸陵尉喝醉了，呵斥禁止李广通行。

---

① 右北平，查《中国历史大辞典》云：战国燕置。秦置无终县（今天津市蓟州区）。西汉末移治平刚县（今内蒙古宁城县新安古城），辖境相当今河北围场县、承德市及天津市蓟州区以东（长城南的滦河流域及其以东除外），辽宁建平县、建昌县以西，内蒙古英金河以南地区。东汉移治土垠县（今河北丰润区东土垠城），属幽州，北部辖境缩小，以长城一线稍北为界。西晋改为北平郡。境内有卢龙塞道，地势险要，历代为北方重地（第177页）。

李广的骑从说："这是前任李将军。"亭尉说："现任将军尚且不能夜行，何况前任的呢！"便让李广住在亭下。过了不久，匈奴入侵杀了辽西太守，打败韩安国将军，韩将军调任右北平后病死，于是武帝下诏拜李广为右北平太守。李广就请霸陵尉同去，到军中就斩了他。关于这件事《史记》没有多余的记述，而《汉书·李广传》则多出了一段文字：

> ……上书自陈谢罪。上报曰："将军者，国之爪牙也。《司马法》曰：'登车不式，遭丧不服，振旅抚师，以征不服，率三军之心，同战士之力，故怒形则千里竦，威振则万物状；是以名声暴于夷貉，威棱憺乎邻国。'夫报忿除害，捐残去杀，朕之所图于将军也；若乃免冠徒跣，稽颡请罪，岂朕之指哉！将军其率师东辕，弥节白檀，以临右北平盛秋。"

这段文字大意是李广自知杀人有罪，但他还是杀了霸陵尉，之后给皇帝上书认罪。然而皇帝还要仰仗李广去镇守经常被匈奴侵扰的右北平，所以汉武帝给李广的回信相当客气，毫无责罚之意，表示无意责罚李广，而是希望李广率军东征，安定边疆，能尽早赴右北平抵御匈奴。

李广至右北平后，匈奴听说了他的威名，称他是"汉朝的飞将军"。因惧怕李广而一直躲着他，数年不敢进右北平。

汉遣车骑将军卫青将三万骑出雁门，将军李息出代，击胡；青斩首虏数千人。（《史记·匈奴列传》）

　　按，根据《史记·匈奴列传》的记载，匈奴杀死辽西太守，是在元朔元年（前128年）。而《史记·李将军列传》叙述此事前的一句"居无何"，说明李广被阻露宿亭下的时间距离匈奴杀死辽西太守的时间非常近。前述李广被俘逃跑是在公元前129年（元光六年），《史记·李将军列传》紧接着以一句"顷之，家居数岁"开始叙述霸陵尉事件，则霸陵尉事件一定不是发生在公元前129年，否则不能称为"数岁"。而公元前128年就发生了匈奴杀死辽西太守之事。

所以霸陵尉事件只可能发生在公元前128年，而且这也基本符合"数年"的表述，至少是一年。

《史记·李将军列传》中于李广镇守右北平之后紧接着还提到了李广射石的事。李广出外打猎，看见草中的石头，以为是虎就射去，箭头没入石中，近看原来是石头。于是又重射，却再不能射进石头里了。

按，因司马迁把这件事和匈奴给李广取"汉之飞将军"美名的事放在一起，所以很可能这件事的发生时间在霸陵尉事件与此后元朔六年李广无功而返之间，即李广射石的时间当在公元前128年到公元前123年之间，也就是李广58岁到63岁之间的某一年。

公元前127年（汉武帝元朔二年），李广59岁。

其秋，青为车骑将军，出雁门，三万骑击匈奴，斩首虏数千人。明年，匈奴入杀辽西太守，虏略渔阳二千余人，败韩将军。汉令将军李息击之，出代；令车骑将军青出云中以西至高阙。遂略河南地，至于陇西，捕首虏数千，畜数十万，走白羊、楼烦王。遂以河南地为朔方郡。（《史记·卫将军骠骑列传》）卫青收复河朔之地，驱走白羊、楼烦王，筑朔方城，从此彻底解决了匈奴对长安的威胁。卫青受封长平侯。

公元前126年（汉武帝元朔三年），李广60岁。

张骞自匈奴归汉。

夏，匈奴数万骑入代，杀太守恭友，略千余人。其秋，又入雁门，杀略千余人。（《史记·匈奴列传》）

公元前125年（汉武帝元朔四年），李广61岁。

司马迁二十而南游江淮。（《汉书·司马迁传》）

夏，匈奴入代郡、定襄、上郡各三万骑，杀略数千人。（《史记·匈奴

列传》）

公元前 124 年（汉武帝元朔五年），李广 62 岁，任右北平太守，秩二千石。

司马迁始仕为郎中。① 司马迁在《史记·李将军列传》中说："余睹李将军悛悛如鄙人，口不能道辞。"看来司马迁是见过李广的，然而司马迁此年之前一直在茂陵家中读书，后又四方漫游，恐无机会见到李广。此年司马迁仕为郎中，在朝廷供职，很有机会见到李广，然而具体何年何时见过李广并无实证，但肯定是此年或之后。

李广的堂弟李蔡做轻车将军②，随大将军卫青出击匈奴右贤王，有功合于封赏的律条，封为乐安侯。

匈奴右贤王怨汉夺其河南地而筑朔方城，遂数犯边境，及入河南侵扰朔方，杀略吏民甚众。春，车骑将军卫青将六将军兵十余万人出朔方、右北平击之，击败匈奴右贤王，得右贤稗王十余人，畜产数千百万，天子于军中拜其为大将军，诸军皆从大将军号令。

秋，匈奴万骑入代郡，杀都尉朱英，略千余人。

公元前 123 年（汉武帝元朔六年），李广 63 岁，任郎中令③，秩二千石，在定襄出击匈奴，无功而返。霍去病始战，封冠军侯。

根据《史记·李将军列传》的记载，这一年石建去世，所以武帝让李广

---

① 郑鹤声：《司马迁年谱》，商务印书馆 1933 年版，第 44 页。

② 轻车将军，汉代将军名。封建社会制度有五等爵位：公、侯、伯、子、男，乐安侯即平常所言之"封侯"。

③ 郎中令，《汉书·百官公卿表》曰：郎中令，秦官，掌宫殿掖门户，有丞。武帝太初元年更名光禄勋。属官有大夫、郎、谒者，皆秦官。又期门、羽林皆属焉。大夫掌论议，有太中大夫、中大夫、谏大夫，皆无员，多至数十人。武帝元狩五年初置谏大夫，秩比八百石，太初元年更名中大夫为光禄大夫，秩比二千石，太中大夫秩比千石如故（中华书局 1962 年版，第 727 页）。《中国历代职官辞典》云：郎中令（光禄卿），周代始称侍中、郎官二官（天子的近侍）的属长为郎中令。秦代为九卿之一，负责管理宫中各门及诸郎官。汉武帝改此官为光禄勋（第 150 页）。

代替石建任郎中令。春二月，李广又作为后将军①，随大将军卫青的军队出定襄，抗击匈奴。斩首三千余级而还，很多人都因为战果丰厚而封侯，唯李广没有军功。夏四月，卫青复将六将军再出定襄击匈奴，斩首虏万余人，汉亦亡两将军及三千余骑。右将军苏建只身亡归；前将军赵信叛降匈奴。

　　按，根据《史记·万石张叔列传》的记载，石建明确的死亡时间是公元前123年。

公元前122年（汉武帝元狩元年），李广64岁。

夏五月，匈奴万骑入山谷，杀数百人。（《史记·匈奴列传》）

公元前121年（汉武帝元狩二年），李广65岁。同张骞合力攻匈奴，李广父子英勇杀敌，功过相抵。

据《史记·李将军列传》记载，此年，李广以郎中令带领四千名骑兵出右北平，博望侯张骞带领一万名骑兵和李广一同去，各行一路。走了大约几百里，匈奴左贤王带领四万名骑兵包围李广。李广的军士都恐慌，李广就派他的儿子李敢向敌人驰去。李敢独自带领几十名骑兵冲去，一直穿过匈奴骑兵的包围圈，抄过敌人的左右两翼再回来，他向李广报告说："敌人很容易对付啊！"这样军心才安定下来。接着李广布成圆形阵势，所有的人都面向外，匈奴猛烈攻击，箭如雨下，汉兵死亡过半，汉军的箭将要用尽。李广就命令士兵拉满弓不发箭，李广亲自用大黄强弩射敌人的裨将，射杀数人，敌人攻势逐渐减弱。这时天刚黑，将吏士兵都面无人色，而李广意气自如，继续努力整顿军队。军中从此更加佩服他的勇气了。第二天，再奋力作战，博望侯的军队也来到，匈奴军队就解围而去。汉军因疲劳，不能追击。这时李广几乎全军覆没，收兵回去。按汉朝法律：博望侯行军迟缓未能在约定日期到达，

---

　　① 后将军，汉代将军名称。《宋书·百官志》云：左将军、右将军、前将军、后将军。左将军以下，周末官，秦、汉并因之，光武建武七年省，魏以来复置。

判处死罪，出钱赎为平民；李广所立的军功和应得的罪罚相抵，没有封赏。

此年，李广堂弟李蔡代替公孙弘做丞相。

骠骑将军霍去病两次进军河西（今河西走廊），打击匈奴，收复河西走廊。春三月，汉遣骠骑将军霍去病将万骑出陇西击匈奴，历五王辖区，转战六日，过焉支山千余里，杀折兰王，斩卢胡王，执浑邪王子及相国、都尉，斩首虏八千九百余级，收休屠王祭天金人。匈奴入代、雁门，杀略数百人。

公元前 120 年（汉武帝元狩三年），李广 66 岁。

秋，匈奴入右北平、定襄，各数万骑，杀略千余人。（《史记·匈奴列传》）

公元前 119 年（汉武帝元狩四年），李广 67 岁。请求参加卫青、霍去病大举出击匈奴之战，结果因为迷路而贻误战机，不甘受辱而挥刀自刎。

据《史记·李将军列传》记载，大将军卫青、骠骑将军霍去病大举出击匈奴。李广多次自己请求出征，天子以为李广年老，不允许；过了好久又答应了他，派他做前将军。这一年，是元狩四年。

李广随从大将军卫青出击匈奴。出塞以后，卫青捉到俘虏知道了单于居住的地方，就亲自率领精兵去追赶，而命令李广和右将军赵食其的部队合并，从东路出兵。东路稍微绕远，而大军行军途中水草也少，势必不能集结赶路。因此李广就亲自请求说："我部是前将军，现在大将军竟调开我走东路，再说我从年轻时起就和匈奴作战，今天才得到一个机会和单于直接对敌，我愿居前锋，先和单于决一死战。"大将军卫青也是密受武帝的告诫，认为李广年老，命运不好，不要派他与单于对敌，怕达不到原来的期望。而这时公孙敖新失掉侯位，作为中将军随从大将军，大将军也想让公孙敖与自己一同对付单于，所以调开前将军李广。李广当时知道这个情况，亲自向大将军表示坚决拒绝调动。大将军不听，派长史下文书给李广的幕府，说："急速带领部队按照文书中的指示去办。"李广没有辞别大将军就出发，他十分恼怒地到军部，带领士卒与右将军赵食其合军从东路进军。军中没有向导，迷失了道路，延误了约定与大将军会师的时间。大将军和单于接战，单于逃跑，没能得到战功而回。大军南归横渡沙漠，遇到前将军和右将军。李广见过大将军，回到军中。大将军派长史拿干粮和酒送给李广，并问李广、赵食其二人的迷路情况，卫青打算上书给天子详细汇报军情。李广没有回答，大将军派长史急催李广的幕府接受传讯。李广说："众位校尉没有罪，是我自己迷路，现在我自己去接受讯问。"李广对他的部下说："我李广从年轻到现在，和匈奴打了大小七十多仗，这一次幸而随大将军出征和单于接战，可是大将军调我部走绕远的路，而且又迷了道，这难道不是天意吗？再说我李广已六十多岁了，毕竟不能再受那些刀笔之吏的侮辱。"于是就拔刀自刭。

司马迁 26 岁。

春夏之际，大将军卫青大战匈奴于漠北，伊稚斜单于逃走；骠骑将军霍去病的东路军大败左贤王，封狼居胥山，左贤王败逃而去，彻底解决了匈奴之患，从此"漠南无王庭"。

第三节　李广射石故事的生成与演化

人类历史一直伴随着战争。在冷兵器时代，弓箭是一种具有很强的远距离杀敌能力的武器，关于这一点，古今中外的各种历史记载不胜枚举。中国古代不乏善射之人，汉代就有一位将领一直以擅长射箭而名垂青史，他就是名将李广。唐代诗人卢纶的《塞下曲》（林暗草惊风）向来被认为是对李广高超射艺的形象描写。李广射石故事原载于《史记·李将军列传》：

> 广出猎，见草中石。以为虎而射之，中石没镞，视之石也。因复更射之，终不能复入石矣。

从这段文字可以看出李广射艺之高，卢纶的诗则把这个故事艺术地再现出来，给李广的形象增添了更多的魅力。然而当我们认真地考察李广射石这个事件的时候，问题也就来了：李广真的曾经把箭射进过石头吗？如果是，那么这个故事还见于其他古籍记载吗？如果不是，那么这个故事又是如何形成的？故事本身又经过了哪些变化？所有这些问题都需要我们对李广射石这个故事进行探究之后才能予以回答。

中国古代有很多善射之人，而且据历史记载，把箭射进石头的人也并非李广一人。由吕不韦主持编写的《吕氏春秋》记载了一个叫养由基的善射之人，他就曾把石头当作猎物而将箭射进了石头里面，而且是整支箭没入石头：

养由基射兕，中石，矢乃饮羽，诚乎兕也。①

《说文解字》中的"兕"写作𤉡，对它的解释是"如野牛而青，象形"②。这个故事和李广射石的故事大致类似，不同的是养由基要射的是类似野牛的一种动物，而李广本来要射的是虎。养由基射了一次，甚至连箭尾的羽毛都射进了石头；李广只是把箭头射进了石头，而且在把箭射进石头之后又试射了一次，却怎么也射不进去。历史似乎真的有巧合，远在李广千百年之前还有一位射箭入石的人，叫熊渠子，他也误将石头当作老虎而把箭射进了石头。和李广生活于同一个时代的韩婴为论诗的需要谈到了这件事：

勇士一呼，三军皆避，士之诚也。昔者，楚熊渠子夜行，寝石以为伏虎，弯弓而射之，没金饮羽，下视，知其为石，石为之开，而况人乎！夫倡而不和，动而不偾，中心有不全者矣。夫不降席而匡天下者、求之己也。孔子曰："其身正，不令而行；其身不正，虽令不从。"先王之所以拱揖指麾，而四海来宾者、诚德之至也，色以形于外也。诗曰："王猷允塞，徐方既来。"③

韩婴以熊渠子射箭入石的事来证明"诚"的魅力，例证用得很恰当，他

---

① 《吕氏春秋》卷九，第92页。
② （汉）许慎撰，汤可敬译注：《说文解字》卷一八，中华书局1981年版，第1953页。
③ 《韩诗外传集释》卷六，第230页。

的箭尾白羽同样射进了石头。刘向出生在李广殁后大约四十年，他在《新序》中引用了这段文字，而且对故事进行了加工：

> 勇士一呼，三军皆辟，士之诚也。昔者楚熊渠子夜行，见寝石，以为伏虎，弯弓射之，灭矢饮羽。下视，知石也，却复射之，矢摧无迹。熊渠子见其诚心，而金石为之开，况人心乎？唱而不和，动而不随，中必有不全者矣。夫不降席而匡天下者，求之己也。孔子曰："其身正，不令而行；其身不正，虽令不从。"先王之所以拱揖指挥而四海宾者，诚德之至，已形于外。故《诗》曰："王犹允塞，徐方既来。"此之谓也。①

刘向这段文字中叙述熊渠子射石的部分和韩婴提到的熊渠子射石故事基本相同，只是增加了熊渠子第二次射石却未成功的情节。当我们把这两段文字和《史记·李将军列传》中李广射石的文字放在一起的时候就会发现一个很有意思的问题：

> 昔者，楚熊渠子夜行，寝石以为伏虎，弯弓而射之，没金饮羽，下视，知其为石。
>
> ——韩婴《韩诗外传集释》
>
> 广出猎，见草中石。以为虎而射之，中石没镞，视之石也。因复更射之，终不能复入石矣。
>
> ——司马迁《史记·李将军列传》
>
> 昔者，楚熊渠子夜行，见寝石，以为伏虎，弯弓射之，灭矢饮羽。下视，知石也，却复射之，矢摧无迹。
>
> ——刘向《新序校证》

韩婴与李广同时，他在论述"诚"的时候所引用的射石故事并没有提到同时代的李广，而是熊渠子。李广殁后四十年才出生的刘向撰写《新序》的

---

① （汉）刘向撰，陈茂仁校注：《新序校证》卷四，花木兰文化出版社2007年版，第290页。

时候也没有提到李广，而是沿用韩婴提到的熊渠子射石的故事，而且进一步完善了这个故事——"却复射之，矢摧无迹"。再对比刘向笔下熊渠子射石的故事和司马迁笔下李广射石的故事，就会发现这两段文字出奇地相似，只不过射石的主角由熊渠子变成了李广。这两段文字的主体部分又都与韩婴的文字基本相同，那么我们是不是可以这样猜想：1. 刘向学习了司马迁的写法，用以写楚国的熊渠子，但这样的不合理之处在于——如果他看到了《史记》并学习了司马迁写李广射箭入石的写法，那么他为什么不在这段文字中直接提到李广呢？2. 司马迁和刘向不约而同地想到了一种可以突出射箭者神力的写法，那就是让射箭的人再射一次石头，这种可能性实在是太小了。笔者认为，作为一个优秀的史官，司马迁不可能不知道熊渠子射石的故事。司马迁和李广生活在同一个时代，对李广并不陌生，而且他跟李广的孙子李陵还同朝为官，再结合他曾因为替李陵说话而遭受厄运的事，足以看到司马迁对李广的高度认同。鲁迅对《史记》的评价是"史家之绝唱，无韵之离骚"[1]，这句话非常准确地点出了《史记》所具有的高度的文学性。司马迁是一个极好"奇"之人，他塑造的历史人物往往具有传奇性，所以《史记》中李广的形象应该不是简单的忠实记录，而应该有创造、改编的成分了。所以我们有理由相信，司马迁为了塑造李广善射的形象，很有可能将熊渠子的事迹放到了李广的身上，而且为了突出李广的神力，还给李广射石的故事增加了一个有趣的结尾。这样，李广射石的故事便产生了。

李广射石故事产生之后，与之相伴随的即是它的演化过程。在韩婴的最初记载中，故事是这样的：楚国的熊渠子晚上走路，误把一块用以休息的石头当成了老虎，他举箭便射，整支箭都被射进了石头里面，之后细看才发现那并不是老虎，而是一块石头。到了司马迁时，他把射箭的主角换成李广以后，又把故事发生的时间由晚上换成了打猎的时候，而且他可能觉得刘向叙

---

① 鲁迅：《汉文学史纲要》，人民文学出版社 1956 年版，第 308 页。

述的故事有些夸张，于是在细节上进行了改编——他把"灭矢饮羽"换成了"没镞"——让李广只是把箭头射进了石头里面而不是整支箭，他可能觉得这样更真实一点吧。

此后，李广射石的故事被大家接受并不断被改编，例如班固的《汉书》是这样叙述的：

> 广出猎，见草中石，以为虎而射之，中石没矢，视之，石也。
> 他日射之，终不能入矣。

班固撰写《汉书》的时候无疑是参考了《史记》的，他的《李广传》与《史记·李将军列传》在文字上并无实质差别，但是在很多词语上有所改变。班固"让"李广重新把整支箭都射进了石头，而且让他几天后才又尝试着把箭再次射进石头，结果怎么都射不进去。这是李广射石故事的又一次改编，而且可以说是很重要的一次改编，他以正史的形式在司马迁之后将李广射石饮羽的故事固定下来，继续接受后人对李广射石故事的改编。

与班固同时代的王充是个很较真的人，他不相信李广等人能把整支箭射进石头，曾经就李广等人射石是否"饮羽"进行过很认真的讨论：

> 儒书言："楚熊渠子出，见寝石，以为伏虎，将弓射之，矢没其卫。"或曰："养由基见寝石，以为兕也，射之，矢饮羽。"或言："李广。"便是熊渠、养由基、李广主名不审，无实也。或以为"虎"，或以为"兕"，兕、虎俱猛，一实也。或言"没卫"，或言"饮羽"，羽则卫，言不同耳。要取以寝石似虎、兕，畏惧加精，射之入深也。
>
> 夫言以寝石为虎，射之矢入，可也；言其没卫，增之也。
>
> 夫见似虎者，意以为是，张弓射之，盛精加意，则其见真虎，与是无异。射似虎之石，矢入没卫，若射真虎之身，矢洞度乎？石之质难射，肉易射也。以射难没卫言之，则其射易者洞，不疑矣。善射者能射远中微，不失毫厘，安能使弓弩更多力乎？养由基从军，

射晋侯中其目。夫以匹夫射万乘之主，其加精倍力，必与射寝石等。当中晋侯之目也，可复洞达于项乎？如洞达于项，晋侯宜死。

车张十石之弩，恐不能入一寸，矢摧为三，况以一人之力，引微弱之弓，虽加精诚，安能没卫？人之精乃气也，气乃力也。有水火之难，惶惑恐惧，举徙器物，精诚至矣，素举一石者，倍举二石。然则，见伏石射之，精诚倍故，不过入一寸，如何谓之没卫乎？如有好用剑者，见寝石，惧而斫之，可复谓能断石乎？以勇夫空拳而暴虎者，卒然见寝石，以手椎之，能令石有迹乎？

巧人之精，与拙人等；古人之诚，与今人同。使当今射工，射禽兽于野，其欲得之，不余精力乎，及其中兽，不过数寸。跌误中石，不能内锋，箭摧折矣。夫如是，儒书之言楚熊渠子、养由基、李广射寝石，矢没卫饮羽者，皆增之也。①

王充的观点十分明确，把石头当作老虎是可能的，把箭射进石头也是可以的，但说"饮羽"是不可能的，那是后人的夸张写法。王充接着又对比了肉和石头的质地，并举《左传·成公十六年》记载的晋楚鄢陵大战（前575年）中楚共王眼睛被射而并没有死的事件以为例，说明人之射箭是无论如何不可能将箭射入石头而不见箭羽。王充并不满足于此，他还对比了牲畜和人的力量，并分析了人在"精诚倍故"情况下射石，箭头也"不过入（石）一寸"。他进一步对比古今之人，认为即使"当今射工""射禽兽于野"时"不余精力"，"及其中兽，不过数寸"。通过诸多对比讨论，王充的结论也非常明确——"夫如是，儒书之言楚熊渠子、养由基、李广射寝石，矢没卫饮羽者，皆增之也。"李广射石饮羽完全是文人的虚构而已。王充认为儒书有"为言不盖，则美不足称；为文不渥，则事不足褒"②的浮夸不实之风气，因此命名此部分为"儒增"。李广射石饮羽的故事就在讨论之列，足见他对"饮羽"的不

① （汉）王充撰，黄晖校释：《论衡校释》卷八，中华书局1990年版，第362—365页。
② （汉）王充撰，黄晖校释：《论衡校释》卷一一，中华书局1990年版，第488页。

实之疑。

其后，东晋干宝也提到了李广射箭入石的故事。他是史官出身，也并不怀疑李广射箭入石的真实性，他在《搜神记》中几乎全部引用了刘向关于熊渠子的议论并同时引用了司马迁笔下李广射箭入石的故事：

> 楚熊渠子夜行，见寝石，以为伏虎，弯弓射之，没金铩羽。下视，知其石也。因复射之，矢摧无迹。汉世复有李广，为右北平太守，射虎得石，亦如之。刘向曰："诚之至也，而金石为之开，况于人乎！夫唱而不和，动而不随，中必有不全者也。夫不降席而匡天下者，求之己也。"①

"亦如之"三个字说明李广射石的故事与熊渠子射石的故事是大致一样的"没金铩羽"。

正如顾颉刚"层累地造成的中国古史"所指出的那样，李广射石的故事到了东晋葛洪那里竟然被改编得越发详细，有诸多细节被填补出来，还生发出了其他细节：

> 李广与兄弟共猎于冥山之北，见卧虎焉。射之，一矢即毙。断其髑髅以为枕，示服猛也。铸铜象其形为溲器，示厌辱之也。他日，复猎于冥山之阳，又见卧虎，射之。没矢饮羽。进而视之，乃石也，其形类虎。退而更射，镞破簳折而石不伤。②

李广射石的很多细节都被葛洪补充了出来：1. 李广射石前曾经一箭射死过老虎，而且是一头卧虎；2. 李广很勇猛，他用老虎的骷髅当枕头，并用铜铸了一个老虎当作尿壶；3. 李广射石就发生在他射死卧虎之后不久；4. 李广射石的地方在冥山之阳；5. 李广之前射死的是卧虎，他射石时以为地上的石头又是卧虎；6. 从时代先后来看，葛洪应该能看到王充和班固的著作，但葛洪还是说李广射石"没矢饮羽"了，又恢复了班固的不实之词。

---

① （晋）干宝：《搜神记》卷一一，台北新文丰出版公司1985年版，第127页。
② （晋）葛洪：《西京杂记》卷五，中华书局1985年版，第38页。

　　葛洪距李广时代已经很久远，他不但接受了李广射石而且对这个故事进行了多方面的改编，不但补出了李广射石前的情况，进而连李广射石的地点都指了出来，似乎他比司马迁还要清楚李广当年是怎样将箭射进石头的。葛洪对李广射石故事的改编比较成功，因为甚至有人认为溺器被称为"虎子"就来源于这个故事，这当然是无稽之谈，但不得不承认葛洪对李广射石故事改编的成功。

　　李广射石的故事自司马迁笔下生成之后就不断被人们接受并被改编。葛洪之后，李广射石的故事引起了唐人的兴趣，那首著名的《塞下曲》让李广射石的故事变得家喻户晓。

　　　　林暗草惊风，将军夜引弓。平明寻白羽，没在石棱中。①

　　诗歌的困难在于要以最少的字表达最丰富的情感和内容，而它的魅力也同样在于此。卢纶这首诗只有区区二十字，叙事当然不可能做到非常详细，所以他对这个故事进行了重新的演绎。他的诗里有环境描写——"林暗草惊风"，虽然没有提到老虎，却已经暗示了老虎的存在——所谓"云从龙，风从虎"②；他还把李广射石的时间设定在了晚上；他让李广射完箭就离开了故事的发生地，第二天又让他回到了射石的地方去寻找他射出去的箭，这个"寻"字不但让故事的画面变得明亮，更重要的是让故事有了悬念，第二天才揭晓答案，给整个故事带来了一种"情理之中，意料之外"的趣味性；最后，他又让李广的箭全部没入石头。卢纶对李广射石故事的改编是比较大胆的，但又是非常成功的，他以区区二十个字就让人们深深地记住了这位射石的英雄，无怪乎这首诗能够流传千古而被人们经久不衰地传唱至今。

　　文学接受理论早就言明，人类对于文学的接受从来都不是被动的接纳，而是一种积极的学习与改编。司马迁为了塑造人物的需要而让李广把箭误射进了石头里面，这是创作的需要；司马迁以后的人对于司马迁编的这个故事

---

　　① （唐）卢纶撰，刘初棠校注：《卢纶诗注》卷三，上海古籍出版社 1989 年版，第 255 页。
　　② 杨天才、张善文译注：《周易》，中华书局 2011 年版，第 16 页。

并不是简单地接受，而是或多或少地在对这个故事进行改编，他们这样做的目的都是出于创作的需要。由此看来，文学接受是非常主动的一个过程。这种接受完全不是一种机械的信息搜集，而是一个对已经搜集到的信息进行加工再创造的过程。从这角度来说，文学接受其实就是文学创作，只不过这种创造必须有所依附，但它的魅力却并不一定会逊色于它的接受对象，有时甚至能够超过接受对象本身。

第四节 "精诚所至，金石为开"与李广无关

"精诚所至，金石为开"是我们经常说的一句话，然而关于这句话却有诸多存疑之处，如这句话的准确出处，这句话和李广有无关系，以及这句话的形态演变。我们都知道这句话是一个论断，重点其实就一个字——"诚"，只要有足够的诚心就可以创造奇迹。这句话的形成并不是由某人一时创造出来的，其形成是一个有序的过程。这句话的最早形态见于《庄子·渔父》：

> 真者，精诚之至也，不精不诚，不能动人。

庄子在《渔父》中主要论述的问题是"真"，即"精诚"。他让一位"客"劝导孔子，不要只是四处奔走以求恢复仁义，那样难免罹祸，而是要保持内心之"真"。这几句话与"精诚所至，金石为开"的前半句十分相近，都是论述"精诚"之重要性。

第一次将"精诚"和"金石为开"联系在一起的是西汉的韩婴，韩樱和李广生活在同一个时代。韩婴出于论诗的需要曾经提出了这样的观点：

> 勇士一呼，三军皆避，士之诚也。昔者，楚熊渠子夜行，寝石以为伏虎，弯弓而射之，没金饮羽，下视，知其为石，石为之开，而况人乎！夫倡而不和，动而不偾，中心有不全者矣。夫不降席而匡天下者，求之己也。孔子曰："其身正，不令而行；其身不正，虽令不从。"先王之所以拱揖指麾，而四海来宾者、诚德之至也，色以

形于外也。诗曰："王猷允塞，徐方既来。"

韩婴以上的论述凝练有力，在提出了"诚"之后，紧接着就引用熊渠子射石的例子作为例证，非常恰当。简短论述之后，他又引用孔子的话作为佐证，最后还引用了《诗经》中的诗句作为理论支持。韩婴的这段论述非常成功，然而重点并不在此，而是在于"诚"与"金石为开"被第一次联系在了一起，且让"石"开的人是楚国熊渠子。

韩婴之后，司马迁在《史记》中提到李广也曾经把箭射进过石头里：

> 广出猎，见草中石。以为虎而射之，中石没镞，视之石也。因复更射之，终不能复入石矣。

事情的经过与熊渠子射石的经过基本一致，不免让人怀疑司马迁为了塑造人物形象的需要而把熊渠子的事迹放到了李广的身上。司马迁去世后的又几十年，刘向在《新序》中几乎原文引用了韩婴的那段文字：

> 勇士一呼，三军皆辟，士之诚也。昔者楚熊渠子夜行，见寝石，以为伏虎，弯弓射之，灭矢饮羽。下视，知石也，却复射之，矢摧无迹。熊渠子见其诚心，而金石为之开，况人心乎？唱而不和，动而不随，中必有不全者矣。夫不降席而匡天下者，求之己也。孔子曰："其身正，不令而行；其身不正，虽令不从。"先王之所以拱揖指挥而四海宾者，诚德之至，已形于外。故《诗》曰："王犹允塞，徐方既来。"此之谓也。

这段文字和韩婴的论述几乎一致，不同的是，刘向给熊渠子射石的故事增加了一个结尾——"却复射之，矢摧无迹"。这样一来，李广射石的故事就和熊渠子射石的故事完全一样了。这个故事结尾的增加很有意思，我们推断刘向增加这个结尾的原因，要么是刘向自己给韩婴讲的这个故事增加了一个结尾，可能他觉得这样更能突出熊渠子的神力；要么是他看了司马迁的《史记·李将军列传》，学习了司马迁写李广射石的方法，让熊渠子第二次尝试射石。如果是这样的话，刘向就应该同时提到李广，可是这段文字并没有提到李广，这很是奇怪，所以他学习司马迁写李广射石写法的可能性很小。那么结论就是刘向给这个故事增加了一个结尾，他与司马迁在写人射箭入石这件事上不谋而合地采用了同一种写法。

西汉灭亡之后，东汉王充在《论衡·感虚》中也说过类似"精诚所至，金石为开"这样的话，只不过文字是有差别的，作"精诚所加，金石为亏"①，而且没有提到李广。

第一次将"精诚"和李广联系起来的是和王充同时代的班固，他的《幽通赋》有这样四句："养流睇而猿号兮，李虎发而石开。非精诚其焉通兮，苟无实其孰信?"② 班固第一次从李广射石这件事上总结出了"精诚"的精神，这是具有开创性的一件小事。只是他没有把李广射石与"精诚"凝练成一句经典的、固定的话而已。凝练语言这件事，是两百多年以后的干宝完成的。干宝吸收了班固的意见，并在他的《搜神记》中也几乎全文引用了韩婴的那段话，不过他弄错了一句话——他把韩婴的话当成了刘向的话。但值得注意的是，在这段话中他把李广射石的故事也加了进来：

> 楚熊渠子夜行，见寝石，以为伏虎，弯弓射之，没金铩羽。下视，知其石也。因复射之，矢摧无迹。汉世复有李广，为右北平太守，射虎得石，亦如之。刘向曰："诚之至也，而金石为之开，况于人乎！夫唱而不和，动而不随，中必有不全者也。夫不降席而匡天下者，求之己也。"③

至此，李广与"精诚所至，金石为开"才被联系到了一起。然而，李广是否曾经将箭射进石头已经颇值得怀疑，而且"精诚所至，金石为开"这句话从汉代产生到东晋干宝才将这句话与李广联系起来也非常有意思，所以我

---

① （汉）王充撰，黄晖校释：《论衡校释》卷六，中华书局1990年版，第228页。

② （南朝梁）萧统编，（唐）李善注：《昭明文选》卷一四，上海古籍出版社1986年版，第645页。

③ （晋）干宝：《搜神记》卷一一，台北新文丰出版公司1985年版，第127页。

们大致可以说李广与"精诚所至，金石为开"并没有关系。

干宝之后又将近一百年，范晔在他的《后汉书》中用了"精诚所加，金石为开"① 这句话。范晔的这句话对后代影响深远，以至于明代人还在引用范晔的这种说法。

在唐诗当中，我们能见到"精诚"，例如李白《豫章行》里形容唐军勠力讨伐"安史之乱"时说："精感石没羽，岂云惮险艰。"唐诗中形容射箭的典故有很多，然而李白在这首诗中用的却是"精诚所至，金石为开"。李白用这个典故描写讨伐叛军之唐军，早已超越了作战和射箭本身，而是上升到了描写唐军之"精诚"，这是很与众不同的。唐诗中描写"精诚"的诗句有很多，以"精诚"描写战争的诗句也有，但以李广之"精诚"描写战争的只有李白一个，而且不止一处，他在《上崔相百忧章》说："箭发石开，戈挥日回"，这是他在"安史之乱"爆发后被囚禁于浔阳（今江西九江）时创作的诗。李白在诗中诉说了自己无辜被囚的忧愤，寄希望于宰相崔涣帮助自己减罪。此诗前叙自己"精诚"，后言自己"精诚"却并没有感动上苍之失望。联系到上一首的"精感石没羽"，会发现李白诗中一直在强调"精诚"二字，尤其这首《上崔相百忧章》，直接突出了李白自己的"精诚"。再如"白刃耀素雪，苍天感精诚"（《东海有勇妇》）、"精诚合天道，不愧远游魂"（《赠武十七谔》）、"白日不照吾精诚，杞国无事忧天倾"（《梁甫吟》）、"精诚有所感，造化为悲伤"（《古风》三十七）、"见我传秘诀，精诚与天通"（《至陵阳山登天柱石，酬韩侍御见招隐黄山》）等。李白作诗主观性极强，他一直在表明自己的"精诚"。所以诗中一旦涉及同样"精诚"的人，他就会不自觉地将自己的"精诚"之心借以表达出来，并且习惯性地用与李广有关的"精诚所至，金石为开"这个典故来创作，但他在这句话的形成过程中并无新变，整个唐代对这句话也并无贡献。

---

① （南朝宋）范晔：《后汉书》卷四二，中华书局 1965 年版，第 1447 页。

到了宋代，宋樵在他的《通志》中说："精神所加，金石为开"①，这与范晔的"精诚所加，金石为开"虽仅一字之差，却有了新变。张嵲在他的《紫微集》中说："苟有诚心，金石为开。"② 元代诗人唐元为了写诗的需要将这句八个字的话改编成了七个字："精诚所致贯金石"③，这与现在人们所熟知的"精诚所至，金石为开"很是接近。明代人对于"精诚所至，金石为开"的接受最为活跃，比如冯琦和梅鼎祚就原文采用了范晔的说法，而倪谦则将这句话改编为"积诚所感，金石为开"④。相比之下，杨士奇则基本原文引用了干宝的说法："诚之至也，而金石为之开。"明朝末年，凌濛初在他的《初刻拍案惊奇》卷九中说："精诚所至，金石为开。贞心不寐，死后重谐。"⑤ 至此，"精诚所至，金石为开"才第一次真正出现，并一直被人们沿用至今。如果我们用表格的方式来审视这个变化过程，则"精诚所至，金石为开"的形成过程就更为清晰了（详见表1-1）。

表 1-1　"精诚所至，金石为开"的形成过程

时代	版本
战国	真者，精诚之至也，不精不诚，不能动人——《庄子》
西汉	昔者，楚熊渠子夜行，寝石以为伏虎，弯弓而射之，没金饮羽，下视，知其为石，石为之开，而况人乎！——韩婴
西汉	熊渠子见其诚心，而金石为之开，况人心乎？——刘向
东汉	精诚所加，金石为亏——王充

① （宋）宋樵：《通志》卷七九，中华书局 1987 年版，第 943 页。
② （宋）张嵲：《紫微集》卷一，影印《文渊阁四库全书》本。
③ （元）唐元：《筠轩集》卷四，影印《文渊阁四库全书》本。
④ （明）倪谦：《倪文僖集》卷三一，影印《文渊阁四库全书》本。
⑤ （明）凌蒙初：《初刻拍案惊奇》卷九，天津古籍出版社 2004 年版，第 102 页。

时代	版本
东晋	楚熊渠子夜行，见寝石，以为伏虎，弯弓射之，没金铩羽。下视，知其石也。因复射之，矢摧无迹。汉世复有李广，为右北平太守，射虎得石，亦如之。刘向曰："诚之至也，而金石为之开，况于人乎！"——干宝
南朝宋	精诚所加，金石为开——范晔
宋代	精神所加，金石为开——宋樵
	苟有诚心，金石为开——张嵲
元代	精诚所致贯金石——唐元
明代	精诚所加，金石为开——冯琦、梅鼎祚 积诚所感，金石为开——倪谦 诚之至也，而金石为之开——杨士奇 精诚所至，金石为开——凌濛初

由表 1-1 可以得出以下几个结论：

一、"精诚所至，金石为开"这句话的最早源头当是西汉的韩婴，它最准确的出处是凌濛初的《初刻拍案惊奇》卷九；

二、"精诚所至，金石为开"这句话从开始就一直和楚国的熊渠子射石故事联系在一起，这句话与李广发生联系是由东晋的干宝后添上去的，这句话与李广并没有必然联系；

三、古人对于熊渠子因为心诚而将箭射入石头故事的接受是没有问题的，但对于这件事的结论表述并不一样，也就是说"精诚所至，金石为开"这句话的形成是经过了一千多年这样一个非常漫长的过程才成为我们现在所看到的形态。

第五节 "李广难封"原因新论

认识李广，"李广难封"的问题是必然讨论的。"李广难封"在 20 世纪

80 年代曾经是个很热的话题，大多数的论者都在为李广鸣不平，突出他的优秀品质与作战能力，突出社会的腐败与黑暗。这种倾向其实古已有之，始作俑者当然是司马迁，但明确提出这种观点的最早当属东汉的冯衍。当初，由于结交外戚，他被迁为司隶从事，亦由此而得罪，免官归里，闭门自保。建武末年曾上疏自陈，他在写给光武帝刘秀的"书"中说："逮至晚出，董仲舒言道德，见妒于公孙弘；李广奋节于匈奴，见排于卫青，此忠臣所为流涕也。臣衍自惟，上无毋知之荐，下无冯唐之说，乏董生之才，寡李广之劳，而欲免谗口于当世，岂不难哉！"① 其中不但提到了李广的众多功劳，而且第一次明确表达了李广英勇抗击匈奴却被卫青排斥的观点——"李广奋节于匈奴，见排于卫青"。

李广的个人能力很强，他的品质也很好，然而作为一个想要通过立功来封侯的将军，个人的作战能力已经不那么重要，品质好也并没有多大用处。李广被卫青排挤是很晚的事情，真实与否还需进一步商榷。司马迁还引用汉文帝的话说："惜乎，子不遇时！如令子当高帝时，万户侯岂足道哉！"后世遂有"李广遗恨，不值汉初"② 的说法，强调李广生不逢时。这种观点并不公允，因为汉武帝抗击匈奴，也是有很多立功机会的，所以"李广难封"的原因可以从客观和主观两个方面来分析。从客观方面而言，李广缺乏军功；从主观方面来说，李广缺乏全局观念。

一、客观上，缺乏军功

军功爵制是春秋时期出现的一种诸侯根据当时政治形势向其臣民颁布的官爵制度，军功爵制的级别多，受爵人的范围广。战国时代军功爵制大兴，尤其商鞅变法，更是形成了较完备的军功爵制，颁布了"有军功者，各以率

---

① （晋）袁弘撰，周天游校注：《后汉纪校注》卷八，天津古籍出版社 1987 年版，第 224 页。
② （清）严可均辑：《全陈文》卷七《徐陵〈让右仆射初表〉》，中华书局 1985 年版，第 3437 页。

受上爵；为私斗者，各以轻重被刑"① 的法令。进入秦代之后，二十级军功爵制形成文字固定下来并形成一整套管理、评议和颁赐军功爵的机构，成为秦代重要的国家制度，是军功爵制成熟的重要标志。凭军功封侯就成了很多军人的人生理想——关内侯和彻侯②是二十级军功爵的最高爵位。

汉承秦制，尤其西汉之初，军人立功受爵成为常态，比如刘邦坚持施行"定功行封"竟导致"汉兴二十余年，天下初定，公卿皆军吏"。(《汉书·任敖传》) 但与秦不同的是，汉代对于"功"之内容的规定更为宽泛，并非"计首授爵"一条途径。"备行伍，攻城野战""斩将搴旗""斩捕首虏"以及掠获军需物资都在立功范围内，可以得到相应奖赏，功高者甚至可以封侯。所以在之后平定诸吕之乱、吴楚七国之乱以及武帝时的多次远征匈奴之战中就有很多人因此立功封侯，甚至吴王刘濞造反时都以封侯作为奖赏，"能斩捕大将者，赐金五千斤，封万户；列将，三千斤，封五千户；裨将，二千斤，封二千户；二千石，千斤，封千户，皆为列侯"。(《汉书·吴王刘濞传》)

李广就活跃在这个时代，《史记·李将军列传》中很多地方都体现出军功爵制，例如李广最初"以良家子从军击胡"，因为他"用善骑射，杀首虏多"，所以很快被朝廷封为汉中郎；又如他在平定吴楚七国之乱时因为"取旗"之功而被梁王授予将军之印；再如元狩二年（前 121 年），李广被围，他"力战"至第二日乃突围，却又因为"广军几没"而"功自如"，即功过相抵，"无赏"。另外，李广的堂弟李蔡在元朔五年（前 124 年）跟随卫青攻打匈奴右贤王有功，因为达到了汉廷对将领斩杀敌人首级和俘获敌人的数量规定而被封为乐安侯。更为明显的是"中率"一词，"中率"谓符合军功封赏条例，这个词竟在李广传中连续出现了两次，一次是元朔六年，李广跟从卫青出击定襄匈奴，诸将多中首虏率，以功为侯者，而广军无功；一次是元朔五年李蔡有功中率，封为乐安侯。这是李广所处时代严格执行军功爵制度最直接的表现。

---

① （汉）司马迁：《史记》卷六八，中华书局 1959 年版，第 2230 页。
② 据《汉书·百官公卿表》。

由这些材料可以看出，李广征战匈奴四十多年，经历大小七十余战，立过功，并且朝廷赏罚都是依照当时的军功爵制执行的，并无人为干扰或其他不公平现象。导致李广最终未能封侯的原因无非有二：一是功少不足以封侯；二是军功因事耽误而未能封侯。李广确实立过一些较小的军功，例如他从军之初就因为"杀首虏多"被朝廷奖赏，但因为军功并未达到封侯等级，所以仅被封为中郎。其他较小的军功以及一些无功之战于封侯毫无作用，于兹不述。

李广也曾立过一些显著的军功，但都因为一些奇特的原因而未能得到相应奖励。比如在平定吴楚七国之乱时，李广因为"取旗"而"显功名昌邑下"。如果不出意外，李广当受到朝廷奖赏，然而李广却接受了梁王的将军印，导致"还，赏不行"。李广接受梁王将军印的做法于情于理都十分不合适。要知道，梁王是文帝次子，倚仗窦太后的宠爱和梁国的地大兵强，一直觊觎皇帝之位，景帝自然不喜欢他。如果李广有点头脑就不应该接受梁王的将军印，这是政治倾向问题，事关政治前途，而且李广接受梁王私自授予的将军印的做法还违反汉朝廷的法令——中央官员不得与诸侯交通，所以最后的结果也并不奇怪——不予封赏。再如元狩二年（前121年），李广的四千骑兵被匈奴的四万骑兵包围，面对十倍于自己的敌人，一般的将领是难以招架的，然而李广"力战"至第二日竟然成功突围。按道理说，这样的战绩也应当能得到朝廷封赏，然而李广又因为"军几没"而"功自如"，即因为李广的部下几乎全军覆没而功过相抵，结果是"无赏"。

这样看来，李广虽一生与匈奴大小七十余战，也有些军功，但没有一次能达到汉廷封侯的标准。对此，广西民族学院的杨宁宁教授在《从汉匈战争中认识真实的李广》[①] 中，比较了李广和卫青、霍去病在同时期的战功情况，很直观地说明了李广的情况。

综上，在西汉之初这样一个崇尚军功、施行军功爵制度的社会，没有军

---

① 杨宁宁：《从汉匈战争中认识真实的李广》，《中央民族大学学报》（哲学社会科学版）2005年第5期。

功又怎能奢谈封侯？所以李广难封的直接原因就是李广没有军功。

二、主观上，缺乏全局观念

李广难封的原因当然是多方面的，有社会原因，也有运气成分等，但最根本的原因在于李广缺乏全局观念，战场之上表现为目标意识弱，战场之外表现为政治意识弱。

（一）目标意识弱

封侯作为李广的事业理想，对李广来说是一件很严肃的事情，既是他军人世家事业的继续，也是他人生价值的重要体现，更是他的人生目标。所以按照常理来讲，李广应该很认真地对待这件事，他首先应该考虑的是立什么样的军功才能达到国家封侯的标准。稍有头脑的人都应该明白这样一个道理，即作为一个想要封侯的将军，必须有全局观念，应该考虑他带领的军队如何打胜仗，如何立军功，如何以最小的代价换取最大的胜利，而不能仅仅依靠匹夫之勇去多杀几个敌人。既然汉承秦制，关于将领的立功秦朝明文规定："能攻城围邑斩首八千已上，则盈论；野战斩首二千，则盈论。"[1] 看来能在攻城野战中斩首到一定数量才能达到要求，汉代人对此也是很认可的，比如司马迁在著名的《报任安书》中就说："外之，不能备行伍，攻城野战，有斩将搴旗之功。"[2] 此外，秦朝还规定：五人一屯长，百人一将。其战，百将屯长不得斩首；得三十三首以上，盈论，百将屯长赐爵一级。秦朝的这个条文规定，军官不得斩首，须指挥自己的军队杀敌至规定数量才能赐爵。如此规定，原因很简单：军官的职责是指挥战斗，而不是争个人的斩首之功，只有他率领的整支军队大量消灭敌人，才是真正的胜利。所以李广作为一个将军，要想立功封侯就需要有全局观念——不能只顾自己斩杀敌人，而需要率领自己

---

[1] （秦）商鞅撰，高亨注译：《商君书注译·境内第十九》，中华书局1974年版，第149页。
[2] （汉）班固撰，（唐）颜师古注：《汉书》卷六二，中华书局1962年版，第2727页。

的部下去尽可能多地斩杀、俘虏敌人。对一名将领来说，谋略比逞匹夫之勇更重要。李广以"善骑射"著称，个人作战能力很强，从军之后很快受封为汉中郎就是因为他"杀首虏多"；汉文帝感叹他生不逢时也是因为他能够"冲陷折关及格猛兽"；典属国公孙昆邪曾经哭着对汉景帝说："李广才气，天下无双，自负其能，数与虏敌战，恐亡之。"重点突出的李广的"才气"依然是其突出的作战能力。其"尝为陇西、北地、雁门、代郡、云中太守，皆以力战为名"。同样强调李广的个人能力。后面的李广射箭入石以及被匈奴称为"汉之飞将军"和"避之数岁，不敢入右北平"更是将李广超强的个人能力表达得淋漓尽致。元狩二年（前121年），李广的四千骑兵被匈奴的四万骑兵包围，李广奋勇突围之后，司马迁说："军中自是服其勇也"，强调的同样是李广之"勇"。司马迁一直在强调李广之勇，但这对一个渴望军功的军官来说可能并不是最重要的，着眼全局带领部队大规模消灭敌人才是最重要的。"中贵人事件"中李广丢下大部队不管，而只带百余骑兵去寻找三个匈奴射雕手，这是典型的自负和不负责任。其在归途中遭遇数千匈奴骑兵，幸亏李广有点小智谋，不然必被全歼。作为军队指挥官，为了三个匈奴兵，险些让自己的部队失去主帅，实在是得不偿失。元狩二年李广的突围之战确实杀死了不少敌人，但李广自己的部队也"几没"，这如何评军功呢？公孙昆邪已经看出了李广对自己能力的过分自信——"自负其能"而不计后果，甚至于他打猎射虎都好近距离出击，如司马迁所云："其射，见敌急，非在数十步之内，度不中不发，发即应弦而倒。"结果是"其射猛兽亦为所伤"。司马迁进一步指出了李广好用这种方式指挥作战的后果——"用此，其将兵数困辱"。作为一个将领，首先应该尽可能地保存自己的实力，在此前提下去尽可能地消灭敌人才有军功可言。李广如此指挥作战，是明显的作战不计后果，那获得军功的机会将少之又少。《孙子兵法》云：不战而屈人之兵，善之善者也。战争的胜利就是用最少的损失争取最大的胜利，所以"中贵人事件"中李广最后的结局"无赏"，是很合适的，并无不公。如此忽略全局、一味力战的军官，又怎能寄希望于他立功封侯？所以汉文帝对李广的评价"惜乎，子不遇时！如令子当高帝时，万户侯岂足道哉！"并不合适，李广这样一个一味力战，不用谋略、不计后果的将领，即使身处刘邦之世也是不可能立功封侯的。严格地说，李广只是个优秀的士兵，却不是一个合格的将军。从这个角度来说，封侯基本没有实现的可能性。

（二）政治意识弱

作为一个成功的将领应该认识到这样一个问题，战场之上立功需要有全局观念，战场之外同样需要全局观念，而这正是李广所缺乏的。军事是政治的一部分，所以身为军事指挥官的李广，要想立功封侯，必然要考虑他的言行在政治上的影响。否则将一事无成。李广政治意识弱主要体现在两件事上：一是私受梁王将军印事件，一是私杀霸陵尉事件。李广私受梁王将军印事件，从国家制度上来说，这当然是不合适的，会影响汉廷给李广的封赏。如果从政治角度来分析，则影响会更大。景帝与梁王不睦，这在当时的政坛来讲是一件很明显也很重要的事件。尽管梁王在平定七国之乱时出力很多，但如果想要在政治上有长足的发展，势必要与梁王划清界限，毕竟景帝才是国家的君主，这是政治立场问题，直接关系着一个人的政治命运和政治前途。果然李广回朝之后的结果是"无赏"，而李广没有意识到的问题是，李广这一次立功"无赏"并不是最严重的。严重的是，这件事可能会让景帝记住他的政治立场，给他贴上"亲梁"的标签，则李广后半生的立功封赏必定会受此影响。

如果说李广32岁时私受梁王将军印是因为政治经验不足，则李广在58岁时私杀霸陵尉就是非常愚蠢的了。《史记·李将军列传》记载这件事情的时候说道："广即请霸陵尉与俱，至军而斩之"，便再无下文。如果事情仅是这样，那么反映出李广的品质就是狭隘而愚蠢。李广为泄私愤而杀死忠于职守的霸陵尉是违法的，他想立功封侯却偏偏给自己平添这样的污点，实在是愚蠢至极。对照《汉书·李广传》中的相关记载，班固在"至军而斩之"之后还多了一句"上书自陈谢罪"。看来李广明知杀死霸陵尉会犯罪却依然先斩后奏，那么李广一定是预料到皇帝不会拿他怎么样，后面皇帝给李广的那封隐忍的信就证明了这点。那么皇帝为什么不会惩治他呢？因为他能力强，皇帝需要他去抵抗匈奴，后面的"广在郡，匈奴号曰'汉飞将军'，避之，数岁不入界"，也很好地证明了这点。因为皇帝有求于己就有恃无恐地胡乱杀人，这一定会触怒皇帝。对于一个一心想要封侯的将领来说，这无异于自毁长城。私杀霸陵尉这件事情除了体现出李广的狭隘和愚蠢之外，还体现出了李广更深一层的一个特点，即缺乏政治远见。

作为一个有封侯理想的将军，不仅需要能征善战的勇武之力，同时也需要战场之外清晰的奋斗目标以及清醒的政治头脑，不幸的是，善射的李广缺失后者。相较于李蔡，李广的特点十分明显，长于沙场征战而疏于政治谋划，缺乏通盘考虑的能力，不能够兼顾战场与官场两个领域。有因必有果，李广缺乏政治头脑而空有一身勇武，"李广难封"的结局也就不令人意外了。

综上，李广之所以难封，最直接和最客观的原因就是他没有相应的军功，军功爵制的本质就是鼓励军人以军功博得封赏，没有军功又何谈封侯？李广有封侯的目标，但他在战争中没有全局意识，过于注重个人作战能力的发挥，忽视其作为军官的指挥作用，导致他的军队总是难以立下大的军功，因而难以封侯；战争之外，李广也没有全局观念，政治意识弱，不考虑政治立场，导致前途受阻，因而封侯之路困难重重。可以说，没有全局观念是李广最大的弱点。

小结　历史上李广的真实面貌

从以上分析来看，历史上的李广与《史记·李将军列传》中的李广确实是不一样的，李广的家世应该是无疑的，他确实善射，却并不善于带兵。他在战术上确实有一套，而在战略上却全无考虑。他的品格固然高尚，也是司马迁所推崇的。《史记·李将军列传》所记载的并非都是事实，例如，李广并没有射箭入石，后代所说的"精诚所至，金石为开"也与李广无关，至于

"铸铜象其（虎）形为溲器"就更是无稽之谈了。最为重要的是，作为一个将军，却没有一件像样的军功，甚至还被俘虏过，所有这些都指向一个问题——如果抛开《史记·李将军列传》中的传奇描写，恐怕历史上真实的李广应该不会被后人注意到，李广的"名将"之称应该是名不副实。李广之"名"非本身所有，而是司马迁靠一支如椽巨笔赋予的。

第二章　司马迁与《史记》中
李广形象的生成

李广是西汉名将，这种认识的基础是《史记·李将军列传》，并非历史上的李广本人，是司马迁将李广塑造成了名将。本章重点讨论司马迁为何要将李广塑造为名将，以及如何将李广塑造为名将。

第一节　《史记·李将军列传》中的
人物对比写作法研究

对比班固《汉书·李广传》和司马迁《史记·李将军列传》，班固把《史记·李将军列传》第一段中的一句话"广从弟李蔡亦为郎，皆为武骑常侍，秩八百石"转移到了第九段。这里涉及一个重要的问题，那就是司马迁塑造人物形象的一个重要手段——人物形象的对比。

吴小如先生在他的《读〈史记·李将军列传〉》一文中首次提出了研究李广一定要研究《史记·李将军列传》中的其他人物，并把李广之外的其他人物分成了四类进行研究，这对研究司马迁用对比方法进行人物塑造很有启发意义。鲁迅先生评价《史记》为"史家之绝唱，无韵之离骚"，鲁迅在高度评价《史记》的同时其实也非常简洁地道出了司马迁在塑造人物形象时的卓绝才华和良苦用心。细观《史记·李将军列传》，在塑造李广形象的时候，司马迁就像在拍一部电影，他既是导演也是编剧，这部电影只有一个主角，那就是李广。为了拍摄出李广性格、命运的方方面面，司马迁一次次运用蒙太奇手法，让不同的配角——其他人物形象，依次在不同的时间、场合出现，与李广形成对比，以达到他塑造李广形象的目的。

兹就《史记》中有关李蔡的所有材料汇总列如表2-1所示。

表2-1 《史记》中李蔡相关材料统计

《史记·李将军列传》		《汉书·李广传》	
位置	内容	内容	位置
第1段	广从弟李蔡亦为郎，皆为武骑常侍，秩八百石		
第11段	初，广之从弟蔡与广俱事孝文帝。景帝时，蔡积功劳至二千石。孝武帝时，至代相。以元朔五年为轻车将军，从大将军击右贤王，有功中率，封为乐安侯。元狩二年中，代公孙弘为丞相。蔡为人在下中，名声出广下甚远，然广不得爵邑，官不过九卿，而蔡为列侯，位至三公	初，广与从弟李蔡俱为郎，事文帝。景帝时，蔡积功至二千石。武帝元朔中，为轻车将军，从大将军击右贤王，有功中率，封为乐安侯。元狩二年，代公孙弘为丞相。蔡为人在下中，名声出广下远甚，然广不得爵邑，官不过九卿	第9段
第15段	广死明年，李蔡以丞相坐侵孝景园墙地，当下吏治，蔡亦自杀，不对狱，国除 附：广廉，得赏赐辄分其麾下，饮食与士共之。终广之身，为二千石四十余年，家无余财，终不言家产事	广死明年，李蔡以丞相坐诏赐冢地阳陵当得二十亩，蔡盗取三顷，颇卖得四十余万，又盗取神道外墙地一亩葬其中，当下狱，自杀	第14段

李蔡在西汉历史上本无足轻重，汉代史书根本就没有他的传记。将《史记·李将军列传》中的这三个段落联系起来看，便是李蔡一生的踪迹。需要注意的是，每个段落中李广和李蔡都是并举的：李蔡是李广的从弟，他们当

初一起从军，而且都是汉中郎，都任武骑常侍；后来李蔡和李广各自奋斗，然而李蔡步步高升，李广却一直难以封侯；最后，李蔡和李广又因为不同的原因而都选择了自杀。这三个段落是李蔡一生踪迹的一个概括，其实也可以看成李广一生踪迹的一个概括，而李蔡和李广并没有什么深刻的联系，这样看来司马迁其实是在有意识地对李蔡和李广进行对比，这种对比不仅是横向的简单对比，而且是纵向地对比两个人的整个人生。这种有意识的对比不仅体现在李广和李蔡人生内容上的相应对比，还体现在司马迁对这些内容位置的安排上。司马迁把李广和李蔡青年时的对比放在《史记·李将军列传》的开篇，把他们仕途发展状况的对比放在中间，而在文章的最后则对比了他们的自杀结局。司马迁的这种对比是有意识的，而且非常明显。《汉书·李广传》和《史记·李将军列传》关于李蔡的内容并无不同，不同的只是"初，广与从弟李蔡俱为郎，事文帝"这句话在两篇文章的位置，而位置的不同正体现了司马迁和班固不同的创作理念。班固也可能知晓司马迁是在有意识地把李蔡和李广进行对比，他也许觉得"初，广与从弟李蔡俱为郎，事文帝"。这句话孤零零地处在李广传记的第一段不合适，不如把这句话同后面李蔡的相关内容放在一起更恰当——这样就可以集中地介绍李蔡的发展情况了，然而班固不如司马迁的地方正在于此。虽然"初，广与从弟李蔡俱为郎，事文帝"这句话一共不过十几个字，但把这句话放在李广传记的开篇便体现了司马迁把李广和李蔡进行纵向对比的创作观念——司马迁要从一开始就对李广和李蔡进行对比，要对他们进行一生的对比。班固明显是不理解司马迁的这种创作观念，所以想当然地就把这句话从第一段移到了第九段，与李蔡的其他内容放到了一起，只是班固改后并不如司马迁原文更好。

对比是人物形象塑造的一个重要手段，《史记·李将军列传》当中的人物形象对比不止李蔡一处，而且即使是这个对比也并不简单——既有纵向对比，也有横向对比（见图 2-1）。

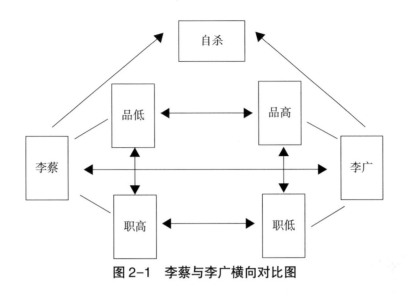

图 2-1　李蔡与李广横向对比图

由图 2-1 可以看出，《史记·李将军列传》中李广和李蔡的横向对比信息量很大。李蔡和李广一同从军抗击匈奴，李蔡人品远逊于李广，然而最后的结果却是李蔡在仕途上平步青云，位至三公，而李广征战一生却始终未能实现封侯的愿望。李广和李蔡最后的结局都选择了自杀，然而他们自杀的原因却完全不同——人品差的李蔡因侵吞国家财产，侵占皇帝陵墓而获罪，属于畏罪自杀；李广非常廉洁不说，他自杀是因为不愿受长官审问受辱，是为了保护自己的尊严而自杀，而且李广贻误战机也并不是李广的错。《史记·李将军列传》中李蔡的存在纯是司马迁要让他与李广作对比，如果把《史记·李将军列传》中有关李蔡的内容全部去掉的话，并不会对李广的信息造成影响。李蔡的存在不但突出了李广的人品之高，更突出了他终生未能封侯的悲哀与不平。在对比李蔡和李广的同时，李广高洁的人品与坎坷的命运又形成了另一对鲜明的对比，这种对比令司马迁也感到非常不平衡，而这也正是李广最吸引人的地方。

《史记·李将军列传》中的人物几乎都是为李广而存在。司马迁在这篇传记中的对比多种多样，非常值得研究，因此本书将逐一探讨司马迁是如何运用对比来塑造李广形象的。

一、运用人物对比突出李广英勇善战

李广之英勇善战是司马迁突出描写的一个重要内容，他通过四种对比把李广英勇善战的形象呈现了出来。

1. 文帝、景帝和梁王之间的对比

司马迁在文章的一开始便交代李广英勇善战，但他并不是直言，而是通过文帝、景帝和梁王表现出来的，不同的是文帝、景帝只是语言上对李广进行夸赞——文帝曾亲口夸赞李广"惜乎，子不遇时！如令子当高帝时，万户侯岂足道哉！"景帝对他的肯定则是通过典属国公孙昆邪说出来的："李广才气，天下无双，自负其能，数与虏敌战，恐亡之"。而梁王则因为看重李广在平定"七国之乱"时的表现——"取旗，显功名昌邑下"，直接就授予李广将军印。这两种对李广能力的肯定方式虽然不同，但效果却一样——开篇便告诉读者李广英勇善战。

2. 李广和属下之间的对比

李广英勇善战是在战争中表现出来的，所以在战争中通过和他的部下的对比很能说明李广的能力。《史记》在战斗中三次对比了李广和他的部下，写出了李广非凡的战斗力和指挥能力。

中贵人事件中的两次对比：

公元前 158 年，军臣单于掌权，拒绝和亲，大肆进攻上郡。汉文帝让中贵人跟从李广带兵抗击匈奴。中贵人带着数十名骑兵外出遇到三个匈奴兵，结果中贵人带伤逃回，其他骑兵被射杀殆尽。为报此仇，李广带领百余骑兵追赶匈奴兵却仅凭一人之力便射杀了其中两人还俘虏了一个，两相对比便可知李广到底有多厉害。

李广射杀两个匈奴兵并俘虏了一个匈奴兵之后，当他准备得胜回营的时候，他发现了数十倍于自己的匈奴骑兵。敌我数量相差悬殊，此时李广和他

部下的反应对比十分明显：刚刚发现匈奴有"数千骑"的时候，李广手下"百骑"的反应是"皆大恐，欲驰还走"。当李广分析了当前的形势，命令部队前进到距离匈奴只有二里的地方并下马解鞍的时候，他的部下更加紧张，"虏多且近，即有急，奈何？"情势越来越紧急，由不得李广的部下不紧张。所有的人都紧张，除了李广。当李广看见匈奴数千骑兵的时候，他立刻根据形势冷静地做出判断并解释给部队听：部队离大营尚远而且匈奴骑兵人多势众，逃跑，必然被杀；如果不逃跑，敌人反倒可能会以为李广等人是诱敌之兵，则有生机。当部队按照李广的命令前进到距离敌人只有二里的时候，李广接着下命令："下马解鞍！"这下李广部下更急了，而李广依然很冷静地给部队解释：匈奴原以为我等要走，可是我们现在却解鞍下马，为的是让他们坚信我们不会逃跑。匈奴果如李广所料没有进攻，李广的确是抓住了敌人的狐疑心理。接着，有个骑白马的匈奴将领出来监护自己的士兵，李广立即将其射杀，然后又回到了自己的阵地，命令士兵把马都放开，都躺在地上——李广实在是太过自信了。这次遭遇战李广赢了，他和他的部队不但全身而退，还消灭了两名匈奴射雕手和一名白马将，并生擒了一名匈奴射雕手。李广之英勇善战由此可见一斑。

李广父子被围：

公元前 121 年，李广同张骞合力攻匈奴。李广以郎中令带领四千名骑兵出右北平，博望侯张骞带领一万名骑兵和李广一同去，各行一路。走了大约几百里，匈奴左贤王带领四万名骑兵包围李广。敌我数量相差又是十倍，司马迁用了两个字形容李广部下的反应——"皆恐"。当战争进行到傍晚的时候，汉军将士已经筋疲力尽，用司马迁的话说就是"皆无人色"，非常形象，足见战争之残酷。

李广已经不是第一次遇见敌众我寡的境况，所以他依然保持着一贯的冷静。他的第一个命令是让自己的儿子李敢带领数十名骑兵纵横冲杀匈奴，然后回来告诉大家匈奴很容易对付，以此来安抚军心。其间，李广还用大黄弩射死了匈奴的一名副将，这同中贵人事件中李广射死白马将一样，显示着李广超凡的战斗力。当众人"无人色"的时候，李广却"意气自如"，无怪乎司马迁用了一句"军中自是服其勇也"来形容李广部下对李广的佩服。这已经不是李广第一次以少敌多，所以不仅李广的部下"服其勇也"，读者亦是"服其勇"了。

3. 李广和其他将领的对比

要突出李广的勇猛善战，和其他将领比较很能说明问题，《史记》正好记录了一件这样的战事。公元前128年，匈奴入侵，不但杀了辽西太守，还打败了韩安国将军，韩将军调任右北平后病死，形势很严重。

皇帝想起了李广，让李广继任右北平太守，以平定匈奴。李广到了右北平之后并没有打仗，倒不是他躲着匈奴，而是匈奴躲着他，用司马迁的话说："广居右北平，匈奴闻之"，"避之数岁，不敢入右北平"，还送了李广一个名号："汉之飞将军。"李广几乎成为神话，和他的这两个同僚相比，李广之神勇已无须多言。

4. 李广和匈奴的对比

李广之神勇最终都体现在作战上，所以表现李广英勇善战最直接的方式就是叙述李广和匈奴的较量。《史记·李将军列传》中，李广和匈奴正面交锋有数次之多，其中三处最能表现李广之英勇。

中贵人事件中的两次：在冷兵器盛行的汉代，弓箭是非常重要的兵器之一。李广擅长射箭，他的部下自然不弱，可匈奴兵更厉害，那次遭遇战中他们仅靠三把弓就几乎全歼了中贵人带领的数十名骑兵，而这三个匈奴兵却是零伤亡，只损失了几匹马而已。当中贵人带伤逃回并把这个消息告诉李广的时候，李广第一个反应就是："是必射雕者也。"这一定是匈奴中最擅长射箭的那些人——射雕手。如果当时的将领不是李广，而是一个一般将领，应该不会贸然出兵，可李广毕竟是李广，"艺高人胆大"，充足的自信让他完全不惧任何来犯之敌，所以李广当即下令追击这三个射雕手。当李广找到这三个匈奴射雕手之后，他并没有以多欺少，而是仅凭自己手中一把弓就射死其中两人，并俘虏了一个，"广身自射彼三人者，杀其二人，生得一人"。一经盘问，原来这三个匈奴人果真是匈奴兵中最擅长射箭的射雕者。李广箭术之高超无须多言。

李广箭术高超其实还有一组对比，那就是李广和"子孙他人"的对比。《史记·李将军列传》中谈到李广箭术高超时说："广为人长，猿臂，其善射亦天性也，虽其子孙他人学者，莫能及广。"意即李广的善射不仅是他勤于苦练，他的身体优势、他的天赋也是别人学不来的，这个对比更加突出了李广无可比拟的射箭技艺。

中贵人事件对于塑造李广英勇善战的英雄形象来说至关重要。当李广已经彻底击败三个匈奴射雕手准备离开的时候，他遇到了数十倍于自己的匈奴骑兵部队。这个时候不仅考验李广个人的勇力，还考验着李广的智力，所谓斗智斗勇就是指此。

这数千匈奴骑兵忽然见到李广等百余骑兵，以为是遇到了汉军的诱敌之兵，也吓了一跳——"皆惊"，立刻占领高地，摆开架势，静观其变。如果确是诱敌之兵，匈奴骑兵应该不会贸然出击；如果不是诱敌之兵，他们肯定会将李广等人一举歼灭。匈奴人没想到这支小股部队不但没有逃跑，反而跑到离他们只有二里的地方停了下来，而且解鞍下马。如此一来，匈奴人"遂不敢击"。其间对方还杀死了自己的一个偏将，这更让匈奴人相信这是大汉一支诱敌之兵。匈奴骑兵始终怀疑李广军是为诱敌而来，所以不敢进攻，傍晚时分又害怕被汉军的埋伏部队偷袭，于是走掉了。

此役中，李广牢牢地抓住了"兵不厌诈"这条作战原则，前后三次向匈奴投下"烟幕弹"：

按照一般情况来讲，当小股部队遇到数量众多的敌人，应当迅速撤退，可是李广偏偏反其道而行之——向敌人进发，而且进发到距离敌人只有二里之遥的地方，这是故意让敌人起疑，避免当下就被袭击。

为了让匈奴相信李广部队确实是诱敌之兵而不敢贸然发动攻击，李广大胆地下令"下马解鞍！"匈奴不会怀疑这个举动——这肯定是诱敌之兵，如若不然何以敢胆大如此？！李广胆大如此，没有吓到匈奴，却吓到了李广的部下，他的兵问李广："虏多且近，即有急，奈何？"

李广等人此时最重要的事不是进攻敌人，而是如何不激怒匈奴，能够全身而退，但李广并不这样想，他的戏越演越逼真。当匈奴方的一个裨将出来监护他的士兵的时候，李广果断地上前杀死了他，而且从容回归本镇。这对匈奴来说是一剂猛药，如果不是有后援部队，怎么可能胆大到如此地步？

李广的这三步棋非常奏效，匈奴始终不敢有所行动。"是时会暮，胡兵终怪之，不敢击。"一直熬到傍晚，匈奴害怕遭到汉军偷袭，所以悄悄撤军，李广军队得以全身而退。这次遭遇战，面对数十倍于自己的敌人，李广凭着自己非凡的智慧和勇力，自己的部队不但毫发无损地回归大营，而且还杀死对方一名裨将，这样的战例在中国古代战争史上恐怕也并不多见。这一番对比下来，李广与匈奴骑兵的斗智斗勇精彩绝伦，高下之分自不待言。

李广被俘：李广被俘而未被杀害，原因很简单。李广威名在外，匈奴单于是个爱才之人，很欣赏李广，"素闻广贤"，所以在俘虏了李广之后并没有杀死他，而是下令"生致之"。李广素以杀敌勇猛闻名，但终因受伤而被俘，所以看守他的匈奴兵一定不敢放松。而李广必定想着逃跑，于是较量就形成了。虽然李广已经受伤，但为了寻机逃跑，他很是动了一番脑筋。"行十余里"之后才行动是为了让敌人放松警惕；"详死"则是为了让敌人彻底放松警惕；李广"睨"，即睐着眼则是采取了一种比较安全的方式在寻找逃跑的机会。当李广夺到好马之后，他并没有急于逃跑，而是顺便还抢了弓箭——如果没有弓箭，李广必定会被匈奴射死在逃跑的路上——他很聪明。李广被匈奴俘虏之后尚能胜利逃脱，李广之英勇善战全面地展示了出来。

二、运用人物对比突出李广人品高洁

司马迁对李广的人品很是看好，为了能够更好地描绘李广的高洁人品，他同样广泛地运用了人物对比。

卫青和李广 卫青在《史记·李将军列传》中的形象并不高大，他知道匈奴单于所在位置之后就独自去追击，而令身为前将军的李广走不利行军的东道，这是急于求功，属自利；他想让刚刚失去侯位的公孙敖与单于接战，这样就有机会重新获得侯位，属自私；当李广向卫青申辩这个事情的时候，卫青根本不予理睬，属刚愎自用；当战斗失利之后，卫青急于向皇帝说明是李广造成整个战斗的失败，属推卸责任。

与卫青相对，李广在武帝因他年老、数奇而不同意他参战时，他数次请战，谓坚持不懈；他申诉之后尽管卫青没有同意他的请求，但他依然按照卫青的命令办事，谓恪尽职守；当卫青追究责任的时候李广说："诸校尉无罪，乃我自失道"，谓勇于担当；李广因不愿面对刀笔之吏的审问而自杀，谓"士可杀不可辱"。

经此对比，卫青和李广的人品高下立分。卫青是个自私自利、刚愎自用、习惯推卸责任的长官，而李广则是个坚持不懈、恪尽职守、勇于担当的义士。司马迁的对比虽无明言，潜喻其旨。字里行间卫青和李广二人的人品早已高下立判。

李陵和李广 李陵是李广长子李当户的遗腹子，其擅长射箭、爱兵如子，曾经带领八百骑兵深入匈奴领地两千里，可以说有当年李广的遗风。然而当他最后为匈奴所围的时候，他却选择了投降——这对一个军人来讲是莫大的耻辱，李陵自己也认识到了这个问题，他投降之前说过："无面目报陛下！"

李广"结发与匈奴大小七十余战"，无数次面对死亡，很多次面临绝境，也曾经被俘虏过，但他一次次死里逃生，从未感到恐惧。最后却因为不堪忍受刀笔之吏的审问而自杀，这就是后人所谓的"然饿死事极小，失节事极大"[①]。对于一个士来讲，比起生命，尊严更为重要。李广做到了，而李陵却

---

① 王云五主编：《河南程氏遗书》卷二二，商务印书 1935 年版，第 328 页。

没有做到。

三、运用人物对比描写李广数奇以及治军特点

《史记·李将军列传》还叙述了李广的其他特点，比如他的"数奇"和他的治军特点等，这些也都是通过人物形象的对比表达出来的。李广"数奇"是汉武帝最早说出来的，确实说出了李广人生的一个重要特点。《史记》通过元朔六年的一次战争，运用形象对比的手法描述了一次李广的"数奇"："元朔六年，广复为后将军，从大将军军出定襄，击匈奴。'诸将'多中首虏率，以功为侯者，而广军无功。"很多人都有战功，李广却没有任何收获，可见造化弄人。

李广在治军上非常有特点，司马迁也是通过对比李广和程不识实现的。武帝初立，广以上郡太守为未央卫尉，而程不识也是长乐卫尉，程不识与李广都以边郡太守的身份领兵屯驻。程不识和李广之间的对比司马迁是通过两种方式叙述的：一是源于司马迁的叙述，一是程不识自述。

程不识治军以规范为主要特点，他整饬部曲编制，规范行伍队列和阵营，夜击刁斗警戒，官兵们处理军中簿籍直到天明，军队得不到休整。程不识手下的士兵都叫苦连天，但从未遇到敌人进攻。李广治军则以简易为主要特点。李广行军作战不讲究部曲编制和行列阵势，靠近良好的水源草地驻扎，住宿停留时，士兵们怎么方便怎么来，不敲击刁斗用以自卫，军中幕府的文书簿籍都很简约，在军营远处设置侦察瞭望哨，也从未遇到突然的进攻。

关于以上的对比，程不识自己其实有清醒的认识，他曾说："李广军极简易，然虏卒犯之，无以禁也；而其士卒亦佚乐，咸乐为之死。我军虽烦扰，然虏亦不得犯我。"

程不识治军极烦琐，所以士兵们苦不堪言；士兵们之所以乐意在李广手下当兵，而且乐意为李广而拼命。其实不止因为李广治军简易，还因为李广爱兵如子，"广之将兵，乏绝之处，见水，士卒不尽饮，广不近水，士卒不尽

食，广不尝食。宽缓不苛，士以此爱乐为用"。更因为李广廉洁，"广廉，得赏赐辄分其麾下，饮食与士共之。终广之身，为二千石四十余年，家无余财，终不言家产事"。李广治军靠的不仅是他的简易，还有他的个人魅力。在这样一个品行廉明、管理宽松的将军手下当兵，应该是一件很快乐的事，无怪乎李广的士兵会"乐"，而且"咸乐为之死"。司马迁就是这样通过李广与程不识的对比把李广的治兵方法写了出来。

由此可以看到，在塑造李广形象的过程中，司马迁有意地进行对比，以突出李广的形象特点。李广的英勇善战在和匈奴的对比中当然可以得到最直接的体现，然而司马迁还对比了李广和他的部下、同僚，在一开始还通过景帝、文帝和梁王的对比交代李广英勇善战；如果说卫青和李陵都与李广有很重要的联系，因而其对比也不得不交代的话，那么李广和李蔡、程不识的对比则是司马迁有意加进去的。他们和李广的人生没有必然的联系，完全用以塑造李广形象。司马迁就是这样通过有意和无意的对比塑造了一个英勇善战、品德高洁，但又命运多舛的李将军形象。

第二节　同中辨异识英雄——项羽和李广的对比研究

对比，是人物塑造中常用的一种方法。司马迁在《史记·李将军列传》中多次运用对比手法，然而放眼《史记》中的其他人物形象，却发现《史记》中不乏与李广相似的人物形象，例如项羽就是其中的一个。李广和项羽是《史记》中两个非常重要的人物形象，司马迁在这两个人物身上都花费了非常多的精力，对比这两个人物形象对于深入认识这两个人物形象以及探究司马迁的创作观念无疑都有着重要的作用。下面本书将从家庭及出身、战场表现、思想观念以及最后结局等四个方面来综合比较《史记》中的李广和项羽这两个历史人物，以期有所创获。

一、家庭及出身

项羽死后约十六年，李广生出。他们都是著名的将领，考察他们的家世会发现他们之间有着诸多的相同之处，甚至于在家庭、出身方面都有着惊人的相似之处。

项羽和李广都出身于军人世家　关于项羽和李广的家族事迹，《史记》都有提及。据《项羽世家》记载：

> 其季父项梁，梁父即楚将项燕，为秦将王翦所戮者也。项氏世
>
> 世为楚将，封于项，故姓项氏。

据这段文字可知，楚国的项羽家族是军人世家，他们世世代代为了楚国的事业征战不已，历史上著名的大将项燕正是项羽的祖父。李广出身于北方的陇西，他同样出身于军人世家：

> 其先曰李信，秦时为将，逐得燕太子丹者也。

根据《新唐书·宗室世系表上》的记载，李广家世非常显赫，李广祖上是老子。老子生李宗，李宗曾任魏国干木大夫，封于段；李宗生李同，李同曾任赵国大将军……李瑶生李信，李信曾任秦国大将军，被封陇西侯，灭燕战争中曾俘获燕太子丹；李信生李超……李尚生李广。从这段材料可知李广家族同样是军人世家，而且李广的祖上在秦国历史上贵显荣耀。据《史记》和《资治通鉴》记载，李广的祖上李信，曾经和项羽的祖父项燕在秦始皇二十二年（前225年）打过一仗——秦将李信曾率20万大军进攻楚国，为楚国大将项燕所败，秦军几乎全军覆没，还有七个都尉被杀死。由此可见，项羽和李广之所以能够在军事上有所成就，与他们的家族对他俩的影响是分不开的。

项羽和李广都是年少从军　出身军人世家的项羽和李广耳濡目染着祖先的光辉业绩，所以他们也早早就加入了军人行列。项羽出生在秦末乱世，史载："项籍者，下相人也，字羽。初起时，年二十四。"李广生长在陇西边境，

他家祖上历来都以戍守边境为己任。所以孝文帝十四年，当李广听闻匈奴大入萧关的时候，就以良家子①的身份毅然从军。又因为他擅长骑射，从军之后杀敌数量多，表现突出，所以很快就被任命为汉中郎。再结合李广自杀时所言，可知李广从军时的年纪当为二十岁。同样是名门之后，同样是少年从军，项羽和李广的人生起点极其相似。

项羽和李广都是有志青年 理想从来都是前进的动力，项羽和李广都有着明确的功业理想。关于项羽的志向，《史记》有两处记载：

> 项籍少时，学书不成，去学剑，又不成。项梁怒之。籍曰："书足以记名姓而已。剑一人敌，不足学，学万人敌。"于是项梁乃教籍兵法，籍大喜，略知其意，又不肯竟学。

> 秦始皇帝游会稽，渡浙江，梁与籍俱观。籍曰："彼可取而代也。"梁掩其口，曰："毋妄言，族矣！"梁以此奇籍。

从这两段文字可知，项羽的志向从来没有放在眼前，也从来没有只考虑个人前途，或是只为糊口，一句"彼可取而代也"直白地道出了项羽是志在天下。李广从小也很有理想，那就是封侯，这应该是源于他祖上的荣耀历史对李广的影响。翻看李广的家族史，不难发现李广的祖上屡有出将入相者，这对李广的人生目标应该有着极大的激励作用，当然更与李广突出的个人战斗力有关。为了封侯，李广一生都奋斗在与匈奴作战的第一线；为了封侯，李广在反思无果之后竟求教于"望气王朔"探询为何自己未能封侯，可见其实现理想的迫切心情；为了封侯，李广在 67 岁高龄之际依然多次、坚决地请求出战匈奴单于，充当前锋，并企图在最后一战中实现封侯愿望。理想，让这两位青年不断地奋斗。他们不断地在沙场拼杀，然而理想终未实现，他们最后的自杀也正是源于理想的破灭，可悲可叹。

项羽和李广都有着很强的个人能力 项羽和李广的身体条件都很好。史

---

① 这里还有一个问题需要注意，就是"良家子"，其义并非一般意义的良家的子女，而是有特定的时代意义。

载项羽"长八尺余，力能扛鼎，才气过人，虽吴中子弟皆已惮籍矣。"项羽小的时候既不愿意学文，也不愿意学武，最愿意学的是兵法，可见项羽就是个天生做将军的料；李广则是个天生的射箭高手，身体条件亦不弱，史载其"为人长，猿臂，其善射亦天性，虽子孙他人学者莫能及"。项羽打仗的能力自不待言，他对于兵法的学习和运用要比李广强上不知多少倍，而且难能可贵的是，项羽还有其他能力是李广所不及的。项羽既爱江山也爱美人，还通音律，擅作歌，垓下之围时项羽的表现就很能说明问题。他的那首《垓下歌》感染力颇强，淋漓尽致地表达出了他兵败被围的无奈：

> 项王军壁垓下，兵少食尽，汉军及诸侯兵围之数重。夜闻汉军四面皆楚歌，项王乃大惊曰："汉皆已得楚乎？是何楚人之多也！"项王则夜起，饮帐中。有美人名虞，常幸从；骏马名骓，常骑之。于是项王乃悲歌慷慨，自为诗曰："力拔山兮气盖世，时不利兮骓不逝。骓不逝兮可奈何，虞兮虞兮奈若何！"歌数阕，美人和之。项王泣数行下，左右皆泣，莫能仰视。

这首诗很可能是中国历史上第一首个人诗歌作品，而他和虞姬的这次诗歌唱和也可能是中国诗歌史上的第一次诗歌唱和，他在中国诗歌史上的地位由此奠定。李广除了在战场上带兵打仗则完全没有文学方面的才能，他只擅长射箭，司马迁在《史记·李将军列传》中花费了很多笔墨来记述李广善射，例如下面的两段文字：

> 广出猎，见草中石。以为虎而射之，中石没镞，视之石也。因复更射之，终不能复入石矣。

> 广为人长，猨臂，其善射亦天性也。虽其子孙他入学者，莫能及广。广讷口少言，与人居则画地为军陈，射阔狭以饮。专以射为戏，竟死。

李广不但以射箭为业，更只以射箭作为一生唯一的娱乐。项羽与李广对比来看，项羽的能力强而且多，所以他曾经达到了他人生的最高峰——几乎统一中国。李广最擅长射箭，也只会射箭，所以他的成就也就无法和项羽相比了。

二、战场表现

项羽和李广都是驰骋沙场的英雄，他们在战场上的表现有诸多可比之处，其勇猛、胆略等确实可以相提并论。

项羽和李广都非常勇猛 项羽和李广都是猛将，他们的勇猛程度不分伯仲。项羽起事之初刚刚24岁，为夺会稽之兵，谈话之间就将郡守殷通的人头砍下。郡守的部下大为惊慌，一片混乱，项籍一连杀了一百来人。整个郡府上下都吓得趴倒在地，没有一个人敢起来。这样的事项羽做过不止一次，诛杀上将军宋义也是同样的情形。"巨鹿之战"中，项羽的勇猛自不待言。项羽之勇猛以垓下之战表现得最为突出。垓下行将战败之时项羽仅靠28名骑兵就在汉兵包围圈中"三进三出"，而且说要"取彼一将"就真的斩了一名汉将。追赶项羽的赤泉侯只是被项羽瞪大眼睛呵斥了一下就连人带马都被吓坏了，倒退了好几里。之后，项羽又斩了一名汉军都尉，杀死百八十人。所有这一切做完之后，28名骑兵仅仅损失了2名。项羽的勇猛在这一战里被表现得淋漓尽致，项王的英雄形象跃然于纸上。

从项羽和李广二人在历史上的地位来看，李广当然比不过项羽，然而司马迁对于李广的勇猛的描写却要比项羽详尽得多，也丰富得多。为了突出李广的勇猛，司马迁不但引用了汉文帝对于李广的评价（"惜乎，子不遇时！如令子当高帝时，万户侯岂足道哉！"），还通过梁王赏赐李广将军印来突出李广之勇猛，甚至通过匈奴来突出李广的英勇（"广居右北平，匈奴闻之，号曰'汉之飞将军'，避之数岁，不敢入右北平。"）司马迁自己也对李广的勇猛做过直接的表述："（李广）尝为陇西、北地、雁门、代郡、云中太守，皆以力战为名。"李广勇猛的最直接表现还是得看李广在战争中的表现。元狩二年（前121年），65岁的李广带领四千名骑兵出右北平，结果被匈奴左贤王带领的四万名骑兵包围。面对十倍于自己的敌人的包围，如果不出意外，李广等人必败无疑，然而李广此战却非常令人佩服。他命令自己的儿子李敢主动出击以稳定军心。接着李广布成圆形阵势，与匈奴鏖战。很快，汉兵死亡过半，汉军的箭将要用尽。李广就命令士兵拉满弓不发箭，李广亲自用大黄强弩①射敌人的裨将，射杀数人，敌人攻势逐渐减弱。战到最后，大家已经都面无人色了，李广却意气自如。这一战不但让李广的军士知道了李广的勇猛，更让读者了解了李广的勇猛。

项羽和李广都非常有胆略　胆略是胆量和谋略的结合，指人在情况紧急的时候不但有胆量而且能够审时度势地做出最合理的判断并想出办法来应对危急的态势。项羽和李广无疑都具有这种将领必备的素质。"巨鹿之战"中项羽的"破釜沉舟"历来为人们所熟知。为援巨鹿，项羽率领全部军队渡过漳河。当时的形势是敌众我寡，如果不能想办法让兵士奋力拼杀，那么恐怕援救不但不会成功，自己也会落得个兵败身亡，所以项羽选择了把自己的部队逼上绝路。他不但把船只全部弄沉，把锅碗全部砸破，还把军营全部烧毁，只带了三天的干粮。以此向士卒表示一定要决一死战，毫无退还之心。部队抵达前线后，楚军战士果然无不以一当十，杀声震天，大败秦军，杀了苏角，俘虏了王离。自此，项羽真正成了诸侯的上将军，各路诸侯都隶属于他。此一战项羽不但大获全胜，而且还因为"破釜沉舟"而在历史上留下了浓墨重彩的一笔。

所谓"胆量"只有在处于弱势的时候才能够显出来。李广曾经被俘，他靠着自己的胆略竟然逃了出来。如果这个胆略不算大的话，那么李广后元六年（前158年）②带领百余名骑兵正面遭遇数千名匈奴骑兵则是对李广胆略的

---

　　①　大黄弩，又称黄肩弩，是汉代著名冷兵器，是步兵有效克制骑兵的一种武器。汉代的弩强度按石来计算，分一石至十石，大约引满一石弩需27—30公斤的力量，其中十石弩最强又被称为黄肩弩，大黄力弩。

　　②　据裴骃集解，"匈奴大入上郡"的时间应是"孝文后六年冬"，即后元六年（前158年）的冬天。

严峻考验了。面对数十倍于自己的敌人，而且距离极近，逃生几乎不可能，就更不用说胜算了，然而李广却靠着他的胆略让自己和自己的百余名骑兵全身而退。李广用的是心理战。当李广看到"匈奴……皆惊，上山陈"的时候，他准确地判断出了匈奴以为自己是汉军疑兵，这里就隐藏着一线生机。所以他立即将计就计，用疑兵之计来对付敌人。他不但命令部队主动靠近敌人，而且全部解鞍下马，还主动袭击了对方白马将。这一系列的举动确实发挥了效用，迷惑了匈奴，使他们始终认为这是一小股诱敌之兵，让他们认为这小股敌人后面必然有埋伏，所以迟迟不敢对这区区百余汉军骑兵发动攻击。最后，竟然还是匈奴骑兵主动退兵，危机至此彻底解除。

关于项羽和李广的胆略，从相关的事例来看，项羽的胆略多用在进攻方面，而李广则多用在自保方面，这恐怕是项羽和李广战场表现的一个重要区别。项羽勇于进攻而善于进攻，所以他取得了很大的成绩；而李广只有身处危险的时候，只有需要自保的时候，他的胆略才会被激发出来，因而李广屡次从危险中解脱出来，却没有取得骄人的战绩。

项羽和李广都曾坑杀降卒　学界有些学者倾向于"坑杀"并非"挖坑活埋"，而是"设计欺骗杀降"，这种意见非常中肯。短时内同时挖坑活埋上万人几乎是不可能的，在情况紧急的时候尤其不可能，因而笔者倾向于"坑降"是"设计欺骗杀害已经投降的士兵"。项羽坑杀降卒在中国历史上非常出名。公元前206年，项羽曾在新安城南一夜杀死秦卒二十余万：

> "项羽乃召黥布、蒲将军计曰：秦吏卒尚众，其心不服，至关中不听，事必危，不如击杀之，而独与章邯、长史欣、都尉翳入秦。"
> 于是楚军夜击坑秦卒二十余万人新安城南。

姑且不讨论项羽坑杀这二十万人是否完全错误，因为如果不设身处地从项羽的角度来思考问题，就很难得到一个合理的答案。假使项羽不杀死这二十万人，后果很难讲，二十万人数量太大了，这二十万人很可能就会毁掉项羽之前所有的努力，甚至会毁掉项羽本人。如果现在假使项羽杀死这二十万降卒是合理的，那么这个假设必须有一个前提，那就是不杀掉这些人就难以实现既定目的，也就是说"坑降"必须在非常有必要的情况下才能实施。项羽"坑降"并不止这一次，"坑降"似乎成了项羽对待已降兵士的习惯做法：

> 项梁前使项羽别攻襄城，襄城坚守不下。已拔，皆坑之。

> 汉之二年冬，项羽遂北至城阳，田荣亦将兵会战。田荣不胜，走至平原，平原民杀之。遂北烧夷齐城郭室屋，皆坑田荣降卒，係虏其老弱妇女。

从上面这两段文字可以看出，项羽坑杀襄城兵卒只为泄愤，而坑杀田荣的降卒则几乎没有什么理由。这样说来，项羽坑降的做法就没有什么逻辑可言，只能用"残暴"这个词来形容了。项羽并不是没有机会看到不杀降的益处，只是他并没有因此而改变：

> 外黄不下。数日，已降，项王怒，悉令男子年十五已上诣城东，欲坑之。外黄令舍人儿年十三，往说项王曰："彭越彊劫外黄，外黄恐，故且降，待大王。大王至，又皆坑之，百姓岂有归心？从此以东，梁地十余城皆恐，莫肯下矣。"项王然其言，乃赦外黄当阬者。东至睢阳，闻之皆争下项王。

这次战争和之前项羽攻打襄城的战争一样，先是久攻不下，攻下之后就把所有降卒全部杀掉，然而一个13岁的孩子竟然说动了项羽，项羽随之取消了坑杀外黄县所有"男子年十五已上"的命令。这次坑杀命令取消的效果十分明显，"东至睢阳，闻之皆争下项王"。然而项羽并没有因此而改变，项羽到死都认为他的失败是"此天之亡我，非战之罪也"。司马迁最早指出这种看法的错误性，项羽最后的失败和他的残暴是很有关系的，而项羽习惯性的"坑降"正是他残暴性格的典型表现之一。

李广也曾杀降，虽然只有一次，但这件事却成了李广的终生遗憾：

> 朔曰："将军自念，岂尝有所恨乎？"广曰："吾尝为陇西守，羌尝反，吾诱而降，降者八百余人，吾诈而同日杀之。至今大恨独此

耳。"朔曰："祸莫大于杀已降，此乃将军所以不得侯者也。"

李广非常坦率地承认了他曾经"诈而同日杀"了被他"诱而降"的800人，人数和项羽的20万比起来实在是太少了，然而李广一生都在为这件事感到遗憾，可见李广是具有反思精神的，而项羽恰恰缺少这种精神。王朔认为正是这件事导致了李广人生的最终失败，这种观点我们当然难以认同，但是不得不说李广在坑降这件事上要比项羽做得好。项羽的失败与他的残忍是分不开的。

三、思想观念

思想观念在某种程度上决定着一个人的言行，项羽和李广的思想观念中有很多不足之处，这是导致他们悲剧人生的根本原因之一。

项羽和李广都很愚蠢　凡成大事者头脑必须聪明，愚蠢则难成大事。项羽和李广在他们各自的人生中都犯过愚蠢的错误。纵观这些愚蠢的错误给他们的人生造成的影响，可以得出这样一个结论：一个人越是愚蠢就越是失败，尤其在自己人生或者历史的关键时期。

李广的愚蠢集中体现在两件事情上：一是接受梁王将军印，一是霸陵尉事件。前元三年（前154年），"七国之乱"爆发。因为看到李广在平叛战乱中的优异表现，所以梁王竟然私下要赐给李广一个将军印。梁王是文帝次子，倚仗窦太后的宠爱和梁国地大兵强欲继景帝之帝位。如果李广有点头脑就不应该接受梁王的将军印，这是事关仕途的一个原则性事件，然而李广愚蠢地接受了梁王的将军印。他的愚蠢行为立刻就得到了惩罚——"以梁王授广将军印，还，赏不行"。事情到这里并没有完，从长远的角度来看，李广一生都未封侯，很可能与他的这次愚蠢行为有关。试问皇帝怎么会重视、重用一个没有一点政治眼光的将领呢？

除了接受梁王将军印，李广的另一愚蠢行为就是杀霸陵尉。霸陵尉是个尽忠职守的好守门官。尽管他拒绝李广入城时是喝了酒的，但他并没有说错什么或做错什么。他拒绝给李广开门完全是职责所在，何错之有？然而李广还是利用皇帝征召他进攻匈奴的用人之际，凶狠地杀死了霸陵尉。愚蠢到仗势随意杀人，这不可能不影响他的仕途。

李广的身份决定了他的愚蠢行为只会让他难以升职，而项羽的愚蠢则会直接导致他身败名裂。类似于项羽要找刘邦决斗以结束长久的征战这样的幼稚、愚蠢小错误在项羽身上根本不值一提，项羽所犯的几个重大愚蠢错误最终导致了他的失败。

1. 鸿门宴上不杀刘邦

鸿门宴是关乎项羽人生与事业最关键的一个事件，项羽在鸿门宴上的愚蠢表现最终导致了他的失败。在这次宴会上他犯的错误有好几处：

一是不该出卖曹无伤。曹无伤本是刘邦手下的左司马，正是他告诉项羽刘邦想要在"关中称王"，可以说曹无伤就是项羽埋伏在刘邦身旁的一个高级间谍，项羽却在鸿门宴上出卖了他。项羽的这一愚蠢行为并未给刘邦造成任何影响，反倒使自己失去了一个情报的来源。曹无伤忠心为项羽搜集情报却换来项羽的无情出卖，以后谁还给项羽传递情报呢？

二是不听范增的话。范增在宴会上"数目项王，举所佩玉玦以示之者三，项王默然不应"。如果项羽听了范增的话，当机立断杀死刘邦，根本就用不着项庄舞剑以刺杀刘邦，就更没有项羽以后的最终失败了。

三是得知刘邦已经逃跑却不知犯错。刘邦利用上厕所的机会悄悄逃跑，只是让张良把白璧呈给项羽。项羽的反应完全出乎范增的意料，他不但不后悔而且也并未组织追兵，而是"受璧，置之坐上"。好像是得了什么价值连城的宝贝一样，这就无怪乎范增有下面的反应了：

> 亚父受玉斗，置之地，拔剑撞而破之，曰："唉！竖子不足与谋。夺项王天下者，必沛公也，吾属今为之虏矣。"

2. 杀秦王子婴，烧阿房宫，夺取秦朝财宝和妇女

刘邦本是贪财好色之徒，但是当他进入咸阳之后却是另外一番表现，诚

如范增所言:

> 沛公居山东时，贪于财货，好美姬。今入关，财物无所取，妇女无所幸，此其志不在小。

再结合《高祖本纪》中的记载即可知刘邦是一个多么聪明的人。刘邦不仅善待已经投降了的秦王子婴，而且把秦宫中的贵重宝器财物和库府都封好，然后退回来驻扎在霸上；刘邦先是废除了秦朝的苛政，接着请来各县的父老和有才德有名望的人，和他们约法三章："杀人者死，伤人及盗抵罪"，很好地维护了咸阳的局势；刘邦不但不抢夺百姓的财物、粮食，即使是咸阳百姓犒劳汉军的食物，刘邦都是坚辞不受，说："仓粟多，非乏，不欲费人。"这么做的结果是"人又益喜，唯恐沛公不为秦王"。用一句话来概括刘邦在咸阳的表现那就是收买民心。

与刘邦相比，项羽在咸阳的表现则尤其显得愚蠢至极。刘邦在咸阳的所作所为项羽一定都听说了，收到了很好的效果，可是他却并没有把刘邦作为榜样。项羽进入咸阳之后，他的残忍本性暴露无遗，不但杀死了秦王子婴，放火烧了阿房宫，还抢夺了所有的财宝并掳走了很多妇女，结果民心尽失！项羽焉有不败之理?！

3. 听不进别人的建议

项羽进入咸阳之后有人劝他就在关中建都以图霸业，所谓"关中阻山河四塞，地肥饶，可都以霸"。然而项羽的反应却让人大失所望，他看着被他烧毁的咸阳城，想起了他的家乡，竟然说出了"富贵不归故乡，如衣绣夜行，谁知之者!"这样毫无见识的话。如果当时刘邦处于项羽的位置，恐怕刘邦会立即采纳这个建议并重赏这个进言之人的，然而项羽根本听不进这个重要的建议。当这个人因生气而说了一句"人言楚人沐猴而冠耳，果然"的时候，项羽不但没有醒悟，反而是残忍地杀害了这个人。项羽因此又失去了一个可以称霸天下的机会。范增在项羽等人起事之初建议把楚怀王的嫡孙熊心立为怀王以获得民心，然而随着战争形势的发展，在项羽给了这个怀王一个虚衔

"义帝"之后却把他杀了。范增的这个建议是非常好的，如果保留着这个怀王，不但可以获得民心，还可以"挟天子以令诸侯"，而项羽早就忘记了范增的这个建议，这个愚蠢的错误加速了他的失败。

4. 怀疑、疏远范增

项羽的失败有诸多原因，对人才的不重视当是重要的原因之一，这里面尤其需要提的就是范增。范增"素居家，好奇计"，投身项梁、项羽的时候已经七十岁，然而这个人每每在关键时刻总是能够做出正确的判断。项羽对此人如果能够善加利用，可以说是"如虎添翼"。项梁、项羽起事之初，建议立熊心为楚王以收买民心、壮大势力的是范增；建议项羽杀死刘邦的是范增；鸿门宴上用眼神和玉玦多次提醒项羽杀死刘邦的是范增；命令项庄舞剑以刺杀刘邦的是范增，刘邦走后击碎玉斗指出项羽命运的是范增；在荥阳楚军即将打败汉军时劝项羽不要接受刘邦的讲和，而要一鼓作气消灭刘邦的还是范增。然而，项羽却因刘邦一个小小的离间计就把范增的权力给剥夺了。从此之后，再没有谁能够给项羽出谋划策，项羽就这样失去了一个真正的谋士，最终走向失败。

项羽和李广心胸都很狭窄　从某种意义上来说，一个人的胸怀决定着一个人的未来。项羽虽然曾经号称"楚霸王"，几乎雄霸天下，然而他的胸怀却并不与他的伟大功绩相匹配，他的心胸小得很。且不说他残忍杀害了那个骂他"楚人沐猴而冠耳"的人，他杀死秦王子婴就很难说他是个大度之人。人言刘邦本是无赖，然而他进入咸阳之后却并未杀死子婴，他是这样说的："始怀王遣我，固以能宽容；且人已服降，又杀之，不祥。"乃以秦王属吏，遂西入咸阳。刘邦能宽容人，不杀已降之人，依法办事，这些都要比项羽强很多。刘邦和项羽一比较，就可见楚怀王看人很准，刘邦确实是胸怀宽广之人，而项羽则难以与之相比。

据《左传》记载，公元前 589 年，齐国和晋国在鞌地有过一战，史称"齐晋鞌之战"。齐军战败之后，为避免齐顷公被俘，逢丑父主动假冒齐顷公，因而被晋国俘虏。得知实情后，就在郤克将要杀死逢丑父的时候，逢丑父喊了一句："自今无有代其君任患者，有一于此，将为戮乎!"① 逢丑父的这番话很有用，郤克说："人不难以死免其君，我戮之不祥。赦之，以劝事君者。"于是就把逢丑父给释放了。项羽在和刘邦征战的时候也曾经遇到过这样的事情。公元前204年，项羽把刘邦围困在荥阳城内不得出。关键之时，汉将纪信对刘邦说："事已急矣，请为王诳楚为王，王可以间出。"刘邦于是趁夜把两千多名身披铠甲的女子放出东门，楚军立即就从四面追赶围打这些人。这时纪信乘坐着汉王的车驾，假扮成汉王的样子诳骗楚军。楚军一起高呼万岁，都到城东去观看，因此刘邦才得以带着几十名随从骑兵从城西门逃走。纪信当然被项羽俘虏了。他和项羽有两句简短的对话：

　　项王见纪信，问："汉王安在?"曰："汉王已出矣。"

或许此时，385年前的历史又要重新上演，然而项羽却没有学当年的郤克义释纪信，而是残忍地"烧杀纪信"。宽恕与宽容的力量向来要强于复仇和屠戮，宽容的前提是宽广的胸怀，项羽却没有这种胸怀，这当然是他失败的原因之一。

李广心胸狭窄，古今学者关于这一点早就达成了共识。李广借皇帝征召他攻打匈奴之机，公报私仇杀死了曾经阻止他夜入霸陵亭的霸陵尉，这件事李广做得很不对。首先，霸陵尉所作所为并无过错，是个恪尽职守的官吏。本来夜入霸陵就是非法之举，所以尽管霸陵尉是趁醉呵止李广入城，但他所做的就是他的本职工作；其次，虽然霸陵尉酒醉，但他所言也并无不妥："今将军尚不得夜行，何乃故也!"按照当时的命令，即便在职的将军都不让夜行，一个被罢了官的将军，当然更不能夜入霸陵亭了。此言并无小觑李广的意思，可见霸陵尉真正是在秉公执法；最后，李广是不是具有这样一种心理，他觉得自己曾经杀敌无数，而且名扬天下，所以人人都认识他，殊不知这个

---

① 杨伯峻编著：《春秋左传注》，中华书局1995年版，第794页。

霸陵尉也许就不认识他，或者即便认识他也并不想违背命令予以放行。如此说来，李广的心胸真的很小，而那个霸陵尉的死也真的很无辜。李广杀死霸陵尉的这个事件，对李广的仕途不能说没有影响，因为李广是在皇帝要依靠他打仗的时候杀死了霸陵尉，李广因为觉得皇帝要依靠他抵抗匈奴，所以就有恃无恐。李广这样解决问题是欠考虑的，皇帝肯定不会高兴，而皇帝可以决定李广的命运。由此而言，李广的心胸狭窄其实已经影响到了他的整个命运。

项羽和李广有着相同的"天命"观　几乎是古今中外的所有人都有思考过命运。人类可以控制很多东西，然而对命运却始终无能为力，于是很多人把不可知的命运归结为天命。项羽和李广在这一点上非常相似，他们都是在失败之后，在生命的最后时刻才说出了他们对天命的无可奈何。项羽的"力拔山兮气盖世，时不利兮骓不逝"，很明显地表现出了他对命运的无可奈何；被围垓下之时，项羽对他的部下说：

> 吾起兵至今八岁矣，身七十余战，所当者破，所击者服，未尝败北，遂霸有天下。然今卒困于此，此天之亡我，非战之罪也。今日固决死，原为诸君快战，必三胜之，为诸君溃围，斩将，刈旗，令诸君知天亡我，非战之罪也。

项羽说完这些话以后真的带着他的部下又三次冲入汉军阵营，不但无一伤亡，还斩杀了一员将领和很多汉军，项羽以此向他的部下证明是"天"要"亡"他。"天之亡我，非战之罪也"这句话非常清楚地表明，项羽对于自己的能力非常自信，但对于自己的困境却找不到原因，所以他最后只能把自己的困境归因于"天"。正当项羽在乌江边走投无路的时候，乌江亭长要用小船渡项羽，项羽又说："天之亡我，我何渡为！"项羽是一个不懂得反思的人，即使最后走向兵败身亡的时候，他也并没有认真反思过他失败的内在原因。一个只会抱怨命运的人，最后的结局一定是失败。

李广也相信"天命"。与项羽不同的是，李广中年的时候就反思过为什么他总是不能封侯——李广问"望气王朔":"岂吾相不当侯邪?且固命也?"虽然在王朔的引导下,李广想起了他担任陇西太守时曾坑杀过800羌人,但这并不是李广一直未封侯的真正原因。李广最后的反思也发生在李广兵败之时。当时卫青要追究李广罪责,李广对自己的部下说:

> 广结发与匈奴大小七十余战,今幸从大将军出接单于兵,而大
> 将军又徙广部行回远,而又迷失道,岂非天哉!

李广一生征战却未能封侯,最后一战不但绕远还迷失了道路。面对着自己人生的失败,李广实在找不到原因,所以他也只能把自己的命运归因于"天"了。遇到问题总是向外找原因的人,最终很难找到真正的原因,而最后的趋势是他们都很倾向于把自身失败的原因归在"天"上,而这样做绝对是于事无补的。

项羽和李广都非常看重"尊严" 根据马洛斯需求层次理论,人的需求是有层次之分的。"自我实现"是人的最高需求,仅次于此的就是人的"尊严"需求。项羽和李广在这点上都表现得非常突出。项羽垓下失败之际,本来想东渡乌江,可是当乌江亭长真的要用小船渡他过江的时候,他却改变了想法——拒绝了。项羽说:

> 天之亡我,我何渡为!且籍与江东子弟八千人渡江而西,今无
> 一人还,纵江东父兄怜而王我,我何面目见之?纵彼不言,籍独不
> 愧于心乎?

如果项羽真的东渡乌江,那么历史很可能会因此改变,就像杜牧的《题乌江亭》所言:

> 胜败兵家事不期,包羞忍耻是男儿。
> 江东子弟多才俊,卷土重来未可知。

然而历史是不能假设的,项羽并不能如杜牧那样看轻战争中的胜负而东渡乌江。他觉得当初八千江东子弟如今无一生还,实在无颜再见江东父老,这对他的自尊来说是一个致命的打击。

李广同样非常看重尊严。当李广最后要为战败负责而不得不接受上级审查的时候，他对他的部下说：

> 广结发与匈奴大小七十余战，今幸从大将军出接单于兵，而大将军又徙广部行回远，而又迷失道，岂非天哉！且广年六十余矣，终不能复对刀笔之吏。

李广戎马一生并不是没有打过败仗，也不是没有接受过战败之后的处罚，比如他在元光六年（前129年）就曾因为兵败被俘而被废为平民，然而这件事并没有对李广造成什么后果。之所以最后的这次失败能彻底摧垮了李广活下去的意志，李广的这段话其实已经解释得很清楚。李广一生与匈奴征战却始终未得封侯，这次跟从卫青出击匈奴单于可能是李广争取封侯最后的机会，然而卫青并不让他担任先锋且李广又在行军途中迷失了方向，这人生的起起伏伏已经让李广彻底对"天命"感到无可奈何。此时的李广已经六十多岁，他再不能像年轻时候那样坦然接受任何处罚，一旦面对刀笔之吏，即晚节不保。

四、最后结局

项羽和李广的人生存在着种种的相似，就连结局都出奇相似。他们最后的事业都归于失败，都因为无法承受尊严受到侮辱而选择了自杀。考察项羽的家族史，项羽的祖父——项燕也是兵败自杀。项燕在打败了秦国大将李信（李广三世祖）之后的第二年，被李信的继任者王翦带领60万秦军打败，之后自杀。翌年，楚国灭亡。项燕的死直接导致楚国灭亡，而带给项羽的则是国仇家恨。可惜的是，项羽最后饮恨而亡，李广也是如此。项羽和李广在他们的最后一战里还都是因为"迷路"而直接导致了他们的失败。

> 项王渡淮，骑能属者百余人耳。项王至阴陵，迷失道，问一田父，田父绐曰"左"。左，乃陷大泽中。以故汉追及之。

> 广不谢大将军而起行，意甚愠怒而就部，引兵与右将军食其合

军出东道。军亡导，或失道，后大将军。大将军与单于接战，单于
遁走，弗能得而还。

如果这不算是巧合的话，那只能说方位对于一个将领来说是多么重要；
如果这算是一个巧合的话，那也只能说项羽和李广真的是太相像了，他们的
结局是一样的，连造成他们最终相同结局的直接原因也是相同的。

司马迁给项羽和李广的评价都非常高，谓项羽"非有尺寸乘埶，起陇亩
之中，三年，遂将五诸侯灭秦，分裂天下，而封王侯，政由羽出，号为'霸
王'，位虽不终，近古以来未尝有也"。司马迁对李广的评价也很高，"'其身
正，不令而行，其身不正，虽令不从。'其李将军之谓也。余睹李将军悛悛如
鄙人，口不能道辞。及死之日，天下知与不知，皆为尽哀。彼其忠实心诚信
于士大夫也。谚曰：'桃李不言，下自成蹊。'此言虽小，可以谕大也。"在详
细对比了项羽和李广在家庭及出身、战场表现、思想观念以及最后结局等方
面的异同之后，只能用"悲剧人物"这四个字来形容这两个人。司马迁偏爱
描写悲剧人物是众所周知的，《史记》中诸如屈原、孔子、伯夷、商鞅、陈涉
等人皆是悲剧人物。这些悲剧人物的经历颇能打动后人，尤其是那些曾经在
历史上有过不朽功绩，而最后又不幸失败的人物。项羽和李广就是这些人物
中的两个代表。项羽和李广都怀有各自的理想，事业处于巅峰之时，他们曾
经风光无限，项羽曾经几乎据有天下，而李广则一度深受文帝、梁王等人的
器重，甚至匈奴因为怕他而送他"汉之飞将军"的美名。然而他们身上却有
着致命的缺点：项羽迷信武力而至于残暴，还非常愚蠢；李广心胸狭窄且目
光短浅。最终他们都走向了失败，以自杀的方式给他们的人生历程画上了一
个感叹号。通过对比，不但可以找到这两个人物一如《史记》人物身上的普
遍的悲剧性，更重要的是通过对比分析出了这两个人物失败的主要原因，加
深了对这两个悲剧人物的理解。

第三节 《史记·李将军列传》中
李广形象内涵的全面分析

明晰了历史上李广的基本面貌，并分析了司马迁塑造李广的艺术方法之后，就要进一步分析《史记·李将军列传》中"李将军"的形象特点，这两种分析的最终目的必然引向司马迁塑造李广形象的原因及目的。

《史记·李将军列传》比较完整地塑造了李广形象，他的故事被人们津津乐道，尤其是"李广难封"更是为人们耳熟能详。然而学术界关于李广的认识和研究重点大多数都放在李广的性格缺陷和探究李广为何难封侯上面，这对于全面认识李广以及研究古代诗歌中的李广是很不够的，因此需要我们全面地认识、分析李广形象的所有内涵。而要想理解李广形象的内涵，就不能把目光仅仅聚焦于"李广难封"。李广的一生非常精彩，《史记》又比较完整地记录了李广的生平，所以要想考察李广形象的内涵，务必要立足于考察《史记》中李广的所有性格特点和全部生平，这样才能在研究中做到全面而细致。

一、李广性格上的弱点

前人从研究"李广难封"的原因出发，对李广的性格缺陷做了一些分析，概而言之，包括以下两点。

（一）器小志近难成事

李广心胸狭窄，古今学者关于这一点早就达成共识。李广借皇帝征召他攻打匈奴征兵之际，公报私仇杀死了曾经阻止他夜入霸陵亭的霸陵尉。《史记》中关于霸陵尉杀死霸陵尉之后便再无文字，而《汉书·李广传》中却还有这样一段话值得我们思考：

广请霸陵尉与俱，至军而斩之，上书自陈谢罪。上报曰："将军者，国之爪牙也。《司马法》曰：'登车不式，遭丧不服，振旅抚师，以征不服；率三军之心，同战士之力，故怒形则千里竦，威振则万物伏；是以名声暴于夷貉，威稜憺乎邻国。'夫报忿除害，捐残去杀，朕之所图于将军也；若乃免冠徒跣，稽颡请罪，岂朕之指哉！将军其率师东辕，弥节白檀，以临右北平盛秋。"广在郡，匈奴号曰"汉飞将军"，避之，数岁不入界。

李广冤杀了霸陵尉自己还公然给皇帝上书认错请罪。汉武帝并非不知道李广所作所为已经触犯了国家法律，只是因为当时为用人之际，所以非但不予以治罪，还说他的请罪实在多余，希望他能够为国杀敌，平定右北平。最后一句也确实证明李广的作用确实名不虚传，李广的思维应该与此相同。从李广"上书自陈谢罪"来看，他是知道自己杀死霸陵尉的行为是不对的，但他之所以明知故犯，就是因为他也知道当时正是用人之际。皇帝虽然不愿意看到一个秉公执法的官吏被无辜杀死，但为了解决眼前匈奴入侵辽西的大问题，只能忍。所以李广才敢在这种时候明目张胆地公报私仇而不担心有什么后果。霸陵尉最终成为皇帝平定匈奴此次入侵的牺牲品。这件事的后果主要有三点：一是李广器小是不争的事实，但他并不傻，他懂得只有在那时候他公报私仇才不会带来什么直接后果；二是霸陵尉死得确实冤枉，无辜成为李广和皇帝之间较力的牺牲品；三是李广虽然知晓当时他的公报私仇不会有后果，但是从长远来说他的做法是愚蠢的。就是因为这样的事情积少成多，使他在皇帝的眼中逐渐由倚仗变成了隐患。在一定程度上，可以说他以后的遭遇和他冤杀霸陵尉一定存在着联系。

李广难以封侯和他的心胸当然有很大关系，和李广在政治上的志向也不无关系。他应该不止一次地抱怨为何自己难以封侯，殊不知，封侯并不只是单靠军功就行的，是需要李广在合适的时候采取合适的行动，需要他在抉择的时候做出正确的选择。可惜李广并不懂这些，他所擅长的就只是射箭，套用一句毛泽东的词：一代名将，李广飞将，"只识弯弓射大雕"。李广目光短浅，缺乏政治头脑，至少在两件事上他不够聪明：一是他曾经私受梁王的将军印；一是他不善言辞，同级之间、上下级之间缺乏良好的人际关系。梁王刘武是汉景帝之母窦太后最疼爱的小儿子，窦太后一直寄希望于景帝能够传位给刘武，这助长了刘武对于皇位的欲求，所以他拉拢人心，培植势力，这些自然逃不过景帝的眼睛。这种时候，李广只要有一点政治嗅觉就不应该在受不受梁王印这件事情上做出错误的选择。但李广恰恰就做了最坏的选择。李广可能是被胜利冲昏了头脑，看到眼前光灿灿的将军印就欣然接受了，没有考虑皇帝会怎么看待他私自接受梁王将军印这件事。事实很快就证明，李广的举动有多么非常愚蠢，《史记》紧接着就叙述了景帝对待他的方式——"以梁王授广将军印，还，赏不行"。这就很能说明景帝的态度了。这件事加上李广多年之后冤杀霸陵尉，想必日后皇帝们在考虑是否任用李广和怎样对待李广的时候都会考虑的，李广日后的命运就可想而知了。

很多东西是需要经营的，一个人想要在社会中生存发展，人脉尤其重要，同级之间、上下级之间良好的人际关系是一个人成功的必要条件。《史记》称李广：

> 广讷口少言，与人居则画地为军陈，射阔狭以饮。

李广所感兴趣的就只有射箭一项。射箭在战场上确实有用，而在官场上几乎没用。要想在仕途上有所成就，想要封侯，多与各级官僚走动是必不可少的，而李广最擅长也最喜欢的除了射箭就再无其他。可以说李广很敬业、很质朴，但这样的人在政治上是很难成功的，而李广一心想的恰恰就是封侯，由此形成了一个悖论。王朔曾启发李广思考不封侯的原因，李广自己思考的原因是"杀降"，这其实只是李广"器小"的一个表现。从《史记》和《汉书》的记载来看，李广不只器小，他还缺少政治头脑，遇事没有远见，这是李广不能封侯的重要原因之一。

（二）有勇无谋非帅才

李广善射，且几乎每次打仗都冲锋在前，的确是一员猛将，但李广如果想做一个大将，仅凭这些却有些难度。中国有句古语，云："善谋者大成于事"，冲锋陷阵当然重要，但更重要的是善于谋略。《史记》中有这样一则材料：

> 典属国公孙昆邪为上泣曰："李广才气，天下无双，自负其能，数与虏敌战，恐亡之。"于是乃徙为上郡太守。后广转为边郡太守，徙上郡。尝为陇西、北地、雁门、代郡、云中太守，皆以力战为名。

典属国公孙昆邪非常了解李广，他看出了李广是一个能打硬仗的将领，担心会在战争中失去这样一员骁将，才向皇帝请求让李广做了上郡的太守。后来李广还连续做了好几个地方的太守，但司马迁一句话就总结了李广作战的特点——"皆以力战为名"，这个很能说明问题。"力战"当然很重要，在没有办法的情况下，与敌人拼死作战是军人的职责所在。但一个优秀的将领不可能总是以这样的做法来赢得胜利，头脑才是一个将军制胜的最核心的要素。换句话说，对一个将军来说，勇猛冲杀当然是一种优良品质，但运筹帷幄才是常胜之道。《史记》记载了这样一个战例：元狩二年（前121年），65岁的李广同张骞合力攻匈奴，被匈奴围困，经过李广父子英勇杀敌之后终于突围。但由于李广的部下伤亡殆尽，所以结果是李广功过相抵。这样的战斗的确能够展现李广的勇力，但李广作为一支军队的统帅却是不称职的，他几乎丧失了他所有的部队，这就是李广"力战"的一个弊端所在。李广最后的自杀也和他的有勇无谋有关。当卫青拒绝了李广想当先锋的请求后，他愤怒地带兵出发，竟然又丢失了向导，这直接导致了他后面迷路并贻误战机，卫青也因此没有任何战功。兵法上说：

> 是故百战百胜，非善之善也；不战而屈人之兵，善之善者也。

故上兵伐谋，其次伐交，其次伐兵，其下攻城。①

战场对抗并不是最好的选择，谋略才是战胜敌人最好的办法。李广在这一点上做得很不好，《史记》中几乎就没有记录过哪次他与匈奴的战争是靠谋略取胜的，他所最擅长的就是面对面的战斗，靠的就是他的勇力，而非头脑。这是李广与一名优秀将领之间最大的差别，也是李广不能够取得足够军功进而封侯的原因之一，更是他自杀的直接原因。

典属国公孙昆邪是极其了解李广的，就像前面所引的他对皇帝所说的那样，李广的确非常勇猛，久而久之，他性格中还多出了一个缺点——自负。所以公孙昆邪非常担心李广因为太自负于自己的勇武而丢掉性命，于是建议皇帝给李广调动工作以保护他。李广勇力十足，所以他异常自信地对待所有威胁，甚至已经到了不畏惧也不考虑任何危险的程度。他的这种自负不但经常置自己于危险境地，还常常给他的部队带来威胁。《史记》中关于李广的描述有这样一段：

其射，见敌急，非在数十步之内，度不中不发。发即应弦而倒。

用此，其将兵数困辱，其射猛兽亦为所伤云。

李广射箭的这种方式，用俗语形容就是"不见兔子不撒鹰"，成功率应该说很高。可一旦失手，李广被猎物或者敌人攻击的可能性也极大，因为距离很短，很难躲避，所以李广为"猛兽"所伤也在所难免。《史记》中除了这一段，还有一处文字记录了李广这种做法的不良后果：

广所居郡闻有虎，尝自射之。及居右北平射虎，虎腾伤广，广

亦竟射杀之。

李广的自负不可能只对自己有影响，他是一个将军，他手下部队的命运都决定于他，所以他的自负经常也让的他部队吃尽苦头，就如上面文字所记载的那样——"用此，其将兵数困辱"。最明显的一个战例就是后元六年（前

---

① （战国）孙膑撰，骈宇骞等译注：《孙子兵法》，中华书局2007年版，第17页。

158 年）李广射死匈奴射雕手的那次遭遇战。天子派遣的中贵人带着数十名骑兵被三个匈奴射手射杀殆尽。李广善射且鲜有对手，他年轻气盛，非常自信，所以在他得知这个消息后，他需要以相同方式射死这三个匈奴射手来证明自己的能力和价值。于是自负的李广仅仅带领百余骑兵就去追杀那三个匈奴射手，既不顾及自己的安全也不顾及自己所带领的百余骑兵的生命，将大部队弃置于不顾，以至于大军不知道李广的去向，无法随后接应。如果他能理性地对待整件事，也许会是一次大好的立功机会，然而他没有这么做。他带领那百余骑兵，为了追击三个匈奴兵而将自己置于巨大的危机之中。如果不是李广的机智，恐怕一代名将早已死于匈奴马蹄之下，而这差点就成为李广为他的自负所付出的代价。

最后一点，李广的有勇无谋还体现在他的思维方式上。他思考问题一向难以从自身出发，总觉得是命运导致了他的种种不幸。比如他曾经私下问王朔："自汉击匈奴而广未尝不在其中，而诸部校尉以下，才能不及中人，然以击胡军功取侯者数十人，而广不为后人，然无尺寸之功以得封邑者，何也。岂吾相不当侯邪？且固命也？"李广一生与匈奴作战，但身边人都封了侯，唯李广未封侯，他思考这个问题不是想到了自己的面相就是想到了命运，这种思考方式很难找到真正的答案。还有，最后李广自杀前对他的手下说："广结发与匈奴大小七十余战，今幸从大将军出接单于兵，而大将军又徙广部行回远，而又迷失道，岂非天哉！"他这里又把自己从远道出发、中途迷路都怪在"天"上，可谓糊涂至极。正是他的这种缺乏内省和不会深度思考的思维方式让李广始终没有想到自己未能封侯的原因，也导致了他一次次错过各种机会，最终封侯未果而不得不自杀身亡。

关于"李广难封"原因的分析古今说法很多，但很多人都承认李广的性格是造成他难以封侯甚至自杀的原因，这样的看法是没有问题的。以上本书以"器小志近"和"有勇无谋"基本概括了李广的主要缺点，这些缺点是造成李广悲剧的重要原因。

二、李广的优秀品质

后世人之所以敬仰李广并对他难以封侯抱以同情，当然不是因为李广身上的若干缺点，而是因为李广身上的确有着诸多过人之处，正是这些优秀品质成就了李广，让无数后人认识李广并爱戴、同情这位优秀的将军。

（一）舍身报国精忠魄

不同的历史时期爱国有不同的表现方式，战争时期爱国的最好方式就是从军抗敌。李广就是这样一个生在战争年代的卓越军人，他自始至终都在战场上用他的生命来谱写爱国的壮美篇章。

李广的一生都献给了国家。《史记》上说李广的祖先是秦时大将李信，而根据唐史记载，李广具有很显赫的家族史，李信的先人中有很多人都是将军，李信的后人中也英雄辈出，不少人都位至将军，李广家族始终保持着一种舍身报国的爱国传统。耳濡目染着家族曾经的荣耀，面对着匈奴肆虐的局面，李广在 20 岁刚刚成年时就报名参军，加入了抗击匈奴的行列，直至李广 67 岁自杀，战场拼杀四十多年，从未退却过，正如李广死前自己所言："臣结发而与匈奴战"，"广结发与匈奴大小七十余战"，"自汉击匈奴而广未尝不在其中"，他的一生全都献给了国家，可以说是"鞠躬尽瘁，死而后已"。在历次战争中，他不知道多少次以命相搏，不知道受过多少次伤。还曾经因为受伤而被俘虏过，甚至于他的诸多儿孙也都在他的影响下与匈奴继续作战，后来的李敢、李陵都有李广当年的风采。

李广死后约三百年的曹操在他《龟虽寿》中写道："老骥伏枥，志在千里。烈士暮年，壮心不已。"曹操用这几句诗来形容他自己虽然年老（50 岁左右）却依然胸怀大志并不懈追求，其实用这几句诗来形容李广也非常恰当。李广的先人荣耀之至，这对李广来说是一种极大的鞭策，所以他一生都在追求功名，并为此出生入死。李广并非沽名钓誉之辈，他追求功名，不用旁门左道，也学不会人情练达，他所认定的道路就只有一条——通过战场杀敌来博取功名。李广一参军便显现出了他在军事方面的优势——"用善骑射"，很快就被提拔为汉中郎，这应该给了李广很大的信心，他相信不久的将来很可能能如愿封侯，可这一等就是 47 年，所以面对卫青、霍去病要大举出击匈奴的时候，李广觉得他最后的机会来了。《史记》用了这样一句话描述此时李广的表现，"广数自请行"。李广当时已经是一个 67 岁的老人，天子要打仗并没有像以前他杀死霸陵尉那次一样亲自征召他，所以李广自己请求出征攻打匈奴，而且请求了好多次。当得知卫青让自己走东道的时候，李广又自请，他说自己打了一辈子匈奴，只有这一次可以直接和匈奴的单于交锋，非常渴望卫青能让自己做先锋击杀匈奴单于。据《史记》记载，李广此时并不是不知道卫青和公孙敖之间的事，但他还是"固自辞于大将军"，足见其愿望之强烈。战争结束后，由于李广贻误战机，最后卫青问责的时候，李广在他的幕府对属下说："广结发与匈奴大小七十余战，今幸从大将军出接单于兵"。一个"幸"字说明李广并没有把这最后一次征战当作与匈奴你死我活的战斗，丝毫没有考虑战争中自己的生死存亡，而是觉得这是一次非常幸运的机会，一个可以为国杀敌，博取军功以封侯的好机会，李广之勇猛、爱国由此可知。

（二）悍将长弓慷慨魂

如果把《史记·李将军列传》比作一部电影，那序幕就已经奠定了李广作为一名悍将形象的特点——"尝从行，有所冲陷折关及格猛兽"，而汉文帝对他的赞赏更是证明了这点，"惜乎，子不遇时！如令子当高帝时，万户侯岂足道哉！"这种评价是对李广勇猛作战风格的第一次肯定。典属国公孙昆邪对李广的肯定不是直接对李广说的，而是以哭泣的形式在皇帝面前表达了他对李广的肯定。他认为李广一贯勇猛，不顾个人安危，若任其长期在外征战，有可能会使国家痛失良将。国家正值用人之际，李广如果牺牲或者受伤将是国家的一大损失，于是请求皇帝让他做了上郡太守。基于李广在镇压"七国之乱"（前 154 年）中夺得对手军旗的优异表现，当时一直觊觎帝位的梁王同样对李广非常赞赏，他对李广英勇作风的肯定方式是李广最喜欢的——直接赐给李广将军印。李广之勇猛连他的敌人——匈奴都非常赞赏，匈奴对李广的肯定有三种方式，一是"避之数岁"，二是"必生致之"，三是送了李广一个美名——"飞将军"。据《史记》记载，公元前 128 年（元朔元年），匈奴入侵，杀了辽西太守，打败韩安国将军。韩将军调任右北平后病死，于是武帝下诏拜李广为右北平太守。韩安国与李广同为将军，匈奴打败了韩安国，却因为害怕李广而"避之数岁，不敢入右北平"。两人一对比就凸显出了李广之勇猛。战争需要人才。尤其需要能够带兵打仗的将才，李广无疑就是这样一个人才，大汉需要他，匈奴虽然恨他，也非常希望抓到他。57 岁的老将李广在雁门打击匈奴时被俘了，因为"单于素闻广贤，令曰：'得李广必生致之。'"面对卓越的军事人才，匈奴并不想杀死他，而是想为己所用，这是匈奴对李广英勇无畏最大的肯定。没想到多少年以后匈奴也用同样的方式肯定了李广的孙子李陵，只不过结果与李广大不同。一般而言，优秀的将领如果有一个美名，通常是同行或者好友给取的，而李广"飞将军"的名号竟然是被他打怕了的匈奴所送，这就更加凸显出匈奴对这位勇猛无比的汉朝将领的既怕又敬的态度。

司马迁对李广的肯定则是通过一则战例表现的。公元前 121 年（元狩二年），李广以 65 岁高龄带领 4000 名骑兵出右北平击匈奴，匈奴左贤王却以 4 万骑兵包围了李广。在这种敌我兵力相差 10 倍的情况下，一般的将领非死即败，而李广力战强敌不败，从而等到了援军。当时，李广的军士都很恐慌，李广便派他的儿子李敢向敌人驰去。李敢独自带领几十名骑兵冲去，一直穿过匈奴骑兵的包围圈，抄过敌人的左右两翼再回来，他向李广报告说："敌人很容易对付啊！"这样军心才安定下来。接着李广布成圆形阵势，所有的人都面向外，匈奴猛烈攻击，箭如雨下，汉兵死亡过半，汉军的箭将要用尽。李广就命令士兵拉满弓不发箭，李广亲自用大黄强弩射敌人的裨将，射杀数人，敌人攻势逐渐减弱。这时天刚黑，将史士兵都面无人色，而李广意气自如，更加努力整顿军队。军中从此更佩服他的勇气了。第二天，再奋力作战，博望侯的军队也来到，匈奴军队退去。这次战斗李广并没有获得奖赏，因为他的4000骑兵几乎牺牲殆尽，这和他应得的奖赏正好相抵。就李广的英勇来说，这次战斗李广是否得到奖赏并不重要，重要的是李广在这次以少敌多的战斗中并没有被打垮，反而是越战越勇。他的勇气足以感染他的士兵，尽管他4000骑兵几乎损失殆尽，但主将未身死，军队未溃败，再加上他当时已经65岁高龄，这本身就是一个奇迹。这一切又都是源于他的英勇无畏，这也正是司马迁喜欢李广和后代诗人不断吟咏李广的重要原因之一。

李广作战缺乏战略方面的考虑，所以难以取得重大胜利，但在具体的战术上李广却并不是一味地勇猛。他的勇猛加上他的机智经常能够让他摆脱各种困境，比如中贵人事件中，如果李广带领他的百余骑兵选择逃跑，则可能所有人都被匈奴人杀死。多亏李广冷静的头脑、机智的策略、大胆的举动才让他和他的部下化险为夷，机智救了李广自己也救了他的部下。李广的机智还曾经让他从被俘之中成功逃脱出来。57岁的老将李广在雁门打击匈奴时曾经被俘，《史记》用了百余字描述李广被俘之后逃跑的过程：

> 胡骑得广，广时伤病，置广两马间，络而盛卧广。行十余里，广佯死，睨其旁有一胡儿骑善马，广暂腾而上胡儿马，因推堕儿，取其弓，鞭马南驰数十里，复得其余军，因引而入塞。匈奴捕者骑数百追之，广行取胡儿弓，射杀追骑，以故得脱。

被俘之后李广并没有做拼死挣扎，而是装死，先让匈奴对其放弃警惕之心，再伺机逃跑，一个"佯"字非常生动地描写出了李广的聪明。李广既伤，就算他侥幸逃跑，徒步逃跑的话肯定还得被捉回去，所以他利用装死的间隙眯着眼睛寻找好马。身上带伤，就算有了好马，普通人也未必能够成功逃脱，正因为李广的勇猛，所以他在夺得好马的同时并不忘夺取匈奴骑兵手中的武器——他最擅长的弓箭，这样他就不至于在逃跑的过程中"有招架之功，无还手之力"。《史记》紧接着叙述了李广夺得"善马""弓"之后成功逃脱的过程和结果，"匈奴捕者骑数百追之，广行取胡儿弓，射杀追骑，以故得脱"。可见，李广并非是一个仅仅拥有武力和胆量的鲁莽之人，也是可以急中生智的。虽然没有大智慧，却不乏小聪明，这给李广增添了更多的人格魅力。

（三）简易治军人乐死

本书认为李广的治军方略可以概括为三个字：简、宽、平，这种治军方略最后的效果是"乐"。

所谓"简"就是司马迁所谓的"简易"。从军打仗本是件很残酷的事情，有可能造成身心的伤害，也有可能直接造成死亡。所以如果士兵们平常的生活能够简单、舒服一些，他们一定会很高兴，李广就是这样做的。关于这些，《史记》是这样记载的："及出击胡，而广行无部伍行陈，就善水草屯，舍止，人人自便。不击刀斗以自卫，莫府省约文书籍事。"李广平时练兵不见得不严，因为这段文字记载的是李广外出打击匈奴时的表现。在外出打仗的时候，李广并不注重军队的行军队伍是否整齐划一，也不注重兵营的安置是否合理，只要士兵觉得合理、舒服，那就让士兵自行决定。在这个原则的指导下，士兵们当然愿意选择那些水草丰美、生活方便的地方安营扎寨。也不派人在营地打更、站岗，士兵们生活舒服，当然非常高兴。还有，李广幕府中的文书之事也非常简单，那些烦琐的日常案头工作势必会占用参战人数，文案工作的高效必然能够在一定程度上提高整支军队的战斗力。当然，有人可能会怀疑这样治军，如果敌人突然来袭，李广如何应对？《史记》早就言明"然亦远斥候"，"斥候"是指侦察兵。李广治军虽简易，但并非麻痹懈怠，他在任由士兵行军、扎营之前早就远远地派出了侦察兵，随时警惕敌人来袭，所以《史记》记载他这样治军的结果时说"未尝遇害"。《史记》还记载了同为名将的程不识的治军方略，程不识治军无论是"部曲行伍营陈""击刀斗"，还是"军簿"都非常重视，搞得士兵们"不得休息"。但结果和李广治军比起来并没有好多少，"然亦未尝遇害"。两者比较，就可以看出李广如此治军的好处所在，不但自己的士兵生活得舒服，而且并没有什么潜在的威胁。司马迁的另外一句话则更加肯定了这一点，"是时汉边郡李广、程不识皆为名将，然匈奴畏李广之略，士卒亦多乐从李广而苦程不识"。程不识和李广治军方法可以说截然相反，但是就作战效果来说，差别却在云泥之间。如此一来，李广治军时"简"的优越性就显而易见了。

"宽"在《史记·李将军列传》中并无描述，只是提了一句"宽缓不苛，士以此爱乐为用"。古今治军多强调"严"，甚至一些将领已经达到了"苛刻"的程度，令士兵们叫苦不迭。岂不知治军之时并不能一味地"严"，适时地对士兵"宽"一些，效果会更好。将领如能待士兵如手足，则士兵一定能待将领如父兄。李广就是这样治军的，所以"士以此爱乐为用"当然就是顺理成章的事了。

所谓"平"就是平等。"官"是"兵"的领导者，"兵"是被领导的作战主体。一般来说，"官"与"兵"的待遇差别是很大的，而且随着官阶的升高，两者的待遇差别就越大。这种不平等的情况似乎成了一种常规的状况，然而李广打破了这种常规。据《史记》记载，他平时"饮食与士共之"，这已经非常难得了。他并没有因自己的官阶高就凌驾于士兵之上，而是处处体现出"平等"的精神。不仅如此，在遇到饮食不够的时候，李广的行为就更加让他的士兵感动，"广之将兵，乏绝之处，见水，士卒不尽饮，广不近水，士卒不尽食，广不尝食"。李广由平等带兵到爱兵如子，他的士兵当然愿意跟随他驰骋疆场。

所谓"乐"，是指李广以他的方式带兵，最后达到的效果。《史记》中关于李广带兵的描述连续用了三个"乐"字，两个出自程不识之口，一个出于司马迁笔下。这三个"乐"字很好地总结了李广带兵的实际效果：李广治军简易、宽缓、平等，士兵当然高兴，所以都乐意在他麾下，为他所用。作战的时候，士兵又都乐意为之出生入死。这样的一支部队其战斗力应该是很强的。《史记》还有一层意思没有点明，那就是李广自己这样带兵，士兵"乐"

了，他自己也免去了诸多烦务，自己也"乐"得逍遥自在。战场之上血肉横飞，残酷无比，如果能在日常生活中得到些"乐"趣，何乐而不为？可见李广的治军方法是有其合理性的。

（四）节高只欲靖边尘

有些研究者称李广为国士，这个称呼是非常适合的。李广不仅武艺高强、精忠报国，而且更重要的是他具有高洁的人品，为将而不贪，宁死不受辱，忠厚而有担当，这点不仅在汉代，在整个中国古代史中都尤为可贵。

为将而不贪财，则国家、民族幸甚。做到这一点很不容易，因为人人都有欲望，而欲望又是难以满足的，正所谓欲壑难填，但李广是个例外。《史记》说："广廉，得赏赐辄分其麾下，饮食与士共之。终广之身，为二千石四十余年，家无余财，终不言家产事。"有句唐诗说"一将功成万骨枯"，往往一名将领的成功是用无数将士的生命换来的，而名和利都只归将领所有。李广不但把得到的赏赐都分给部下，而且当了一辈子俸禄二千石的军官，从来就没有想过要通过不正当手段积累家产。无论死后家无余财，李广活着的时候家里也并不富裕，这就是廉洁的李广。清代的林则徐查禁鸦片时期，曾在自己的府衙写了一副对联："海纳百川有容乃大，壁立千仞无欲则刚"。李广对财货的无欲无求，让他赢得了广大军民的爱戴，所以有那么多的士兵乐意跟从李广出生入死。

身为老将，宁死而不受辱。很多人评价李广之死时说，李广以自杀表达了对当时社会不公的一种不满情绪，这种观点是有问题的。李广死前曾对他的部下说：

> 广结发与匈奴大小七十余战，今幸从大将军出接单于兵，而大将军又徙广部行回远，而又迷失道，岂非天哉！且广年六十余矣，终不能复对刀笔之吏。

这段话说明李广之死和所谓的"社会不公"根本没有关系，最直接的原因是李广不愿受辱。就像李广生前所说的那样，67岁高龄、戎马一生的老将还要站在被告席上接受刀笔吏的讯问，所以他选择了自杀，不全是为保存颜面，还因为失望。李广本来寄希望通过此次战争觅功封侯，可结果却成为战争失败的责任人。李广和项羽一样，虽是自杀却并没有让他们的形象失去光彩。项羽的自杀让多少人为之扼腕叹息，而李广的自杀则令人悲伤不已。

李广一生为国杀敌，为官而不贪，爱兵如子，作战勇猛，冲锋在前，这样的将领不仅士兵爱戴，百姓也敬佩。所以《史记》一句"百姓闻之，知与不知，无老壮皆为垂涕"，道尽了李广的崇高人格。

李广还是一个非常有担当的人。李广自杀之前曾经被要求到将军幕府中接受审问，他说："诸校尉无罪，乃我自失道，吾今自上簿。"行军过程中失去向导因而迷路并不是李广的责任，但作为一名负责任的将军，他并没有推卸责任，没有埋怨别人，更没有找他人做替死鬼，而是独自承担了迷路的责任。李广死后，"广军士大夫一军皆哭。百姓闻之，知与不知，无老壮皆为垂涕"。足以说明李广在军民心中拥有怎样一种地位。而这一地位是李广凭借自己的实力和高尚节操赢来的，他当之无愧。

司马迁对李广人品之肯定非常明确。司马迁对比李广和李蔡的时候说："蔡为人在下中，名声出广下甚远，然广不得爵邑，官不过九卿，而蔡为列侯，位至三公。"李广人品之高，足以羞煞李蔡，然而李广官阶平平，李蔡却"位至三公"，这段材料不但凸显了李广人品之高，同时司马迁还突出了对李广竟未封侯的同情，可谓一举两得。

三、李广形象的其他特点

欲全面认识李广，除其性格特点外，还有两方面需要讨论：一是善射，一是"数奇"。这两个特点前者是李广无与伦比的才干和锋芒，后者是一部分人对李广生平遭遇的一种看法。

（一）神弓堪射枝头月

中国历史上善射的人很多，然而没有哪篇历史传记像《史记·李将军列传》这样如此详细地描写李广的善射，好像李广就是为射箭而生。

首先，射箭是李广的家族传统。《史记·李将军列传》在描述李广之初，说"广家世世受射"，这是说李广家射箭是家族世代继承的，这和史书记载李广的祖先是李信正相符合。通过考察《新唐书·宗室世系表》可知，李广祖上至少出了五位将军①，这些人之所以能够位至将军的一个前提条件就是善于作战，这其中就应该包含射箭这项必备的技艺。李广从小听着先人的战争故事，耳濡目染着祖辈、父辈的高超射技，恐怕他的基因里面早就被注入了射箭这一项内容，这就无怪乎李广善射了。

其次，李广具有射箭的天赋。凡特出之人多具有天赋，李广善射亦不例外。李广在身体方面具有先天的优势，据《史记·李将军列传》记载：

> 广为人长，猨臂，其善射亦天性也。虽其子孙他人学者，莫能及广。

李广本人臂展很长，力量大，这两个特点有利于射箭，所以连司马迁都说他善于射箭是"天性"。也正是因为如此，跟从李广学习射箭的人很多，却没有人能够赶得上他。关于李广力量之大，《史记·李将军列传》有两个非常明显的事例可以证明，一是李广曾经将石头当成老虎而射之，结果箭头钻进到了石头里，足见其力量之大。还有一个事例也能说明问题，即公元前121年（元狩二年），65岁高龄的李广，同张骞合力攻匈奴。战场之上，李广为了突破匈奴的包围，用大黄弩射杀了敌人的神将，敌人的攻势才逐渐减弱，并最终顺利突围。据文献记载，大黄弩又称黄肩弩，是汉代著名冷兵器，是步兵

---

① 李同曾任赵国大将军；李洪生李汪，曾任秦国将军；李瑶生李信，李信曾任秦国大将军，被封陇西侯，灭燕战争中曾俘获燕太子丹；李信生李超，曾任汉朝大将军和渔阳太守；李超生李仲翔，曾任河东太守和征西将军，牺牲后汉廷赠其为太尉。

有效克制骑兵的一种武器。汉代的弩强度按石来计算，分一石至十石，大约引满一石弩需 27—30 公斤的力量，其中十石弩最强，又被称为黄肩弩、大黄力弩。这种大黄弩是弓里面最硬的一种，对人的绝对力量有非常高的要求。李广当时虽然已经年迈，却并没有显出老态，还用最硬的大黄弩扭转了战争的局势，可见李广的力量有多大。

李广在心理素质方面同样具有像射箭一样的天赋。《史记》说他："其射，见敌急，非在数十步之内，度不中不发。发即应弦而倒。"李广在射箭方面有一种天然的谨慎，从不射自己没有把握的箭，其临危不惧的心理素质则大大加强了他射箭的杀伤力，非常人所能及。

最后，射箭是李广唯一的业余爱好。都说兴趣是最好的老师，这句话在李广身上也成立。作为一名将军，李广不爱说话，他既不好与同僚来往聊天，也不喜欢欣赏歌舞，更无奢侈享受，他所喜欢的日常娱乐活动就只有一项——射箭。《史记》是这样记载的：

> 广讷口少言，与人居则画地为军陈，射阔狭以饮。专以射为戏，竟死。

他不但以射箭作为工作的内容之一，更作为日常的唯一爱好。这段文字写得非常生动，一个"专"字写出了李广对于射箭的酷爱，"竟死"更是说明了李广这个爱好持续的时间之长——终其一生都酷爱射箭。

有了以上三个条件，李广的射箭技术当然无人可比，他从出生便接触射箭，身心又非常适合射箭，业余爱好也只玩射箭，一辈子射箭不辍，所以李广的善射就是合情合理的了。从《史记》中的记载可以总结出李广射箭的四个特点：一是精准，二是力大，三是自己易受伤，四是射箭的对象非常固定。

关于精准，最能说明问题的就是中贵人事件。三个匈奴射雕手射死了李广几十名骑兵，足可见这三个射手技艺之高超。李广紧接着以一人之力不但射死了这三个人中的两个，还生擒了一个；面对对方数千骑兵，李广不但不慌，还射死了对方白马将，更见李广射箭之精准。李广之力大，前已提及，无须多说。

射箭算是中远距离作战，一般射手不容易受伤，但李广会，因为李广总是等敌人或者猎物离近了才放箭。他一旦失手或者受伤的猎物、敌人带伤向他反扑的时候，就很容易受到伤害。《史记·李将军列传》也非常明确地指出了这一点：

> 其射，见敌急，非在数十步之内，度不中不发。发即应弦而倒。
>
> 用此，其将兵数困辱，其射猛兽亦为所伤云。

李广善射，但他射箭的对象却非常固定，一是汉朝的敌人——匈奴，一是吃人的老虎。李广用箭射匈奴并不新鲜，李广射虎却非常有趣。《史记·李将军列传》中共有四处提到了"虎"，一处是李广打猎误将石头当成老虎并且箭头都进入石头当中，其他三处所言都是关于李广专门到各处寻找老虎并射杀之的记载。可见，李广善射却并没有滥杀无辜，而是用射箭来保家卫国，其志不可谓不高。

(二) 飞将"数奇"愁煞人

李广"数奇"的说法最初出于汉武帝之口，但这种看法却得到了包括李广在内很多人的认可，似乎这就是李广自己说的"命"或者"相"。回顾李广的一生，他的命运似乎确实不好，屡次遭遇"数奇"的折磨。

第一次，李广刚刚成为汉中郎之时，文帝就说："惜乎，子不遇时！如令子当高帝时，万户侯岂足道哉！"李广勇猛无比，却生不逢时，这可能是他"数奇"最初的表现。

第二次，汉军准备伏击匈奴的马邑之战（前133年）毫无战果，李广亦没有尺寸之功，这并不奇怪。然而在十年后的定襄之战（前123年）中，很多人都因为战果丰厚而封侯，唯李广没有军功。

第三次，定襄之战后的第二年（前121年），李广同张骞合力攻击匈奴，他带领的4000名骑兵遭遇匈奴左贤王4万骑兵的包围。虽然李广带领部下拼死作战最终击退了敌人，却因为伤亡太多而功过相抵，偏偏是他遭遇包围，这也不能不说是李广之"数奇"。

第四次，元狩四年（前119年），67岁的李广请求参加卫青、霍去病大举出击匈奴之战。卫青不让李广做先锋，李广部队在后来的行军途中恰恰又丢失了向导，这种种情况最终导致了李广的自杀。正是在此次战争之前，汉武帝曾经认定李广"数奇"，而建议卫青不要让李广担任先锋。

当把李广的这几件"数奇"之事联系起来看，就会发现李广好像总是不走运，这很容易让人联想到墨菲定律。

墨菲定律（Murphy's Law），亦称莫非定律、莫非定理等，它是西方世界常用的俚语之一，原句是"If there are two or more ways to do something, and one of those ways can result in a catastrophe, then someone will do it."意为"如果有两种或以上选择，其中一种将导致灾难，则必定有人会作出这种选择。"墨菲定律源于20世纪一位名叫爱德华·墨菲（Edward A. Murphy）的美国空军上尉工程师。他有一个经常会遇到倒霉事的同事，1949年的一天，墨菲开玩笑说："如果一件事情有可能被弄糟，让他去做就一定会弄糟。"由此墨菲定律被人们广泛关注，此后很多事情又验证了墨菲定律的正确性，所以墨菲定律被人们广泛认可。

中国的李广就是这样一位被墨菲定律折磨了一生的"苦命将军"。如果说类似于定襄之战众人尽皆战功封侯而唯独李广无功这样的事是偶然出现的话，那么李广未能做先锋以及后来迷失道路就像是受到了墨菲定律的影响。《史记》言，在李广向卫青请求做先锋之前，汉武帝曾私下告诉过卫青，说李广年老，并且命运不好，所以不要派他与单于对敌，怕达不到预期的效果。汉武帝之前一定听说过李广被俘、功过相抵、被围等经历，所以他对李广的定论就是"数奇"，在卫青带兵攻击匈奴之前他把这个结论告诉了卫青，而这正是导致战争不能够达到预期的目标和李广最后自杀的原因。试想，如果汉武帝没有告诉卫青李广"数奇"，那么经过李广的请求，卫青是不是就可以让李广担任先锋呢？恐怕也不是没有可能吧。如果他担任了先锋恐怕也不见得就会失去向导，加上李广年老仍然勇猛有余，照此推论下去，李广极有可能在此次战争中与单于直接作战，并博得军功，实现他梦寐以求的封侯愿望。可是汉武帝一句"数奇"彻底改变了李广的命运，不但差点没让李广参加这次战斗，而且没有让李广担任先锋，在艰难行军的时候还丢失了向导，这一切最后直接导致了李广的自杀。这样看来，如果汉武帝想成就李广，而不考虑什么"数奇"，那么他的决定很可能就成就李广；相反，如果汉武帝基于他对李广"数奇"的看法，不让李广担任主要职务，那么根据墨菲定律，接下来，不良结局很可能无可避免地还是会发生在李广身上，这大概就是中国人说的"霉运"吧。由此可见，李广一生"数奇"，开始可能的确是很偶然的，但是后来人们逐渐不自觉地在李广身上实践着"墨菲定律"，让李广的"霉运"不断上演，经过一轮又一轮的恶性循环，最后导致了李广的自杀。了解了这个我们就可以得出结论，如果在李广的一生中有谁想改变李广的命运，他只要能够打破那一连串恶性循环中的一环，那么李广的命运就极有可能因此改变。悲哀的是，没有这样一个人帮助李广，而这可能还得从李广不善交际上找原因吧。所以，李广"数奇"并不全是他本人的错，谁都可能遇上"霉运"，但如果总是碰见"霉运"而且被视为"数奇"，就得问罪于墨菲定律了，而解决问题也得从了解墨菲定律开始。

以上，我们全面分析了李广的主要特点。他的性格上确实存在着缺陷，"器小志近难成事，有勇无谋非帅才"，但李广的个人魅力并未因此而减弱，因为李广吸引后人的不但是因为他身上有着诸多闪光的优点，如本书所总结的那样：

舍身报国精忠魄，悍将长弓慷慨魂。

简易治军人乐死，节高只欲靖边尘。

同时我们还需要注意到李广身上两个重要的特点，即他的射艺和命运——"神弓堪射枝头月，飞将'数奇'愁煞人"。李广悲剧的性格、超凡的才能以及奇特的经历使李广的形象呈现出多面化、立体化的特点，内涵异常丰富，这正好增加了我们对他进行研究的兴趣和动力，李广也因此成了后代诗人经常歌咏和慨叹的重要人物形象之一。

第四节　司马迁的价值观与李广形象的生成①

李广身上确乎有些传奇性，司马迁将这些传奇性写了出来，同时还添加了其他一些传奇的特点，运用各种人物塑造方法，于是就有了名将李广。所以我们需要全面认识司马迁塑造李广的方法，并思考司马迁为什么要将李广塑造为名将。

我国传统史官在书写历史方面一直都秉承着"实录"的精神，并引以为荣。但正如历史学家贝奈戴托·克罗齐（Benedetto Croce）所说"一切历史都是当代史"，历史只要被人书写下来，就必定反映着书写者的意志，书写的历史从来都不是客观的记录，是史家想要呈现的历史。从这个角度来说，任何历史记录其实都是创作，其最关键的则是历史记录者所秉持的创作观念。创作必定会借作品反映创作者自己的意志、情感，使作品具有不同程度的主观意味，《史记》也是这样的。尽管班固曾高度评价司马迁的"实录"精神，但总体而言，《史记》仍然是创作，《史记》中的《李将军列传》同样也是这样，所以探讨李广形象生成的原因，既有创作论意义，同时对于认识司马迁的心理也有重要意义。

一、司马迁将李广塑造为名将的方法及李广原型

比较《史记·李将军列传》与《汉书·李广传》②，结论是班固创作风格

---

① 本文系作者在全国《史记》学会年会的一篇文章，题目有变，原名《拨开迷雾看李广，透过飞将思马迁——司马迁与李广形象的生成》，载张大可等主编《史记论丛》（第十七集），中国文史出版社 2020 年版。

② 王福栋：《〈史记·李将军列传〉与〈汉书·李广传〉的比较研究》，《渭南师范学院学报》2016 年第 9 期。

是严谨而客观,司马迁则满怀激情并善于在人物传记中寄予自己的爱憎,记事、写人力求生动。也就是说,司马迁笔下的李广早已不是历史上的李广,而是司马迁塑造出来的一个李广,至于如何塑造,具体说来大约有以下几种方法。

一是移花接木 李广善射是司马迁着意塑造的李广的特点之一,其与匈奴射雕手一决高下、人长而猿臂、与人居则画军阵射阔狭以娱、以大黄射匈奴裨将等都表现了李广之善射。可能司马迁觉得还缺一个典型的射箭事件,于是将熊渠子射箭入石的故事放到了李广身上①,李广善射之特点遂因此深入人心。以至于后人只知道李广曾经射箭入石,不知道也不理会熊渠子才是真正的射箭入石之人。司马迁此处的移花接木应该说是十分成功的。善射成了李广形象重要的特点之一。

二是借人写人 《史记·李将军列传》中除李广之外,还有很多人物,这些人物与李广多少有些联系,但并不密切,他们出现在李广传记中,多是出于司马迁塑造人物之需要。比如李蔡、程不识等人,尤其李蔡,其因军功而封侯,并位至丞相,终因侵孝景园墙地而获罪自杀。《史记·李将军列传》中李蔡的出现是为了与李广形成对比,通过李蔡人品之低、立功封侯、拜相来突出李广品格之高尚与未能封侯之境遇。② 就整个西汉历史来说,程不识实在是个微不足道的人物,其在《史记》中出现过两次:一次是《史记·李将军列传》,一次是《魏其武安侯列传》,出现在著名的"灌夫骂座"武安侯田蚡和灌夫的对话中。田蚡对灌夫说:"程李俱东西宫卫尉,今众辱程将军,仲孺独不为李将军地乎?"灌夫则说:"今日斩头陷匈,何知程李乎!"李广在《汉书》中出现过三次,除与《史记》相应的《李广苏建传》和《窦田灌韩传》外,还在《武帝纪》中出现过一次,"卫尉李广为骁骑将军屯云中,中尉程不识为车骑将军屯雁门,六月罢"。这是司马迁有意识地将两人放在一起说。程

---

① 详见王福栋《李广射石故事的形成与演化》,《渭南师范学院学报》2015 年第 15 期。
② 详见王福栋《〈史记·李将军列传〉当中的人物对比研究》,《凯里学院学报》2015 年第 4 期。

不识曾经说过一句话："李广军极简易，然虏卒犯之，无以禁也；而其士卒亦佚乐，咸乐为之死。我军虽烦扰，然虏亦不得犯我。"所以司马迁就顺势用程不识的这句话将两人联系了起来，目的是通过对比来衬托李广独特的带兵方法。可见程不识在《史记》中存在的价值仅是为了突出李广。

卫青与公孙敖是李广传记中的次要人物，却对李广形象的塑造有着重要作用。尤其公孙敖，他与李广并无关联，那么他的作用是什么呢？司马迁在提到公孙敖的时候是这样说的："元狩四年……大将军青亦阴受上诫，以为李广老，数奇，毋令当单于，恐不得所欲。而是时公孙敖新失侯，为中将军从大将军，大将军亦欲使敖与俱当单于，故徙前将军广。"从这段材料来看，卫青之所以不同意李广担任前锋，汉武帝在出征之前对卫青的嘱咐应该是主要原因。刚刚丢掉了侯爵之位的公孙敖颇受卫青的喜爱，司马迁说："公孙敖新失侯，为中将军从大将军，大将军亦欲使敖与俱当单于，故徙前将军广。"想必这里也有司马迁的猜测。既然不让李广担当先锋是汉武帝的意思，则司马迁这段话即便不说也不会有任何影响，但他还是说出了这段话，其意图很明显——司马迁想强调李广此战中未被重用，还因为卫青有私心——他想把好机会留给自己的亲信公孙敖。卫青和公孙敖都在执行各自上级的命令，司马迁此语一出，就将读者的关注引向卫青之私心。李广一生未能封侯，司马迁并没有从李广本身找原因，却给李广"找"了一个重要的外在原因——社会黑暗，这进一步增加了"李广难封"的悲剧性，是司马迁给读者的一种有意的暗示。

三是反复强调　能力超群与品格高尚是《史记·李将军列传》中的李广留给后世读者重要的两个印象，其实从创作角度来看，这是司马迁有意为之的结果，他通过反复强调，一再加强李广的这两个特点。李广善骑射，尤其擅长射箭，司马迁从头到尾都在描写李广的这个特点。李广传记开头说李广"用善骑射，杀首虏多，为汉中郎"。接着引用汉文帝的评价并交代了李广在平定吴楚七国之乱中的"取旗"，后面典属国公孙昆邪说"李广才气"，之后李广在"中贵人事件"中射死匈奴射雕手，被俘虏后靠着高超的骑射技能返回汉营，射箭入石，李广天生猿臂，喝酒亦好以射为乐及李广被匈奴左贤王四万骑兵围困而以大黄射杀匈奴裨将等数人，这么多的材料都在叙说李广高超的射艺。在司马迁的努力下，李广的射艺成了他最重要的特点之一。李广高尚的品质同样是司马迁反复强调的内容之一。《史记·李将军列传》开头说李广爱国——"孝文帝十四年，匈奴大入萧关，广以良家子从军击胡"；接着说李广廉洁自律、爱兵如子；再以李蔡衬托李广品格之高——"蔡为人在下中，名声出广下甚远"，李广自刭前还非常勇于担当自认，"诸校尉无罪，乃我自失道"。以上我们发现司马迁一直在反复地描写李广高超的射艺和高尚的品格，他成功了，后世读者确实是这样看待李广的。

四是类比引导 同韩信、李斯、孔子等悲剧人物相类比。《史记》中的著名传主基本都是杰出人物，是对当时社会有重要影响的人物，而其中又以悲剧人物居多。包括李广在内的韩信、李斯、项羽等人是司马迁描写得最成功的几个人物，所以很容易让读者觉得李广同韩信、项羽等人一样是一位杰出的历史人物。司马迁刻意的类比引导不能不说又成功了，很多读者都以为李广是一位能力高强、性格善良的杰出人物，其实以李广之能力和影响，远远不能和韩信、白起等人比肩。

明确了司马迁为塑造心目中的李广形象所采取的方法，只要把这些描写方法都去掉，就可以大致总结出历史上真实的李广的特点：1. 李广出身军人世家，射艺虽高，并无射箭入石之事；2. 李广爱国爱兵，责任心强，廉洁自律；3. 李广的个人作战能力很强，但并不是一个优秀的统帅，没有立过像样的军功，这是李广难封的直接原因；4. 李广心胸狭窄，缺乏政治头脑，这是李广难封的又一个重要原因；5. 李广难封，与卫青、公孙敖无关，与社会黑暗无关，深层原因是李广个人能力不足。他之所以是名将，应该归功于司马迁，是司马迁将他塑造成了一个名将。客观而言，李广与韩信、项羽等人相比，实在渺小得很，汉文帝以及公孙昆邪等人对李广的评价也是夸大其词。

如果没有司马迁的塑造，仅凭李广的军功与声名，恐怕难以在史书中留下如此辉煌的传记。

二、司马迁将李广塑造为名将的深层原因

论及司马迁为何要将战绩平平的李广塑造成一个怀才不遇的名将，其深层原因有以下几点。

（一）深沉的悲剧心理

作家的创作是其思想的表达，所以作家的心理特征，尤其是总的心理趋向决定着作家的创作基调。学术界关于司马迁悲剧心理的基本认识早就形成了共识，论者也不少，然而论述最精者当属武汉大学的李建中教授。李建中教授在20世纪90年代末发表过一篇名为《自卑情结与悲剧意识——司马迁悲剧心理探幽》[①] 的论文，认为司马迁悲剧心理本质是自卑。李教授认为司马迁的自卑不仅仅源于司马迁身遭宫刑，还进一步从其父司马谈的自卑谈起。司马谈、司马迁父子俩相见于河洛之间，司马谈因不能参加汉武帝封泰山的典礼而执司马迁手泣曰："后世中衰，绝于予乎?"（《史记·太史公自序》）是一种自卑。笔者认为，这并不能算是自卑，而是一种深沉的担忧和未能实现家族崛起理想的遗憾。李教授又言"老太史公于弥留之际，在叮嘱司马迁要'扬名于后世，以显父母'之时（《汉书·司马迁传》），无意中将他的自卑感传给了儿子"。此言略显牵强，这应该是一种理想未能实现的遗憾和对儿子寄予厚望交织在一起的复杂感受，其中可能有自卑的成分，完全以"自卑"论之，恐难涵盖。之后李教授分析了司马迁继任太史令之后的心理状态，虽然不足百字，却很透彻，"作为一位官吏，他简直是从上到下，从内到外，都渗透着自卑"。当然，司马迁最大的自卑还是来自李陵之祸引发的宫刑。李教

---

① 李建中：《自卑情结与悲剧意识——司马迁悲剧心理探幽》，《唐都学刊》1995年第4期。

授的贡献在于他并没有孤立地看待司马迁的自卑，而是从他的家庭分析，从司马迁的仕宦心理分析，并认为是腐刑将其自卑感推向了极限，这是很了不起的。李教授进一步指出，司马迁的极度自卑正是其悲剧心理的主要内容，或者说（司马迁的）自卑情结演变成了他的悲剧意识——"这一点，对于司马迁的悲剧创作有着重要的心理学意义"。于是悲剧意识便成了司马迁写作《史记》的心理基调，而且他认为他的悲剧心理对他的创作来说是一种巨大的推动力，他在历史上找到了很多这样的例子，例如他在《太史公自序》中说："昔西伯拘羑里，演《周易》；孔子厄陈蔡，作《春秋》；屈原放逐，著《离骚》；左丘失明，厥有《国语》；孙子膑脚，而论兵法；不韦迁蜀，世传《吕览》；韩非囚秦，《说难》《孤愤》；《诗》三百篇，大抵贤圣发愤之所为作也。此人皆意有所郁结，不得通其道也，故述往事，思来者。"悲剧心理给了司马迁巨大的创作推动力，这就是李建中教授所谓"超越"。作为一个伟大的历史学家，司马迁不但悲己，他更习惯于关注历史上那些同样具有悲剧命运的历史人物，形成了他笔下的悲剧人物群像。《史记》作为以人物为中心的纪传体通史，人物传记有 112 篇，其中涉及悲剧人物的篇目就有 70 篇之多。司马迁自身已是悲剧，而又喜好记录、塑造悲剧历史人物的情况，在细数包括自己在内的诸多悲剧人物之时，获得对自我的认同和肯定，并获得抒发的愉快和满足感。正如《悲剧心理学》所言，"沉湎于忧郁本身又是一种心理活动。它使郁积的能量得以畅然一泄，所以反过来又产生一种快乐"，"当生命力成功地找到正当的发泄途径时，便产生快感。所以，任何一种情绪，甚至痛苦的情绪，只要能得到自由的表现，就都能够最终成为快乐。"[①] 李广是一个典型的悲剧人物，其一生征战只为封侯却并未实现，其品行高尚却并无寸功足以晋升侯爵，其身为老将最后却不得不面对刀笔之吏的盘问……这些充满矛盾的悲剧特点自然吸引司马迁。

---

① 朱光潜：《悲剧心理学》，江苏文艺出版社 2009 年版，第 144 页。

（二）强烈的"好奇"之心

司马迁撰《史记》而"好奇"是历代评论者的共识。扬雄最早以批评的口吻指出了司马迁在叙事上"尚奇"的特点，他说："仲尼多爱，爱义也；子长多爱，爱奇也。"[1] 刘勰在《文心雕龙·史传》中也评价司马迁"爱奇反经之尤"。司马贞在《史记索隐后序》中也说："夫太史公纪事，上始轩辕，下讫天汉，虽博采古文及传记诸事，其间残阙盖多，或旁搜异闻以成其说，然其人好奇而辞省，故事覆而文微，是以后之学者，多所未究。"这里讲的"旁搜异闻"即指"好奇"。前引鲁迅先生《汉文学史纲要》中的"畸人"，就是"奇人"，即具有特异言行的历史人物。"奇，异也"[2]，非常人。李广确实是个"奇人"：李广年轻时就被汉文帝评价为有万户侯之才，而且曾在平定吴楚七国之乱时有夺旗之功；他天生猿臂，射艺高超，曾亲射匈奴射雕手，镇守右北平时被匈奴称为"汉之飞将军"；它曾被匈奴俘虏，而后又凭借骑射之能而独自逃回；因为霸陵尉不让他夜间入城，他竟将霸陵尉无辜杀死；李广的运气不好，他的部下有的都封侯了，而李广却一直未能封侯，最后一次进攻匈奴时竟然因为没有向导而迷路，导致打仗失败。同处西汉之初，李广的这些传奇经历司马迁肯定会有所耳闻，那"好奇"的司马迁怎么可能不动心呢？《史记》可写的上下两千年中的人物何止千万，即使司马迁依《左传》《国语》《战国策》《楚汉春秋》所写的人物也有几千人之多。这些被司马迁精选出来并为之树碑立传的人物，除少数有较高社会地位的帝王将相外，多数是各个历史时期功业卓著、品德高尚的佼佼者。司马迁所选的西汉人物如韩信、彭越、张良等，也都是对西汉历史、社会有重要影响的，但这些人身上的"奇"却并不多，引不起司马迁的兴趣。反观李广，着实一个"奇人"，却又没有什么丰功伟绩，这就是悲剧了。这样一个既"奇"又"悲"的历史人物，

---

① （汉）扬雄撰：韩敬译注：《法言全译》，巴蜀书社1999年版，第164页。
② （汉）许慎撰，汤可敬译注：《说文解字》卷九，中华书局1981年版，第974页。

很可能会吸引司马迁的注意并激起他强烈的创作欲望。

(三) 重"名"的人生价值观

决定司马迁最终要为李广立传的核心原因是司马迁的价值观。史书的写作是一项难度很大的工作，各种取舍尤其能体现作者的能力和思想倾向。《史记》是我国第一部纪传体通史，其记载时限上至上古传说中的黄帝时代，下至汉武帝太初四年，共三千多年。那么在这三千多年中要选择哪些人物并为之写作传记就是个很难抉择的问题，毕竟《史书》的容量有限，而历史上的杰出人物又太多，所以司马迁最终选择的结果一定蕴含着他的思想倾向及创作观念，而起决定作用的当是他的人生价值观。

《史记》的承载量是有限的，而历史人物则多到无法计算。《史记》共有130篇，其中的"书""表"不涉及传主，而"世家"和"本纪"的传主又没有太大争议。"列传"是问题的关键。70篇"列传"当中除了最后1篇《太史公自序》、6篇周边国家传记、1篇复仇人物传记（《伍子胥列传》）和2篇反叛人物传记（《淮南衡山列传》《吴王濞列传》）外，实际上只剩下60篇人物传记。这60篇传中的半数（27篇）是独传，其他33篇中有24篇是两个历史人物的合传（其中《樊郦滕灌列传》是4个人的传记），合计51篇，余下的是9篇集体人物传记，一共有160位传主。如何从3000年的历史当中遴选出160位杰出人物，谁会被司马迁选中，即涉及司马迁独特的价值观和创作观了。

1. 司马迁的"功名"观念

班固在《汉书·司马迁传》最后的赞中评价司马迁道："是非颇缪于圣人"，意即他的某些观念与固有的某些观念有很大不同，应当说这是非常准确的。司马迁在《悲士不遇赋》说："没世无闻，古人唯耻；朝闻夕死，孰云其否？"他在《报任安书》中说："鄙陋没世，而文采不表于后也"，"成一家之言"。他在《太史公自序》也说要："扬名于后世，以显父母，此孝之大者"，要"成一家之言"。如此看来，在司马迁的核心观念中，最重要的一项应该是"名"，即司马迁希望自己能够凭借《史记》而"青史留名"。至于如何理解这个"名"，这就触及司马迁的人生价值观了。

司马迁确实非常注重"名"，这是他人生价值最直观的表现方式。如何实现"名"，那无疑是"功"，所谓"功成名就"就是指此。"功"与"名"是一体的。"功"是人的实际作为，而"名"是接下来出现的结果与影响。关于此，司马迁在很多地方也都提过。《太史公自序》是研究司马迁创作思想的重要材料。司马迁在此文中记述了其父给他的临终遗言，其中明确谈到了"功名"的问题，"余先周室之太史也。自上世尝显功名于虞夏，典天官事。后世中衰，绝于予乎？汝复为太史，则续吾祖矣。"司马谈对于他的家族荣誉是非常引以为荣的，而且他对于家族事业"中衰"的情况很是担心，因此他要求司马迁子承父业，续写家族荣誉。司马谈还进一步强调了"功名"与"孝"的关系，"且夫孝始于事亲，中于事君，终于立身。扬名于后世，以显父母，此孝之大者"。司马谈此论源于儒家思想，《孝经·开宗明义》曰："身体发肤，受之父母，不敢毁伤，孝之始也。立身行道，扬名于后世，以显父母，孝之终也。夫孝始于事亲，中于事君，终于立身。"正如以上所述，无"功"何以立"名"？"立身扬名"实质就是"功成名就"。儒家理论以伦理为基础，"孝"是其核心观点。儒家关于"孝"的观点十分通透，所谓"孝"并非只是"能养"（父母）、"敬"（父母）、"父母唯其疾之忧""三年无改于父之道"，这些做法都直接与父母相关。最重要的是，儒家还强调，"孝"的最高境界是"显父母"，即让父母也跟着自己荣光起来。至于如何实现，儒家说得很清楚——"立身"，即人生价值的自我实现，也就是说要对国家社会有所贡献，而不仅仅是对父母的照顾、赡养，强调的是自身的发展。自己先要有"功"，然后才有"名"，然后才会"显父母"。

2. "功"的层次性

司马迁重"名"，但"功"才是其实质。他以"功名"作为自己人生价值的目标——"名"是"功"的结果，必须有"功"，然后才能有"名"。如果没有"功"，则所获之"名"，要么是"恶名"，要么是"虚名"，相信司马迁是绝不会对这样的"名"感兴趣的。同时，他还将此作为衡量历史人物价值的标准，"功"字反复出现在《太史公自序》当中，尤其在谈到70篇列传的创作主旨时说："扶义俶傥，不令己失时，立功名于天下，作七十列传。"青史汤汤，人海茫茫，如何在历史的长河中将那些杰出人物选出来是一个难题，标准最重要。在这里，司马迁唯以"功名"为标准，足见司马迁对"功名"的重视。

涉及"功"的实现途径问题。"名"是"功"的结果，关于"功"从何而来，即如何实现人生价值，古人有过很多探讨，其中最经典的论述当属"三不朽"，即"大上有德，其次有立功，其次有立言，虽久不废，此之谓不朽"。（《左传·襄公二十四年》）司马迁对此是十分认可的，例如他曾在给挚峻的信中说："迁闻君子所贵乎道者三：太上立德，其次立言，其次立功。"（《与挚峻书》）在《史记》的70篇列传当中，核心是51篇人物传记。对这51篇列传按照人物的作为进行分类就会发现，传主大致可以分为三类：一类是少数的思想家、哲学家传记，以及一些著名的道德体现者传记，一共12篇；一类是历史上的功勋人物，合计35篇；余下的6篇则为在历史上留下撰述的人物，即以立言而闻名的人物传记。可以看出，司马迁也确实是按照"三不朽"原则来区分历史人物的。由此，"功名"之"功"与"三不朽"中"立功"之"功"的关系就很明确了。

"功名"即司马迁的人生价值观。"功"是人生价值的内容，"名"是人生价值的体现。"三不朽"之中"立功"的"功"当是具体的人物之"功"，即军事功绩、政治功绩等，所以"功名"之"功"与三不朽"立功"之"功"是整体与部分的关系。结论就是"功名"是司马迁人生价值观的核心，它源于司马谈的教诲，是"孝"的至高表现。司马迁的重"名"与重"功"是一体的，都是他人生价值观的体现。他所崇尚的是建功立业，是人生价值的实现，而这在七十"列传"中得到了最充分的体现。在他看来，能够抓住历史机遇并建功立业的"义士"才有资格进入"列传"行列。

三、有关李广之"名"的探讨

司马迁之所以把李广写进《史记》，在人生价值观层面，司马迁对李广无疑是非常认可的。这集中体现在"名"的问题上：一是司马迁认为李广的"名"足以进入"列传"行列；二是司马迁在"名"的问题上与李广在某种程度上是一致的，得到了司马迁的认可。

（一）"名将"与"良将"之辨

司马迁对李广的"名"是非常认可的，因此才将他选入"列传"行列。那么李广的"名"来自何"功"呢？李广在"立德""立功""立言"之中占哪条呢？我们不妨用排除法来解决这个问题。作为一个武将，李广并无诗文传世，他说过的话也并没有几句流传下来足以警醒后人，看来不是"立言"；作为军事将领，"军功"似是评价李广最合适的标准，然而当我们真的讨论李广的军功时，却发现李广并无像样的军功，司马迁也并未提到过李广的军功，正如李广对自己的评价："自汉击匈奴而广未尝不在其中，而诸部校尉以下，才能不及中人，然以击胡军功取侯者数十人，而广不为后人，然无尺寸之功以得封邑。"广西民族大学杨宁宁教授的论文《从汉匈战争中认识真实的李广》通过对比李广与霍去病、卫青等人的军功发现，李广并无像样的军功，那么他又如何凭军功来实现封侯理想呢？杨宁宁教授此文发表之前是在2005年《史记》国际学术会上宣读的，这个题目前还有一句话"徒有虚名的李广"。这个评价虽有伤司马迁的情感，却道出了实情，即李广虽然勇猛，但他确实是一个徒有其名的名将，并无战功可言。这就涉及"名将"和"良将"，以及李广到底应该归属于哪一类的问题。

"名将"，顾名思义就是指有"声名"的将领，而这个声名到底是什么却并不明确，即这个将领到底因什么而闻名却并无一定之规，可能与战功有关，也可能和战功无关而与战功之外的某些因素有关。李广就是属于后者。李广的"名将"之称由来已久，据《史记·李将军列传》记载："孝景崩，武帝立，左右以为广名将也。"在朝廷之中李广是被视为"名将"的，紧接着司马迁又写道："是时汉边郡李广、程不识皆为名将。"看来李广在边境地区也确实有"名"——李广在朝廷内外都很有声名，这可能与他能征善战有关，却不一定与军功有关。汉以后的很多类书也都将李广归为"名将"，少数类书也有将李广归为"良将"的，比如《太平御览·兵部六·良将上》等。关于名将与良将之不同，南宋潘自牧的意见比较明确。他在《记纂渊海·兵戎部·良将》中说："子良将，刚则法天可望而不可干，柔则法渊可观而不可入。去如收电可见而不可追，留如丘山可瞻而不可动。"① 潘自牧对"良将"的形容略显抽象，但后面所举的例子就非常具体了，他后面接着说："吴起所在，寇不敢敌，得之国强，失之国亡，是为良将。"然后又列举了李牧和赵充国："李牧者，赵之北边良将也。"李牧是战国末年赵国最杰出的将领。深得士兵和人民的爱戴，有着崇高的威望。他屡次重创敌军，从未失败，显示了高超的军事指挥艺术。尤其是赵破匈奴之战和肥之战，前者是中国战争史中以步兵大兵团全歼骑兵大兵团的典型战例，后者则是围歼战的范例。赵充国就更了不起，他善于治军，爱护士兵。行必有备，止必坚营，战必先谋，稳扎稳打。不但军功卓著，而且深谋远虑，他的留兵屯田之策不仅在当时具有战略意义，而且对后世亦有深远影响，为"麒麟阁十一功臣"之一。潘自牧所举的这三个"良将"足以说明"良将"特征，就是不但能征善战、军功卓著，而且对国家具有举足轻重的作用。紧接着，潘自牧还提到了"名将"李广，"汉边郡李广程不识皆为名将"，即李广虽能征善战却并无军功，其"名"并非来自军功和对国家的巨大贡献与影响。潘自牧对"名将"的理解是非常实

---

① （宋）潘自牧：《记纂渊海》卷八〇，影印《文渊阁四库全书》本。

际而又准确的。李广作为一个将军，虽然有"名"却并非因为军功，对国家也并无实际影响。

（二）李广之"名"与"立德"

仅从"三不朽"来考量，既无"功"，亦无"言"，李广之"名"就只能从"德"字上考虑了。从《史记·李将军列传》来看，李广身上有很多特征标签，例如他的善射、勇猛、廉洁、正直、爱兵如子、悲剧命运等。这些标签里面"善射""勇猛"于武将特点来说比较常见，而"悲剧命运"是一种总的概括，于《史记》人物特点来说也有很多。唯"正直""廉洁"和"爱兵如子"属于"德"，是他不同于其他武将的地方。《史记》最后的"太史公曰"是对历史人物总的评价，作为一个武将，司马迁对李广的评价如下：

> 《传》曰"其身正，不令而行；其身不正，虽令不从"。其李将军之谓也？余睹李将军悛悛如鄙人，口不能道辞。及死之日，天下知与不知，皆为尽哀。彼其忠实心诚信于士大夫也？谚曰"桃李不言，下自成蹊"。此言虽小，可以谕大也。（《史记·李将军列传》）

司马迁用《论语》里的"其身正，不令而行；其身不正，虽令不从"评价李广，可见"身正"无疑是李广的核心特点。"忠实""心诚"可以视为对"身正"进一步的解释，而"桃李不言，下自成蹊"则明显是就李广身后的声名而言。很明显这些都属于"德"。除此之外，司马迁对李广还有更精练的评价。司马迁在《太史公自序》中，总结撰写李广传记的缘由时说：

> 勇于当敌，仁爱士卒，号令不烦，师徒乡之。作《李将军列传》第四十九。

"勇于当敌"是谓"勇"，"仁爱士卒"是谓"仁"，"号令不烦"是谓"简"，"师徒乡之"是人格特点的回响，类似于前述之"桃李不言，下自成蹊"。这里面"勇""仁"都是"德"。《礼记·中庸》说："知、仁、勇三者，天下之达德也。"天下三"达德"而李广有其二，足见司马迁对李广评价之高。也正因此，司马迁认为李广之"功"足以被选入"列传"诸君子行列之中。

李广之"德"当然不能比肩孔孟等人，但司马迁仍然给李广作传并将他与孔孟等人同置《史记》之中，个中缘由古人其实早已说明。《论语·子张》中子夏曾说："大德不逾闲，小德出入可也。""德"有大小之分，但这个"德"是指"德"本身呢？还是指有"德"之人呢？关于这个问题的理解历来有分歧。北宋邢昺的意见比较有代表性，他在《论语注疏》中是这样解释这句话的，"大德之人，谓上贤也。所行皆不越法则也；小有德者，谓次贤之人，不能不逾法，有时逾法而出，旋能入守其法，不责其备，故曰可也"①。邢昺认为有"德"之人分为两类：一是"大德之人"，一是"小德之人"。换个角度来看"大德之人"与"小德"之人，孔孟等人当然是"大德之人"，因为他们是"德"的提出者、设计者，其他人则只能是"德"的体现者、实践者，而其中的特出之人，我们姑且称为"小德之人"。《史记》中这样的人还有很多，比如以"义"闻名之伯夷叔齐、刺客游侠，以"节""廉"闻名之张叔众人、平津侯等。如此说来，李广就是这样一个"小德"之人，司马迁认为李广是武将中"德"的杰出代表，是一个以"德"为"名"的武将，于是将他写进了《史记》。

综上，司马迁非常看重李广之"名"，其实司马迁本人同样重"名"，在这一点上他与李广是一致的。李广之"名"源于"立德"，司马迁作为一个史官当然是建立在"立言"的基础上，关于此，司马迁不止一次地表明过。在《太史公自序》中，司马迁谈到自己"序略"的写作目的时说："以拾遗补艺，成一家之言，厥协《六经》异传，整齐百家杂语"，而在《报任安书》中他则更明确地道出了《史记》的撰写目的，"鄙陋没世，而文采不表于后也"，"亦欲以究天人之际，通古今之变，成一家之言。"司马迁非常清楚自己的

---

① 黄怀信：《论语汇校集释》卷一九，上海古籍出版社 2008 年版，第 1676 页。

"功名"是建立在"立言"上的，这是他的使命，更是他实现人生价值的需要和唯一的实现方式。为了能够"成一家之言"以垂后世，他只能选择和忍受比死亡更加残酷的折磨——腐刑所带来的巨大的声名的侮辱，"是以肠一日而九回，居则忽忽若有所亡，出则不知其所往。每念斯耻，汗未尝不发背沾衣也！"但是他觉得这是值得的，所谓"仆诚以撰此书，藏之名山，传之其人，通邑大都，则仆偿前辱之责，虽万被戮，岂有悔哉！"

（三）司马迁与李广的"生前名"

如"功"有两个层次一样，"名"其实也有两个层次。"名"首先是人生价值的体现，例如司马迁给李广树立的"立德"之"名"和司马迁的"立言"之名。"名"还有一个层次，那就是被"士"视之为生命的"名节""尊严"。关于这两个层次的"名"的关系，辛弃疾《破阵子·为陈同甫赋壮词以寄之》有一句"赢得生前身后名"说得很分明。"生前名"当是指"士"之"名节"与"尊严"，强调活着的时候；"身后名"当是指人生价值，强调一生的作为、功名，需要"盖棺定论"，即司马迁所谓"死日然后是非乃定"。

司马迁重"名"，既重李广的"名"，也重自己的"名"；既重"身后名"，也重"生前名"。李广则尤重"生前名"，例如他曾经找王朔算过命，而起因就是他认为自己"声名"很高却并未封侯，"蔡为人在下中，名声出广下甚远，然广不得爵邑，官不过九卿，而蔡为列侯，位至三公"。李广自杀前对他的部下说："且广年六十余矣，终不能复对刀笔之吏。"这非常明显地体现的是儒家之士的精神信条——"士可杀不可辱"——尊严和气节要大于生命。儒家重"名节"。作为一个"士"，在面对即将到来的牢狱之灾时，为了保卫自己的"生前名"，"引节"即自杀，是最好的选择。在这一点上，司马迁是非常认同李广的做法的，认为他能"早自裁绳墨之外"便"引节"，因此保住了自己"桃李不言，下自成蹊"的声名。

李广在受审之前用死捍卫了自己的尊严，在某种程度上实现了司马迁的人格理想。司马迁也想保住被"士"视之为生命的"名",却没有做到,这让司马迁对李广很是羡慕。他在《报任安书》中说:"传曰'刑不上大夫。'此言士节不可不勉厉也","故士有画地为牢,势不可入;削木为吏,议不可对,定计于鲜也","夫人不能早自裁绳墨之外,以稍陵迟,至于鞭箠之间,乃欲引节,斯不亦远乎!"司马迁告诉我们,士大夫尤其要注意名节,远离狱吏的审讯。如果不幸犯罪,士大夫就要在庭审或牢狱之前考虑自杀,这样才能保住士大夫的气节,如果等到受刑之后才想到自杀,那就太迟了——名节无存而且饱受侮辱。司马迁所要承受的辱不仅仅是面对刀笔之吏的审问,而是腐刑这样的奇耻大辱,其伤害完全是可以预想到的,这与他受辱之后的感受是一致的。他深知"腐刑"是多么残酷,递进式的叙述让人了解至深,"太上不辱先,其次不辱身,其次不辱理色,其次不辱辞令,其次诎体受辱,其次易服受辱,其次关木索、被箠楚受辱,其次剔毛发、婴金铁受辱,其次毁肌肤、断肢体受辱,最下腐刑极矣!"司马迁在《太史公自序》中两次说到"腐刑"之极端:"诟莫大于宫刑","最下腐刑极矣!"而且他知道这种刑罚很早就有了,"所从来远矣"。了解这种刑罚的残酷,却又主动选择了这种刑罚,司马迁的感受是无比惨痛的。他说自己"大质已亏缺",说自己是"刀锯之余""扫除之隶",说自己会被天下耻笑,"茸以蚕室,为天下观笑","适足以发笑而自点","重为乡党所笑",这三个"笑"足以令司马迁"积毁销骨",而且这种"污辱"会"虽累百世,垢弥甚耳!"司马迁这样描述自己受刑后的感受,"肠一日而九回,居则忽忽若有所亡,出则不知其所往。每念斯耻,汗未尝不发背沾衣也!"

刑前能够预见到的"辱"和刑后切实感受到的"辱"都说明了选择"死"是多么必要。"死"可以避大辱,可以保住"生前名",这是"士"在不得已之下的最好选择,也是司马迁将李广写入《史记》的重要思想动因。司马迁多么希望自己能够像李广那样一死解百忧。死,竟成了一种最合适和最体面的结局。可以说,李广在"引节"以避"辱"这件事上实现了司马迁的护"名"

理想，而这是司马迁很看重的一点，因此司马迁将李广写进了他的《史记》。

司马迁与李广虽未曾谋面，但从《史记》的写作来看，他们似乎是一种互相成就的关系。司马迁发现李广、挖掘李广并动用了他所有的描写手段来塑造李广，使李广成了一个名将，传之后世，妇孺皆知。李广也间接地成就了司马迁，只不过李广不知道也不可能知道，而且方式也极其残酷。李陵的投降给司马迁带来的痛苦遭遇促使司马迁深刻地看待人生，思考历史。司马迁完成了人生价值上的自我提升，同时也写就了"史家之绝唱，无韵之离骚"的《史记》。分析司马迁塑造李广形象的深层次原因——对于"名"的追求的同时，也加深了对司马迁的理解。作为一个具有历史胸怀的史学家，司马迁的思想深度必然超越李广。孟子说："天将降大任于斯人也，必先苦其心志，劳其筋骨"，身被历史使命的司马迁对于"勇敢"和"死"进行了重新的思考，他最终做到了超越生死，实现了"不朽"的理想。

司马迁以为"勇""怯"之分并非以"死"而论，即使是为了"节义"，也不能以是否敢"死"论英雄。"不必"这个词非常重要，彻底剥离了"死"和"勇"的关系，也就是说有时候"死"能证明一个人是勇敢的，这点很多人都能做到；但有的时候，"不死"才是真正的勇者，这个很少人能理解，也很少有人能做到。司马迁认为"生前"勇敢地死，只是能够护住"生前"之"名"，这当然重要，但更重要的是，一个人能够为了树立"身后"的不朽之"名"而选择勇敢地、屈辱地活着。司马迁就是这样一个人，他说：""亦欲以究天人之际，通古今之变，成一家之言。草创未就，会遭此祸，惜其不成，是以就极刑而无愠色。仆诚以撰此书，藏之名山，传之其人，通邑大都，则仆偿前辱之责，虽万被戮，岂有悔哉！"司马迁因为《史记》没有完成，所以不能像李广一样在面对刑罚时选择自杀，而只能勇敢地接受腐刑。他只期望《史记》能够被广为传诵，这样也就补偿了他受到的所有屈辱，即使受再多的屈辱也不会后悔。这与"所以隐忍苟活，幽于粪土之中而不辞者，恨私心有所不尽，鄙陋没世，而文采不表于后也"是一个意思。从创作角度来说，司马迁喜欢李广身上的"奇",理解李广身上的"悲",挖掘李广的"立德"之名,欣赏李广舍身护名的举动,于是《史记·李将军列传》便产生了。同时,司马迁也完成了对于李广的超越。与其说司马迁的《史记·李将军列传》是在书写李广,倒不如说他是在书写自己,司马迁的人生价值观由此可以一览无余。对于司马迁,后人不但不会"观笑",反而会愈加钦佩,正如古语所云:"仰之弥高,钻之弥坚"(《论语·子罕》)。司马迁让李广成为"名将"的同时也成就了自己的"不朽"之名。

第三章　东汉、魏晋南北朝时期
李广形象的演变

　　司马迁写完《史记·李将军列传》之后，最早在作品中出现完整李广形象的作品是班固的《汉书》，他的《汉书·李广传》几乎全抄《史记·李将军列传》，但是也有一些改变，这对后世李广形象的基本定型是有一定影响的。

第一节　《史记·李将军列传》与《汉书·李广传》的对比研究①

　　自《史记》《汉书》产生后，针对这两部史书孰优孰劣的争论就已经开始，这些争论加深了我们对这两部史书的总体认识。通过某些具体篇目的比较，不但可以看出这两部史书的优劣，还能借此分析班固和司马迁创作观念、写作手法上的不同。本书将以李广为分析对象，对比分析《史记·李将军列传》与《汉书·李广传》，以此管窥班、马在创作上的不同。

　　《史记·李将军列传》先出，所以以其为底本，主要分析后出的《汉书·李广传》与前者的不同之处。从总体上看，《史记·李将军列传》与《汉书·

---

　　① 见王福栋《〈史记·李将军列传〉与〈汉书·李广传〉的对比研究》，《渭南师范学院学报》2016 年第 17 期，略有改动。

李广传》大同小异，然而古语有云："见微知著"，细心考量，从这些"小异"中依然还是可以看出班、马的异同。具体体现在以下六个方面。

一、文章结构上的不同

《汉书·李广传》较《史记·李将军列传》后出，所以在给李广作传的时候，主体内容基本可以说是都引用了《史记·李将军列传》，然而当把两者的段落作仔细对比的时候，还是发现有以下不同（见表3-1）。

表3-1 《史记·李将军列传》与《汉书·李广传》之比较

《史记·李将军列传》		《汉书·李广传》	
段落	内容概括	内容概括	段落
第1段	李广从军	李广从军	第1段
第2段	公孙昆邪泣诉	公孙昆邪泣诉	第2段
第3段	中贵人事件	中贵人事件	第3段
第4段	程不识	程不识	第4段
第5段	李广被俘逃跑	李广被俘逃跑	第5段
第6段	霸陵尉事件	霸陵尉事件与 汉飞将军	第6段
第7段	汉之飞将军		
第8段	李广射石	李广射石	第7段
第9段	李广猿臂	李广父子被围	第8段
第10段	李广父子被围	李蔡封侯及王朔燕语	第9段
第11段	李蔡封侯及王朔燕语	李广猿臂	第10段
第12段	李广请战	李广请战	第11段
第13段	李广失道	李广失道	第12段
第14段	李广自刭	李广自刭	第13段
第15段	李蔡自杀	李蔡自杀	第14段
第19段	太史公曰 （对李广的总结认识）	赞曰（对李广的总结认识）	第41段

据表 3-1，按照《史记·李将军列传》和《汉书·李广传》的自然段落把两者相应的内容列在一起，很容易便发现两者在内容编排上的最显著的不同之处即"李广猿臂""李广父子被围""李蔡封侯及王朔燕语"三段的位置安排存在差异。《史记》《汉书》都把王朔和李蔡封侯放在一起叙述，但这并不能确定两者孰先孰后，尽管李蔡封侯一段文字中有两个时间点"元朔五年（前 124 年）"和"元狩二年（前 121 年）"，但这两个时间点和王朔燕语并没有联系，因此无法确定王朔燕语的大致时间，也就不能确定王朔燕语和李蔡封侯的先后。司马迁和班固都把王朔燕语放在李蔡封侯的后面，姑且认为事实就是这样。李广父子被围发生在元狩二年（前 121 年），那么班、马都把"李广父子被围"放在"李蔡封侯及王朔燕语"前面，这在一定程度上是可以，也是可能的。关于"李广猿臂"的位置问题，班固在这一点上并没有照抄司马迁的文章，而是把这一段从"李广父子被围"前面移到了"李蔡封侯及王朔燕语"的后面。

无论司马迁还是班固，李广传记前半部分的叙事都和李广善射有关，无论是李广从军还是公孙昆邪的泣诉，无论是中贵人事件还是李广被俘逃跑，无论是"飞将军"的由来还是李广射石，这些段落无疑都非常肯定李广的作战能力，尤其是射箭。"李广猿臂"这一段紧承上面这些内容，解释李广善射的原因，司马迁这样安排非常合理；班固把这一段放在了李蔡封侯及王朔燕语后面，两者在逻辑上的联系明显较弱，而且和后面李广请战也没有太紧密的联系，似不妥。司马迁对这三段的安排还有一个合理之处，他把李蔡封侯及王朔燕语这段放在李广猿臂和李广请战中间，非常合适。这是个转折点，一来李广一生征战沙场，凭的就是自己舍生忘死的精神和那张弓，但直至年老他也并没有得到他期望的功名。所以他非常疑惑，去请教王朔，甚至怀疑自己命中注定不能封侯。后面李广积极地请战也正和这些情况紧密地联系在一起，既然年轻的时候没有博得封侯，那么面对这么好的一次机会，甚至可以说是最后一次有可能博得封侯的机会，李广虽然年老又怎会轻易错过？所以当我们接下来阅读到李广知道卫青即将带兵征伐匈奴的时候"数自请行"，就是非常自然的事情了。如果按照班固对段落的安排，则显得前后缺乏逻辑上的联系，把"李广猿臂"放在"李蔡封侯"及"王朔燕语"和"李广请战"中间显得非常多余，不如去掉。但是解释李广因何擅长射箭又不能省略"李广猿臂"这一段，所以对比司马迁和班固对这段位置的处理，还是司马迁为优。尽管班固后出，但在整篇文章结构的考虑上并没有超越司马迁。

二、遣词造句上的差异

在比较了《史记·李将军列传》和《汉书·李广传》宏观段落上的差异以后，细致对比这两篇传记在文字上的差异，发现《汉书·李广传》相比于《史记·李将军列传》，在文字上存在着删、增和换的情况。

第一，文字的删除。班固《汉书》较《史记》后出，所以在叙述相同内容的时候，班固就对《史记》的文字进行加工，删削当是最基础的一项工作。综合来看，班固是一个正统的历史学家，他在描写历史人物的时候惜墨如金。司马迁描写人物非常生动，他在塑造人物的时候不吝笔墨。李广同时存在于班、马的著作中，对比两者的文字，这种差异非常明显。据笔者统计，在如上所述内容相同部分的文字中，《史记》的字数为2766字，而汉书则为2410字，两者相差了356个字，而且《汉书》中精简掉的文字，绝大多数去掉之后并不影响句意，足见班固在行文上的严谨态度。兹举例如下：

> 匈奴大入（侵）上郡，天子（上）使中贵人从广勒习兵击匈奴。中贵人将骑数十纵（从），见匈奴三人，与战。三人还射，伤中贵人，杀其骑且尽。中贵人走广。广曰："是必射雕者也。"广乃遂从百骑往驰三人。三人亡马步行，行数十里。广令其骑张左右翼，而广身自射彼三人者，杀其二人，生得一人，果匈奴射雕者也。已缚之上马（山），望匈奴有数千骑，见广，以为诱骑，皆惊，上山

陈。广之百骑皆大恐，欲驰还走。广曰："吾去大军数十里，今如此以百骑走，匈奴追射我立尽。今我留，匈奴必以我为大军［之］诱，必不敢击我（不我击）。"广令诸骑曰："前！"前未到匈奴陈二里所，止，令曰："皆下马解鞍！"其骑曰："虏多且近（如是），即有急，奈何？"广曰："彼虏以我为走，今皆解鞍以示不走，用坚其意。"于是胡骑遂不敢击。有白马将出护其兵。李广上马与十余骑奔射杀胡白马将，而复还至其百骑中，解鞍，令士皆纵马卧。是时会暮，胡兵终怪之，不（弗）敢击。夜半时，胡兵亦以为汉有伏军于旁（傍）欲夜取之，胡皆即引兵而去。平旦，李广乃归其大军。

上面这段文字中加着重号的部分为《汉书》删掉的文字，圆括号内的字是《汉书》不同于《史记》的字。在这一段中，班固一共删掉了《史记》37个字，两者对比阅读，班固在文字简洁上非常用功，然而单独阅读《史记》不但没有冗长累赘之感，反而非常生动。这可能就是班、马之间的不同魅力吧。

班固所删的文字并不都是合理的。这些不合理之处大概可以分为以下几类。

1. 删除单个字词削弱了人物描写效果

纵观全文，班固在精简《史记·李将军列传》文字的时候，较少删除实词，而是删除了较多的虚词。多数虚词对于文义的表达并无大的影响，但有些虚词并不能删除，因为这些虚词或者紧密联系着上下文，或者对人物形象的塑造起着至关重要的作用。

（1）"亦""皆""复"等虚词的删除

为简洁起见，班固删除了《史记》中很多"亦""复"和"皆"等虚词，这些虚词有的可有可无，确实应该删掉，比如《史记·李将军列传》"李广失道"中有这样一段话："大将军青亦阴受上诫，以为李广老，数奇，毋令当单于，恐不得所欲。"《汉书》就省掉了"亦"，这个是应该省的，因为文章前面并没有提到李广年老和数奇，所以后面无所谓"亦"，但也有一些是不应该被删除。

"亦"的删除　在中贵人事件中，《史记》有这样一句话："夜半时，胡兵亦以为汉有伏军于旁欲夜取之，胡皆引兵而去。"《汉书》则在此处删除了"亦"字。面对数倍于自己的敌人和想要逃跑的部下，李广说："吾去大军数十里，今如此以百骑走，匈奴追射我立尽。今我留，匈奴必以我为大军诱之，必不敢击我。"然后命令部队前进到了距离敌人只有二里的地方。李广此举的目的是给敌人造成汉军早有埋伏的假象，然后伺机逃跑。到了晚上，匈奴果然像李广预料的那样认为汉军有埋伏，所以就没有对李广发动进攻，而是离开了，李广部队得以生还。此处的"亦"正好验证了李广之前的判断，他的聪明才智和非凡胆识得以展现，所以此处的"亦"是不能删掉的。

《史记》在比较程不识和李广治兵方略的时候，还说过这样一段话："程不识正部曲行伍营陈，击刀斗，士吏治军簿至明，军不得休息，然亦未尝遇害。"《汉书》在此段删掉了"然亦未尝遇害"，虽然删掉的是一句话，但这句话的重点是"亦"。这段话的前面讲到李广对士兵的管理非常松，却并没有受到敌人的攻击；程不识对部队的管理很严格，结果呢?《汉书》并没有提结果，《史记》以一句"然亦未尝遇害"很明确地告诉读者，程不识的部队也没有遭受到匈奴的侵扰。既然结果都是一样没有受到敌人的攻击，李广松而程不识严，士兵当然乐于跟从李广而苦于跟从程不识了。可见，此处的"亦"字如果被删掉，对比的意味就减弱了。

"皆"的删除　同样是对比程不识和李广，《史记》说了这样一句话："是时汉边郡李广、程不识皆为名将，然匈奴畏李广之略，士卒亦多乐从李广而苦程不识。"《汉书》中的上段文字，少了"皆"字，这个字从对比的角度来说作用很大。《史记》多了一个"皆"字，明显是要进行比较，"然"字表转折，指的是虽然李、程二人都是名将，但匈奴对这两个人的反应并不一样——

更怕李广，这是从匈奴的角度说明李广要比程不识这个名将更具有威慑力。

"复"的删除　李广经常射虎，曾经误将石头当作老虎而射之，《史记》有这样一段话："广出猎，见草中石。以为虎而射之，中石没镞，视之石也。因复更射之，终不能复入石矣。"而在《汉书》中，班固则省略了两个"复"字。司马迁连用了两个"复"字，稍显重复，但笔者认为至少应该保留一个。李广误将箭镞射入石头之中，他自己对这件事也感到很奇怪，不相信自己有如此神力，所以他再次射石以验证自己是否还能将箭射进石头之中，可惜没有像上次那样再次把箭镞射进石头。第一个"复"字告诉读者李广第二次是有意要射石，而第二个"复"字则表明箭头并没有像上次那样被射进石头。《汉书》完全不用"复"字，从故事情节的表述上来说，较《史记》稍逊一筹。

（2）部分实词的删除直接影响文义

虚词的作用大抵是让词语或者段落之间产生某种联系，而实词则直接组成句子和段落。所以如果说《汉书》删除了《史记》的部分虚词无伤大雅的话，那么其删除的一些实词则直接影响了文章的语意。

形容词的省略　《李将军列传》最后的"李广失道"中有这样一段话："大将军青亦阴受上诫，以为李广老，数奇，毋令当单于，恐不得所欲。"上文已经分析过《汉书》不应该省掉虚词"亦"，《汉书》同时还省了一个形容词"老"，这是不可以省掉的。皇帝在卫青出征前给卫青的嘱咐很重要，直接决定着卫青在指挥战斗时的决策。此处指出"李广老"的作用有二：

其一，读者在阅读到这段文字的时候一般不会意识到李广当时已经67岁高龄，这个"老"字通过皇帝之口说出来非常直接而可信。

其二，这个"老"字非常能够体现李广之"悲壮"。李广一生最大的梦想便是封侯，虽年老而不衰。此次能够随卫青出征对于李广来说可能是最后一次博得封侯的机会了。所以这个"老"字和李广此前的数次主动请缨，请求直击匈奴单于放在一起，非常能够表现出李广不顾年老而直欲建功立业的

"悲壮"精神，而这正是司马迁最推重的一种精神气质。

在"李广猿臂"一段中，《史记》有这样一段话："其射，见敌急，非在数十步之内，度不中不发。"这句话很形象地写出了李广在战场上射敌时的情景，《汉书》同样的内容，少了"急"字。对比有"急"与无"急"，两者的差别在于，有"急"更能表现李广在情势紧急时的从容心态和高超射技，所以结论是"急"省不得。

名词的省略　在比较程不识和李广的段落中有这样一句话："是时汉边郡李广、程不识皆为名将，然匈奴畏李广之略，士卒亦多乐从李广而苦程不识。"《汉书》省略了"皆"字的同时还删了句子最后面的"李广"二字，不妥。前面是从匈奴的角度来比较李广和程不识，后面是从士卒的角度来比较李广和程不识，这两个对比是平行的。所以后面的叙述不能缺了李广，尽管前面谈的也是李广，但因为说的并不是一件事，所以后面并不能"承前省"，而且这句话是本段对比李广和程不识治兵方略的总结性语句，因此更不能省略掉最后的"李广"二字。

介词的省略　在李广父子被围事件中，李广父子虽身陷重围却毫无畏惧，《史记》用了这样一段话来形容李广："会日暮，吏士皆无人色，而广意气自如，益治军。军中自是服其勇也。"《汉书》引用了这段话却省略了"自是"二字。班固用字简洁，《汉书》删此二字表达的是经此事，士兵们都很佩服李广的勇气，说的是一时的事。《史记》多了"自是"二字，表达的是此后李广的士兵都因为这件事佩服李广的勇气，说的是以后的事。两相比较，恐怕是司马迁的写法更能体现李广的勇气。

2. 省略语句造成信息的丢失，影响人物形象塑造

班固对文章的简洁性有着较高的要求，当他审视《史记》的时候，删除了很多看似多余的字词和句子。个别字词也许作用很小，但句子的省略则可能影响很大。现根据这些被删句子的作用，把这些句子分成两类加以讨论，一类是删掉后造成了信息丢失，另一类是删掉后影响了人物形象的塑造。

（1）删除单个语句造成信息丢失

删除句子造成信息丢失是班固修改《史记·李将军列传》的一大失误之处。比如在开始介绍李广的时候，《史记》说李广"故槐里，徙成纪"，这是关于李广情况的最基本介绍，而《汉书》干脆就删掉了，毫无道理可讲。文中还有几处被删的句子需要我们认真考虑。

例一：《史记·李将军列传》第二段在介绍了李广作战勇敢，经常奋勇杀敌之后有一句"皆以力战为名"。《汉书》将此句删除。整个这一段主要是说李广作战能力很强，打仗总是奋不顾身。因为害怕失去这样一员猛将，所以典属国公孙昆邪甚至哭着劝皇帝给李广换了职位——上郡太守，而且此后继续担任各地太守。司马迁的本意是说李广尽管后来换了若干地方当太守，却一直"以力战为名"，保持了人物性格的统一，并与整个段落的中心相呼应。根据《李广年表》显示，中贵人事件中李广并没有取得重大战果，而且这件事发生在"吴楚之乱"和公孙昆邪哭诉之前。李广能够历任各地太守和中贵人事件没有联系，跟公孙昆邪哭诉倒是有很大关系，而最根本的原因则应该是李广作战时"力战"的特点。班固不明白司马迁的用意，不但把叙述李广历任各地太守的文字放到了下一段，也就是中贵人事件的末尾，还删掉了"皆以力战为名"一句，既没有尊重历史事实，也没有像司马迁那样指出李广"力战"的特点，实属不妥。

例二：在李广平定"吴楚之乱"一事中，《史记》有这样一段话："吴、楚军时，广为骁骑都尉，从太尉亚夫击吴楚军，取旗，显功名昌邑下。"《汉书》省了"取旗"一句，显然是不行的。在战争中胜利、取得功名是有很多种方式的，而夺得对方军旗恐怕是最为荣耀的了。如果省了"取旗"一句，不但忽略了一个重要的历史事实，而且李广如此重要的战绩也将难以得到显现。

例三：在李广与王朔燕语一段中，当李广问王朔是不是自己的面相不好所以难以封侯的时候，《史记》中还有一句"且固命也?"《汉书》省略了这句话，可能班固觉得"相"与"命"是一回事，其实不然。前面讲的是面相，面相只是命运的一种昭示，最重要的还是命运。《史记》中包括项羽、李广等很多人都在怀疑命运，而这些都反映着司马迁对人生命运的思考，他的"究天人之际，通古今之变，成一家之言"其中就包括了对人生命运的思考。"且固命也?"这句很能体现李广对自己人生的一种反思，同时也反映出司马迁对人生命运的不断思考，所以省不得。

例四：李广猿臂故事中，司马迁在谈到李广平日喜欢以射箭作为娱乐时，用一句"竟死"，强调李广这个爱好持续时间之长，《汉书》省略了。这句话虽然只有两个字，也不应当去掉。李广射艺高超，他之所以有如此高超的射艺，跟他的日常训练有关，跟他天生猿臂有关，更与他日常生活离不开射箭有关，所谓"知之者不如乐之者，乐之者不如好之者"。李广直到死都乐此不疲，"竟死"二字在一定程度上揭示了李广射艺高超的原因。李广不但以射箭为乐，且把它视作自己人生的一部分，坚持了一辈子。班固去掉这句话造成的后果是，人们只知道李广喜欢以射箭为乐，但这种爱好是偶尔为之，还是终生为之却不得而知。如果是偶尔玩玩，倒也无妨；如果李广一生都保持着这种娱乐方式，那么李广的射艺如此之高也就可以找到原因了。如此说来，《汉书》把这句话删掉，确实是造成了信息的丢失。

例五：《史记》记载李广时有这样一句："广军士大夫一军皆哭。百姓闻之，知与不知，无老壮皆为垂涕。"《汉书》省了第一句。从情理来说，这一句不可去掉。无论是《史记》还是《汉书》，前面都已经说过李广日常之中爱兵如子，打仗之时身先士卒，而且"广廉，得赏赐辄分其麾下"，"其士卒亦佚乐，咸乐为之死。"李广的部下平常就和李广生活、战斗在一起，目睹李广之为人，所以最先得知李广自刭的消息以及最悲痛的应该是这些人，这才合情合理。可见《汉书》把这句省了是不妥的。

（2）删除句子影响人物形象塑造

如前所述，单个字词的缺失会对人物形象的塑造产生影响，而句子的缺失对人物形象的影响无疑会更大。班固在对《史记·李将军列传》进行加工的时候，删除了一些关键性的句子，而这对李广形象产生了很重要的影响。

例一：在中贵人事件中，《史记》有这样一句话："于是胡骑遂不敢击。"《汉书》省略了这句话。整体来看，似并无大碍，可是这句话对于李广形象的塑造却很重要。之前面对为数众多的匈奴骑兵，李广的部队害怕，想要逃跑，可是李广却命令部队向敌人进发，更离奇的是他还要部队下马解鞍，就地休息。尽管李广已经给部队做了初步分析，可是究竟结果如何，李广的决策是否奏效，"于是胡骑遂不敢击"，这一句的交代非常重要，应验了李广的分析和判断，使李广的形象更为饱满和突出。班固删除了这一句，影响了李广形象的塑造。

例二：在"李广猿臂"一段中，《史记》以"广廉"开头，后面又言及"终广之身，为二千石四十余年"等内容，《汉书》省略了"广廉"二字。同前文一样，这句话也只有两个字，可是这二字也不应该省略。这两个字作为一段之首，非常能够概括李广的人品，使读者同作者一样直接认识李广的优秀品质，而且正好承接着上面一段中的"蔡为人在下中，名声出广下甚远"，与李蔡形成鲜明对比。《汉书》此段以"终广之身，为二千石四十余年"开头，与《史记》比起来缺乏凝练与概括，所以这句话也是删不得的。

例三："王朔燕语"中，在介绍完李广从弟李蔡的发迹过程之后，有这样一段："蔡为人在下中，名声出广下甚远，然广不得爵邑，官不过九卿，而蔡为列侯，位至三公。诸广之军吏及士卒或取封侯。"这段话包含了两个对比：一是李广和李蔡的对比，一是李广和他麾下的军吏、士卒的对比。如图 3-1、3-2 所示。

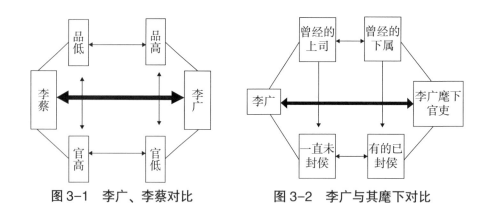

图 3-1　李广、李蔡对比　　　　图 3-2　李广与其麾下对比

从图 3-1 和图 3-2 可以看出，在对比李广和他的下属的时候，司马迁是从职位高低和是否封侯两个方面来对比的——李广曾经的下属已经有人封侯，而李广这个曾经的上司却一直未封侯。在这一点上《汉书》与《史记》并无差别；而在对比李广和李蔡的时候，司马迁则是从人品和是否封侯两个方面来对比的——李蔡人品很低却位至三公，而李广人品虽高却官不过九卿。在这一点上，《史记》比《汉书》多了一句话，即"而蔡为列侯，位至三公"。尽管前面已经交代了李蔡的发迹状况，可这个交代只是给后面的两个对比提供一个背景。后面的对比中李广与其曾经下属的对比是完整的，而李广和李蔡的对比是不完整的。在《汉书》的对比中少了对李蔡官职的一个简单叙述，这在逻辑上是有缺陷的。因此，笔者觉得《汉书》此处删除了"而蔡为列侯，位至三公"一句减弱了对李广悲剧形象的塑造。

第一，文字的增补。虽然班固习惯于对《史记·李将军列传》的文字进行删削，却也适时地在司马迁原来的文章中增补了一些文字。尽管增补的文字很少，可是有些增补在一定程度上还是增强了文章的表达效果，比如下面这两个例子。

例一：《史记》在叙述李广平定"七国之乱"时有一句："以梁王授广将军印，还，赏不行。"《汉书》则在"还"字的前面加了一个"故"字，这个地方比《史记》考虑得还要仔细，因为"以……故……"是古代汉语中的固定搭配，如"怀王以不知忠臣之分，故内惑于郑袖，外欺于张仪，疏屈平而信上官大夫、令尹子兰。"（《屈原列传》）又如"信曰……以不用足下（指广武君李佐车），故信得侍耳。"（《淮阴侯列传》）等。这些都是《史记》中的例子，可知司马迁在"以梁王授广将军印，还，赏不行"一句中应该是省略了他常用的"故"，不如《汉书》补出来更好。

例二：李广请王朔算命的一段有一句李广抱怨的话说："然无尺寸功以得封邑者"，《汉书》在这句话的"然"字后面加了一个"终"字，就成了"然终无尺寸功以得封邑者"。"终"表示长久以来都没有，到最后也没有。这个字用得好，多了这一个字则更能表现出李广长久以来的不满。心里长期积压着这种不满，所以已经67岁高龄的李广听说了卫青将要出击匈奴单于的时候，数次向皇帝请战，最后皇帝实在不好驳李广的面子才允许其随行。也还是这种长期积压的不满以及在战争中的失利和李广高傲的性格，让李广难以面对他最后的失败，于是自杀成了唯一的选择。

第二，文字的替换。面对《史记·李将军列传》，班固除了在文字上做了增删的工作之外，还在一些地方根据自己的理解替换了某些文字。虽然替换的只是某些单个字词，但是从这些单个字词中可见班、马二人文章的不同，甚至可以窥见班、马不同的创作观念。例如中贵人事件里面，只有百余骑的李广面对十倍不止的敌人竟然命令部队向着敌人进发，到了距离敌人只有二里的地方又竟然下命令解鞍下马，李广部下的恐惧是可想而知的。《史记》描述李广部下的话，第一句说的是："虏多且近"；《汉书·李广传》说的则是"虏多如是"，两相比较，前者要比后者更好。李广把自己的部队放在距离匈奴骑兵仅两里的地方，而且对方人数众多，他的士兵是非常担心的。"虏多且近"非常准确而全面地说出了他麾下士兵的担心，匈奴骑兵多就算了，还这么近，而"虏多如是"只说出了一方面的担心。如果距离很远，那么担心就显得多余，敌不过还可以撤退，而此时的情况是距敌人近得无路可退，紧迫如此，士兵的担心可想而知。说话者确实就站在距离匈奴只有两里的地方，但是言简意赅地说出当前的态势，表达自己的担忧，才是一个人正常的心理反应。由此可见，虽然此处《汉书》只是替换了《史记》中的两个字，但是描写效果却相差很多。《汉书》中这样改动的地方不多，这是最明显的一处，因此仅举此一例。

通过对比和分析《汉书·李广传》对《史记·李将军列传》文字的处理方式。总体来看，班固在文章写作上确实比司马迁要凝练、简洁，《史记·李将军列传》确实有不少文字是可以删减的，然而班固在删减文字的时候似乎并不都是经过认真考虑，很多字被误删了，最后的结果是文章的描写效果比不上司马迁原来的文字。当然，面对《史记·李将军列传》，班固并不是一味地删减，在需要增补某些字词的时候，班固不失时机地予以增补，使司马迁原来的文章生色不少。在文字增补方面，班固做得很少，偶尔有几处，效果也不及《史记》原文。

三、某些语句表达方式上的差异

比较《汉书》与《史记》，有些地方虽然意思都是一样的，但是在表述的时候，班固却有意识地换了一种说法。仔细考量这些改变，其效果颇值得玩味。试举例如下。

例一：《史记》开头描写李广的时候曾经引用过汉文帝对李广的评价："惜乎，子不遇时！如令子当高帝时，万户侯岂足道哉！"《汉书》变成了"惜广不逢时，令当高祖世，万户侯岂足道哉！"班、马二人这两段话的意思是一样的，都是在慨叹李广才能虽高却生不逢时，不同之处在于司马迁在处理这段话的时候用的是直接引用的方式，而《汉书》变成了转述。理由如下：一是《史记》用了"子"，即"你"，这明显是对李广本人说话，而《汉书》用的是"广"，这肯定是汉文帝在对第三者品评李广；二是为表达可惜之意，《史记》用的是"惜乎"——一个感叹句，而《汉书》则说"惜广不逢时"——一个陈述句，两者在情感表达的强度方面差别当然很大。《史记》援引汉文帝的话，应该是对李广本人说的，"惜乎"二字，感叹力度强，而且这句话用的是"子"，也就是"你"，应该是汉文帝和李广二人之间的直接对话，是汉文帝当面褒奖李广的话。同样的意思经班固修改后，汉文帝的话就由直接对李广说，变成了对第三者说。从情感强度来说，应该说司马迁的写法更好，试想一个被皇帝当面用了两个感叹句夸奖的将领，当是多么威猛；而《汉书》则只用了一个感叹句，强度较小，不足以表现李广的威武。从实际情况来说，李广当时刚刚参军，只有 20 岁，官职卑微，只是一个"汉中郎"，他当时能不能见到皇帝很值得思考。所以《汉书》这样的改法，可能有其合理的考虑。《史记》和《汉书》早就说清了皇帝说这段话的情景，皇帝是在一次打猎中看到了李广英勇的表现才说出了这段话的，那么皇帝表达李广生不逢时是当面对李广说的呢，还是对别人说的呢？皇帝亲自带队外出打猎，不外乎就是一次野外活动，随行人员中像李广这样的低级军官应该有很多，所以皇帝见到李广虽然有机会，但是当面对话机会并不多。然而当皇帝看到打猎过程中李广如此威猛勇敢，肯定印象深刻，当面夸一句亦无不可。《汉书》的改法给人的印象是皇帝似乎看到了李广，然后对旁边人说了上面一段话，《汉书》的改法使汉文帝用平淡的语气表达慷慨的意思，似乎有所不妥。总体来看，《汉书》改变了《史记》中汉文帝对李广评价的表达方式，其效果并不如《史记》原文，削弱了对李广形象的塑造。

例二：《史记》中贵人事件中，当李广的兵士因害怕而想逃跑时，李广的一番话坚定了部下的信心，李广的这段话最后一句是"必不敢击我"。关于这句话，班固没有原文引用，而是改了一种说法——"不我击"。班固对"必不敢击我"的改造不仅是省略文字的问题，同时还改变了李广说话时的语气，这种表达方式的改变对李广形象的塑造是有损害的。首先，班固省略"敢"这个问题是很严重的，因为"敢"既说明了匈奴不袭击李广的原因，同时还说出了不袭击李广的结果。"不我击"则只说出了匈奴不袭击的结果，两相比较当然是前者为妙，因为整篇文章就是为了突出李广的勇气和智谋。其次，一个"必"字更是让两句话形成了巨大的差别。李广口中的"必"表达的是他对此次战斗态势的一个非常肯定的判断,突出表现了李广正确的决策和对敌人心理状况的推测。班固改换了表达方式以后,这些效果全部消失,班、马二人在这句上面孰优孰劣便不言自明了。

例三:李广生平最后一战中,当李广跟从卫青出击匈奴单于的时候,李广被命令从东道出击,李广不愿意。《史记》接下来的叙述是"广自请曰",《汉书》的表达方式是"广辞曰"。班固的说法删掉了"自"字,而且班固的"辞"字显示不出李广自己请战的心情,从李广说话的语气看不出李广的心境。李广一生都怀揣封侯的愿望,当时已经 67 岁高龄的他面对这最后一次战斗,最后一次实现封侯愿望的机会,他很可能是抱定了"不成功便成仁"的决心,所以司马迁用一句"广自请"很能说明李广当时求战心切的心态。毕竟李广想在这次战争中获得功名,达成封侯的愿望。班固的表达法则让这种叙述变得非常平淡,叙述者在叙述的时候基本没有入戏,只是冷静地叙述李广的举动,而没有考虑李广的心情,叙述效果也就可想而知了。

四、对李广故事细节的不同处理

班固对《史记·李将军列传》在内容方面的一些重要改动,主要体现在班固对李广故事中两个细节的不同处理,一是李广逃跑,一是李广射箭入石。

第一,李广逃跑。李广逃跑说的是公元前 129 年（元光六年）,57 岁的李广以卫尉身份作为将军赴雁门关打击匈奴,不幸被俘后成功逃跑的事。关于李广逃跑有一个细节,《史记》和《汉书》的叙述不尽相同,兹引原文如下:

> 《史记》:胡骑得广,广时伤病,置广两马间,络而盛卧广。行十余里,广详死,睨其旁有一胡儿骑善马,广暂腾而上胡儿马,因推堕儿,取其弓,鞭马南驰数十里,复得其余军,因引而入塞。匈奴捕者骑数百追之,广行取胡儿弓,射杀追骑,以故得脱。

《汉书》：胡骑得广，广时伤，置两马间，络而盛卧。行十余里，广阳（佯）死，睨其旁有一儿骑善马，暂腾而上胡儿马，因抱儿鞭马南驰数十里，得其余军。匈奴骑数百追之，广行取儿弓射杀追骑，以故得脱。

比较两段文字，差别主要在李广跳上"胡儿马"之后的举动。《史记》说李广是把"胡儿""推堕"于地，自己夺了"胡儿"的马、弓和鞭子，逃跑了；《汉书》说李广是"抱"着"胡儿"逃跑。李广当时已经被匈奴抓住，身在敌营，逃跑是当务之急。可是班固这里竟然让李广"抱"着"胡儿"逃跑，后面是追兵，李广还"抱"着"胡儿"共乘一匹马，危险性可想而知。从文中我们无法推知李广是半路把"胡儿"扔了还是杀了，抑或是一直带到了汉军大营，但无论是哪种情况，"抱"着"胡儿"逃跑都绝不是好办法。班固出生在司马迁殁后一百多年，司马迁曾亲"睹"李广之为人，曾经还和李广的孙子李陵同朝为官。从这个角度来说，司马迁应该更清楚李广在这次逃跑中的具体情形。而且从常识也可以推知，李广跳上"胡儿"的马，顺势就可以把"胡儿"推下去，并抢夺他的弓箭用以自卫，保证自己能够顺利逃跑。或许是班固又从别的什么渠道得知了另一个版本李广的逃跑方法，如果不是的话，就无法解释班固为什么会在这个地方要改一个字。或许班固只是想当然地改了一个字，无论什么原因，班固这个字改得既不合情也不合理。在这个细节的处理上，班固实际无须做任何改动。

第二，李广射箭入石。读诗者解读唐代卢纶《和张仆射塞下曲》四首之二的时候，往往会把这首诗当中的"将军"看作李广。

林暗草惊风，将军夜引弓。平明寻白羽，没在石棱中。①

这首诗夸张地描写了李广的神力——白天寻找昨晚射的箭，原来整支箭都被射进了石头里，因为箭尾的白羽都已经"没在"了"石棱中"。《史记·

---

① （唐）卢纶撰，刘初棠校注：《卢纶诗注》卷三，上海古籍出版社1989年版，第255页。

李将军列传》中关于李广射箭入石的记录如下：

> 广出猎，见草中石。以为虎而射之，中石没镞，视之石也。因
> 复更射之，终不能复入石矣。

从上面这段文字可知，李广当时就找到了他射进了石头的箭，不过只是箭头（镞）射进了石头，而不是整支箭。李广的这种应激反应是可以理解的，而且"好奇"的司马迁在这段文字当中并没有夸张描写李广。以此分析卢纶的诗，则这首诗确实夸张了些。相同的内容在《汉书》中陈述如下：

> 广出猎，见草中石，以为虎而射之，中石没矢，视之，石也。
> 他日射之，终不能入矣。

对比《史记》和《汉书》，会发现班固在这里把一个关键的"镞"字换成了"矢"字。这一换，效果即完全不同。司马迁说李广只是把箭头射进了石头，而班固则说李广把整支箭都射进了石头里。如此说来，则卢纶的诗就不是夸张了，他把《汉书》中李广射箭入石的情形写了出来，而且更艺术、更形象。李广是否把箭射入石头，今已无考。因为据古籍记载在李广之前把箭射入石头的不止一人，其他史籍也并没有记载李广曾经射箭入石。所以司马迁让李广射箭入石，其可信度值得怀疑，但司马迁写李广射箭入石却没有夸张，因为他只是说李广的箭镞进了石头，尽管司马迁写史以"尚奇"著称，但在这件事情上却没有夸张描写。反倒是班固看了司马迁的这篇文章，觉得李广射箭入石如果只是箭头进了石头并不足以突出李广的非凡勇力，于是把箭头换成了整支箭。这样一来，李广的形象就被夸大了。班固对李广射箭入石这个细节的改变，虽然只是一个字，却对后人认识李广形成了重大的影响。或许唐代的卢纶就是读了《汉书·李广传》之后才有了创作"林暗草惊风"的灵感。

五、材料上的差异

《史记》成书在《汉书》之前，所以司马迁占有很多一手材料，因而班固

在书写李广时只能沿用《史记·李将军列传》的材料。然而有些材料司马迁未曾目睹，倒是班固把这些材料补充到《李广传》当中。《汉书·李广传》补充的材料主要有二：

第一，李广与汉武帝的对话。 李广怒杀霸陵尉的故事已经成为李广心胸狭窄的标志性事件，《史记》关于这件事的记载篇幅很短：

> 顷之，家居数岁。广家与故颍阴侯孙屏野居蓝田南山中射猎。尝夜从一骑出，从人田间饮。还至霸陵亭，霸陵尉醉，呵止广。广骑曰："故李将军。"尉曰："今将军尚不得夜行，何乃故也！"止广宿亭下。居无何，匈奴入杀辽西太守，败韩将军，后韩将军徙右北平。于是天子乃召拜广为右北平太守。广即请霸陵尉与俱，至军而斩之。

这段文字只有148个字，却描画出一个重名节、气量小、少思量的李广。李广认为匈奴入侵，皇帝在用人之际不会因为他杀了一个小小的守城官而责罚他，所以毫不犹豫地杀死了一个曾经涉嫌不尊重他的霸陵尉。自此，李广气量小的形象便稳定地在人们的头脑中形成了。虽然班固在书写《汉书·李广传》的时候绕不开《史记·李将军列传》，但班固并没有放弃努力，他把能搜集到的材料补充了进去，使我们获得了更多的信息。就在这段文字后面，班固又补充了一条重要的材料，那就是李广和汉武帝的一次书信往来：

> 广请霸陵尉与俱，至军而斩之，上书自陈谢罪。上报曰："将军者，国之爪牙也。《司马法》曰：'登车不式（轼），遭丧不服，振旅抚师，以征不服；率三军之心，同战士之力，故怒形则千里竦（悚），威振则万物伏；是以名声暴于夷貉，威稜憺（惮）乎邻国。'夫报忿除害，捐残去杀，朕之所图于将军也；若乃免冠徒跣，稽颡请罪，岂朕之指（旨）哉！将军其率师东辕，弥节白檀，以临右北平盛秋。"

可能是司马迁当时没有见到这段文字，所以这段文字不见诸《史记》。司马迁见到这段文字而没有写进《史记·李将军列传》的可能性不大，因为这段文字不但写出了李广感性、鲁莽的一面，同时也写出了他理性的一面，对李广的命运做出了一些解释。这段补充的文字数量比原文还要多，而信息则是原文所没有的。"上书自陈谢罪"六个字很重要，因为《史记》原文并没有这个内容，这说明李广虽然量小，但是并不傻。尽管李广已经预料到皇帝不会治他的罪，但主动承认错误总比被别人告发要好得多，这是态度问题。要知道态度在很多时候比事情本身更重要，更容易得到别人的谅解和同情。霸陵尉虽然官小职微，但总归是军队公职人员，随便杀害国家公职人员，这肯定是违法的行为。但当时边境战事吃紧，而李广又是能征善战的将领，所以当李广聪明地上书向皇帝承认错误、诚恳请罪的时候，皇帝果然免除了他的罪责，这是李广之所以没有获罪的主要原因。《史记》恰恰没有提到这些，所以在情理上难免有些不清楚，而《汉书》的这则材料正好解决了这个问题。

上面这则材料言辞颇具气势，应该是出自皇帝之手。皇帝的这封信从头至尾语气都保持着一种壮阔的豪气，说将军就是用来保家卫国、为国杀敌的，完全没有必要惩罚李广，甚至连戴罪立功的意思都没有，完全不提李广杀死霸陵尉的事。最后三句话则明白告诉李广立刻出击匈奴，保卫右北平的安全。如果是在太平之世，李广目无法纪，擅杀国家公职人员，皇帝肯定会治他的罪。然而值此用人之际，皇帝也只能忍一时之不快。聪明的李广抓住了皇帝的心理，让不尊重他的霸陵尉付出了生命的代价，而且皇帝又不能追究他的责任。表面上看，李广赢了。

班固这段文字的补充，一方面表现了大敌当前，身为一国之君的隐忍；另一方面也突出了李广的量窄、短视和耍小聪明，也为他的悲剧命运埋下了伏笔。

第二，李蔡的恶行。李蔡虽然曾经封侯，位至三公，可他在汉代历史上根本无足轻重。他在李广的传记里面也纯粹是个配角，他的存在意义只是给李广当陪衬。司马迁在《史记》里面一共提到他三次：第一次是说他作为李广的从弟和李广一起参军打仗；第二次是拿李蔡和李广作对比——李蔡人品差而官位高，李广人品高而未封侯；第三次是在李广自杀后讲李蔡的恶行——最终也自杀了。相比而言，《汉书》则一共提到他两次，内容与《史记》基本相同，但在第二次提到李蔡的时候提供的资料比《史记》详细得多：

《史记》：

广死明年，李蔡以丞相坐侵孝景园墙地，当下吏治，蔡亦自杀，不对狱，国除。

《汉书》：

广死明年，李蔡以丞相坐诏赐冢地阳陵，当得二十亩，蔡盗取三顷，颇卖得四十余万，又盗取神道外墙地一亩葬其中，当下狱，自杀。

关于李蔡的人品，班固在《汉书》中又补充了两条不见诸《史记》的新材料：

（元狩二年）三月，戊寅，丞相弘薨。壬辰，御史大夫李蔡为丞相。（《汉书·百官公卿表第七》）

以将军再击匈奴得王，侯，二千户；四月乙巳封，六年，元狩五年，坐以丞相侵卖园陵道墙地，自杀。（《汉书·景武昭宣元成功臣表第五》）

这两条材料补充了李蔡的恶行。之前李蔡以丞相之职获得了皇帝 20 亩地的赏赐，可是他却多占了 3 顷——西汉土地面积有大亩、小亩之分，若按照 1 顷等于 52 小亩算的话，那么他就多占了 156 亩，比皇帝赏赐他的土地数目多出了 6 倍多。更恶劣的是他还把这些地都卖了，"颇卖得四十余万"——这属于典型的贪污、侵吞国家土地、财产。他还侵占了孝景帝陵园外的一亩空地（墙地）——和皇帝抢墓地，无法无天——李蔡最终把自己送上了断头台！由此可见李蔡人品之恶，更反衬出李广人品之高，李广是一个"得赏赐辄分其麾下""家无余财，终不言家产事"的人，虽然二人都因为不愿受辱而自杀，人品却判若云泥！班固所补充的这些材料，不但补充说明了李蔡贪污的情况，还加重了这种对比，功不可没。

六、对李广的不同评价

对李广的不同评价集中反映在《史记·李将军列传》和《汉书·李广传》最后的总评部分：

《史记》：

太史公曰：传曰"其身正，不令而行，其身不正，虽令不从。"其李将军之谓也。余睹李将军悛悛如鄙人，口不能道辞。及死之日，天下知与不知，皆为尽哀。彼其忠实心诚信于士大夫也。谚曰："桃李不言，下自成蹊。"此言虽小，可以谕大也。

《汉书》：

李将军恂恂如鄙人，口不能出辞，及死之日，天下知与不知皆为流涕，彼其中心诚信于士大夫也。谚曰："桃李不言，下自成蹊。"此言虽小，可以喻大。然三代之将，道家所忌，自广至陵，遂亡其宗，哀哉！

比较司马迁和班固对李广的评价，可以看出这两段主体的评价是一样的，不一样的地方在两端。总体来看，司马迁对李广的评价非常高，总结起来就是正（直）、诚实和悲壮。相比之下，班固对李广的评价则有所不同，简而言之，即为诚实和悲哀。

首先看"正"。司马迁引用的这句"其身正，不令而行，其身不正，虽令不从"出自《论语·子路》，这句评语非常高。根据《论语疏证》《论语汇校集释》等书的意见，这句话是用来阐述君主治国之术的，至少也是用来形容高尚的君子的。《论语疏证》在解释这句话的时候转引了《淮南子·主术训》中的一段话：

故民之化也，不从其所言而从所行。故齐庄公好勇，不使斗争，而国家多难，其渐至于崔杼之乱。项襄好色，不使风议，而民多昏乱，其积至昭奇之难。故至精之所动，若春气之生，秋气之杀也，虽驰传骛置，不若此其亟。故君人者，其犹射者乎！于此毫末，于彼寻常矣。故慎所以感之也。①

"主术"二字指君主统治的方法，这篇全面论述了君主治国的方针、策略和方法。这一段在"主术"篇中占有重要地位，强调君主在统治中务必要做到身体力行，形成巨大的影响力，只有这样才能形成实际的统治力——此即领袖。不但是领袖，君子也是一样。杨树达先生给这句话作注的时候还引用了刘向《新序》中的一个故事：

鲁有沈犹氏者，旦饮羊饱之，以欺市人。公慎氏有妻而淫，慎溃氏奢侈骄佚，鲁市之鬻牛马者善豫贾。孔子将为鲁司寇，沈犹氏不敢朝饮其羊，公慎氏出其妻，慎溃氏逾境而徙，鲁之鬻马牛不豫贾，布正以待之也。既为司寇，季孟堕郈费之城，齐人归所侵鲁之地，由积正之所致也。故曰："其身正，不令而行。"②

故事中鲁国原来有各种不正之事，一旦当人们听说孔子将要来鲁国当司寇，各种不正之事统统自己消失，甚至于周边国家也及时归还了侵占的鲁国土地。原因很简单——孔子是一个极正之人，孔子"正"的影响力达到了如此地步，不得不让人惊叹。李广也具有很多"正"的品质：他热爱祖国，廉洁奉公，爱兵如子，等等。正因为如此，李广死后才有那么多认识和不认识他的人都为之垂泪，司马迁才会对李广有"桃李不言，下自成蹊"这样的评价。班固并不是没有看到李广的这些品质，却将对李广评价中的"正"字删掉，因为在班固的眼里这些品质虽好却够不上一个"正"字。结合着司马迁撰写《史记》时的遭遇和心态，我们知道司马迁非常同情、偏爱历史上那些

---

① （汉）刘安撰，杨有礼注说：《淮南子》卷九，河南大学出版社 2010 年版，第 331 页。
② （汉）刘向撰，陈茂仁校注：《新序校证》，花木兰文化出版社 2007 年版，第 5 页。

具有悲剧命运的人物。这些人普遍都有一种"知其不可而为之"的悲剧品质，在作出一些历史功绩的同时，也留些了很多遗憾，让后来人唏嘘不已。李广是司马迁非常喜欢的一个历史人物，所以对李广的评价如此之高也就不足为奇了。

从司马迁对李广的高度评价来看，司马迁应该是非常喜欢李广这个人物的。《史记·李将军列传》几乎到处都体现着司马迁对李广的钟爱，这里仅从两点来说明一下，而这两点正好又与《汉书·李广传》形成了对比。第一点是关于"李将军"这个词汇本身的考察。在文章的标题中，司马迁称李广为"李将军"，而班固直接称李广为李广，这已经可见二人对李广的尊敬和重视程度了。文章中也同样，经过笔者的统计，《史记·李将军列传》中共出现了5次"李将军"（含标题），相比之下《汉书·李广传》中只有3次。仔细分析这两个数字其实还是可以挖掘到一些信息的，下面是两文中"李将军"出现频次及位置的对比：

表 3-2　"李将军"三字在《史论》《汉书》中出现频次对比表

	位置	语句		位置	语句
司马迁《李将军列传》5	标题	李将军列传	班固《李广传》3	标题	李广苏建传
	文章首句	李将军广者，陇西成纪人也		文章首句	李广，陇西成纪人也
	霸陵尉事件	广骑曰："故李将军。"		霸陵尉事件	广骑曰："故李将军。"
	太史公曰	《传》曰："其身正，不令而行；其身不正，虽令不从。"其李将军之谓也			
	太史公曰	余睹李将军悛悛如鄙人，口不能道辞		赞	李将军恂恂如鄙人，口不能出辞
	程不识与李广对比	不识曰：李广军极简易，然虏卒犯之，无以禁也		程不识与李广对比	不识曰：李将军极简易，然虏卒犯之，无以禁

从表3-2可知，司马迁在标题中尊称李广为"李将军"，司马迁在文中一开始称李广为"李将军"，在最后的"太史公曰"中竟两次连称李广为"李将军"，文中还有一次提到"李将军"，但因出自李广部下之口，所以不作数。相比之下，班固在文中则完全不同，他给李广写的传记，名为"李广传"。文中共出现"李将军"3次，两次都是出自故事中人物之口，一是程不识，一是李广部下。班固在文中称呼李广为将军的只有一次，那就是最后的赞，但很明显，这一句也是从《史记》中照搬过来的。班、马一对比，就很明显了，司马迁非常尊敬李广，在名称上都非常注意，体现着他对李广的钟爱。班固尽管也写了李广的传记，尽管也在这篇文章上费了些心思却连一个"李将军"都不愿诉诸笔端，从而反衬出司马迁在有意无意之间对李广的重视程度。第二是李广传记的体例。纪传体是司马迁的独创，他为李广立传，采取的方式是独传，而且称李广为李将军，非常尊敬李广。相比之下，班固对待李广就没那么重视了，不但直呼李广本名，而且并没有单独为李广立传，而是把李广和苏武的传记放在了一起。李广和苏武是通过李陵产生了联系，但两者联系并不紧密，班固采取合传的形式为他们立传，这直接地告诉读者司马迁和班固对李广的不同重视程度。

其次看"悲"。从司马迁和班固对李广的评语来看，他们都认定李广是个可"悲"之人，然而其"悲"亦有不同。司马迁认为李广是个"悲壮"之人，而班固更看重李广身上的"悲哀"之气。后代学者经常讨论《史记》选择传主的问题，因为按照正统历史观，很多人根本进不了正史，比如陈胜、荆轲等人，因为这些人不是帝王将相，也不是很重要的历史人物。然而，大家还是对司马迁的做法表示理解，因为司马迁在选择传主的时候是有他自己的标准的，其中"悲壮"便是司马迁选择传主的标准之一。司马迁选择的历史人物，虽然"悲"，却并不让人"哀"，而是让人读后感到壮烈。这些人虽然地位不高，却都胸怀理想，试图或者已经在历史上起到了一定的作用。李广便是这样一个人物。李广之"悲"来源于他终身追求封侯而不得，而且最后还自杀了；他的"壮"才是他最吸引人的地方，他终身与匈奴作战，匈奴因为惧怕他而送他"汉之飞将军"的称号，他的廉洁、他的射箭入石、他从敌营逃跑等传奇经历，无一不吸引着司马迁，吸引着读者。世人为李广未能实现封侯愿望而遗憾，也为李广自杀而扼腕叹息，然而人们更感兴趣的是他为实现理想而做出的努力和他本人所散发出来的无穷魅力。班固对李广的评价则更侧重于"悲哀"。班固对李广的评价最后用了这样一句话：然三代之将，道家所忌，自广至陵，遂亡其宗，哀哉！这句话来自《史记·王翦列传》，原文如下：

秦二世之时，王翦及其子贲皆已死，而又灭蒙氏。陈胜之反秦，秦使王翦之孙王离击赵，围赵王及张耳钜鹿城。或曰："王离，秦之名将也。今将强秦之兵，攻新造之赵，举之必矣。"客曰："不然。夫为将三世者必败。必败者何也？必其所杀伐多矣，其后受其不祥。今王离已三世将矣。"居无何，项羽救赵，击秦军，果虏王离，王离军遂降诸侯。

从这则材料可知，"三代之将"说的本来是王翦一门三代为将的事，是前人总结的一个历史规律。司马迁在写李广传记的时候一定不会忘记这则材料，而且他不但亲见过李广还跟李广的孙子李陵同朝为官，所以如果司马迁想由此总结出一个"三代之将"的历史规律，其实很简单。可是司马迁没有写，而是由班固来完成了这一总结，可见司马迁在塑造李广形象的时候是有他自己的考虑视角的，是有选择的——司马迁只想写李广，他想让他的读者像他一样喜欢李广，而不是关注李广的子孙。相比而言，班固用司马迁的话说出了李广也逃不出"三代之将"这个历史规律的事实，很客观，但这种"哀"却从某种程度上来说削弱了李广的魅力。司马迁对李广最后的评价非常高，而班固的评价则由一个"然"字形成了转折，让读者的情感也随着坠落，只能以"哀"来形容自己的感受，而不是"壮"。

以上，从文章结构、遣词造句、表达方式、细节处理、材料运用和综合评价六个方面对比了司马迁和班固在给李广写传记时的不同。这六个方面并不处于同样的层面，却都体现了班马之不同：班固是个非常正统的史学家，他的行文力求简洁、务实，对人物的描写和评价尽量做到客观、公正，不表露个人爱憎；司马迁作为中国历史上最优秀的史学家，为了表达自己的思考，突出自己的爱憎，他在行文之时从不吝惜笔墨，尤其喜欢各种"好奇"之事，描写事件时力求完整、吸引人，描写人物力求生动，因而文采斐然，广受读者喜爱。班、马之间的"对比"是一条了解司马迁创作思想、写作手法的有效途径，而且也是了解司马迁如何塑造人物形象的很好的途径。

"马班异同"是个古老的话题，自从《史记》与《汉书》两书问世以后，《史记》《汉书》就被不断相提并论。尽管历代关于马班异同的专著不多，但研究《史记》的人大都会对比这两部伟大的史学著作。比较典型的是《班马异同》，此书是南宋倪思所撰，其通过比较《史记》与《汉书》对应的篇目，创造出一种新兴的史书研究方法。本节文字就是循着这条路进行更为细致的研究，出发点在于探讨司马迁和班固对李广的不同态度，而结论也很具有说服力。司马迁在《李将军列传》中处处显示出对李广的推崇，班固的《李广传》尽管内容主要都出自《史记》，却在细微处透露了对李广的个人看法。班固并不如司马迁那样对李广满怀崇敬，他是个正统的史官，也没有司马迁那样的悲惨经历，所以他面对历史人物并没有强烈的情感，而是冷静客观，与司马迁形成鲜明的对比。所以单就李广传记的对比来看，并不能显示出孰优孰劣。

第二节　汉魏史书、散文对李广形象的关注与改编

从现存文献来看，《史记·李将军列传》写成之前，李广之名并未见诸任何著作，而自司马迁将李广写进《史记》以后，李广形象才因此出现在各种典籍之中，足见李广之所以成为名将，应该归功于司马迁。自《史记·李将军列传》写成，李广形象便开始了接受进程。

一、《西京杂记》《汉书》对李广射艺的关注

《史记》之后，最早提及李广形象的并非班固，而是两汉之际的辞赋家冯衍。冯衍因为怀才不遇，所以建武末年曾上疏自陈，在这份"疏"中他两次提到了李广，"逮至晚世，董仲舒言道德，见妒于公孙弘，李广奋节于匈奴，见排于卫青。此忠臣之常为流也。臣衍自惟微贱之臣，上无无知之荐，下无冯唐之说，乏董生之才，寡李广之势，而欲免谗口，济怨嫌，岂不难哉!"①很明显，冯衍看重李广的"忠"与"势"，而目的则在于借以衬托自己之"忠"及表达谦虚之意。从历史上来看，这是第一次有人在文章中提到李广，并借李广以剖心迹。

首次对李广形象进行改造的当是《西京杂记》与班固的《汉书》。被传为汉代刘歆撰、东晋葛洪辑抄的《西京杂记》记载了一个李广的故事：

> 李广与兄弟共猎于冥山之北，见卧虎焉。射之，一矢即毙，断其髑髅以为枕，示服猛也；铸铜象其形为溲器，示厌辱之也。他日，复猎于冥山之阳，又见卧虎，射之，没矢饮羽，进而视之，乃石也，其形类虎。退而更射，镞破簳折而石不伤。余尝以问扬子云，子云曰："至诚则金石为开。"

这段文字所记内容与《史记》中描述李广射石的文字有很多不同。《史记》中描述李广射石的故事非常短，只有33个字，且并未言明射石地点。而这段文字不但说李广是在冥山射的石头，而且是在第二次射卧虎的时候误将箭射进石头。文章还说李广第一次射死卧虎的时候，还"断其髑髅以为枕，示服猛也；铸铜象其形为溲器"。李广是否"断其髑髅以为枕"已无考，但"铸铜象其形为溲器"却是假的，这已经是被很多学者证明了的。文章中说李广射石是在冥山之阳，此说毫无根据。形容李广射入石头的箭时也由《史记》

---

① （清）严可均辑：《全后汉文》卷二〇《冯衍〈上疏自陈〉》，中华书局1985年版，第580页。

的"中石没镞"变成了"没矢饮羽"，本来是箭头入石，到刘歆这里变成了箭尾白羽都进了石头，这明显是夸张。此一夸张不但影响了《汉书·李广传》中李广射石细节的描写，还影响了800年后卢纶的《和张仆射塞下曲·其二》："平明寻白羽，没在石棱中。"以至于后人认为是卢纶在夸张描写李广射石，其实卢纶只不过是将刘歆的说法用诗句表现出来而已。关于第二次射石的结果，《史记》说"终不能复入石矣"，而刘歆则说"镞破簳折而石不伤"，也是想当然的描述。综上可知，自司马迁将李广写进《史记》，李广形象便被接受、被改写。

紧接着《西京杂记》对李广形象进行改写的是东汉班固的《汉书》。《汉书》中的《李广传》几乎照抄《史记·李将军列传》，但从中仍然可以找到两者的细微差别并从中总结出班固对李广的看法（详见上节）。善射是李广及李广形象的重要特点，然而司马迁在《史记》中并未提及李广有任何文字留存于世。反倒是《汉书·艺文志·兵书略·兵技巧》当中记载了一部与李广有关的书——"《李将军射法》三篇"[①]，却并未说明作者。唐代颜师古在注中说：李广。笔者推测，这个李广当是对"李将军"的注解，非指这部书的作者。这部书从署名称呼李广为"李将军"来看，作者应当也不是李广本人。南宋王应麟《汉艺文志考证》针对这部书也只是做了解释，指出《汉书》中对李广家族善射的记载，而并没有说明作者是谁——"《李广传》：世世受射"。他的类书《玉海》中也载有这个词条，底下也有个小注，曰：李广。这应该也是对"李将军"的注释，而非指作者。此书早已亡佚，但还是被很多后代类书所提及，如白居易的《白孔六帖》、南宋章如愚的《山堂先生群书考索》等，元朝郝经所撰《续后汉书》和清代曾国藩编纂的《经史百家杂钞》等著作也都有提及。20世纪中期陈国庆的《汉书艺文志注释汇编》是研究《汉书艺文志》的集大成著作，其汇编了诸多人关于这部书的注释之后，关于《李将军射法》也并无新的发现。可见，这部书大概率应该是李广同时代或稍

---

① （汉）班固撰，（唐）颜师古注：《汉书》卷三〇，中华书局1962年版，第1761页。

后的一个汉代人所撰，而且很早就亡佚了，今人完全无法窥见其内容。有趣的是，在《宋史·艺文志》中并未见《李将军射法》这部书，倒是很突兀地出现了另一部署名为李广的射箭著作——《射评要录》一卷。从作者署名和书名来看，此李广应当指汉代李广，但这部书在宋以前从未见诸任何资料，如此突兀地出现在宋代，而作者又明确是李广，基本可以判断这部书当是托名李广的伪作。宋以后此书也再无反响，可见这部书不但是托名之作，而且甚少可取之处，所以很自然地就被淘汰了。

除此之外，冯衍曾言："逮至晚出，董仲舒言道德，见妒于公孙弘；李广奋节于匈奴，见排于卫青，此忠臣所为流涕也。"① 从这两句话可以看出两点：一、东汉人同样以忠臣看待李广；二、东汉人以为李广就像司马迁认为的那样，是受卫青的"排挤"才没有封侯。另外，荀悦的《前汉纪》也偶有提及，但内容不出《史记·李将军列传》。

二、王充对杀降造成难封说的否定以及对射石传说的质疑

王充是东汉著名的思想家，擅长辩论，他的《论衡》频频闪现思想的火花。他对司马迁笔下的李广形象虽未全面评价过却也有精辟的见解，一是针对王朔认为李广杀降是造成李广难封的主要原因；二是针对李广射石。

王充在《论衡·祸虚篇》中谈到王朔认为杀降是李广难封的主要原因时说："李广然之，闻者信之。"他指出不但李广相信了王朔的言论，并且很多读者也认为杀降造成了李广难封。紧接着他说：

> 夫不侯，犹不王者也。不侯何恨，不王何负乎？孔子不王，论者不谓之有负；李广不侯，王朔谓之有恨。然则王朔之言，失论之实矣。论者以为人之封侯，自有天命。天命之符，见于骨体。大将军卫青在建章宫时，钳徒相之曰："贵至封侯。"后竟以功封万户侯。

---

① （南朝宋）范晔：《后汉书》卷二八，中华书局 1965 年版，第 983 页。

卫青未有功，而钳徒见其当封之证。由此言之，封侯有命，非人操行所能得也。钳徒之言实而有效，王朔之言虚而无验也。多横恣而不罹祸，顺道而违福，王朔之说，白起自非、蒙恬自咎之类也。

王充认为封侯和封王是一个道理，既然孔子没有封王却没有人认为孔子有什么"恨"，则王朔的话就没有道理了。如果天命注定李广能够封侯，则无论李广怎样做，即使他杀了降兵也不会影响李广封侯。钳徒对于卫青的预言最终实现了，这是有被后来的事实证明了的；而王朔对于李广难封原因的推测实质上就是解释，并没有办法进行验证，所以也是不可信的。因此王充对于王朔所言之"命"和"杀降之恨"都是持否定态度的——李广难封无关命运，更与李广杀降没有关系。要想探究李广难封的原因，应该主要从李广自身找原因，而非其他外在或不可知的因素。王充这种客观而深刻的认识，在当时绝对是极其超前的，即使放到现在也极具启发意义。

李广射石的故事首见于《史记》，李广射石故事的形成与演化经历了司马迁、班固、葛洪等人的加工，故事的结尾成了"没矢饮羽"。这个结局，进一步使唐代的卢纶写下了"平明寻白羽，没在石棱中"这样的名句。实际上早在东汉，王充就已经表达过怀疑与否定。如前所述，王充在《论衡》中坚定地认为李广将箭尾白羽也射进石头是夸张，而非事实。其从两个方面论证了这个问题，一是否定了养由基、熊渠子以及李广"射石饮羽"的记载，认为他们把箭射进石头是有可能的，而将箭尾白羽射进石头则是古代记载中的夸张——"便是熊渠、养由基、李广主名不审，无实也。或以为虎，或以为兕，兕、虎俱猛，一实也。或言没卫，或言饮羽，羽则卫，言不同耳。要取以寝石似虎、兕，畏惧加精，射之入深也。夫言以寝石为虎，射之矢入，可也；言其没卫，增之也"。接下来，王充还具体论证了李广射石饮羽的过程：

车张十石之弩，恐不能入〔石〕一寸，〔矢〕摧为三，况以一人之力，引微弱之弓，虽加精诚，安能没卫？人之精乃气也，气乃力也。有水火之难，惶惑恐惧，举徙器物，精诚至矣，素举一石者，倍举二石。然则，见伏石射之，精诚倍故，不过入一寸，如何谓之没卫乎？如有好用剑者，见寝石，惧而斫之，可复谓能断石乎？以勇夫空拳而暴虎者，卒然见寝石，以手椎之，能令石有迹乎？巧人之精，与拙人等；古人之诚与今人同。使当今射工，射禽兽于野，其欲得之，不余精力乎？及其中兽，不过数寸。跌误中石，不能内锋，箭摧折矣。夫如是，儒书之言楚熊渠子、养由基、李广射寝石，矢没卫饮羽者，皆增之也。

王充此段充分考虑到李广在应激状态下可能会将箭头射进石头，但结果也只能是"不过入一寸"，但言某人射箭没矢饮羽则就是夸张——"皆增之也"。在我国古代，王充是第一次也是唯一的一次认真地思考李广射箭入石并否定了李广射箭入石饮羽的描写，认为这是夸张，这种认真的态度和细致的思考于古代并不多见，难能可贵。

进入魏及西晋之后，李广开始出现在文人作品中，例如曹植、孔融等人的文章中就相继出现了李广的形象，有些碑文也引用了李广的典故。曹植在描述自己的"精诚"时就用到了李广射石的典故："昔雄渠李广，武发石开；邹子囚燕，中夏霜下；杞妻哭梁，山为之崩。固精诚可以动天地金石，何况于人乎！"①（《黄初六年令》）。孔融在他的文章中也提到过李广，但他所突出的并非"精诚"，而是李广的豪壮之气。建安八年（203），孙权计划征伐江夏太守黄祖，他安排张纮留守营地。因为不能随军征战，张纮可能有怨言。孔融与张纮亲善，所以写信劝勉张纮。在信中他写道："闻大军西征，足下留镇。不有居者，谁守社稷？深固折冲，亦大勋也。无乃李广之气，仓发益怒，乐一当单于，以尽余愤乎？"②（《遗张纮书》）孔融此信虽然简短却精而有力，"闻"字开门见山地指出张纮留守营地的事实，紧接着他就直奔主题地指出了留守的重要意义——"不有居者，谁守社稷？"接下来一句中的"深固"

---

① （三国魏）曹植撰，赵幼文校注：《曹植集校注》卷二，中华书局2016年版，第503页。
② （三国魏）孔融撰，杜志勇校注：《孔融陈琳合集校注》，河北教育出版社2013年版，第61页。

意为濠深壁固，即防守。"冲"指战车。孔融此言进一步认为好的防守还能够击退敌军，也是大功一件，何必都像李广那样在战场上满怀愤怒而欲尽情杀敌？孔融此信言简意赅，主题集中，用典恰当，不足百字的一封短信却将叙事、议论、抒情统统包含在内，文采飞扬。另外，《全后汉文》中还收录有汉末及西晋的两块人物碑文，其中亦可见李广身影。这两块石碑（《荆州刺史度尚碑》《卫尉衡方碑》）阙字较多，尤其李广二字前后的字均难以辨认。但基于此类石碑的性质，所缺之字不出赞颂之范围，所以这两块石碑对李广当全是颂赞勇猛，而目的当然是借此比喻碑主。

综上可以看出，《史记》之后最先提到李广形象的是两汉之际冯衍的一篇文章，而首先对李广形象进行改造的一是《西京杂记》，一是《汉书》。《西京杂记》后出，所以其中所写可信度不高，但后世还是形成了虎形的铜质溺具源于李广的一次射虎经历的传说，李广射石"没矢饮羽"也是由此而来。其他史书如《前汉纪》《后汉纪》也提及李广，但对李广形象并无影响。王充之《论衡》是王充的代表作品，是一部不朽的无神论著作，也是古代一部不朽的唯物主义哲学文献。"衡"字本义是天平，《论衡》就是评定当时言论价值的天平，体现了王充朴素的唯物主义认识论和实事求是的精神。王充在《论衡·儒增卷第八》列举了十六个事例来指责"儒书"的浮夸不实，所以篇名定为"儒增"。他在谈到李广射箭入石之前就已经提到过射箭的问题，他否定了儒者说养由基射一片树叶而且能百发百中的说法，以为叶子会被射碎，而儒者又好夸张，从两方面否定了养由基射叶子能百发百中的说法。在否定了养由基射树叶百发百中之后，王充又将矛头避开司马迁，而是对准了李广，认为李广不可能把整支箭都摄入石头。当然王充批评的是班固，因为是班固改写了李广射石的故事，是他"令"李广将箭射进石头，以致"中石没矢"。《论衡》本就是名著，其在文中否定李广射箭"饮羽"，否定"李广难封"与"杀降"及"数奇"有关，都是非常有力的评论，开后世评论李广之先河。曹植、孔融之文中的李广只是一个典故而已，对李广形象并无影响。

第三节　南北朝诗文作品对李广形象内涵的初步奠定

自西晋短暂的统一之后，中国就进入了长达三百年的南北对峙期，南北双方政权更迭频繁，中国大地连年混战，社会动荡不安。因此，南北朝文学的发展亦不同于两汉，在整体上呈现出一种乱世文学的特征。由于大的社会环境并没有给文人以发展的余地，所以人生价值的实现并非社会主流，因而李广形象在南北朝文学中虽偶有出现却并没有多少作品问世。

一、南北朝诗作吟咏李广的开始以及李广形象内涵的奠定

诗歌的发展一直是我国文学史的主流，然而《史记·李将军列传》写就之后李广形象却并未立即出现在诗歌之中。从现存资料来看，我国诗歌史上李广第一次出现当属南朝刘宋诗人袁淑的《效古诗》：

> 讯此倦游士，本家自辽东。
>
> 昔隶李将军，十载事西戎。
>
> 结车高阙下，极望见云中。
>
> 四面各千里，从横起严风。
>
> 寒煦岂如节，霜雨多异同。
>
> 夕寐北河阴，梦还甘泉宫。
>
> 勤役未云已，壮年徒为空。
>
> 乃知古时人，所以悲转蓬。①

从这首诗的题目并结合其内容来看，这首诗当是一首边塞诗，李善注《邵明文选》时很明确地说："将军，李广也。"这个注解当无异议。此诗言及李广之目的在于表明诗歌的主角——"倦游士"曾经跟从一个将军在边塞

---

① （南朝梁）萧统编，（唐）李善注：《昭明文选》卷三一，上海古籍出版社 1986 年版，第 1443 页。

（西戎）戍守过（十年），因此"李将军"的意义仅是边塞优秀将领的一个代表而已，并非确指李广本人，然而这首诗在李广的接受史上却具有重要的意义。它不但第一次引李广入诗，而且开后世边塞诗创作引李广入诗之先河。此后，南朝梁代刘孝威的《陇头水》顺着这个思路在他的《陇头水》中继续引李广入诗：

> 从军戍陇头，陇水带沙流。
>
> 时观胡骑饮，常为汉国羞。
>
> 衅妻成两剑，杀子祀双钩。
>
> 顿取楼兰颈，就解郅支衰。
>
> 勿令如李广，功多遂不酬。①

与袁淑的诗不同，刘孝威的这首诗并非泛泛地以李广代表边塞的优秀将领，而是很明确地点出了李广之名，希望诗中所叙的从军之士不但立功多，而且不像李广那样难封。这首诗进一步拓宽了边塞诗中李广的内涵，是李广形象接受上重要的诗作之一。同时代的萧绎、徐悱、吴均、宇文毓等四人则进一步丰富了李广在诗歌中的含义：

《别荆州吏民诗二首》其一②

萧绎

> 寄言谢桀黠，无乃气干云。
>
> 安知霸陵下，复有李将军。

古意酬到长史溉登琅邪城诗③

徐悱

> 寄言封侯者，数奇良可叹。

---

① （宋）郭茂倩编：《乐府诗集》卷二一，中华书局1998年版，第312页。

② 逯钦立辑校：《先秦汉魏晋南北朝诗》卷二五，中华书局1988年版，第2056页。

③ 逯钦立辑校：《先秦汉魏晋南北朝诗》卷一二，中华书局1988年版，第1771页。

战城南①

吴均

前有浊樽酒，忧思乱纷纷。

小来重意气，学剑不学文。

忽值明关静，匈奴遂两分。

天山已半出，龙城无片云。

汉世平如此，何用李将军。

墙上难为趋②

王褒

当朝少直笔，趋代皆曲钩。

廷尉十年不得调，将军百战未封侯。

萧诗告诫被送之人要知道英雄亦有如李广在霸陵城失势之时（《别荆州吏民诗二首》），徐诗突出了李广的"数奇"，吴诗则突出了平安之世不再需要李广这样的大将。唯宇文毓的《墙上难为趋》是牢骚语，他说"廷尉十年不得调，将军百战未封侯"，这明显是在发牢骚。这几首诗进一步扩大了李广在诗中的丰富含义，直接影响了唐代有关李广形象的诗歌创作范式。

最后，还有一篇赋作也提到了李广，即张正见的《石赋》。张正见是南朝陈的著名诗人，尤擅五言。他的《石赋》用了很多与石有关的典故，如"李广射而为虎，初平叱以成羊"两句就是。第一句当然指李广射石的典故，第二句应指载于葛洪《神仙传》的黄初平叱石为羊的典故，应该说，这篇赋作对唐代诗文引李广入诗也有积极意义。

---

① （唐）欧阳询撰，汪绍楹校：《艺文类聚》卷五九，上海古籍出版社 2007 年版，第 1067 页。
② （宋）郭茂倩编：《乐府诗集》卷四〇，中华书局 1998 年版，第 588 页。

二、南北朝散文对李广的同情、赞美及志怪小说对李广形象的改编

正如上文所述诗中的李广一样，南北朝时期的文章对于李广同样接受的比较少，但在李广形象的内涵开拓上却有了长足的进步。从东晋建立（317）到唐代建立（618），300 年的南北朝并未见到一篇有关李广的评论文章，但有些文章还是会提到李广，将其作为典故用在其中以增加文章的内涵和说服力。另外，还有些书籍将李广的相关事迹进行分类整理，将其作为历史资料加以运用，这是李广形象接受的另外一种方式。李广形象的接受开始突破诗歌领域，而走向文章和更广阔的社会文化，这对唐代文学、文化对于李广形象的接受具有重要的引领作用。

南北朝的史书之中偶尔会言及李广，大致有两个角度：一是言李广事迹，二是言与李广有关官职沿革。前者如《宋书·周郎传》中周郎在给羊希的信中言李广怀才不遇，又如孔稚圭在《上和虏表》中言战争之弊时引用了李广之败（《南齐书·孔稚圭传》），再如南朝宋文帝言求贤若渴便以李广为例（《南史·檀道济传》）。言与李广有关之官职（护军中尉、骁骑将军）可见于《宋书·百官志下》。

从整个李广形象演变史来看，"李广难封"当是李广形象内涵的主要内容之一，而其开端就在南北朝时期，并非初唐王勃。最早如徐陵在《让右仆射初表》中说："昔李广遗恨，不值汉初，宁戚自归，悲逢尧换。"① 汉文帝曾经的一句："惜乎，子不遇时！如令子当高帝时，万户侯岂足道哉！"对李广来说是一句重要的评语，它肯定了李广的能力，同时又给李广以沉重的打击——李广有能力却无法施展——这就是后代所说的"李广难封"，即怀才不遇。又如隋朝释彦琮在他的《通极论》中说："至如疏勒涌泉之应，大江横石

---

① （清）严可均辑：《全陈文》卷七，中华书局 1985 年版，第 346 页。

之感，羊公白玉，郭巨黄金，骢标鲍宣之马，珠降哙参之鹤，爰及宣王之崩于杜伯，襄公之惧于彭生，白起甘死之徵，李广不侯之验，陆抗殃则遗后，郭恩祸则止身，斯甚昭撰：孰言冥杳?"① 释彦琮以"李广不侯之验"突出了李广难封之悲惨命运，"验"字尤其显示出命运对李广之无情。此外，庚信进一步扩展了李广形象的内涵，不但突出了李广"功业之困"，还进一步突出了他的"霸陵之辱"。例如他在著名的《周大将军怀德公吴明彻墓志铭》② 中就以李广所受困辱比喻吴明彻"气疾增暴"的原因乃是因"侵辱可知"——吴明彻及其三万陈朝士兵为北周俘斩。倪璠的注也认为庚信此文"伤明彻困辱于周"。

当然，南北朝时期对李广形象的肯定还是有的，典型如庚信的《周柱国大将军长孙（一作拓跋）俭神道碑》和杨广的《遗史祥书》，前者描写神道碑主时说：

> 公状貌丘墟，风神磊落，玉山秀立，乔松直上，烟霞之涯际莫
> 寻，江海之波澜不测，少遭茶苦，在山服终，攀柏树枯，侵松兽死，
> 尽忠事国，竭力从政，其门如市，其心若水。奇策密谋，百僚仰止；
> 忠贞亮直，明主敬焉。至如风后阴阳之占，力牧星辰之度，魏公子
> 之兵书，李将军之射法，莫不成诵于心，取为时用。③

碑之写法注重"累其德行，旌之不朽"④，所以借历史人物赞颂碑主是很普遍的做法。这篇神道碑文即是如此，其借李广之高超射艺突出了碑主拓跋俭的射技。后者是隋炀帝杨广写给大将军史祥的一封信，信之开头便借李广突出了史祥之勇，"将军总戎塞表，胡虏清尘，秣马休兵，犹事校猎，足使李广惭勇，魏尚愧能，冠彼二贤，独在吾子"⑤。但这些都不是主流。另外，南北朝

---

① （唐）释道宣编著：《广弘明集》卷四，影印《文渊阁四库全书》本。
② 倪璠笺注，许逸民点校：《庚子山集注》卷一五，中华书局 2008 年版，第 969 页。
③ 倪璠笺注，许逸民点校：《庚子山集注》卷一三，中华书局 2008 年版，第 812 页。
④ （南朝梁）刘勰著，范文澜注：《文心雕龙注》卷三，人民文学出版社 1958 年版，第 212 页。
⑤ （清）严可均辑：《全隋文》卷六，中华书局 1985 年版，第 62 页。

还有一些零星著作也提到了李广，例如萧绎在他的《金楼子》中写道："然而李广数奇，或非深失；庞涓战死，偶值伏兵"（《金楼子》卷四），他认为李广之死并非源于他的"数奇"，而"违令"才是主要原因。又，《水经注》当中也涉及了李广，但主要用途在于笺注与李广有关之地名，并不涉及李广形象。

南北朝志怪小说在中国小说史上具有重要的地位，是我国小说发展的萌发形态，其中某些小说如《搜神记》中就有李广形象：

> 楚熊渠子夜行，见寝石，以为伏虎，弯弓射之，没金铩羽。下视，知其石也。因复射之，矢摧无迹。汉世复有李广，为右北平太守，射虎得石，亦如之。刘向曰："诚之至也，而金石为之开，况于人乎！夫唱而不和，动而不随，中必有不全者也。夫不降席而匡天下者，求之己也。"①

本书前文在论述李广是否曾经射箭入石时曾引用过这则材料，于此讨论这则材料，则是从小说创作角度来重新审视这个故事。我们知道，干宝是一个严肃的史学家，他肯定很熟悉《史记》，所以在"搜神"过程中他必然会"搜"到与《史记》相关的材料。我们从干宝"亦如之"三个字可以很清楚地看出他的严谨态度，因为其前叙述熊渠子射石时说道"没金铩羽"，这与《史记》中"中石没镞"是基本一致的。然而从整个小说史发展来看，这却是李广进入小说的滥觞。其后，沿着这条路，李广形象经过唐代"志怪"与"传奇"的融合，继续向宋元发展，形成成熟的李广小说。

第四节　魏晋南北朝诸子之学中的李广形象

不同于两汉、魏晋时期李广形象的接受仅停留在史学领域，进入南北朝之后，李广形象不但进入了诗人的视野，被写入诗歌，同时也进入其他领域，

---

① （晋）干宝：《搜神记》卷一一，台北新文丰出版公司 1985 年版，第 127 页。

我们姑且统称这些领域为诸子之学。这些领域包括地理之作、佛教、文学理论、姓名学等，其涉及李广的文字都很少，属于偶一提及。但其存在的意义却不能不引起重视，其对后世宋、元、明、清全方位地关注李广具有重要的源头意义。

一、右北平郡太守与《水经注》

《水经注》是我国古代中国地理名著，详细记载了一千多条大小河流及有关的历史遗迹、人物掌故、神话传说等，是中国古代最全面、最系统的综合性地理著作。《水经注》卷十四"鲍丘水"词条中，郦道元提到了右北平郡，紧接着就提到了李广，"汉世李广为郡，出遇伏石，谓虎也，射之饮羽，即此处矣"[①]。李广射石是李广形象非常重要的内涵之一，郦道元为了叙说"右北平郡"便引用了这个典故，可见李广传记的文献学价值，也足见当时李广形象的接受已相当广泛。其下言及白檀之时，郦道元转引了《地理志》中的一句话，其中同样提到了李广，"濡水出县北蛮中。汉景帝诏李广曰：'将军其帅师东辕，弭节白檀'者也。"然而这条材料并不见于《汉书·地理志》，而且"将军其帅师东辕，弭节白檀"也并非是景帝所说，此语出自《汉书·李广传》，乃是李广怒杀霸陵尉并且上书汉武帝认罪之后，汉武帝在给李广的回信中所说的话。这则材料并不见于《史记》，《汉书》后出却记载了这则材料，而且后世也颇多引用。郦道元并不着意于李广形象的文学意蕴，他引用以上两则材料都是基于李广传记中的一些与地理有关的因素，而这也正体现了李广形象的丰富内涵。

二、李广难封与《通极论》

"难封"是李广形象的核心内涵之一，对于命运的思考一直与李广形象联

---

① （北魏）郦道元撰，陈桥驿校证：《水经注校证》卷一四，中华书局2013年版，第329页。

系在一起。佛教讲究善恶苦乐的业报差别，望气王朔曾经对李广说"祸莫大于杀已降，此乃将军所以不得侯者也"，所以佛教一定会关注李广。《通极论（并叙）》是隋代释彦琮的名作，被唐代京兆释道宣编入《广弘明集》中，其中有两句云："白起甘死之征，李广不侯之验"①，其"征""验"二字已经明证这是突出李广杀降所带来的"难封"之报。虽然《广弘明集》全书也只有这一处论及李广，但就是这一小处却开了一个头，之后唐、宋、元、明、清等朝陆续出现了一些佛教典籍，继续从李广身上探讨业报与人生。

三、李广与《文心雕龙》

《文心雕龙》是中国南朝文学理论家刘勰的一部理论系统、结构严密、论述细致的文学理论专著。其与李广似乎很难有所联系，然而李广身上有太多东西值得后人反复探讨，《文心雕龙》中的"书记"篇就出现了李广。"书记"篇前边介绍了"书记"这种文体所含之具体内容："书记广大，衣被事体，笔札杂名，古今多品。是以总领黎庶，则有谱籍簿录；医历星筮，则有方术占式；申宪述兵，则有律令法制；朝市征信，则有符契券疏；百官询事，则有关刺解牒；万民达志，则有状列辞谍。"在说明"簿"这种文体时言及李广。"簿者，圃也。草木区别，文书类聚，张汤、李广，为吏所簿，别情伪也。"这里提及李广是涉及李广自杀前因为"失道"而被卫青责问的事：

> 大将军使长史持糒醪遗广，因问广、食其失道状，青欲上书报
>
> 天子军曲折。广未对，大将军使长史急责广之幕府对簿。②

这段文字最后一个字即《文心雕龙》所谓之"簿"，是为了辨别真伪。《史记》写成之后，李广事迹人所共知，不同的人会从不同的角度看待李广事迹，刘勰撰写《文心雕龙》这部"体大思精"之作亦不忘从《史记·李将军列传》中寻找材料。

---

① （唐）释道宣编著：《广弘明集》卷四，影印《文渊阁四库全书》本。
② （南朝梁）刘勰著，范文澜注：《文心雕龙注》卷五，人民文学出版社 1958 年版，第 459 页。

四、《古今同姓名录》与李广

南北朝之际，还有一部关于姓名的书留存于世，同样提到了李广。南朝梁元帝萧绎博览群书，下笔成章，出言为论，计有《孝德传》《忠臣传》《周易讲疏》《老子讲疏》等很多著作，其《古今同姓名录》是专门搜集、整理古今人相同姓名的一部书，是类事之书中最早的一部书。书中列古今同姓名者 382 个，共 1307 人。李广是汉代名将，自然是其关注的对象之一，而且搜集了至梁为止的其他几个名为李广的人，这也是对李广的一种关注。此后，明代万历年间，余寅又撰《同姓名录》十二卷，周应宾增补一卷，清代王廷灿又增补八卷，内容更为详尽，但是其体例依然如《古今同姓名录》原本。

小结　汉魏晋南北朝文学对李广形象的改编

自司马迁的《史记·李将军列传》写成之后，李广就由一个真实的历史人物进入历史文本，成为史书中的一个人物形象。这个形象身上倾注了司马迁的价值判断和写作思想，这个李广形象并不完全是历史上真实的李广。诚如鲁迅所说，《史记》是"无韵之离骚"，司马迁的史笔太过优秀，以致他笔下的历史人物形象都具有了很强的文学特质，所以他笔下的李广给后人留下了几乎可以无限解读和改编的可能性。这种解读和改编并非一开始就很显著，首先是从史书开始，确切地说是从《汉书·李广传》开始，然后扩展至诗、文等文体。唐代是李广形象接受的高潮，而从东汉开始一直到隋末的 500 年时间，可以说是唐代李广形象接受高潮的准备期、奠基期。汉唐之间的诗文作品对李广形象的生成和演变是具有重要影响的，主要表现在两个方面：一是创造性，一是开拓性。所谓创造性，主要指《汉书》和《西京杂记》对李广形象的创造性改编，令李广射石"没矢饮羽"，让后人以为铜溺器始于李广等；所谓开拓性，是指南朝刘宋诗人袁淑的《效古诗》第一次引李广入诗，王充的《论衡》首开评论李广之先河，以及徐陵《让右仆射初表》第一次就"李广难封"展开议论。所有这些都是有意义的，为唐代引李广入诗以及针对李广的评论做了很好的示范，指明了大致的写作方向，为即将到来的写作高潮做好了准备。

第四章　李广形象在唐代的丰富与经典化

李广形象自《史记·李将军列传》产生之后，便长时间处于低水平发展的状态，这种状态一直持续了 700 年。唐代，李广形象变得活跃起来，并最终进入了经典化进程。

第一节　唐诗中的李广形象综论

作为一个汉代将领，李广却为广大唐代诗人津津乐道。针对这个现象，以前的研究者惯从边塞诗中研究李广。本书欲对唐诗中的李广形象做一次广泛、深入的分析，力求挖掘出李广在唐诗中的存在形态和唐人如何引李广入诗以及李广形象在唐诗中的变化过程。

李广是一个真实的历史人物，他一生的经历非常丰富，再加上唐代诗人在诗歌创作上的想象力，所以李广在唐诗中的存在形态可谓异彩纷呈。本书试将李广在唐诗中的存在形态归为两类——直接形态、间接形态，分别加以研究。

一、直接形态及其内涵研究

唐诗中的李广并不只是以李广直接示人，而是具有多种称谓，这种种称谓反映了唐人对李广的不同理解和创作时所采用的不同视角。经过本书统计，唐诗中的对李广的大致称谓有五种，分别是李广、李将军（将军）、李都尉、汉飞将（飞将军）、汉将（老将）等。

（一）李广

李广自古是名将，又以难封著称，所以唐诗中直接出现的李广，最重要的意义不外乎两种：一是猛将的代称，一是难封的悲哀。

《史记·李将军列传》记载李广打仗时"皆以力战为名"，所以唐诗中最常见的李广多用来指代勇猛的将领，李广已经成了猛将的代名词，比如以下诗句：

> 亭逢李广骑，门接邵平瓜。——杨炯·送李庶子致仕还洛
>
> 充国出上邽，李广出天水。——王勃·陇西行
>
> 短衣匹马随李广，看射猛虎终残年。——杜甫·曲江三章，章五句
>
> 讨胡愁李广，奉使待张骞。——杜甫·寄岳州两阁老五十韵
>
> 李广留飞箭，王祥得佩刀。——元稹·奉和浙西大夫李德裕述梦四十韵大夫本题言赠于梦中诗赋以寄一二僚友故今所和者亦止述翰苑旧游而已次本韵

这些诗句都以李广作为猛将的代名词，多和李广无关，也与战争无关。例如杨炯的诗只是一首送行诗，其中的李广和历史上的李广本无联系，更无战事可言，只是想夸奖被送之人门庭多不俗之客，李广是"猛将""良将"等的代名词。唯杜甫两首诗中的后一首和战争有关，这首诗杜甫创作于乾元二年（759），时值"安史之乱"，所以杜甫以汉代猛将李广比喻当时缺乏可以抗击"胡兵"的优秀将领。

"冯唐易老，李广难封"原是唐初王勃《秋日登洪府滕王阁饯别序》中的名句，原句是："嗟乎！时运不齐，命途多舛；冯唐易老，李广难封。"之后"李广难封"就成了名句，成了诗歌创作中一个固定的典故。所以唐诗中提到李广的，多和"难封"有关，如以下诗句：

李广研究

卫青不败由天幸，李广无功缘数奇。

——王维·老将行

自叹马卿常带病，还嗟李广未封侯。

——李嘉祐·送马将军奏事毕归滑州使幕①

但见文翁能化俗，焉知李广未封侯。

——杜甫·将赴荆南，寄别李剑州

昔年戎虏犯榆关，一败龙城匹马还。侯印不闻封李广，他人丘垄似天山。

——温庭筠·伤温德彝

李广不侯身渐老，子山操赋恨何深。

——徐夤·赠杨著（一作"著作"）

贰师骨恨千夫壮，李广魂飞一剑长。

——沈彬·塞下三首

王维的《老将行》提到了李广，"卫青不败由天幸，李广无功缘数奇"。这两句其实说了一个意思，那就是诗中的"老将"和李广一样没有功劳，而且原因也一样——命运的捉弄。王维这首诗的特别之处在于这首诗并不是写实，王维创造了一个老将的形象，更重要的是这个老将身上有李广的影子。据陈铁民先生《王维集笺注》的意见，王维的《老将行》当作于他21岁（开元八年，公元720年）的时候，这一年王维一直在做的事情是与诸王交游，所以这首诗或者纯是一篇想象之词，或者是王维见闻了某个将领，于是就以李广为原型，用乐府诗的形式创造了这样一个形象。因此这首诗可能既不写实，更没有什么寓意，这首诗最重要的价值就是王维借此抒发了他慷慨激昂的情绪或者是胸怀吧。

杜甫和温庭筠的诗都是实写。杜甫的《将赴荆南，寄别李剑州》创作于

---

① 一作崔峒《送冯八将军奏事毕归滑台幕府》。

广德二年（764），时"安史之乱"刚刚结束，杜甫在阆州，即将东游荆州，写了这首诗给李剑州。韩成武先生在《杜甫诗全译》中认为杜甫的这句"焉知李广未封侯"是说这位李剑州像李广那样身遭冷遇，没有能够在仕途上有所成就。笔者倒不这样认为。据这首诗的第二句"寥落三年坐剑州"可知，李剑州已经在剑州刺史位上任职三年。杜甫即将离开这位朋友，所以他给这位朋友写信表达的主要意思还是夸赞他工作出色，并相信他一定会在仕途上有所成就。"但见文翁能化俗"中的"文翁"指的是《汉书·文翁传》中的"文翁"。此人做蜀郡太守时，兴办学校，注重对百姓的教化，民俗为之发生了很大变化，诗人以此来形容这位李剑州在剑州有不凡的作为。从"焉知李广未封侯"可知，尽管李剑州并没有因为自己有所作为就得到了升迁，但杜甫还是相信他不会像李广那样一直不得志，诗人以"焉知"二字表达了对李剑州的宽慰和祝愿。面对李剑州同样得不到升迁的事实，杜甫反其道而用了"李广难封"这个典故，既点出了李剑州的不得志，又表达了自己对李剑州的宽慰和祝福。

温庭筠的《伤温德彝》和其他几首诗又有不同。这首诗也是写实之作。温德彝的事迹见《旧唐书》卷一六五和《资治通鉴》卷二四六，主要就是他在兴元军乱期间协助温造平定战乱以及对于回鹘的抵抗。作者对于温德彝非常同情，这首诗纯是为温德彝鸣不平。温德彝在战场上舍命杀敌并拼死活了下来，可是他并未得到任何功名，反而是其他人功成名就。这个故事很让人伤感，所以诗题冠以"伤"字。刘学锴《温庭筠全集校注》中对这首诗加的按语很好，谓：

> 诗伤温德彝于戎虏犯边关时建立大功，然未得封侯，而他人则不但荣显于生前，且光耀于死后，为其深致不平。题虽明标《伤温德彝》，诗则全用汉代史事，借古慨今之又一格。[①]

[①]　（唐）温庭筠撰，刘学锴校注：《温庭筠全集校注》卷五，中华书局 2007 年版，第 453 页。

刘学锴的这番议论颇为精辟，这首诗沿袭了唐人惯用的以汉写唐的手法。前两句中的"戎虏"即匈奴，"榆关"即今之山海关，汉属辽西郡。《史记·李将军列传》载，就在李广杀掉霸陵尉的那一年（元朔元年，公元前128年），"匈奴入杀辽西太守，败韩将军，后韩将军徙右北平"，"于是天子乃召拜广为右北平太守"。李广担任右北平太守之后，"匈奴闻之，号曰'汉之飞将军'，避之数岁，不敢入右北平。"一句"一败龙城匹马还"生动地写出了匈奴遇李广之后的狼狈之状，突出了李广的勇猛。然而接下来的两句诗正如李广的人生一样，与前面振奋人心的胜利形成了巨大的反差，让人彻底绝望。李广不得封侯也就罢了，"他人丘垄似天山"尤其令人气愤。据载霍去病和他的舅舅卫青因为生前多次出击匈奴，屡建奇功，死后陪葬茂陵，墓冢高大形似祁连山。"由天幸"的卫青、霍去病等人不但生前荣耀，而且他们死后获得的荣誉仍然至高至极，这种巨大的落差，令英雄为之扼腕。此诗慨叹温德彝事迹，延用李广并非简单用典，而是全用李广事迹，在对比中实现了人物形象塑造和情感的抒发。

（二）李将军（将军）与李都尉

对一个人的不同称呼足以反映称呼者对被称呼者的看法和态度。唐诗中出现的李广，有的是直呼姓名，有的是将李广称为李将军，从"将军"一词足以看出唐人对李广的尊敬，也突出了李广的身份。唐诗中凡是"李将军"出现的地方，无不呈现出"大悲大喜"的特点。以高适的诗为例：

惟昔李将军①，按节出皇都。——高适《出塞》

君不见沙场征战苦，至今犹忆李将军。——高适《燕歌行》

高适是盛唐时期"边塞诗派"的领军人物，少有游侠之气，慷慨任侠并崇尚军功。其诗歌尚质主理，情调悲壮苍凉，笔势豪健、雄壮奔放、激昂慷慨。

---

① 据（唐）高适著，刘开扬笺注《高适诗集编年笺注》，这首诗写的就是李广。

高适的边塞诗已经超越了杨炯《从军行》中"宁为百夫长，胜作一书生"的那种对于军队的渴望，他的很多边塞诗、战争诗表达了他对军功的热烈追求。比如他的《塞下曲》曾经写道："万里不惜死，一朝得成功。画图麒麟阁，入朝明光宫。大笑向文士，一经何足穷。古人昧此道，往往成老翁。"刘开扬先生所撰《高适诗集编年笺注》共收录高适诗 240 余首，其中涉及"将军"①一词的诗句将近 20 处，足见高适对战争之向往与崇尚。他的《出塞》前半部分描写了国家的形势——"汉兵犹备胡"，但是高适既反对长时间的战争，也反对和亲，他希望的是"总戎扫大漠，一战擒单于"。即可以在一次战争中就捉得对方首领，战胜所有敌人。面对这个光荣而艰巨的任务，高适选择了李广，但他并没有直呼李广其名，而是用了"李将军"，因为只有这个和战争联系在一起的称呼才能更好地烘托出李广带领万千军士慷慨杀敌的意境，同时也表达了高适对李广的崇敬。鲁迅曾经说曹操是改造文章的祖师，高适在这首诗里面就充分继承并发挥了曹操的文学改造精神。历史上的李广的确曾经参加过很多次针对匈奴的战斗，而且最后还跟从卫青出击单于，但他从来就没有"一战擒单于"，这是李广的梦想，也是高适的梦想，更是他的一种创造。这样一来，李广在这首诗里面的形象就更加辉煌了，李广没有完成的愿望，高适在诗歌里面替他完成了，李广的人生价值以这样的方式得到了完满的体现。

《燕歌行》最能代表高适的诗歌特色。这首诗并不是高适参加战斗或者亲赴边塞之后的感受，而是一首和诗，他原诗标题之下有序曰：

> 开元二十六年，客有从元戎出塞而还者，作《燕歌行》以示适，感征戍之事，因而和焉。

这位"客"的《燕歌行》原作已佚，但是高适的这首和诗不但留存了下来，而且还成了高适的代表作。即使不去考究这首诗的本事到底为何，单看

---

① 含"上将""大将"等在内。

"君不见沙场征战苦，至今犹忆李将军"一句，也能读出高适对这位"李将军"不但如在《出塞》中那样崇敬，同时还有对这位将军的无限爱戴。据《史记·李将军列传》记载：

> 广之将兵，乏绝之处，见水，士卒不尽饮，广不近水，士卒不尽食，广不尝食。宽缓不苛，士以此爱乐为用。

《燕歌行》前面所述的战场环境如此恶劣，不但自然环境艰苦，"山川萧条极边土，胡骑凭陵杂风雨"，而且官兵待遇还相差极大，当士兵冲锋陷阵的时候，将领却在欣赏歌舞，"战士军前半死生，美人帐下犹歌舞"。这怎能不让人想起历史上那位著名的身先士卒、爱兵如子的优秀将领——李广，李将军。李广爱兵，所以他的兵非常爱戴他，也乐于跟从他出生入死，这就是李广的魅力，而高适正是被这种魅力所深深吸引。

李白在精神气质上与高适具有相同之处，他们都向往战场上那种高歌猛进的战斗生活，所以他们笔下的"李将军"总是让人肃然起敬，令人亢奋至极。李白是一个极感性的诗人，他比高适更敏感，所以他笔下的"李将军"分别站在两个极端之上，或大喜或大悲。李白与高适一样，推崇战争，当战争来临之时，他热切地呼唤着"李将军"，比如他的《塞下曲六首》其六：

> 烽火动沙漠，连照甘泉云。汉皇按剑起，还召李将军。
>
> 兵气天上合，鼓声陇底闻。横行负勇气，一战净妖氛。

高适的《出塞》不满于对匈奴的长期战争，更不满于和匈奴的和亲，所以他无限崇拜汉时的李将军，还对李广的形象进行了加工。李白的这首诗通篇是创造。李广从来没有独当一面，也从来没有一战而取得决定性胜利，但是在诗歌里面，李白让李广做到了。当战争来临之时，"汉皇"决心反击匈奴之时，他第一个想到的大将就是"李将军"，而李将军的表现也极其干净利落——"一战净妖氛"。对比高适和李白诗歌的最后两句，一是"总戎扫大漠，一战擒单于"；一是"横行负勇气，一战净妖氛"。这两句同样描写"李将军"在一次战争中就彻底消灭敌人，但气势却有所不同。前者"总戎扫大漠"给人的印象是整支部队杀敌时的宏伟气势，"扫"字犹"秋风扫落叶"之"扫"，摧枯拉朽之势凸显眼前；后者"横行负勇气"突出的则是"李将军"本人的"横行"霸气与杀敌的"勇气"，李将军个人高大威猛的形象呼之欲出。前者"一战擒单于"强调的是一次战争就俘虏地方首脑——单于，后者也是"一战"，但用词却非常讲究——"净妖氛"。净者，无垢。邪恶曰妖。氛者，凶象也。由此观之，李白在诗中与匈奴的敌对态度非常明显，他的想法是意欲在一次战争中就把所有邪恶的敌人全都消灭干净，纤尘不留。高、李两人之诗相比，高诗突出的是李将军带领的整支部队的气势，而李诗更加注重的是李将军个人的英雄气概。

与这种对李将军的崇拜相对应的是对李将军遭受不公正待遇的极度不满与愤慨，李白的诗尤其具有代表性，比如他的《悲歌行》：

> 悲来乎，悲来乎，主人有酒且莫斟，听我一曲悲来吟。悲来不吟还不笑，天下无人知我心。君有数斗酒，我有三尺琴。琴鸣酒乐两相得，一杯不啻千钧金。悲来乎，悲来乎，天虽长，地虽久，金玉满堂应不守。富贵百年能几何，死生一度人皆有。孤猿坐啼坟上月，且须一尽杯中酒。悲来乎，悲来乎，凤鸟不至河无图，微子去之箕子奴。汉帝不忆李将军，楚王放却屈大夫。悲来乎，悲来乎，秦家李斯早追悔，虚名拨向身之外。范子何曾爱五湖，功成名遂身自退。剑是一夫用，书能知姓名。惠施不肯干万乘，卜式未必穷一经。还须黑头取方伯，莫谩白首为儒生。

此诗当是李白晚年"安史之乱"爆发前后时所作。《悲歌行》本是乐府旧题，《乐府诗集》卷六二将其列于"杂曲歌辞"之中，有古辞存世：

> 悲歌可以当泣，远望可以当归。思念故乡，郁郁累累。欲归家无人，欲渡河无船。心思不能言，肠中车轮转。

由上面这首古辞可知，《悲歌行》这支曲子突出的一种情感就是"悲"，尽管古辞所描写的是游子思归不得的悲哀，李白却借此表达了自己的痛楚——忠贞被贬与志士不遇。李诗在这首诗中运用了多个历史典故，其中"汉帝不忆李将军，楚王放却屈大夫"两句还是对句，分别提到了李将军和屈原。屈原本是青年才俊，治国能臣，然而楚王听信谗言，不但不重用屈原，还两次放逐他。这种悲哀让人悲泣不已。屈原身为三闾大夫，关心的是江山社稷，最后投身汨罗是因为楚国灭亡，这样一位人物，其悲不言而喻。李将军一生与匈奴作战七十余次，其未能封侯只属于个人的悲哀，但李白将楚王与汉帝对举，把屈原与李将军并列，这种写作方式不但肯定了李将军的功高盖世，而且更重要的是把他未能封侯的原因直接归到了汉武帝的身上，从君与臣的关系角度解释了李将军的悲剧，放大了或者说加重了李广的悲剧。此处用"李将军"显然要比用李广更合适，"李将军"突出的是他为国家做出过巨大的贡献，李白突出他未能封侯的原因是汉武帝所致，这种巨大的反差用李广来表现显然力量不足。与李白《悲歌行》中如此运用"李将军"相似的，还有释皎然的《武源行赠丘卿岑》，其中有一句提到了李广，曰："灞亭不重李将军，汉爵犹轻苏属国。"也是将李广与别人对举，只不过由屈原换成了苏武，表达出来的悲显然没有李白的诗程度深，但此处依然比用李广更合适，毕竟李广以前是将军，曾经为国杀敌，所以用"将军"当然更能突出李广之悲。

与有人以"李将军"表现李广之大悲大喜相对比，唐代诗人之中还有人超越了这种情感，那就是罗隐，他的《韦公子》不同于一般唐诗：

> 击柱狂歌惨别颜，百年人事梦魂间。
>
> 李将军自嘉声在，不得封侯亦自闲。

今已无法考证韦公子到底为何人，《甲乙集》以及《罗隐集校注》都不曾言明，但后者却非常清楚地指出诗中的"李将军"是指汉代的李广。李将军为大汉的安宁无数次同匈奴浴血奋战，让人敬佩不已并为之热血沸腾。而他最终未能封侯又让人悲痛不已，但罗隐在这首诗中却消融了这种大悲与大喜。在罗隐的笔下，李将军成了一个满足于自己的"嘉声"，一个尽管之前浴血奋战但最终未能封侯却也能"自闲"的宠辱不惊的高人，这种境界在《全唐诗》中仅此一例。

李都尉　"李都尉"是唐诗中出现的又一个李广的名称。都尉，据《汉书·百官公卿表》载：都尉，郡尉，秦官，掌佐守典武职甲卒，秩比二千石。有丞，秩皆六百石。景帝中二年更名都尉。又据《中国历代职官辞典》记载：汉代，都尉官很多，一种为侍从官，其官名有奉车都尉、驸马都尉、骑都尉等。又有作为职事官的水衡都尉、主爵都尉、搜粟都尉各官。此外，作为地方官有郡将、郡都尉及属国都尉等官名。李广从军四十余年，据《史记·李将军列传》记载，其任都尉之职仅在 30 岁至 32 岁之间，先后担任过陇西都尉和骁骑都尉。都尉之职比较低，却是他升至将军的重要阶段，李广担任都尉的这两年之间并没有闲着。陇西自古是中原与西北少数民族的征战之所，秦昭王二十七年（前 280 年），秦朝设置陇西郡，并修筑长城，就是为了防御西部的少数民族，确保大秦后方的稳定。李广担任陇西都尉之时必定对匈奴进行了强有力的打击，取得了不错的战果，很可能因此他才在"七国之乱"时被任命为骁骑都尉，跟随太尉周亚夫镇压叛乱。在这次战争中，李广充分发挥了他英勇善战的本色，夺得了对方军旗，因此在昌邑名声大噪。

"李都尉"的称呼虽然也能够表现李广在战场上的勇猛，但毕竟比"李将军"职位低，所以在唐诗中的气势较"李将军"稍差，比如下面这首诗：

> 雪下阳关路，人稀陇戍头。
>
> 封狐犹未翦，边将岂无羞。
>
> 白草三冬色，黄云万里愁。
>
> 因思李都尉，毕竟不封侯。
>
> ——耿湋《相和歌辞陇西行》[1]

从这首诗明显可以看出诗歌的气势较"李将军"要差一些，而又不如李

---

[1]　（清）彭定求等编：《全唐诗》卷二六八，中华书局 1960 年版，第 2981 页。

广来得直接。这里需要三个字，又必须用李广事，所以"李都尉"明显是为服从格律的要求。但这样一来，诗歌效果却比"李将军"稍逊一筹，没有能够把"李广难封"的悲哀充分表现出来。

（三）汉飞将（飞将军）

如果一个人有什么美名或者别号，多半是他的亲朋好友或者相识之人所送，如果是他的敌人所送，则这个别号多半不会是什么好名，然而李广是个例外。据《史记·李将军列传》记载，元朔元年（前128年），李广在怒杀霸陵尉之后，被任命为右北平太守。"广居右北平，匈奴闻之，号曰'汉之飞将军'，避之数岁，不敢入右北平。"李广的魅力不但吸引了他身边的人，同时还赢得了他的敌人——匈奴的尊敬，匈奴不但送了他"汉之飞将军"的美名，匈奴的首领还下令一定要在战争中活捉李广而不是杀死他，由此足见李广之威猛。由于"汉飞将"是匈奴送给李广的美名，所以唐诗中的"汉飞将"最基本的意思就是突出战场上李广的威武和对敌人的威慑，比如下列诗句：

行闻汉飞将，还向皋兰宿。

——寇泚《度涂山》

尝闻汉飞将，可夺单于垒。

——常建《吊王将军墓》

双旌汉飞将，万里授横戈。

——郎士元《送李将军赴定州（一作送彭将军）》

身承汉飞将，束发即言兵。

——李益《赴邠宁留别》

汉家飞将下天来，马箠一挥门洞开。

——刘禹锡《平蔡州三首》其一

虏尘如雾昏亭障，陇首年年汉飞将。

——温庭筠《遏水谣》

谁怜李飞将，白首没三边。

——李白《古风》其六

唐代以前中国并不缺乏名将，与李广同时的大将如霍去病、卫青等人在谋略、军功等方面都比李广要强很多，但是这些人唯一比不上李广的就是他对匈奴的威慑力。匈奴屡次被李广打击，久而久之由恨而生敬畏，由敬畏而生赞美，并送给李广以"飞将军"的美名，这是其他所有将军所没有的。

（四）老将

"老将"本是一个很普通的词，但在唐朝诗人笔下的"老将"所指经常就是李广，而其意义也不同于以上所论的李广、"李将军""飞将军"。根据李广的传记，他出生于军人世家，结发之时便从军抗击匈奴，每每打仗都身先士卒，也曾立功却未能封侯，年老出征因为迷路而最后自杀。李广的一生可以用"有善始而无善终"来概括。年老之时，他依然爱国，依然积极抗敌，但封侯始终无望，当他想借最后一次机会实现封侯之愿时，却以自杀结局，所以当李广成为一个"老将"的时候，也正是他一生中最为悲哀的时候，而这种悲哀正好是唐代诗人很需要的一种诗歌情绪，于是唐诗中就出现了很多"老将"。唐代前期并没有这样的作品，究其原因，一是时代情绪并没有类似的倾向；二是题材开拓上没有涉及此类题材。盛唐以后，"老将"开始多了起来，例如以下几首诗：

陇头吟①

王维

长安少年游侠客，夜上戍楼看太白。

陇头明月迥临关，陇上行人夜吹笛。

关西老将不胜愁，驻马听之双泪流。

身经大小百余战，麾下偏裨万户侯。

---

① （唐）王维撰，陈铁民校注：《王维集校注》卷二，中华书局1997年版，第145页。

苏武才为典属国，节旄空尽海西头。

赠老将

皇甫曾

白草黄云塞上秋，曾随骠骑出并州。

辘轳剑折虬髯白，转战功多独不侯。

赠邻家老将

杨巨源

白首羽林郎，丁年戍朔方。阴天瞻碛落，秋日渡辽阳。

大漠寒山黑，孤城夜月黄。十年依蓐食，万里带金疮。

拂雪陈师祭，冲风立教场。箭飞琼羽合，旗动火云张。

虎翼分营势，鱼鳞拥阵行。誓心清塞色，斗血杂沙光。

战地晴辉薄，军门晓气长。寇深争暗袭，关迥勒春防。

身贱竟何诉，天高徒自伤。功成封宠将，力尽到贫乡。

雀老方悲海，鹰衰却念霜。空余孤剑在，开匣一沾裳。

　　王维 21 岁这一年写过两首有关"老将"的诗，一是《陇头吟》，一是《老将行》。这首《陇头吟》只是一支曲子，叙述了一个"关西老将"的故事，从他"身经大小百余战，麾下偏裨万户侯。苏武才为典属国，节旄空尽海西头"的遭遇来看，即使这不是李广，也有李广的影子，或者说这是以李广为原型来创造出的一个人物形象，而这个"关西老将"最核心的意义同"李广难封"是一样的，如果用一个词来概括的话，应该就是"悲哀"。皇甫曾和杨巨源的诗则是另外一种写法，这两首诗用李广各自支撑了一个老将的形象。皇甫曾的《赠老将》虽然只有四句，然而从字面来看，似乎句句都写的是李广，尤其是最后一句"转战功多独不侯"立刻就能让人想起"李广难封"，其实这首诗句句都不是写李广，而是以李广象征了诗人要赠的"老将"。

如果说《赠老将》是抱怨的话，那么杨巨源的《赠邻家老将》简直就是悲戚。这两首诗都是赠诗，其实就是以诗来描写一个人物，而所写的都是一个不得志的老将。皇甫曾的诗只是以一句"转战功多独不侯"点出了"老将"的悲哀，而杨巨源的诗则不但描写了"老将"的不得志，而且描写了"老将"不得封侯之后的生活，他年老之后到一个"贫乡"，守着自己的"孤剑"，最后还描述了"老将"的反应——"天高徒自伤"，"开匣一沾裳"。这两首诗都对汉代"老将"的形象进行了改编，而且越来越详细。

王维的《老将行》是一首著名的边塞诗，他描绘的"老将"经历要比杨巨源《赠邻家老将》中的"老将"更加曲折。

> 少年十五二十时，步行夺得胡马骑。
>
> 射杀中山白额虎，肯数邺下黄须儿。
>
> 一身转战三千里，一剑曾当百万师。
>
> 汉兵奋迅如霹雳，虏骑崩腾畏蒺藜。
>
> 卫青不败由天幸，李广无功缘数奇。
>
> 自从弃置便衰朽，世事蹉跎成白首。
>
> 昔时飞箭无全目，今日垂杨生左肘。
>
> 路傍时卖故侯瓜，门前学种先生柳。
>
> 苍茫古木连穷巷，寥落寒山对虚牖。
>
> 誓令疏勒出飞泉，不似颍川空使酒。
>
> 贺兰山下阵如云，羽檄交驰日夕闻。
>
> 节使三河募年少，诏书五道出将军。
>
> 试拂铁衣如雪色，聊持宝剑动星文。
>
> 愿得燕弓射天将，耻令越甲鸣吴军。
>
> 莫嫌旧日云中守，犹堪一战取功勋。[1]

---

[1]　（唐）王维撰，陈铁民校注：《王维集校注》卷二，中华书局1997年版，第148页。

据张清华先生的《王维年谱》考证，这首诗当作于开元八年（720），王维当时 21 岁，身在长安，主要的社会活动是与诸王交游，谋求发展。王维这首诗里面提到了李广，但这里提到李广只是想突出诗歌主人公同李广一样命运不好。对比这首诗的主人公——"老将"和李广的经历可知，诗中"老将"的原型就是李广。李广结发之时即从军抗击匈奴，他从军之后曾被俘虏，抢夺了"胡儿"马后才成功逃脱。他曾经数次射虎。他一生与匈奴作战大小七十余次，匈奴不但闻风丧胆，甚至还送了他"汉之飞将军"的美名。甚至于诗中"老将"同李广一样因"数奇"和没能得到皇帝的宠幸而未得功名，最后不得不接受被"弃置"的命运。至此，诗中的"老将"同李广一样，"悲哀"足以概括他们的遭遇，然而身处盛唐的青年诗人王维并不喜欢这种"悲哀"，他的骨子里充满了激情。所以他需要对李广的经历进行加工，让这种"悲哀"变成"悲壮"。于是他给已经被"弃置"的"老将"设计了这样的人生之路：他先让"老将"闲置在家，描写他的落寞生活，节奏缓慢，音调低沉。紧接着诗人以"誓令"二字告诉读者战争再次来临，对战争态势的描写非常成功——"贺兰山下阵如云，羽檄交驰日夕闻"，"阵如云"三个字让读者形象地体会到那种战争即将来临的巨大压迫感。"羽檄交驰日夕闻"一句则令诗歌的节奏陡然加快，与之前"老将"赋闲在家的缓慢节奏形成鲜明对比，诗歌的张力由此形成。这个时候对"老将"来说可能需要他做出抉择，他昔日舍生忘死地在战场上争战却没有换来功勋。现在战争又起，老将还会选择上阵杀敌吗？诗人根本就没有给读者以迟疑的时间，"试拂铁衣"四字表明"老将"根本就没有计较之前遭受的所有委屈与不公，他所计较的是国家安危。所以他找出了昔日的铠甲并擦洗干净，抽出封存了很久的宝剑，还想得到一把"燕弓"。"老将"年虽老而身未衰，面对敌人，他信心满满，相信自己可以"一战"而取得"功勋"。这些和李广的经历也基本一致，只不过王维为变"悲哀"为"悲壮"而设计了"老将"身遭"弃置"的场景。这个情节的加入，与后面"老将"重新披挂戎衣形成对比，其"悲壮"立刻就凸显出来。这首诗写到老将怀着"犹堪一战取功勋"的信心就戛然而止了，后面不写比写更好。"老将"一生争战都未能取得功名，这一次就能吗？如果能，则"悲壮"色彩可能受到影响；如果不能，则"悲哀"更甚，所以诗人于此处停住。

二、间接形态及其内涵研究

吴小如在《读〈史记·李将军列传〉》一文中说：

（《李将军列传》）人物多，情节多，时间虽只有几年功夫，可头绪纷繁……遇到这样作品，根据我的经验，要注意三个方面：一、为什么要给这个人物立传？二、这篇传里有多少人物出现？三、全篇有多少故事情节？这叫作"理头绪"……传记文学同以"记事"或"记言"为主的史籍不一样，它以一个主要人物为中心。这个人必然是重点人物，而且必须与当时重大事件有联系，更必须与其同时代的其他重要人物有联系。因此我们有必要统计一下全传的人物。这可以帮助我们认识主题，发现问题。《李将军列传》中的人物，照我的理解可以分为四大类。①

吴先生此论非常独到。《史记·李将军列传》当中除李广外，的确还有很多人物，这些人物的存在对李广形象的塑造都有很重要的作用，就好像一部电影当中配角往往能够非常好地衬托或者烘托主角一样。相应地，在研究唐诗中李广形象存在的直接形态的同时，也的确发现唐人引李广入诗的时候，并不都是直接以李广出现，有很多诗都是通过提到与李广有关的其他人物形象来引李广入诗。本书称这些与李广有关的其他形象、物象和事件为李广形象的附属形象，而这些附属形象是李广在唐诗中存在的一种间接形态。

（一）人物形象

吴小如先生在《读〈史记·李将军列传〉》中把李广传记中与李广相关

---

① 吴小如：《读〈史记·李将军列传〉》，《中华活页文选》（教师版）2008年第3期。

的人物分为四类。第一类，是作为从属于李广这个中心人物而出现的人物，如李蔡、程不识、李敢（霍去病）、李当户（韩嫣）以及李椒、敢女、李禹、李陵等。第二类，是与李广这个主要人物一生命运有关的，计有汉文帝（知而不用）、公孙昆邪（惜其才而不知所以用）、匈奴单于（知而欲用，但属于李广对立面，无法使其为之所用）、汉武帝、卫青（对李广不但不用，反而间接进行迫害，以满足其个人的权势欲）等。在这一类中，可以附带列入霸陵尉（因李广失势而有意以法绳之，竟为李广所杀）和王朔（对李广"数奇"的原因做出解释的人），但都非重要人物。第三类，是在李广行动范围内与之发生联系的陪衬人物，成为李广进行活动的缔因者或对象，如中贵人、射雕者、白马将、有一匹好马的胡儿，以及长史、军士等。第四类，只是一些社会关系，在传里没有什么活动的人，如韩安国、石建、张骞、赵食其、颍阴侯等。① 吴小如先生的这种分类非常清晰地勾画出了李广周围的人物，同时也为我们寻找李广的附属人物形象提供了启发。检索《全唐诗》发现，唐诗中李广的附属人物形象大略有两类，一是汉朝一方的人物如李轻车、霸陵尉等；一是匈奴一方的人物如白马将、射雕（者）等。上述两类人物形象在李广的传记中与李广联系非常紧密，读到唐诗中的这些人物形象，必然会想到李广，这是我们进行李广附属人物形象研究的前提和目的所在。

李轻车 李轻车指李蔡，是李广的从弟，因为曾经担任过轻车将军而得名。《史记》与《汉书》中没有为李蔡立传，李蔡的所有记载都在李广的传记之中，下面是《史记》《汉书》中所有关于李蔡的文字：

《史记·李将军列传》：

广从弟李蔡亦为郎，皆为武骑常侍，秩八百石。

初，广之从弟李蔡与广俱事孝文帝。景帝时，蔡积功劳至二千石。孝武帝时至代相。以元朔五年为轻车将军，从大将军击有贤王，

---

① 吴小如：《读〈史记·李将军列传〉》，《中华活页文选》（教师版）2008 年第 3 期，第 11—12 页。

有功中率，封为乐安侯。元狩二年中，代公孙弘为丞相。蔡为人在下中，名声出广下甚远，然广不得爵邑，官不过九卿，而蔡为列侯，位至三公。诸广之军吏及士卒或取封侯。

广死明年，李蔡以丞相坐侵孝景园墙地，当下吏治，蔡亦自杀，不对狱，国除。

《汉书·李广传》：

初，广与从弟李蔡俱为郎，事文帝。景帝时，蔡积功至二千石。武帝元朔中，为轻车将军，从大将军击右贤王，有功中率，封为乐安侯。元狩二年，代公孙弘为丞相。蔡为人在下中，名声出广下远甚，然广不得爵邑，官不过九卿。广之军吏及士卒或取封侯。

广死明年，李蔡以丞相坐诏赐冢地阳陵，当得二十亩，蔡盗取三顷，颇卖得四十余万，又盗取神道外墙地一亩葬其中，当下狱，自杀。

李蔡是作为李广的一个对比人物而存在的。司马迁把李蔡放入李广的传记中主要就是为了通过对比来塑造李广形象。《汉书》中的李广传记基本沿用《史记》材料，所以《史记·李将军列传》和《汉书·李广传》的文字大同小异，但往往小异能够反映一些问题。例如关于李蔡的叙述，《史记》比《汉书》多出一句"广从弟李蔡亦为郎，皆为武骑常侍，秩八百石"。虽然只是一句，却反映了司马迁的创作意图，他想在对比李广和李蔡的时候保持叙述的大致完整性，班固在用《史记》的时候似乎没有了解司马迁的写作意图而进行了删削。虽然如此，班固也有他的优点，那就是叙事要比司马迁详细，比如在叙述李蔡恶行和结局的时候，《史记》一句带过，而《汉书》则比较详细地叙述了李蔡的所作所为。

对比《史记》《汉书》中的李广和李蔡，《史记》中李蔡的资料虽然只有三段，但对他的叙述还算完整。司马迁对他的叙述都与李广相始终，他们年轻时一同被封为中郎，担任武骑常侍，之后两人各自奋斗，当李广最后自杀之时，李蔡也因事自杀。李蔡、李广两人起点大致相同，结局也基本一致，但他们的成长过程和人品却有云泥之别。

首先，两人的命运形成强烈对比，李广命运坎坷，而李蔡却极为顺利，仕途上可谓平步青云。

公元前 166 年（孝文帝十四年），李蔡同李广一样，也做了郎官，他们都是武骑常侍，俸禄八百石。

公元前 154 年至公元前 140 年，在此期间，李蔡积累功劳升到禄秩二千石，与李广同。

公元前 140 年至公元前 129 年，李蔡在这 11 年时间里面做到了代国的相。

公元前 124 年（元朔五年），李蔡做轻车将军，随大将军卫青出击匈奴右贤王，有功合于封赏的律条，封为乐安侯。

公元前 121 年（元狩二年），李蔡代替公孙弘做丞相。

从上面的材料可以看出，李蔡的仕进之路非常顺利，从他担任郎官到与禄秩二千石①（与李广平齐），用了 14 年。之后到他担任代国之相用了 11 年，这 11 年李蔡的发展渐渐超越了李广。之后的 5 年，李蔡跟随卫青出击匈奴右贤王，有功，被封为乐安侯，李蔡此时已经站到了李广的理想上。此后仅仅过了 3 年，李蔡就做了丞相，让李广望尘莫及。同样是 45 年，李蔡从小郎官做到了位极人臣，而李广的俸禄四十年如一日，始终是二千石；他心怀封侯之愿，却总是换地方做太守，官场之路一直未有起色；战场之上他打过胜仗，更打过败仗；他俘虏过匈奴，也被匈奴俘虏过；他战场上有时表现优异，官场上却不免犯下非常低级的政治错误②；他爱兵如子却疏于官场联络；他也曾跟随卫青出征匈奴，却颗粒无收；最后一次原本有机会翻盘，却因失去向导而铸成终身遗憾并自杀殒身。李广的一生是纠结的，他的仕进之路也总是在低水平徘徊，难怪李广最后不得不向算命先生王朔请教。

其次，两人人品天壤之别。同样关于李广和李蔡的人品对比，《史记》比

---

① 李广终生禄秩二千石。
② 私受梁王将军印。

《汉书》更注意突出他俩之间完整的比较。

> 蔡为人在下中，名声出广下甚远，然广不得爵邑，官不过九卿，
> 而蔡为列侯，位至三公。
>
> ——《史记》

> 蔡为人在下中，名声出广下远甚，然广不得爵邑，官不过九卿。
>
> ——《汉书》

《史记》明确提出了李广和李蔡的两组对比——人品和官位，加重了两人之间的对比。班固为行文简洁，忽视了司马迁的良苦用心。李蔡的人品不高，司马迁说他"人在下中"。按照《汉书·古今人表》，下等之中，仅比下等之下高了一点。因为于史无载，所以我们不知道李蔡年轻时候的所作所为，但是可以通过他年老自杀前的事来了解。关于这点，《汉书》明显要比《史记》详细。《汉书》载，皇帝赐给李蔡二十亩地，地点在孝景帝阳陵附近，李蔡却非法多占了三顷，如果按照一顷等于一百亩计算，则知李蔡确实比较贪婪，他把这些地卖掉之后竟然得到了四十多万钱。李蔡不仅贪而且胆大包天。之后他又侵占了阳陵神道外围一亩地当作他的墓地，论罪该下狱，李蔡选择了自杀。李蔡的人品由此可知。

李广的人品如何，《史记》中的记述与李蔡截然相反，曰广廉，得赏赐辄分其麾下，饮食与士共之。终广之身，为二千石四十余年，家无余财，终不言家产事。"廉"，不苟取，是贪的对义词。李蔡之"侵"与李广之"廉"由此可知。不但司马迁很注重这两个人之间的对比，凡是后代读到这些文字的人也无不感慨于二人之间的巨大差距。南宋爱国词人辛弃疾《卜算子》词云："千古李将军，夺得胡儿马，李蔡为人在下中，却是封侯者。"又《鹧鸪天》词云："若将玉骨冰姿比，李蔡为人在下中。"皆感慨于李广与李蔡在人品和才能上的巨大差别，为李广鸣不平。

李蔡本人在汉代历史上并无特别之处，在中国历史上甚至可以说根本就没有立足之地。他之所以频频出现在唐诗之中，原因只有一个，那就是他与

李广联系紧密。他们都与匈奴作战，但李蔡的人生与李广的人生至少在三方面都是截然相反的，一是他凭军功而封侯，二是他仕途顺利，三是他们人品差距太大。李广不但以"难封"著称，更以"数奇"出名。唐诗中提"李轻车"之处皆是对李广不幸人生的一种否定，期望诗中的人物形象不要像李广那样难封侯，也不要像李广那样不顺利，而是希望诗中人物既能立下不世之功，又能在仕途上一帆风顺。基于这种理解，可以推断出，"李轻车"在唐诗中应该多被用于送行诗中，而实际情况也正是如此，例如下面这些诗：

送刘将军①

韩翃

明光细甲照锃鍜，昨日承恩拜虎牙。

胆大欲期姜伯约，功多不让李轻车。

青巾校尉遥相许，墨槊将军莫大夸。

阙下来时亲伏奏，胡尘未尽不为家。

送浑大夫赴丰州②

刘禹锡

凤衔新诏降恩华，又见旌旗出浑家。

故吏来辞辛属国，精兵愿逐李轻车。

毡裘君长迎风驭，锦带酋豪踏雪衙。

其奈明年好春日，无人唤看牡丹花。

---

① （清）彭定求等编：《全唐诗》卷二四五，中华书局 1960 年版，第 2750 页。
② （唐）刘禹锡撰，《刘禹锡集》整理组点校，卞孝萱校订：《刘禹锡集》卷二八，中华书局 1990 年版，第 366 页。

送南特进赴归行营①

刘长卿

闻道军书至，扬鞭不问家。

虏云连白草，汉月到黄沙。

汗马河源饮，烧羌陇坻遮。

翩翩新结束，去逐李轻车。

上面三首诗都是送行诗，而且多和战争有关。很明显，在诗中作者对被送之人都给予了很高的期望，但他们所引用的历史人物既不是卫青、霍去病，也不是李广，而是李蔡。究其原因，"汉之飞将军"的声威不是卫、霍二人可比的，而李广的悲剧又是大家最不愿意看到的。李广身边的李蔡恰好兼具军功与运气，如果略去李蔡的人品稍差，这当然是送人时最好的祝福。储仲君先生《刘长卿诗编年笺注》给《送南特进赴归行营》中"李轻车"作注时，按语说："按诗意，长卿似以（李轻车）指李广。"储先生这里同样体察到了李蔡和李广的联系，只不过他这里并没有明确李蔡与李广的关系，一个"似"字体现了他对刘长卿此处"李轻车"用意的思考。如果说这里的"李轻车"是指李广的话，那么这种"指"一定不是"正指"，而是"反指"，意即"李蔡"在军功和运气方面是李广的对立面。张籍的《陇头行》（"谁能更使李轻车，收取凉州入汉家"）和许浑的《灞东题司马郊园》（"楚翁秦塞住，昔事李轻车"）也同样是这个意思，唯李嘉祐的《送崔夷甫员外和蕃》（"和戎非用武，不学李轻车"）稍有不同，此处更强调李蔡杀敌的军功。

霸陵尉 霸陵尉是《史记·李将军列传》当中一个比李蔡更微不足道的人物形象，历史上甚至连他的姓名都没有留下来，只知道他是霸陵之尉。但这个人物却与李广紧密联系在一起，因为李广曾公报私仇亲手杀死了这个人。

广家与故颍阴侯孙屏野居蓝田南山中射猎。尝夜从一骑出，从

---

① （唐）刘长卿撰，杨世明编年校注：《刘长卿集编年校注》，人民文学出版社 1999 年版，第 293 页。

人田间饮。还至霸陵亭，霸陵尉醉，呵止广。广骑曰："故李将军。"尉曰："今将军尚不得夜行，何乃故也！"止广宿亭下。居无何，匈奴入杀辽西太守，败韩将军，后韩将军徙右北平。于是天子乃召拜广为右北平太守。广即请霸陵尉与俱，至军而斩之。

这是《史记》中与霸陵尉有关的所有文字，但是《汉书·李广传》中的文字不但与此有异，而且还多出了皇帝给李广的一封信：

于是上乃召拜广为右北平太守。广请霸陵尉与俱，至军而斩之，上书自陈谢罪。上报曰："将军者，国之爪牙也。《司马法》曰：'登车不式（轼），遭丧不服，振旅抚师，以征不服；率三军之心，同战士之力，故怒形则千里竦（悚），威振则万物伏；是以名声暴于夷貉，威稜憺（惮）乎邻国。'夫报忿除害，捐残去杀，朕之所图于将军也；若乃免冠徒跣，稽颡请罪，岂朕之指（旨）哉！将军其率师东辕，弥节白檀，以临右北平盛秋。"

尽管霸陵尉只是《史记》中一个微不足道的人物，但他对李广来说却很重要。李广对霸陵尉的所作所为，在某种程度上影响着李广的命运，而且霸陵尉出现在《史记》中的历史使命就是这个。于是，霸陵尉这个被李广冤杀的小官与李广就紧紧地联系在了一起，成了李广性格一个侧面的表现者和他命运的影响者。唐诗中提到霸陵尉，都和李广分不开。

飒飒风叶下，遥遥烟景曛。霸陵无醉尉，谁滞李将军。[1]

——长孙无忌《灞桥待李将军》

南极青山众，西江白谷分。古城疏落木，荒戍密寒云。岁月蛇常见，风飙虎或闻。近身皆鸟道，殊俗自人群。睥睨登哀柝，矛弧照夕曛。乱离多醉尉，愁杀李将军。[2]

——杜甫《南极》

---

[1] （清）彭定求等编：《全唐诗》卷三〇，中华书局1960年版，第434页。

[2] （唐）杜甫撰，（清）仇兆鳌注：《杜诗详注》卷一八，中华书局1979年版，第1556页。

原头日落雪边云，犹放韩卢逐兔群。况是四方无事日，霸陵谁识旧将军？①

——胡曾《咏史诗·霸陵》

这三首诗虽然都提到了霸陵尉和李广，但它们的着眼点各不相同。

第一首诗作者因为等李将军不来，一时兴起，想到了历史上的李将军曾因为受到霸陵尉的阻拦未能进城的故事，于是写下此诗。诗中的"李将军"巧妙运用与李广将军的谐音，并借用李广被霸陵尉阻挡没法回城的典故，巧妙地夸赞了唐代现实中的"李将军"像汉代的李广一样英勇善战。此诗引用霸陵尉的典故，只是用来推测李将军迟迟未来的原因，而与李广的性格及霸陵尉被冤杀没有任何关系，格调比较轻松。

杜甫的《南极》作于大历元年（766），"安史之乱"以后。杜甫久居南方却并未适应，在夔州他看到乱离之中时有军士横行，一个个酒醉之后丑态百出，因此想到了喝醉酒的霸陵尉。此诗引出了霸陵尉，还引出了"李将军"，但这里所强调的却只是酒醉以及对酒醉的态度。因此，诗中的"霸陵尉"和"李将军"和历史上的霸陵尉及李广并无关系。诗人用霸陵尉来比况那些横行霸道的军士，因霸陵尉醉酒阻挡李广才顺而带出了李广。

胡曾的《咏史诗·霸陵》与上述两首诗稍有不同。李广杀霸陵尉本来就非常无理，这首诗名为咏史诗，其实是在为霸陵尉辩护。此诗前两句用了14个字描绘了一个打猎的场景，草原之上黄昏时分，猎狗在追逐野兔。第三句进一步指出当下正是承平之时，战火久未燃起，谁还能想起那个曾经风光无限、现在已经落魄的"旧将军"呢？诗歌于此戛然而止，留给读者的是这样思考：既然这样，为什么这位"旧将军"还要杀死那位恪尽职守还不认识自己的霸陵尉呢？这首诗对李广杀死霸陵尉的行径表示了批评。诗中并没有出现"霸陵尉"的字眼，而是诗题点出的"霸陵"二字才让我们知道这位"旧

---

① （清）彭定求等编：《全唐诗》卷六四七，中华书局1960年版，第7436页。

将军"原来是李广。此诗虽为咏史诗,但并不像杜牧的咏史诗那样富有思想深度,因此并不算是上乘之作。

以上三首诗都用了霸陵尉的典故,但重点各不相同:第一首诗借用的是霸陵尉不让李广进城;第二首诗借用的是霸陵尉酒醉不让李广进城;第三首诗作为咏史诗,为霸陵尉辩护,批评了李广的错误行径。这三首诗重点不同,用的都是霸陵尉的典故,但因为霸陵尉和李广的紧密联系,所以在唐诗中"霸陵尉"和"旧将军"总是相伴出现,这是李广形象在唐诗中的一种特殊存在形式。

以上我们分析的都是李广身边的人物形象,这些人物形象通常都与李广紧紧联系在一起,他的《史记》中也几乎只与李广存在联系,因而"李轻车"和"霸陵尉"作为李广形象的附属形象经常出现在唐诗当中。除此之外,李广一生都在从事的事业是抗击匈奴,因此匈奴当中的某些形象也成了李广形象的附属形象,如"白马将"和"射雕(者)"。

白马将和射雕者 《史记·李将军列传》当中关于"白马将"和"射雕者"的文字如下:

> 匈奴大入上郡,天子使中贵人从广勒习兵击匈奴。中贵人将骑数十纵,见匈奴三人,与战。三人还射,伤中贵人,杀其骑且尽。中贵人走广。广曰:"是必射雕者也。"广乃遂从百骑往驰三人。三人亡马步行,行数十里。广令其骑张左右翼,而广身自射彼三人者,杀其二人,生得一人,果匈奴射雕者也。已缚之上马,望匈奴有数千骑,见广,以为诱骑,皆惊,上山陈。广之百骑皆大恐,欲驰还走。广曰:"吾去大军数十里,今如此以百骑走,匈奴追射我立尽。今我留,匈奴必以我为大军诱之,必不敢击我。"广令诸骑曰:"前!"前未到匈奴陈二里所,止,令曰:"皆下马解鞍!"其骑曰:"虏多且近,即有急,奈何?"广曰:"彼虏以我为走,今皆解鞍以示不走,用坚其意。"于是胡骑遂不敢击。有白马将出护其兵,李广上马与十余骑奔射杀胡白马将,而复还至其骑中,解鞍,令士皆纵马卧。是时会暮,

胡兵终怪之，不敢击。夜半时，胡兵亦以为汉有伏军于旁欲夜取之，

胡皆引兵而去。平旦，李广乃归其大军。大军不知广所之，故弗从。

由上可以看出"射雕者""白马将"和李广的关系。中贵人为三个匈奴人所伤，李广立刻就判断出这三个人是射雕者并带百余骑追赶他们。结果是李广射死了两个并生擒了一个；白马将是之后李广在遇到了数千匈奴骑兵两军对垒之时被李广射杀的那个匈奴将领。司马迁用这四个匈奴人把李广的勇猛表现得淋漓尽致。唐诗中的"射雕者"和"白马将"多和李广有关，多用来描写英勇的将领，但值得注意的是，这些诗作者并没有忠实地引这两个形象入诗，都对这些形象进行了加工，如下面这些诗：

故西河郡杜太守挽歌三首（其一）①

王维

天上去西征，云中护北平。

生擒白马将，连破黑雕城。

忽见刍灵苦，徒闻竹使荣。

空留左氏传，谁继卜商名。

返葬金符守，同归石窆妻。

和董庶中古散调词赠尹果毅②

刘禹锡

昔听东武吟，壮年心已悲。如何今瀌落，闻君辛苦辞。

言有穷巷士，弱龄颇尚奇。读得玄女符，生当事边时。

借名游侠窟，结客幽并儿。往来长楸间，能带双鞬驰。

崩腾天宝末，尘暗燕南垂。爝火入咸阳，诏征神武师。

----

① （唐）王维撰，陈铁民校注：《王维集校注》卷三，中华书局1997年版，第250页。
② （唐）刘禹锡撰，《刘禹锡集》整理组点校，卞孝萱校订：《刘禹锡集》卷二三，中华书局1990年版，第292页。

是时占军幕，插羽扬金羁。万夫列辕门，观射中戟支。

誓当雪国雠，亲爱从此辞。中宵倚长剑，起视蚩尤旗。

介马晨萧萧，阵云竟天涯。阴风猎白草，旗槊光参差。

勇气贯中肠，视身忽如遗。生擒白马将，虏骑不敢追。

贵臣上战功，名姓随意移。终岁肌骨苦，他人印累累。

谒者既清宫，诸侯各罢戏。上将赐甲第，门戟不可窥。

眦血下沾襟，天高问无期。却寻故乡路，孤影空相随。

行逢里中旧，扑樕昔所嗤。一言合侯王，腰佩黄金龟。

问我何自苦，可怜真数奇。迟回顾徒御，得色悬双眉。

翻然悟世途，抚己昧所宜。田园已芜没，流浪江海湄。

鸷禽毛翮摧，不见翔云姿。衰容蔽逸气，孑孑无人知。

寂寞草玄徒，长吟下书帷。为君发哀韵，若扣瑶林枝。

有客识其真，潺湲涕交颐。饮尔一杯酒，陶然足自怡。

城傍少年（一作《汉宫少年行》）[1]

李益

生长边城傍，出身事弓马。

少年有胆气，独猎阴山下。

偶与匈奴逢，曾擒射雕者。

名悬壮士籍，请君少相假。

塞下曲五首（其一）[2]

张仲素

三戍渔阳再渡辽，骍弓在臂剑横腰。

---

① （清）彭定求等编：《全唐诗》卷二八二，中华书局1960年版，第3209页。

② （清）彭定求等编：《全唐诗》卷三六七，中华书局1960年版，第4138页。

匈奴似若知名姓，休傍阴山更射雕。

从军行五首（其四）①

释皎然

飞将下天来，奇谋阃外裁。

水心龙剑动，地肺雁山开。

望气燕师锐，当锋虏阵摧。

从今射雕骑，不敢过云堆。

借由以上诗作可知，唐诗中的"白马将"经常和李广联系起来，只不过"白马将"的命运不是被射死，而是被生擒。或许在唐人看来，生擒在难度上要比射死大，可以借此来突出李广武力之高；又或许唐人诗歌讲究美感，不忍让诗歌沾染血腥。

王维《故西河郡杜太守挽歌三首》中的"杜太守"与李广非常相像。根据陈铁民先生的意见，王维作此诗当于天宝四载（745），时王维46岁，以侍御史身份出使榆林、新秦二郡。诗题中的"西河郡杜太守"本名杜希望，出身于官宦世家，是唐代著名史学家、政治家杜佑的父亲。杜佑是史学名著《通典》的作者，他的孙子即晚唐著名诗人杜牧。据《新唐书·杜佑传》记载，杜希望初受玄宗赏识即因其对边事之见，不久就破乌莽，斩获千余级，擢升鸿胪卿。紧接着他奔赴边塞，吐蕃恐惧，因而遗书求和。杜希望并未接受求和，而是与之交战数十次，俘虏了他们的大首帅，并进军莫门，焚烧了城内积蓄，收复城池后返回。朝廷为了表彰他的功劳，授给他两个儿子以官职。杜希望其人不但勇武有力，而且慨然有正气。宦官牛仙童巡视边塞，有人劝杜希望结交牛仙童以图晋升，被他严词拒绝。牛仙童没有得到杜希望的贿赂，因而怀恨在心，回朝之后便奏称杜希望不称职，杜希望遂被贬为恒州

---

① （清）彭定求等编：《全唐诗》卷八二〇，中华书局1960年版，第9240页。

刺史，又迁任西河，是为"西河太守"。此外，杜希望还爱好文学，他门下的崔颢等人在当时都是非常有名望的诗人。这首挽诗写的当然是杜太守，然而我们从前四句群分明看到了李广的身影。"天上去西征"一句中"天上"言"西征"时所征之地的高与远；"云中护北平"一句尤其说的是李广，陈铁民先生在给这句作注的时候也明确说"云中"是李广任云中太守（以力战为名）时之"云中"，不久李广又被拜为右北平太守（匈奴闻之，号之曰"汉之飞将军"，数岁避之，不敢入右北平），彼"北平"即此"北平"。杜太守是否曾"生擒白马将"，我们不得而知，但李广曾经"生擒"射雕者和射杀"白马将"我们是知道的。加上前一句我们就基本上可以知道，作者用这几句写李广的诗在描写杜太守。只不过王维并没有原原本本地引用李广的事，而是对李广的事迹进行了重新加工与组合，让原本被射杀的"白马将"改为被"生擒"了。"连破黑雕城"，"黑雕"借指边地少数民族，则李广曾经的诸多战绩也被写了出来。由这首诗可知，王维以"生擒白马将"暗示李广，实现了描写杜太守的目的，可见王维描写人物的手段之高。

无独有偶，刘禹锡的诗中也有一句"生擒白马将"，而且写的也是李广。尽管这首诗只是一首和诗，但它的描写手法和王维的诗却出奇的一致。《刘禹锡全集编年校注》中关于"生擒白马将"这句的注非常简单，"用李广事"。随后引用了《史记·李将军列传》中关于李广射杀白马将的文字。其实我们还可以通过"生擒白马将"后面的几句来佐证这个"白马将"就是被李广射杀的那个"白马将"。"虏骑"在《史记·李将军列传》中很常见，"不敢"很容易让人想到李广任右北平太守时匈奴"避之数岁，不敢入右北平。""贵臣上战功，名姓随意移。终岁肌骨苦，他人印累累。"可以用四个字来概括，那就是"李广难封"，虽然《刘禹锡全集编年校注》中关于"印累累"的注解用的是石显传记中的民歌："显与中书仆射牢梁、少府五鹿充宗结为党友，诸附倚者皆得宠位。民歌之曰：'牢邪石邪，五鹿客邪！印何累累，绶若若邪!'"但其核心却直言诗歌主人公在巨大的付出之后并没有得到任何回报,而是空望别人封侯、受印。内心的不平衡跃然纸上,这与李广的遭遇几无差异。同上首诗一样,我们通过这句"生擒白马将"中被改变了命运的"白马将"联想到了李广,而作者正是用这种联想来描写人物。

李广素以射艺闻名,但李广是否曾经"射雕"却于史无载。与李广有关的"射雕"事件应该是指李广曾经射死两个匈奴射雕者并生擒过一个射雕者。李益是盛唐著名的边塞诗人,他的《城傍少年》(一作《汉宫少年行》)很能反映他豪放明快的诗歌风格,他的这首诗就涉及了"射雕者"。对照这首诗和我们对李广的认识,我们就从这首诗里面找到了李广的影子:自小生长在陇西,武将世家,尤善射箭,还曾经擒获射雕者。只不过这首诗也对李广的经历也进行了改编,他塑造一个了少年时代的李广形象,却把李广从军以后28岁时所擒获匈奴射雕手的经历放到了李广的少年期。李广擒获射雕手的时候手下尚有"百骑",而李益笔下的这位"少年"似乎是单枪匹马"擒射雕者",更见其武力之强。这首诗把李广作战时擒射雕者,改编成了少年时代独自打猎,与匈奴遭遇并擒获了一个射雕者。这首诗虽有加工,却难抹"少年"身上的李广气息。最重要的原因就在于这个"射雕者",正是"射雕者""出卖"了李广,让我们读出了李益对于李广的热爱。

张仲素的《塞下曲》和释皎然的《从军行》也都提到了"射雕(者)",手法和王昌龄是一致的。两位诗人都提到了"射雕(者)",却并没有提到李广擒获或者射死了他们,而是把他们描写成听到"汉之飞将军"就不敢再行侵略的匈奴。这两首诗前后很简单的一句话就交代了诗中所提到的"射雕(者)"就是被李广俘虏以及射死的"射雕者"——"匈奴似若知名姓",听到"汉之飞将军"之名,匈奴便不敢在"阴山"旁边"射雕","从今射雕骑,不敢过云堆。"如此,唐人用"射雕(者)"表达了他们对汉代李广的崇敬与无限向往,诗中字面无李广,而诗内却无处不李广。

以上,我们分析了唐诗中李广形象的四个附属形象——李轻车、霸陵尉、白马将和射雕（者），这四个形象在历史上无足轻重，只因为他们和李广有非常紧密的联系，所以在唐诗里面就成了李广的附属形象。凡是提到这四个形象的地方，多数都暗示了李广的存在，这是我们读诗时应当注意的地方。

（二）物象

唐代诗人最善用典，他们用典时非常善于从多个角度暗示同一个历史人物或者事件，如唐人对于李广的不同称呼以及李广的四个附属形象，其实唐人还有其他间接手段来暗示诗中的李广形象，比如一些与李广有关的物象或事件等。李广善射，所以唐诗中凡涉及射箭的诗句，经常容易用到李广的形象，"猿臂""桃李"是唐诗中暗示李广常用的两个物象。

猿臂　《史记·李将军列传》对于李广的描写可以说是"一射到底"，善射成了李广最明显的一个标签。司马迁对于李广善射的一个重要解释就是李广的身体具有天生的优势，他具有一双独特的长臂膀——猿臂。

> 广为人长，猿臂，其善射亦天性也。虽其子孙他入学者，莫能及广。

一个人的成功当然和后天的努力分不开，但如果这个人天生就具有某种优势存在，那么他所达到的境界恐怕就非一般人所及。李广出身于武官家庭，累世善射，而且他自己也非常喜欢射箭，无论作战还是娱乐都以射箭为主，更重要的是他长了一双"猿臂"。裴骃对"猿臂"的解释是"臂如猿，通肩"。其实就是指猿臂长可以运转自如，李广因长了两条像猿臂那样长的臂膀所以很便于引弓发矢。通过宋易元吉《蛛网攫猿图》（图4-1），可知李广的臂展有多长。借汉画像石拓本（图4-2）所反映的汉代骑射场景，可以想象李广当年骑射的情形。

图 4-1 《蛛网攫猿图》（宋）易元吉 绘

注：此图原载《烟云集绘册》（《石渠宝笈续篇》著录）

图 4-2 鹿画像砖拓本（汉，河南郑州出土）

李端是"大历十才子"之一，其《送彭将军云中觐兄》诗中有四句明显是以李广而写"彭将军"，其中的"猿臂""坑降"明显指代的就是李广。

闻说苍鹰守，今朝欲下鞲。因令白马将，兼道觅封侯。

略地关山冷，防河雨雪稠。翻弓骋猿臂，承箭惜貂裘。

设伏军谋密，坑降塞邑愁。报恩唯有死，莫使汉家羞。①

这首诗通过李广"猿臂"来夸赞"彭将军"高超之武力，尤其是射艺。又以"坑降"嘱咐彭将军切莫杀降，既达到了送行的目的，又夸赞了被送之

① （清）彭定求等编：《全唐诗》卷二八六，中华书局 1960 年版，第 3273 页。

人。诗中的"白马将"不同于上文提到的"白马将",这个"白马将"当指"彭将军",言其作战之时的勇武和俊朗。

唐诗中有两首直接就把"猿臂"和"(李)将军"联系到了一起,称李广为"猿臂将军"或"猿臂李将军",比较有代表性。

题《李将军传》①

崔道融

猿臂将军去似飞,弯弓百步虏无遗。

汉文自与封侯得,何必伤嗟不遇时。

塞下曲②

陈陶

边头能走马,猿臂李将军。射虎群胡伏,开弓绝塞闻。

海山谙向背,攻守别风云。只为坑降罪,轻车未转勋。

望湖关下战,杂虏丧全师。鸟啄豺狼将,沙埋日月旗。

牛羊奔赤狄,部落散燕耆。都护凌晨出,铭功瘗死尸。

唐诗中关于李广的诗很多,可真正写李广的却非常少,崔道荣的这首《题〈李将军传〉》很是难得。这首七绝前两句夸赞李广的射艺之高,其中"猿臂"自然是《史记·李将军列传》中的那个"猿臂",然而这首诗的题旨却是反问李广"何必伤嗟不遇时"。因为他注意到了汉文帝曾经对李广说过:"惜乎,子不遇时!如令子当高帝时,万户侯岂足道哉!"崔道荣谓李广何必因为叹息生不逢时,他曾经不是受到汉文帝的高度评价吗?想来,这可以算是对李广坎坷人生的一点安慰,崔道荣心态之乐观与角度之独特比较少见。陈陶的《塞下曲》如汉魏乐府一样注重叙事,首句"边头"二字即明言诗歌环境为边塞,李广之善射已经成了他的一个主要特征,所以"猿臂李将军"

---

① （清）彭定求等编：《全唐诗》卷七一四,中华书局1960年版,第8209页。

② （清）彭定求等编：《全唐诗》卷七四五,中华书局1960年版,第8465页。

很容易就让读者回忆起汉代"猿臂"的李广，下面的"射虎"以及"开弓"继续提醒读者，诗歌的主人公是李广。战争的残酷总是让人猝不及防，所以唐人在创作边塞诗的时候总是有意无意地带有悲愤的情绪，这首《塞下曲》也是这样。诗人以"只为坑降罪"一句使诗歌的叙事形成了一个大转折，主人公的命运急转直下，"坑降"二字再次提醒我们，诗歌的主人公即使不是李广，也一定有着李广的影子。诗歌以表情达意为目的，一切材料都要"为我所用"，所以唐代边塞诗在提到李广的时候诗旨都会有所不同。这首诗前面描写的是李广，后面描写的则是战后的惨况——"鸟啄豺狼将，沙埋日月旗"。所以这首诗很自然地就得出了这样一个结论——"铭功瘗死尸"，其大意当同曹松的"一将功成万骨枯"①。这样看来，这首诗的前一半是写李广的个人之悲，属小悲；后半段则提出了一个问题：在战争之中，是功名重要，还是生命重要？抑或是个人的利益重要，还是他人的生命重要？从这个角度来说，这首诗后半部分就属于大悲，因为他考虑的是人类社会的一个共同问题。在提到李广的唐诗里面，可以说这首诗第一次显现出了思考的深度。

桃李、成蹊　"桃李"本属于很普通的一个词，在各个历史时期的诗文中都很常见，然而因为《史记·李将军列传》中司马迁最后给李广的赞誉中提道"谚曰：'桃李不言，下自成蹊'"，并用这个谚语来评价李广的德行，因此"桃李不言，下自成蹊"这句谚语便与李广产生了某种联系。例如骆宾王的《早秋出塞寄东台详正学士》诗尾说："数奇何以托，桃李自无言。"李白在《赠范金卿二首》中说："桃李君不言，攀花愿成蹊。"戎昱在《上李常侍》中说："桃李不须令更种，早知门下旧成蹊。"李贺在《奉和二兄罢使遣马归延州》中也说："自是桃李树，何畏不成蹊。"结合诗的题材以及"数奇"一词，我们可以基本断定诗中"桃李"一词与李广有关，而且多用来赞颂他人之品格。唯李白《赠范金卿二首》用"桃李愿成蹊"还表达了求助的意愿。

---

① （唐）曹松：《己亥岁二首·僖宗广明元年》。

然而，唐诗中这样的诗句是很少的，绝大部分的"桃李"都与李广无关。即使以"成蹊"这样的面貌出现的诗句也并非指李广而言，而仅是写景，例如："万里烟尘客，三春桃李时。"（卢照邻《山行寄刘李二参军》）、"伊川桃李正芳新，寒食山中酒复春。"（宋之问《寒食还陆浑别业》）、"桃花灼灼有光辉，无数成蹊点更飞。"（苏颋《侍宴桃花园咏桃花应制》）、"别有妖妍胜桃李，攀来折去亦成蹊。"（钱起《山花》）、"无限成蹊树，花多向客开"（项斯《春日题李中丞樊川别墅》）等。这些诗句中的"桃李""成蹊"与李广并无任何关联，写景而已，就字面理解即可，无须过多解读。

（三）事件

李广的生命中有些事件是比较独特的，所以唐诗中这些事件的出现，往往指代的就是李广，这也是李广在唐诗中的一类存在方式。这些事件包括射虎（射）、未（不、难）封（侯）、杀（坑）降、数奇等。

射虎　与李广善射紧密联系在一起的事件就是李广"射虎"。《史记·李将军列传》中有关李广"射虎"的记载并不唯一，现摘录如下：

> 广出猎，见草中石。以为虎而射之，中石没镞，视之石也。因复更射之，终不能复入石矣。

> 广所居郡闻有虎，尝自射之。

> 及居右北平射虎，虎腾伤广，广亦竟射杀之。

可以说是"虎无伤广意，广有射虎心"，所以唐诗中有不少诗句都以"射虎"而暗指李广，"射虎"也成就了唐诗中指向李广的一种间接方式。唐诗中描写"射虎"最出名的当属卢纶的《和张仆射塞下曲》：

> 林暗草惊风，将军夜引弓。

> 平明寻白羽，没在石棱中。[1]

---

[1] （唐）卢纶撰，刘初棠校注：《卢纶诗注》卷三，上海古籍出版社1989年版，第255页。

综上所述，唐诗中的李广形象存在形态非常丰富，既有直接出现的李广形象，也有以间接方式存在的李广形象；既有以李广形象用典的情况，也有对李广形象进行加工改编的情况。所有这些都很清晰地告诉我们这样一个信息：唐代诗人的创造性太强了。

未（不、难）封（侯）　　李广是一个悲剧人物，其悲剧命运最突出的表现就是一生追求封侯而至死都没有实现。"封侯"贯穿了李广的一生：李广一生侍文、景、武三帝。文帝时，李广与从弟李蔡刚刚从军，文帝一句"惜乎，子不遇时！如令子当高帝时，万户侯岂足道哉！"奠定了李广一生都为之拼搏的功业理想。武帝元朔五年李广从弟李蔡封列侯，元朔六年李广从大将军出定襄击匈奴。诸将多中首虏率以功为侯者而广军无功，再加上"诸广之军吏及士卒或取封侯"，这些深深地刺痛了李广。后来李广与望气王朔的对话显示了李广封侯不得的苦恼与思索：

> 广尝与望气王朔燕语，曰："自汉击匈奴而广未尝不在其中，而诸部校尉以下，才能不及中人，然以击胡军功取侯者数十人，而广不为后人，然无尺寸之功以得封邑者，何也？岂吾相不当侯邪？且固命也？"朔曰："将军自念，岂尝有所恨乎？"广曰："吾尝为陇西守，羌尝反，吾诱而降，降者八百余人，吾诈而同日杀之。至今大恨独此耳。"朔曰："祸莫大于杀已降，此乃将军所以不得侯者也。"

"不当侯""不得侯"　　我国诗歌史上首次明言李广封侯而不得的是北周皇帝宇文毓，他在诗作《墙上难为趋》中说："廷尉十年不得调，将军百战未封侯。"入唐之后，盛唐杜甫说："但见文翁能化俗，焉知李广未封侯。"（《将赴荆南，寄别李剑州》）。中唐诗人惯言李广"不封侯"。钱起说："闻道轻生能击虏，何嗟少壮不封侯。"（《送崔校书从军》）耿湋说："因思李都尉，毕竟不封侯。"（《陇西行》）崔峒说："自叹马卿常带疾，还嗟李广不封侯。"①

---

①　此诗一说为李嘉祐诗，诗名相同，其中文字略有不同。

（《送冯八将军奏事毕归滑台幕府》）李益说："汉将不封侯，苏卿劳远使。"（《来从窦车骑行（自朔方行作）》）千古名句"冯唐易老，李广难封"并非出于唐诗，而是出于王勃的《秋日登洪府滕王阁饯别序》，此后"李广难封"便广为人知，但唐诗中从未出现过"难封"一词。

杀（坑）降　《史记·李将军列传》载李广曾告诉望气王朔说："吾尝为陇西守，羌尝反，吾诱而降，降者八百余人，吾诈而同日杀之。至今大恨独此耳。"此后，"杀（坑）降"也成为李广形象的内涵之一，然唐以前的诗作中并未见到"杀降"或"坑降"，唐诗中也见不到"杀降"一词。"坑降"唯见于陈陶之《塞下曲》"只为坑降罪，轻车未转勋。"和李端之《送彭将军云中觐兄》"设伏军谋密，坑降塞邑愁。"前者"轻车"一般会理解为李蔡，然而这首诗的前半段说："边头能走马，猿臂李将军。射虎群胡伏，开弓绝塞闻。"从"边头""猿臂""李将军""射虎"等词来看，这首诗分明是在重塑李广的形象，故"坑降"也应是指李广。后一首是送别诗，此诗并非用李广简单比喻被送之人，而是用整首诗描写被送之人：

> 闻说苍鹰守，今朝欲下鞲。因令白马将，兼道觅封侯。略地关山冷，防河雨雪稠。翻弓骋猿臂，承箭惜貂裘。设伏军谋密，坑降塞邑愁。报恩唯有死，莫使汉家羞。

从这首诗中的"白马将""封侯""猿臂"等词来看，这首诗并非重塑李广形象，而是在李广形象的基础上塑造被送之人的形象，所以"坑降"也应该指李广。

"数奇"　有关李广的"数奇"之叹，最早见于南朝梁徐悱的《古意酬到长史溉登琅邪城诗》，内言："寄言封侯者。数奇良可叹。"唐人喜爱李广形象，虞世南在唐代最早提到了李广的"数奇"：

> 涂山烽候惊，弭节度龙城。冀马楼兰将，燕犀上谷兵。
>
> 剑寒花不落，弓晓月逾明。凛凛严霜节，冰壮黄河绝。
>
> 蔽日卷征蓬，浮天散飞雪。全兵值月满，精骑乘胶折。

结发早驱驰，辛苦事旌麾。马冻重关冷，轮摧九折危。

独有西山将，年年属数奇。烽火发金微，连营出武威。

孤城塞云起，绝阵虏尘飞。侠客吸龙剑，恶少缦胡衣。

朝摩骨都垒，夜解谷蠡围。萧关远无极，蒲海广难依。

沙磴离旌断，晴川候马归。交河梁已毕，燕山旆欲挥。

方知万里相，侯服见光辉。

——《从军行二首（一作拟古）》

如果只是看"独有西山将，年年属数奇"两句，并不好判断这两句说的是李广，然而结合诗中的"龙城""结发"等词，应该可以大概看出这首诗以李广形象为原型，创造了一个边关将领的形象。初唐骆宾王的《早秋出塞寄东台详正学士》中有"数奇何以托，桃李自无言"句，明显同样是以李广形象为原型在创造新的边塞将领形象。进入盛唐，王维的《老将行》在以李广为原型塑造人物形象方面做得最为成功，他甚至直接指出"卫青不败由天幸，李广无功缘数奇"。刘禹锡继续着王维的这种创造性，写出了《和董庶中古散调词赠尹果毅》：

昔听东武吟，壮年心已悲。如何今凛落，闻君辛苦辞。

言有穷巷士，弱龄颇尚奇。读得玄女符，生当事边时。

借名游侠窟，结客幽并儿。往来长楸间，能带双鞬驰。

崩腾天宝末，尘暗燕南垂。爟火入咸阳，诏征神武师。

是时占军幕，插羽扬金羁。万夫列辕门，观射中戟支。

誓当雪国雠，亲爱从此辞。中宵倚长剑，起视蚩尤旗。

介马晨萧萧，阵云竟天涯。阴风猎白草，旗槊光参差。

勇气贯中肠，视身忽如遗。生擒白马将，虏骑不敢追。

贵臣上战功，名姓随意移。终岁肌骨苦，他人印累累。

谒者既清宫，诸侯各罢戏。上将赐甲第，门戟不可窥。

眦血下沾襟，天高问无期。却寻故乡路，孤影空相随。

行逢里中旧，扑橛昔所嗤。一言合侯王，腰佩黄金龟。

> 问我何自苦，可怜真数奇。迟回顾徒御，得色悬双眉。
>
> 翻然悟世途，抚己昧所宜。田园已芜没，流浪江海湄。
>
> 鸷禽毛翮摧，不见翔云姿。衰容蔽逸气，矛矛无人知。
>
> 寂寞草玄徒，长吟下书帷。为君发哀韵，若扣瑶林枝。
>
> 有客识其真，潺湲涕交颐。饮尔一杯酒，陶然足自怡。

这首诗用倒叙的方法，塑造了一个类似李广的悲剧将领形象。这个悲剧将领出身游侠，还"读得玄女符"，充满传奇色彩。"崩腾天宝末"一句告诉读者，这首诗写的是当代事，而非纯虚构的人物形象。在平定"安史之乱"的战斗中，这位将军奋勇杀敌，曾经"生擒白马将，虏骑不敢追"。这是李广式的将领，这位将军拼杀一生的结果却是"终岁肌骨苦，他人印累累"，这也正是李广式的悲剧命运。"问我何自苦，可怜真数奇"两句是这位将军悲剧命运的解释——"数奇"。这首诗并未像王维的《老将行》那样让老将罢黜之后重又面对外族入侵，还继续保有"莫嫌旧日云中守，犹堪一战取功勋"这样的希望。而是因为"有客识其真，潺湲涕交颐"便"饮尔一杯酒，陶然足自怡"，不平之气就这样被消解了。唐代诗人对李广形象的多方改造由此可见一斑。

综上，唐诗中李广形象自成系统，具体可分为直接和间接两类：直接形象有李广、李将军、李都尉、汉飞将和老将，这些称谓都包含了对李广的崇敬；间接形象分为三类：人物形象、物象和事件。就此我们可以得出四个结论：一、唐诗同《李将军列传》一致，间接人物形象的存在是为塑造李广形象服务；二、物象、事件同直接形象在对李广的评判倾向上是一致的，或赞扬，或惋惜；三、唐代诗人对李广的态度是非常明确的——赞其英勇、哀其数奇；四、李广形象在唐诗中面貌是多样的，而形象内涵却基本一致。

唐代诗人喜爱李广，他们引李广入诗的方式众多，总计十九种之多，可分为直接和间接两个形态系统，其中又可分为人物、物象和事件三类。唐代诗人广泛而深刻地挖掘着李广的形象含义，显示出唐人在诗歌创作方面强烈的创造性。

第二节　卢纶《塞下曲》对李广射石故事
的创改及其他①

唐人对李广形象多有创改，表现出了极大的创造性。卢纶是中唐著名诗人，他的《塞下曲》尤其出名，是中唐边塞诗的优秀代表作之一，在李广形象的创改上也非常值得一提。卢纶之《塞下曲》全称为《和张仆射塞下曲》，共六首。根据《卢纶诗集校注》的意见，这一组诗当作于贞元二年（786）秋，时卢纶 39 岁，是名将浑瑊的幕僚。从题目看，这组边塞诗是卢纶与诗友张延赏的唱和之作。张延赏的《塞下曲》并未留存下来，卢纶的和诗不但流传下来，而且成为名作，卢纶的诗歌才华由此可见一斑。"林暗草惊风"是这组诗的第二首，在唐代李广形象接受史上有着重要的意义。

一、卢纶《塞下曲》对李广射石故事的创改

卢纶对李广射石故事的成功创改主要体现在环境描写、情节处理和细节刻画三个方面。

（一）环境描写之创改

《史记·李将军列传》关于李广射石的故事中，除"草"之外，并无时间和地点环境的交代，而写景又是诗作起兴的重要手段。关于"林"，从《史记》记载来看，李广事后难以再将箭再射进石头，则他之前一定是受到了惊吓，是他的应激反应激发了他的潜能，把箭头射进了石头。受到惊吓多是因为没注意，而老虎又多出没在山林之中，所以卢纶自然就想到了"林"，这个想象是很合理的。关于"暗"，密林之中，光线必然不强，故"暗"也随之而

---

① 原文见王福栋、彭宏业《卢纶〈塞下曲〉对李广射石故事的创改——兼评苏教版小学课文〈李广射虎〉》，《语文建设》2019 年第 14 期，内容略有改动。

来，这又是卢纶的一个创新。关于"风"，光线昏暗，风吹草动最易吓人，古语又云"云从龙，风从虎"，"风"竟可以昭示"虎"的存在，故卢纶于是想到了"风"。关于"夜"，卢纶进一步将故事发生的时间设定为晚上，这样一来，"林"中光线就更暗了，增加了李广误射石头的可能性。如此，则"林暗草惊风"不但为李广创设了一个光线昏暗的环境，同时还暗示了"虎"的存在，一箭双雕，更为后面李广误射石头做好了铺垫。关于"平明"，第三句中的"平明"同样是卢纶想象出来的。《史记·李将军列传》当中并无此词，其他材料也并无记载，李广射石的故事似乎就发生在一瞬，而卢纶增设的"平明"却令整个故事发生了很大的变化，带来了意想不到的影响：一是增加了故事的长度。原本很快就结束的故事竟持续到了第二天，给读者留下了想象的余地。二是突出了情理之中、意料之外的效果。天暗林黑，惊悸之余的李广向老虎射了一箭，无论射中与否都不能向前求证了可能为虎所伤。第二天去查看，这才揭晓了射中的并非老虎，而是石头，令人意外。三是令故事节奏张弛有度。前面的叙事以"惊"为主，紧张得很，而接下来的"平明"一词则明示读者，紧张已然过去，接下来是轻松的答案揭晓，节奏立刻舒缓下来。《汉书·李广传》言及此事用的是"他日"，故事节奏略显拖沓，效果明显不如"平明"。

（二）情节处理之创改

在情节上卢纶同样有创新有改造。其创新之处有二："惊"与"寻"。关于"惊"，纵观全诗，其诗眼当是"惊"字。因为李广"惊"，所以他"引弓"；因为李广"惊"，所以他没射中虎；因为李广"惊"，所以他将箭射进了石头。整个故事都围绕"惊"而展开，但司马迁描写李广射石并无"惊"字，甚至根本就没有表达过李广的"惊"，这是卢纶的创造。既合情合理地琢磨到了故事中李广的心理状态，又给整首诗找到了核心所在。"寻"，亦是卢纶的创造。《史记·李将军列传》在李广"引弓"之后说："以为虎而射之，中石没镞，视之石也。"其中的"视"，意为查看。卢纶将"视"改为"寻"，他将一个很平常的表随便查看的动作改为主动寻觅，再配合前述"平明"一词，故事的内涵随之增加。另外，除了一些明显的创新之处，卢纶还对李广射石故事的情结进行了改造，譬如《史记·李将军列传》在讲到李广将箭射进石头之后还说了一句"因复更射之，终不能复入石矣"。意即李广还想将箭射入石头却根本做不到。《汉书·李广传》以及干宝《搜神记》和葛洪《西京杂记》都有类似的表达，为的是表现李广此次射石之神力，而卢纶诗尾只言，"没在石棱中"便戛然而止，并不提重新射石的事。卢纶将诗句如此处理，原因恐怕有二：一是受诗歌字数限制，不能面面俱到，必须有所取舍；二是整支箭都已射入石头已属神奇，再赘言李广再怎么努力也无法复制，于诗歌叙事有些重复。

（三）细节描写之创改

卢纶在李广射石故事的细节描写上也进行了创改，主要有两处：一是"白"，一是"棱"。司马迁在《史记·李将军列传》中在谈到李广将箭射入石头时说："中石没镞"，谓箭头被射入了石头；之后《汉书·李广传》虽基本照抄了《史记·李将军列传》全文，却在此处变成了"中石没矢"，一字之差，整支箭就都射入了石头。班固修史较司马迁态度更为客观，然于此处我们却无法断定班固是有意夸张还是无意为之，或许他认为"没矢"等同"没镞"？总之，照字面意思看，李广之箭完全射进石头是由班固"完成"的。其后干宝《搜神记》说李广之箭是"没金铩羽"，观点同于司马迁。再之后的葛洪则延续了班固的看法——"没矢饮羽。"卢纶的创新之处在"白"，即他不但延续了班固的"没矢"和葛洪的"饮羽"，认为"羽"（矢，或曰箭头）"没"于石头，还在"羽"前加上了"白"，形成了"白羽"。"白羽""矢""羽"在诗中皆指整支箭，但"白"字却令这支箭立刻就变得鲜明起来，画面感凸显，增加了诗歌的艺术美感。

"棱"字同样是卢纶的创新。关于李广的箭是怎样射进石头的，《史记》等书并无交代，卢纶却在诗尾说得较为详细，"没在石棱中"。顾名思义，"石棱"意为"多棱的山石"，那么"石棱中"当指山石与山石的缝隙当中。卢纶不相信李广能将箭射进光秃秃的石头里面，却又不得不承认李广的箭确实完全进了石头，所以他必须为李广将箭完全射进石头找到合理的解释——李广恰巧将箭射进了石头缝里。正如俞陛云先生所云："李广射虎事，仅言射石没羽，纪载未详。夫弓力虽劲以石质之坚，没簇已属难能，而况没羽。作者特以'石棱'二字表出之。盖发矢适射两石棱缝中。遂能没羽。于情事始合。"①

二、卢纶《塞下曲》诗的现代接受举隅

自司马迁将其事迹写入《史记》之后，李广便从历史进入文学，成为一个文学形象，被历朝历代的人们歌咏、批评，李广形象是我国文学史上一笔重要的精神财富。小学语文课是普及、传承我国优秀传统文化最重要的阵地，例如王昌龄的《出塞》和卢纶的《塞下曲》都涉及了李广形象，是当代李广形象接受的重要途径。《李广射虎》就是这样一篇针对《塞下曲》的赏析性文章，并被江苏教育出版社选作小学三年级语文下册第八课的课文。作为小学语文的课文，最基本的要求自当是准确无误，然而细细读来，此文却有诸多不妥之处。

首先是叙述射虎的缘由有误。《塞下曲》所描写的李广射虎事迹见于《史记·李将军列传》，里面关于李广射虎的缘由记载得很明确："广出猎，见草中石"，李广此次误射石头事件并非军事行动，而是他的娱乐活动——打猎。李广一生以射箭为主要娱乐活动，尤其喜爱打猎。据《史记》记载，李广身高臂长，天生善射，身边全无对手。他平日少言寡语却独好射箭，日常娱乐

---

① （清）俞陛云：《诗境浅说续编》，开明书店1950年版，第25页。

"专以射为戏，竟死"。汉文帝初赞李广便是因为他曾"格猛兽"，即打猎。李广斩杀霸陵尉事件的起因也是因为李广打猎天晚而不得入城。他习惯近距离射箭，所以他还常常为猛兽"所伤"。李广喜爱打猎尤其热衷于射虎，《史记·李将军列传》记载说："广所居郡闻有虎，尝自射之。及居右北平射虎，虎腾伤广，广亦竟射杀之。"卢纶的诗开头"林暗草惊风"，并未交代李广射虎的缘由，但根据《史记》的这些记载，说李广去打猎当是确定无误的。对此，《李广射虎》却解释说："李广带兵外出巡逻"，如此描写不知作者有何根据。退一步讲，即使如一些学者指出的那样，古代狩猎和军事训练常常是一回事，但"巡逻"肯定是士兵和低级军官的日常工作内容之一，李广身为将军，怎么可能亲自带兵巡逻？因此李广"带兵巡逻"之说于情于理都讲不通。

其次是解释李广射虎的过程有误。"林暗草惊风"虽只五个字，却并不简单。关于"林"，《塞下曲》是诗，是文学创作，所以说卢纶令李广打猎遇树林并无不妥。但卢纶并未交代此"林"为何树，本是虚构，《李广射虎》却笃定地说是"路过一片松林"，不但是无稽之谈，多此一举，还限制了读者的想象。"松林"一出，全然不用想象了。关于"暗"，《史记》并无李广射石的时间记载，《塞下曲》前言"暗"，后言"夜"，显是卢纶的创造。但《李广射虎》却说："一天夜里，月色朦胧。"时间确实是夜里吗？不一定。还有可能是傍晚。即使是夜里就一定有月亮吗？也不一定。所有这些都是不确定的，也是无法确定。因为诗中的意境均源自卢纶的想象，所以课文中"月色"一词毫无存在的根据和价值。关于"风"，这是卢纶的创作。《李广射虎》却说"一阵疾风吹来"。"疾"，大也。"疾风"指猛烈的风，气象学上旧指7级风。此"风"未免也太大了。虎类并不善奔跑，而惯于伏击猎物，即静静地等待猎物靠近，然后出击，所以黑暗条件下，一点点风吹草动才更能令李广受到"惊"吓。"疾风"有什么可"惊"的？关于"惊"，"惊"字在卢纶此诗中是非常重要的，乃全诗之眼。《李广射虎》却没有相应的描写，实是不妥。李广为何会"惊"？因为黑暗之中忽然听到的风吹草动完全不能判断是什么危险临近，是虎还是豹？是人还是鬼？所以李广"引弓"当是受到"惊"吓时的瞬间反应——管它是什么，箭头一定直指危险所在，哪还有瞬间去"想"？当李广依稀看见草中有"虎"，箭即已射出去，这才是一个有经验的猎手该有的反应。再看《李广射虎》中关于射虎过程的描写："李广想到这一带常有猛虎出没，便用警惕的目光四处搜寻着。猛然间，李广发现前方的草丛中，影影绰绰蹲着一只老虎，连忙拈弓搭箭，运足气力，拉开硬弓。"这段描写中"惊"的缺失，减弱了诗中本该有的紧张气氛。等李广发现了"蹲着"的"老虎"，才"拈弓搭箭""运足气力""拉开硬弓"岂不是为时晚矣？这样的描写既不合情也不合理。

另外，《李广射虎》的作者说："李广想到这一带常有猛虎出没"，这完全是无稽之谈。无论是《史记》还是《汉书》，抑或是以后的诸多记载，都没有这个信息，卢纶诗中当然更没有这个信息点。其后的"影影绰绰蹲着一只老虎"同样有可商讨之处，尤其"蹲"字明显是作者的臆想。

再次是描写李广射虎的结果有误。《史记·李将军列传》关于李广射虎故事的主语一直是李广，其后的相关记载亦是。卢纶《塞下曲》并未明言是谁"寻白羽"，但前一句谓"将军夜引弓"，则"平明寻白羽"的主语当为"将军"，即李广。而《李广射虎》则说："第二天，天刚蒙蒙亮，李广的随从便去射虎的现场寻找猎物。呀！大家全都惊呆了"，"随从"和"大家"恐都是作者的想当然，与卢纶诗无关，而且卢纶诗说："平明寻白羽。"天亮之后，李广等人到射虎之处寻"白羽"，即李广等人回到射虎之地是为了寻找射出去的箭。《李广射虎》则言："李广的随从便去射虎的现场寻找猎物"，有失准确。

如前所论，卢纶认为李广能将整支箭射入石头是因为他恰巧将箭射入了"石棱"中，这是卢纶的创造。《李广射虎》在讲到这个细节的时候并没有尊重卢纶的意见，而是说："那白羽箭深深地扎进了石头里。"这倒是暗合了班固的说法，完全忽略了卢纶的创造，完全不提"石棱"二字。《史记》言李广

"因复更射之，终不能复入石"，意即李广发现自己误将箭射进石头之后，又尝试了很多次，却怎么也射不进去。卢纶在创作过程中则忽略了这个信息，因为诗歌要求精练，即使叙事也不可能如文章那样做到面面俱到。卢纶的诗至"没在石棱中"即结束，然而《李广射虎》的结尾还多了一句"任将士们怎么拔也拔不出来。"为什么要"拔"？谁动过把箭"拔出来"的念头？这句话想突出什么？这多出来的一句既无出处，又无必要，完全是《李广射虎》作者的臆想。

最后是这篇课文的题目也有问题。李广确实善射，李广也确实射过虎，但《史记》关于此事的记载中卢并没有虎。卢纶的这首诗里面自始至终也没有出现过"虎"字，只有一块疑似老虎的石头，所以《李广射虎》这个题目很不合适，"虎"字不确，也缺乏吸引力。如果非要取个题目的话，倒不如叫作《李广射石》更合适些，既切题，又有吸引力。

教育是立国之本、强国之基，小学语文教育无疑是其中最重要的一部分，对受教育者的影响是十分深远的，所以其对于"真、善、美"有着很高的要求。《李广射虎》一文在传达《史记·李将军列传》和卢纶的《塞下曲》的时候，在"真"上无疑是有缺憾的，希望能够引起有关部门的重视并予以纠正。

综上所述，李广被司马迁写入《史记》之后，李广形象便被历朝历代的文人学者改造创新。《汉书·李广传》和《搜神记》《西京杂记》等对李广射石的故事皆有创改，但若以创造力多寡而言，卢纶的《塞下曲》无疑是最强的。其在环境创设、情节处理和细节描写上都发挥了大胆的想象，但这首诗也只是搭起了一个李广射石故事的框架，存在很多信息空白点，等待读者用想象自行填补。解诗者面对这种状况是不能够随便解释的，更不能凭主观臆想给出定论。创作是一回事，讲究想象；而赏析和解释则是另一回事，讲究准确无误。卢纶的诗虽只四句却极富创造性，而《李广射虎》虽为赏析性文章却并未尊重原诗，任意演绎。这也启发我们在解释诗歌的时候，首先要尊重原诗，不能随意更改细节。一些信息点的缺失其实就是作者给读者留下的想象空间，不必将这些信息点随意补充出来，因为根本就没有标准答案。

第三节　李广形象与李、杜诗风[①]

　　李、杜作为唐代诗人的杰出代表，都擅长用典。他们作品中的历史人物从尧、舜、禹到隋炀帝，时间跨度近三千年，历史人物数量三百有余。但他们用典的风格却并不相同，呈现出来的面貌也不同。李白非常注重抒情，他的所有诗歌要素都以抒发自我为核心，而杜甫则更注重叙事和艺术创作本身。李广是唐诗中经常出现的一个历史人物形象，李、杜诗中也多有涉及，从二人诗中李广形象的不同特点可一窥李、杜诗风的差异。

　　李白诗作中李广形象出现的次数在唐代诗人中是最多的，不仅如此，李白还尽可能地挖掘出李广形象的多方面意蕴，在李广形象接受上表现出主观性极强的特点。就此而言，李白在李广形象接受史上是有着非常重要的意义的。李广形象的含义大致有三个方面：射艺与精诚、悲剧命运和高尚品德。李白诗在这三个方面不但均有涉及，并且体现出主观性极强之特色，这是李白诗歌的特色之一。杜甫比李白更擅长运用历史典故，他的诗中充满了各种历史人物，不但大大丰富了他诗作的内涵，更体现出杜甫的杰出创造性。杜甫诗中的李广出现次数相较李白要少，且他并不在李广形象含义的挖掘上下功夫。其创造性表现在将李广形象为我所用，能够从新颖的视角看待李广，表现出超强的艺术创造力。

一、家国层面上，李白之"精诚"与杜甫之"赤诚"

　　李广，首先是一个为国家出生入死的将领，所以李广形象的第一重意义就是"爱国"。但"一千个读者就有一千个哈姆雷特"，历史上只有一个李广，

---

　　① 见王福栋、彭宏业《李广形象与李杜诗风》，《渭南师范学院学报》2021年第12期，内容略有改动。

但在不同读者的心目中则会有不同的李广。对于李、杜这样的诗人来说，他们在李广身上所寄予的情感也并不相同。简言之，可用"精诚"和"赤诚"来概括李、杜诗中李广形象之特点。

（一）李广形象与李白之"精诚"

善战是李广的一大特点，李广之善战又以善射为主要特点，所以唐诗中歌咏李广善射的诗句比比皆是，例如卢纶的"林暗草惊风，将军夜引弓。平明寻白羽，没在石棱中"（《和张仆射塞下曲》）、李益的"偶与匈奴逢，曾擒射雕者"（《城傍少年》）、陈陶的"射虎群胡伏，开弓绝塞闻"（《塞下曲》）等。李白诗中同样有类似诗句，例如他的《塞下曲六首》其六说："汉皇按剑起，还召李将军。"李白这六首《塞下曲》都作于天宝二年，其时李白在长安，既是边塞诗，又无具体的战争背景可言，所以李白此诗虽然突出的是李广之善战，却纯是创作。

他的《豫章行》则不同，这首诗在形容唐军勠力讨伐"安史之乱"时说："精感石没羽，岂云惮险艰。"形容射箭的典故很多，然而李白在这首诗中用的却是"精诚所至，金石为开"。这个典故写的是射箭技艺高超，表达的却是"精诚"精神。这个典故与李广本无关联，然而东晋干宝在《搜神记》中首次将这个典故和李广联系在一起，从此很多人便以为"精诚所至，金石为开"指的是李广。李白用这个典故描写讨伐叛军之唐军，早已超越了作战和射箭本身，而是上升到了描写唐军勇于为国捐躯的"精诚"之心，这很与众不同。因为唐诗中描写"精诚"的诗句很多，以"精诚"描写战争的诗句也有，但以李广之"精诚"描写战争的唯李白一人。李白诗中用到"精诚所至，金石为开"的诗句还有他的《上崔相百忧草》："箭发石开，戈挥日回。"这是李白在安史之乱爆发后被囚禁于浔阳（今江西九江）时创作的诗歌。李白在诗中诉说了自己无辜被囚的忧愤，寄希望于宰相崔涣帮助自己减罪。这首诗的开头几句是这样说的：

共工赫怒，天维中摧。鲲鲸喷荡，扬涛起雷。

鱼龙陷人，成此祸胎。火焚昆山，玉石相碰。

仰希霖雨，洒宝炎煨。箭发石开，戈挥日回。

邹衍恸哭，燕霜飒来。微诚不感，犹絷夏台。①

"成此祸胎"之前所言当指"安史之乱"，但后面的"箭发石开"和"微诚不感"说的都是李白之"精诚"。前叙自己"精诚"，后言自己"精诚"却并没有感动上苍之失望。李白是一个很自我的诗人，他的诗作一贯突出自我的感受，这首诗亦是如此。联系到上一首的"精感石没羽"，就会发现李白诗中一直在强调"精诚"二字，尤其这首《上崔相百忧章》，直接突出了李白自己的"精诚"。李白诗中多"精诚"二字，不仅是对"精诚"之人的描绘，更是诗人自己"精诚"思想的直接表达。如"白刃耀素雪，苍天感精诚"（《东海有勇妇》）、"精诚合天道，不愧远游魂。"（《赠武十七谔》）、"白日不照吾精诚，杞国无事忧天倾"（《梁甫吟》）、"精诚有所感，造化为悲伤。"（《古风》三十七）、"见我传秘诀，精诚与天通。"（《至陵阳山登天柱石，酬韩侍御见招隐黄山》）等。《东海有勇妇》和《赠武十七谔》所描写都是"精诚"之他人。《梁甫吟》系乐府古辞，本为葬歌，但后世拟作抒发感慨不遇的居多，李白这首《梁甫吟》即是这样。诗中满是吕尚遇文王、郦食其谒见刘邦等君臣相遇之事，李白在诗中非常明确地说："我欲攀龙见明主。"在遇到种种险阻之后，又非常明确地剖明心迹，"白日不照吾精诚，杞国无事忧天倾"，表达了对当政者不能体察自己对国家的一片赤诚，反说自己杞人忧天的痛苦与愤懑。笔势恣意纵横，悲怆雄健。"精诚有所感，造化为悲伤。"（《古风》三十七）同样说的是精诚，萧士赟以为李白此诗作于被朝廷放逐之时。诗中李白先言邹衍与齐国庶女忠而受冤的悲剧，接着用"精诚有所感，造化为悲伤"作为过渡，引出了李白自己"而我竟何辜，远身金殿旁。"李白作诗主观性极

---

① （唐）李白撰，詹锳主编：《李白全集校注汇释集评》卷二二，百花文艺出版社 1996 年版，第 3498 页。

强，他一直在表明自己的"精诚"。所以诗中一旦涉及同样"精诚"的人，他就会不自觉地将自己的"精诚"之心借以表达出来，并且习惯性地用与李广有关的"精诚所至，金石为开"进行创作。

（二）李广形象与杜甫之"赤诚"

李白也曾以李广来表达对国家的关注，但在这方面，杜甫无疑做得更好。尽管生活悲苦，尽管落魄体衰，但杜甫从来就不仅仅为自己歌唱，他更在意的是国家战乱和百姓饥寒。杜甫以他的诗歌表达了他对国家和人民最真诚的关注和同情，这才是杜甫最伟大的品质。杜甫熟悉史籍，他也经常用历史人物来表达他的家国之思。杜甫亲历了"安史之乱"，他用如椽巨笔记录了这场历时近十年的浩劫。至德二载（757），"安史之乱"爆发已两年，肃宗将临时政府迁至凤翔，杜甫亦从长安奔至凤翔，被授左拾遗之职。此年秋天，杜甫有一首送行诗《奉送郭中丞兼太仆卿充陇右节度使三十韵》，诗中谈到"安史之乱"时长安城的情形："箭入昭阳殿，笳吟细柳营。内人红袖泣，王子白衣行。""细柳营"本是西汉著名将领周亚夫的部队。汉文帝年间匈奴进犯，汉文帝命周亚夫驻扎在细柳，由于周亚夫治军有方，最后赢得了胜利，所以他的部队被称为细柳营。"笳"是古代北方少数民族的乐器，不应响在汉营，所以这里杜甫是借"笳吟细柳营"来指代当年唐朝的兵营如今已为叛军所占，描写出了"安史之乱"时国家的惨况。两年后，杜甫在《寄岳州贾司马六丈巴州严八使君两阁老五十韵》中又谈到了"安史之乱"，他写道："讨胡愁李广"，飞将军李广是汉代抗击匈奴的著名将领，杜甫此处引李广表达了他对朝廷能否平定"安史之乱"的深深的担忧。与李白的《豫章行》《上崔相百忧章》《塞下曲·其六》相对比，李、杜都用李广描写"安史之乱"时的感受，李白突出的是"精诚"，同时突出自我，而杜甫发愁的是缺少李广这样的将领可以平定战乱；李白意在向皇帝表现自己的"精诚"，而杜甫则于不经意间袒露了自己的"赤诚"。

二、理想层面上，李白之直抒与杜甫之沉郁

有追求就会有痛苦，李、杜二人在仕进这条路上都走得很艰辛，但李、杜在运用李广这一悲剧形象表达感受时，所采用的方式很是不同。

（一）李广与李白之直抒感受

"冯唐易老，李广难封"使李广已经成了形容怀才不遇的经典形象，唐代有很多诗句形容李广不遇之悲。

自叹马卿常带疾，还嗟李广不封侯。

——李端《送彭将军云中觐兄》

辘轳剑折虬髯白，转战功多独不侯。

——皇甫曾《赠老将》

侯印不闻封李广，他人丘垄似天山。

——温庭筠《伤温德彝》

闻道轻生能击虏，何嗟少壮不封侯。

——钱起《送崔校书从军》

这些诗句有一个共同点，即诗句中的李广都是诗作者用来描写他人的，或者用以描述某人同李广一样"不封侯"的遭遇；或者鼓励某人建功立业，一定不会像李广那样"不封侯"。李白诗中当然也有类似的诗句：

谁怜李飞将，白首没三边。

——《古风·其六》

汉帝不忆李将军，楚王放却屈大夫。

——《悲歌行》

第一首《古风》是边塞诗，描写边疆将士离家思乡之苦，并表达了对功高不赏、忠诚莫谅的不平，也有如清代陈沆等猜测这首诗是伤唐朝名将王忠嗣。这首诗的主旨我们不好猜测，然而有一点是可以肯定的——这首诗所言并非

诗人自己，而是他人。《悲歌行》却与众不同，这首诗的抒情色彩非常强烈，主旨也非常明确。李白诗中还有若干以"歌行"命名的作品，如《怨歌行》《笑歌行》《长歌行》《短歌行》等，然而只有这首《悲歌行》用了李广的典故。这首诗以"悲来乎，悲来乎"为形式标志，分为四部分：第一部分描写的是宴饮的情形。第二部分突出的是对眼前富贵生活的否定，激发读者思考人生的价值。第三部分突出的是不遇之悲，全部四句诗用了四个典故，计有孔子未遇明主的浩叹，微子、箕子对昏君朝廷的逃离，李广功高却未封侯的无奈和屈原忠君却遭放逐的悲愤。这四个典故的共同点在于臣子贤能却未遇明主，所以"悲"就成了他们的共同命运。尽管如詹锳先生在《李白全集校注汇释集评》中说这首诗表达了李白"使我有身后名，不如即时一杯酒"的思想，但从诗中文字看，李白并没有完全消极，没有放弃对理想的追求，正如这首诗的最后两句所写："还须黑头取方伯，莫谩白首为儒生。"所以李白悲情于李广不被"汉帝"所"忆"，但并不影响"百折不挠"的李白继续追求他的理想，只不过这里面多了些"悲壮"的色彩。联想到李白一生都在谋求理想的实现以及他处处碰壁的遭遇，则诗中"汉帝不忆李将军"所抒发的就不只是"悲"，更是一种抱怨，是对统治者不辨贤良与奸佞的不满。李白诗中所书写的并非历史上的李广，而是借李广故事一吐自己心中块垒。

（二）杜甫的委婉与悲苦

同李白一样，为了谋求发展，杜甫也是四处写诗求人汲引。但在运用李广形象上却又与李白很是不同，杜甫要委婉很多。李白的表达颇为直接，写给某人便以"桃李"盛赞其为人，并突出所"愿"。杜甫不是这样，例如天宝末年杜甫曾给张垍写过一首《奉赠太常张卿垍二十韵》，这首诗前面皆是盛赞张垍之语，后面写到杜甫自己的时候便倍感心酸。杜甫既想求得对方帮助却又没有明说，他的"萍泛无休日，桃阴想旧蹊"两句颇值得玩味。前一句说杜甫漂泊无定，后一句"桃阴想旧蹊"中的"旧"是杜甫的新创，当言与张埚的私交比较久远。之所以用"桃李不言，下自成蹊"这个典故来曲折地表达旧交，这里面当有对张埚的夸赞，也同样有李白那种"桃李君不言，攀花愿成蹊"（《赠范金卿二首》）式的求助心理。同样的意思表达，李白直白而杜甫委婉，这是性格所致，更是风格不同。

内心痛苦，往往源于欲求得不到满足。作为一个有理想的诗人，杜甫也曾长时间在长安谋求发展，其间悲辛如人饮水，冷暖自知。例如他在《奉赠韦左丞丈二十二韵》中说自己："朝扣富儿门，暮随肥马尘。残杯与冷炙，到处潜悲辛。"这几句直白地道出了杜甫在长安的悲惨遭遇。李广是此阶段杜甫用以描写自己"悲苦"情绪的一个重要历史人物，但他并未走"冯唐易老，李广难封"的寻常路，杜甫笔下的李广并非那个难封的李广：

> 自断此生休问天，杜曲幸有桑麻田，故将移往南山边。
>
> 短衣匹马随李广，看射猛虎终残年。
>
> ——《曲江三章章五句》①

"休问天"是说杜甫自知求仕无望，"桑麻田"与"南山边"言杜甫欲归隐农庄。这首诗的末两句应当承接此意，杜甫在结尾两句当中用的却是李广的典故。"李广""射虎"两个关键词不禁让人联想到《史记·李将军列传》中李广曾经赋闲在家与前颍阴侯的孙子一起隐居在蓝田南山射猎的事。这件事在李广的一生中无足轻重，然而杜甫恰恰就截取了李广的这一小段经历，用以形容自己的归隐生活。杜甫这种用典方式很独特，但他心里很是悲凉——"休问天"，表达的是绝望；"终残年"表达的是入仕无望后的无奈选择。这对于一个"奉儒守官"家庭出身的知识分子，对于一个满怀抱负的青年才俊来说，其内心的痛苦可想而知。

三、其他：李白对李广人格之继承与杜甫对李广形象之创新

在爱国和仕进这两点上，李、杜属于同中有异，而在李广形象的其他方

---

① （唐）杜甫撰，（清）仇兆鳌注：《杜诗详注》卷二，中华书局 1979 年版，第 139 页。

面，李、杜则完全不同。李白重李广之德，而且自认为是李广后人；杜甫则更重视运用李广形象进行艺术创造时的艺术方法，这是李、杜二人在李广形象运用上最大的不同之处。

（一）李白对李广德行的重视

李广并无傲人的战功，他的品格才是司马迁在《史记》中为他立传的最主要原因，正如他在《史记·李将军列传》最后的赞中所言：

> "其身正，不令而行；其身不正，虽令不从。"其李将军之谓也？
> 余睹李将军悛悛如鄙人，口不能道辞。及死之日，天下知与不知，皆为尽哀。彼其忠实心诚信于士大夫也！谚曰："桃李不言，下自成蹊。"此言虽小，可以谕大也。

这段话不但是司马迁对李广最精辟的总结，同时也显示出司马迁为李广立传最主要的原因就是他的品格之"正"。司马迁以当时的一句谚语"桃李不言，下自成蹊"形容李广，此后这句话竟成了李广品格高尚的代名词，后世常以"桃李"入诗以形容某人有如李广般的高尚品德。李白对李广的品格也是钦佩不已，他在诗中多次用这个典故形容某人的品格，如：

> 尔去且勿喧，桃花竟何言。
>
> ——送薛九被谗去鲁
>
> 桃李君不言，攀花愿成蹊。
>
> ——赠范金卿二首·其一
>
> 扶摇应借力，桃李愿成荫。
>
> ——赠崔侍御
>
> 玉不自言如桃李
>
> ——鞠歌行

"桃李不言，下自成蹊"用以称颂他人品行是非常合适的典故，李白惯用此典。《送薛九被谗去鲁》就是这样的作品，其诗中劝慰薛九时说"尔去且勿喧，桃花竟何言"，肯定了对方的高尚言行。《赠范金卿二首·其一》同样是赠诗，却并非一味赞颂。而是在赞颂中剖明心迹，他借自己的结绿珍宝以及燕珉表达了自己品行之高洁，并进一步用辽东白豕、楚客山鸡两个典故突出了自己不被世人所看重的痛苦。但在这首诗的末尾，他却对范金卿提出了希望，希望他能够助自己一臂之力——"徒有献芹心，终流泣玉啼。只应自索漠，留舌示山妻"，这是李白诗的一大特点。

《赠崔侍御》一诗同样属于希求荐引之作。李白在开元、天宝期间到处拜谒权贵，渴望被任用，虽然屡遭打击却"九死而其犹未悔"。崔侍御即崔成甫，是李白好友之一，李白多次希望崔侍御能予以推荐。《赠崔侍御》同名诗作在李白诗集中就有两首，可见李白对于仕进的强烈愿望。这两首《赠崔侍御》一写于开元期间，一写于天宝初年，此乃后者。第一首《赠崔侍御》写得非常直接，他在诗中说崔侍御是"故人"，希望他"一见借吹嘘"并在诗尾表达对司马相如的艳羡："何当赤车使，再往召相如"。在第二首诗中，李白表达了同样的意思，只不过委婉些。李白经常以大鹏自比，比如他在《上李邕》一诗中说"大鹏一日同风起，扶摇直上九万里"，这明显是在说自己的志向。而在第二首《赠崔侍御》中，李白说："扶摇应借力，桃李愿成荫"。李白在《上李邕》中并无借重之意，故只说大鹏"同风""直上九万里"，而在《赠崔侍御》中李白则用了一个"借"字，荐引之意十分明显。而后面的"桃李愿成荫"则十分有意思。自古以来"桃李不言，下自成蹊"是一体的，用以形容某人品质，但李白此处却又多了一层意蕴。不但以"桃李"比喻崔侍御，同时还在"扶摇应借力"的语境中突出了"愿"，即在崔侍御这个"桃李"之下，自己能够"成荫"，能够在崔侍御的庇佑、帮助之下有一番作为。李白将这个典故进行了拆分，赋予了新的解释。鉴于李白对"桃李不言，下自成蹊"的多种创造性使用，"桃李君不言，攀花愿成蹊"同样可以理解为将对方比作桃李，将自己的愿望比作"蹊"，而联结两者的就是"攀"和"愿"两个字。如果李白纯是想赞美对方，那么此处用"攀"字明显不合适，"愿"字也无必要。这两个字的主语明显是李白自己，即李白希望对方能够助他一臂之力，为之荐拔。

这四首诗中的最后一首尤其与众不同。《乐府诗集》卷三三《〈鞠歌行〉小序》转载了南朝释智匠《古今乐录》的意见："三言七言，虽奇宝名器，不遇知己，终不见重，愿逢知己，以托意焉。"① 即《鞠歌行》主要歌咏遇合之事。李白此诗一开篇便言"桃李"，用以赞颂向楚王进贡和氏璧的和氏，但和氏却屡遭刖刑。"楚国青蝇何太多，连城白璧遭谗毁。荆山长号泣血人，忠臣死为刖足鬼。"不但气愤于"青蝇"太多竟使"白璧遭谗毁"，更令人悲愤的是"忠臣死为刖足鬼"。李白对此表达了极大的愤慨，他以为和氏之高格同他进献的和氏璧一样"桃李不言，下自成蹊"。但越是这样，就越显出和氏遭刑之不公。这首诗后面紧接着提到了宁戚、百里奚、姜太公等人的事迹，主旨很明显是在歌咏古代的遇合之事。然而李白此诗并非单纯咏史诗，而是一首咏怀诗。这首诗的最后李白说："奈何今之人，双目送飞鸿。""奈何今之人"一句非常明显地突出了李白此诗的创作主旨，这首诗并非仅仅是咏史，而是用以表达李白的感受——对于当时现状的无奈。后一句"送飞鸿"典出《史记·孔子世家》："他日，灵公问兵陈。孔子曰：'俎豆之事则尝闻之，军旅之事未之学也。'明日，与孔子语，见蜚雁，仰视之，色不在孔子。孔子遂行，复如陈。"② 这个典故突出了国君不好贤之意。将这两句结合起来，李白之意便非常明显，他深感不受当朝重视，尽管他自信自己德行如李广般"桃李不言"。

从以上几首诗的分析来看，李白对李广形象含义的开拓是有重要贡献的，然而李广形象含义的开拓本身并不是李白诗作的目的，他只想歌唱自我、抒发自我。李白在运用李广形象这件事上始终或隐或显地在表达自己的感受，绝不泛泛而论，即李广形象在李白诗中的每一次出现都寄予了李白或深沉或强烈的人生感受，他对李广的理解不止于史书中的记载，而是结合了或者说

①　（宋）郭茂倩编：《乐府诗集》卷三三，中华书局1998年版，第494页。
②　（汉）司马迁：《史记》卷四七，中华书局1959年版，第1926页。

浸透了他自己的深刻人生经验。所以他言说李广，就是表达自己。于是，李广似乎就成了李白的化身，而最令人惊讶的是，李白与李广似乎真的存在着联系。这种联系不但是在精神气质上，而是在血脉、基因上。

（二）李白对李广精神的继承

至德二载，李白曾经给时任宰相的张镐写过两首诗《赠张相镐二首》以求任用，第一首大篇幅夸耀张镐在平定"安史之乱"中的功绩以及与张镐的友谊，并表达了自己的政治理想；第二首则自述身世理想，是研究李白思想的重要诗作。这首诗的开篇李白竟自言是李广后人，并高调进行描写：

> 本家陇西人，先为汉边将。功略盖天地，名飞青云上。苦战竟
> 不侯，富年颇惆怅。世传崆峒勇，气激金风壮。英烈遗厥孙，百代
> 神犹王。

这十句诗并未提及李广名姓，但从"陇西""汉边将""名""苦战竟不侯"等四个关键词，不难推断出李白诗中之"先"李广。这就涉及一个问题：李白是否李广后人。李唐王朝为证血脉正统，不但将老子列为自己的祖宗，连李广都纳入了自己的祖宗，这在《新唐书·宗室世系表》中是可以看到的。李白也自然可以往这上面靠，而且据《新唐书》记载，李白乃"兴圣皇帝（李暠）九世孙"，李阳冰的《草堂集序》也说李白是"陇西成纪人，凉武昭王暠九世孙"。在《新唐书·宗室世系表》中也确实发现了李广和李暠的信息：

> 尚生广，前将军。二子：长曰当户，生陵，字少卿，骑都尉；
> 次曰敢，字幼卿，郎中令、关内侯……柔生弇，字季子，前凉张骏
> 天水太守、武卫将军、安西亭侯。生昶，字仲坚，凉太子侍讲。生
> 暠，字玄盛，西凉武昭王、兴圣皇帝。[1]

---

① （宋）欧阳修等：《新唐书》（卷七〇上），中华书局1975年版，第1956页。

从这则材料可以看出，李暠是李广的后人，并且《晋书·凉武昭王李暠传》也说李暠是"陇西成纪人，姓李氏，汉前将军广之十六世孙也"①。魏颖《李翰林集序》和范传正《唐左拾遗翰林学士李公新墓碑》皆言李白是"本陇西"。从这些材料来看，似乎李白是李广的后人是无疑的。然后从古至今很多专家学者都对此提出了种种怀疑，李广的家世、李广是否是皇族后裔、李白是否李广后人等成了一桩桩公案。因为李白从来没有明确说自己是李广的后人，而且也并没有令人完全信服的证据可以表明李白就是李广的后人。对于李白这首写给张镐的诗来说，李白是否真的是李广后人并不重要。因为诗毕竟是文学创作，我们并不能把诗作内容都坐实。作为一个极具代表性的浪漫主义诗人，为了抒情的需要，李白可以将任何人的传奇经历放在自己身上，进行"赋"式的描写，而不必负任何责任。换言之，身处高扬理想主义、崇尚军功的盛唐，李白是渴望并需要有李广这样的精武家族史的。又因为李广在李唐王朝的谱系中是有明确地位的，所以李白就"认"李广做了自己的祖先。说到底，李白是为精神的需要和创作的需要而认李广为"祖"的。当然，也有可能李白真是李广后人，但即便是这样，李白在诗中提到李广也是出于情感抒发的需要，而并非为了证明身份。也就是说，李白想要一个荣耀的军人家族史来凸显自己的豪迈气质，而这与他是否是李广后人并无关联。如果李白是李广后人，自然最好；如果不是，那也不影响自己找个古人过来进行自我形象的塑造，而这就是浪漫主义诗人最大的特征。

（三）杜甫于李广形象的创造性

从对杜诗中李广形象的分析可以看出，杜甫在用典上中规中矩，李广形象有什么样的内涵，他就顺势把李广形象嵌入自己的诗中。从这点上来说，李白做得更好，因为他探索到了李广形象的丰富内涵，但"诗圣"并非浪得

---

① （唐）房玄龄等：《晋书》卷八七，中华书局 1974 年版，第 2257 页。

虚名，杜甫在诗歌创作上积极的艺术探索精神是非常可贵的。虽然杜甫诗中的李广形象并不多，却也很好地体现了他在创造性用典上的特色。

首先是反用典故。杜甫是一个重情之人，他对朋友十分真挚，给朋友写的赠别诗也曾经用到过李广的典故。

> 使君高义驱今古，寥落三年坐剑州。
>
> 但见文翁能化俗，焉知李广未封侯。
>
> 路经滟滪双蓬鬓，天入沧浪一钓舟。
>
> 戎马相逢更何日，春风回首仲宣楼。
>
> ——《将赴荆南寄别李剑州》①

此诗是杜甫即将乘舟东游荆南时写给他的好友剑南刺史李某的一首赠别诗。此诗前四句第一句盛赞李某高义，第二句言其不得意之"寥落"，第三句言其如文翁般注重教化而有善政。第四句有两种解释：一种认为这是遗憾地说李某如李广般遭冷遇却不为人知；另一种认为这是一个语气比较强烈的反问句，意即谁说您不会有封侯的一天？第二种更符合当时情境，毕竟是写给一个不如意的官员，而且是杜甫好友，临别之际没有必要点出李某不封侯的惨状。寄予希望可能更合适，也更符合杜甫仁厚的品格。尽管只是一个小小的典故反用，但总览《全唐诗》，也只有杜甫这样写过，其他人并未见到有如此写法。

其次是融入想象地用典。用典一般来说无须做过多思考，知道典故内涵便可推知典故用意。杜甫的大多数典故也都是这样用的，然而还有一些典故则不是这样的，例如杜甫晚年有一首《南极》诗就是如此：

> 南极青山众，西江白谷分。古城疏落木，荒戍密寒云。
>
> 岁月蛇常见，风飙虎或闻。近身皆鸟道，殊俗自人群。
>
> 睥睨登哀柝，矛弧照夕曛。乱离多醉尉，愁杀李将军。②

---

① （唐）杜甫撰，（清）仇兆鳌注：《杜诗详注》卷一三，中华书局1979年版，第1097页。

② （唐）杜甫撰，（清）仇兆鳌注：《杜诗详注》卷一八，中华书局1979年版，第1556页。

杜甫写这首诗的时候身在夔州（现重庆市奉节县）。作为一个北方人，杜甫是不习惯南方生活的，所以这首诗其实是在抱怨。首先是自然环境差，从"岁月蛇常见，风飙虎或闻"两句来看，这个地方似乎不宜居住。其次是人文环境不好，"近身皆鸟道，殊俗自人群"。"鸟道"，即险峻狭窄的山间小道，如何与北方常见之大道相比？"殊俗"明显有别于北方风俗，这都是杜甫所不习惯的。结尾两句描写了此地军士横行的场景。"多醉尉"生动地写出了此地军士横行无状的情景，然而杜甫哪肯就此打住。他想起了《史记·李将军列传》中的霸陵醉尉，他想起了被霸陵尉阻挡在城外熬了一夜的李广，他猜想当时李广应该也在发愁吧？发愁晚上在哪里住，发愁这个喝醉的守城官是多么固执，发愁日后如何报仇。但李广的愁是无法与杜甫相比的，"愁杀"很形象地写出了杜甫的感受。杜甫用他想象出来的李广之愁写出了自己当下对于醉尉横行的愁绪，表达出对满街醉尉的恶劣生活环境的不满。虽然时隔近千年，杜甫却以"醉尉"一词，在一个历史的、想象的场景中，推想出了李广当时的心情，并以此表达了自己的情绪。

综上，我们发现基于李白在诗歌创作上强烈的自我意识和杜甫的"沉郁"之气，他们的诗歌风格自然不同，导致他们在用典上也大为不同，即使在李广形象这一个点上也依然清晰地昭示着李、杜的不同。反过来说，李广只是中国历史上众多历史人物中小小的一员，如果没有唐代诗人大规模、深入地挖掘他身上丰富的内涵，恐怕李广不会在中国文学史上如此出名。换言之，如果没有唐代诸如李白、杜甫等众多诗人的关注，李广"名将"之"名"可能就止步于西汉了，唐代诗人对于李广形象的接受具有重要的意义。以李白、杜甫为代表的众多诗人对李广形象进行了深刻的、多角度的思考，并运用多种方式对李广形象进行加工改造，在李广身上寄予了各种各样的情感，推动了李广的进一步接受，而这个过程又恰恰彰显了诗人不同的创作风格，这是文学接受的典型现象之一。

第四节　论后世"诗佛"之称对王维的误读[①]

——从王维诗中的李广形象说起

　　王维现存诗作数量不过四百余首，但这四百余首诗在题材上却异常丰富，山水田园和咏佛之作不在少数，边塞、送行、纪行等诗作数量更多。王维虽被称为山水田园诗人，却同样擅长边塞诗，其中满是豪迈之情，其中的典型代表即是《老将行》与《陇头吟》。顾可久评《老将行》说："善使事，雄浑老劲"。[②] 整首诗都以李广作为原型，整首诗写老将，从少年从戎写到战场杀敌，从数奇衰朽写到落寞独居，从战事又起写到老犹请战。这不就是李广的人生轨迹吗？虽然其中也明确写到了"李广无功缘数奇"，但也只是突出了老将如李广一样的"数奇"。王维此诗确实"善使事"，他写老将少年之勇用的是周处射杀白额虎的典故，突出他的沙场之勇则用的是曹彰的典故，通过卫青和李广的对比突出了老将的"数奇"。用后羿善射和滑介叔柳生左肘的对比突出了老将年轻时的善射和衰朽后的无奈，用邵平种瓜和陶潜树柳两个典故来形容老将之隐居生活。其转折之时用耿恭拜井和灌夫骂座两个典故比喻老将雄心犹在，而不像灌夫那样只会借酒发脾气骂人。用汉宣帝时五将出击匈奴的典故形容战事又起，用雍门子狄自杀的典故形容老将的爱国之心，用被削职的云中守魏尚比喻老将……王维把老将一生的命运起伏都用典故写了出来，其少年时健勇，战场上勇猛，数奇时悲壮，衰朽时落寞，隐居时品高，暮年时心壮，战起时犹雄。此种风格以"雄浑"形容再合适不过。

　　《陇头吟》又与此不同。这首诗里面一少一老两个人，陇上行人的笛声把这两个人联系在了一起。长安少年与关西老将并无交流，但王维把两人置于

---

　　① 此文系 2020 年 12 月作者参加"中国唐代文学学会第十二届年会暨唐代文学国际学术研讨会"的参会文章，已被收入会议论文集。内容略有改动。

　　② （明）顾可久注：《唐王右丞诗集注说》卷一，明万历十八年（1590）吴氏漱玉斋刻本。

同一画面之中，他们就产生了联系，读者似乎从老将看到了少年的未来，从少年看到了老将的当年。他们似乎不是两个人，而更像是一个人的前半生和后半生。老将闻笛时的自述"身经大小百余战，麾下偏裨万户侯。苏武才为典属国，节旄空尽海西头。"这不就是李广吗？《老将行》以"雄"为主，此诗则以"悲"为主。这种诗风在王维的诗中大量存在，足见王维诗歌风格之丰富。王维素以"诗佛"著称，但正是这"诗佛"二字限制了世人对王维诗风格多样性的认识。

一、王维"诗佛"之称的形成

王维是盛唐诗人的杰出代表之一，人称"诗佛"。正如王兆鹏教授在《唐诗排行榜》的结论中所说："数据证明了'好诗在盛唐'的说法。唐代的好诗名诗，六成在盛唐。盛唐是诗史上顶峰中的顶峰，却非虚言……唐代诗人中，拥有名篇最多的依次就是上述十位诗人，其中杜甫、王维和李白为三甲。这应该不会出乎人们的意料。他们三人共有名篇36首，占排行榜名篇总数的三分之一强。'诗仙''诗圣''诗佛'还真不是浪得虚名。"[1] 然而王维与"诗佛"之称并不能画等号。这一称呼一方面肯定了王维的文学地位，突出了他的文学特色，但另一方面也限制了我们对王维诗作的全面理解。夸张一点说，"诗佛"这一称呼让我们在王维诗作研究上一直走不出明清士人在王维诗接受上所树立的藩篱。唐以后，王维的诗人地位明显低于李杜，而且对于王维诗作的认识总是不离佛禅，至今仍难以对此有所突破。这一点，从"诗仙""诗圣""诗佛"三个称号的形成时间上颇能看出来。据葛景春教授《李白"诗仙"、杜甫"诗圣"之称的出处与来源考辨》[2] 称，李白被正式称为"诗仙"始于北宋时期的徐积"至于开元间，忽生李诗仙"。南宋的杨万里在诗中多次称李白为"诗仙"，从此以后称李白为"诗仙"的人渐多。杜甫被正式称为

---

① 王兆鹏等：《唐诗排行榜》，中华书局 2011 年版，第 15 页。
② 葛景春：《李白"诗仙"、杜甫"诗圣"之称的出处与来源考辨》，《中州学刊》2020 年第 10 期。

"诗圣"，则始于明中期的孙承恩，他说："诗圣惟甫"，但言及"诗佛"之称起于何时，因为唐以后王维即被忽视了。因为有仕伪的嫌疑，从北宋开始，士人对王维诗的评价就一直掺杂着对人品的判定而被贬低。直至清代王士禛才凭借他在清代文坛的领袖地位重新提高了王维的地位，结合其在《唐贤三昧集》中推崇王维为唐贤典范，所以后世在解读王维、定位其文学地位时，便形成了王维与李、杜分别代表释儒道的鼎立局面。王维作为"诗禅"相通的最高典范，其"诗佛"称谓逐渐由清代文坛而流行开来，直至当代。结合王维在唐代的地位以及王维诗歌的多样化风格和艺术水准，现在对王维诗歌地位的定位和对他诗歌风格的认识都有不妥之处。

二、王维在盛唐诗坛的"文宗"地位

王维的诗作虽然一直被历代唐诗选本不断收录，然而王维的地位自唐以后却长期被贬抑，直到清代才被重新重视，至今仍不能和李、杜相比。在唐代并非如此。王维成名不但比李、杜早很多，从开元、天宝一直到晚唐结束，王维的盛名也远超李、杜。他15岁入京，凭着卓越的诗歌才华，17岁时便以一首《九月九日忆山东兄弟》名满京城。虽然《集异记》所载王维面见公主之事可能是"小说家言"，但公主看到王维诗作所说的"此皆儿所诵习，常为古人佳作，乃子之为乎？"（《集异记》卷一）却不一定就是空穴来风，王维诗名可见一斑。而此时，杜甫尚是一个六岁的孩童，与王维年岁相近的李白则远在蜀地"观奇书"。王维的科举之路比较顺畅，他19岁京兆府试举解头，22岁进士及第，声名大振。虽然王维很快便因"舞黄狮子"事件被贬为济州司仓参军，但自此一直到"安史之乱"爆发，三十年间其诗作应当不止"百千余篇"，他的文学地位由此奠定并得到了广泛的认同。据《旧唐书·王维传》载："维以诗名盛于开元、天宝间，昆仲宦游两都，凡诸王驸马豪右贵势之门，无不拂席迎之，宁王、薛王待之如师友。"与王维同时代的殷璠在其《和岳英灵集》的序中说："粤若王维、王昌龄、储光羲等二十四人，皆河岳英灵也。"① 也可见当时王维才名之高。王维善画，中唐朱景玄所撰的画录史《唐朝名画录》也回顾了王维当时的盛名，他说："王维兄弟并以科名文学，冠绝当时，故时称'朝廷左相笔，天下右丞诗。'"②甚至"安史之乱"中王维被安禄山所拘也是因为王维的才名——"禄山素知其才，迎置洛阳，迫为给事中"③。王维也必然想到过逃跑，但他的名气使他逃不掉。王维去世以后，社会对于王维的评价对我们认识王维在唐代的地位评价具有重要意义。《旧唐书》载："代宗时，缙为宰相，代宗好文，常谓缙曰：'卿之伯氏，天宝中诗名冠代，朕尝于诸王座闻其乐章。今有多少文集，卿可进来。'"代宗没有必要溢美王维，所以这段话说的应该是实情。王缙在给代宗的表中也同样承认了王维的盛名——"成大名于圣朝"（《王缙进王右丞集表》）。最为重要的是代宗在给王缙的批复中说："卿之伯氏，天下文宗。位历先朝，名高希代。抗行周雅，长揖楚辞。调六气于终编，正五音于逸韵。泉飞藻思，云散襟情，诗家者流，时论归美。诵于人口，久郁文房；歌以国风，宜登乐府。视朝之后，乙夜将观，石室所藏，殁而不朽。柏梁之会，今也则亡，乃眷棣华，克成编录。声猷益茂，叹惜良深。"④ 代宗对王维的评价是相当高的，"天下文宗"四字无论李白还是杜甫都没有过如此高的评价，这一评价成了唐代对于王维诗歌地位的定评。"名高希代"更是肯定了王维在唐代的崇高地位，其后"抗行周雅，长揖楚辞。调六气于终编，正五音于逸韵。泉飞藻思，云散襟情，诗家者流，时论归美。诵于人口，久郁文房；歌以国风，宜登乐府"则是对王维诗文、艺术及其影响的全面评价。一些唐诗选集编者如高仲武在《中兴间气集》中评价钱起时也承认了王维的文宗地位，"文宗右丞，许以高格"。晚唐储嗣宗也是当时的一位成名诗人，他在诗中对王维推崇备至，也同

① 傅璇琮编：《唐人选唐诗新编》，陕西人民教育出版社 1996 年版，第 107 页。
② （唐）朱景玄撰，吴企明校注：《唐朝名画录校注》，黄山书社 2016 年版，第 129 页。
③ （宋）欧阳修等：《新唐书》卷一二七，中华书局 1975 年版，第 5765 页。
④ （清）赵殿成：《王右丞集笺注》，上海古籍出版社 1998 年版，第 494 页。

样提到了王维的"文宗"地位:"澄潭昔卧龙,章句世为宗。独步声名在,千岩水石空"。(《过王右丞书堂二首》)所有这些评价都是李白、杜甫从未有过的。由此可知,王维在开元、天宝期间无疑是最受热捧的诗人,从市井到宫廷,他的各类诗作为人们所广泛吟咏。王维去世以后,他的盛名也依然被人回味,但诗歌地位却悄悄地发生了变化。这从唐代人选编的唐代诗作中可见一斑。

已故著名学者傅璇琮先生1996年主编的《唐人选唐诗新编》共收唐代诗选著作13种,其中《翰林学士集》所选诗是太宗朝诗作;《珠英集》所选诗是武后朝诗作,《丹阳集》"止录吴人"作品;《箧中集》只收录7人,并无名家;《玉台后集》专收妇女生活题材诗作;《御览诗》主收大历、贞元时诗人作品;《中兴间气集》"起自至德元首,终于大历暮年";《搜玉小集》主收初唐至开元前期诗人作品,这些选集都无关王维诗作。其余的《河岳英灵集》《国秀集》《极玄集》《又玄集》《才调集》5部均收有王维诗作。从这五部唐诗选本颇能看出王维诗坛地位的变化以及他的诗作在当时的接受情况。《河岳英灵集》所选皆为开元、天宝时诗人,编者殷璠论诗首推王维,曰:"粤若王维、王昌龄、储光羲等二十四人,皆河岳英灵也,此集便以《河岳英灵》为号。"其中收录王维诗作15首、李白13首,并无杜甫诗作。王维的15首诗作中包含了送行诗、咏史诗、边塞诗等题材,并无一首关涉佛禅。殷璠评价王维:"维诗词秀调雅,意新理惬。在泉为珠,撰壁成绘。一字一句,皆出常境。"《国秀集》所收诗人为"自开元以来,维天宝三载",其中并无李、杜,王维有7首作品入选,唯《初至山中》有佛禅境界,其余皆为惯常的送行、写景、游侠、咏史、挽歌等题材。《极玄集》编选唐代诗人共21人,主要选中唐大历时期诗人,王维居首,同样没有李、杜,所选王维诗作3首,其中2首送行、1首边塞。五代初韦庄的《又玄集》选录唐诗最为全面,王维首次落于李杜之后,李白、杜甫、王维三人录诗分别是7首、4首和4首。王维的4首诗还是惯常的边塞诗、送行诗以及1首应教诗和1首写景诗。后蜀韦毂所编

《才调集》于唐诗选诗最多，其中并无杜甫诗，李白有诗 28 首，王维有两首：一首送行，一首边塞。从这五部唐人诗选可以得出两个结论：一是王维在唐代诗坛的地位从晚唐开始发生变化，被李、杜所超越；二是王维在唐代最受欢迎的题材是送行诗和边塞诗，佛禅之作关注者很少。总结成一句话便是，王维在唐代的"文宗"地位是符合实际的。王维的诗作风格多样，而且王维最受欢迎的作品是送行诗和边塞诗，其佛禅作品很少受到关注。

唐人更了解唐人，所以说唐人对于王维地位的评价应该更真实。更为重要的是，唐人对王维诗作的认识并未与佛禅联系在一起，如代宗的评价："抗行周雅，长揖楚辞。调六气于终编，正五音于逸韵。泉飞藻思，云散襟情，诗家者流，时论归美。诵于人口，久郁文房；歌以国风，宜登乐府。"这段评论并未关注王维的某一种题材诗歌，而是从总体上肯定了王维的诗作。肯定了其诗作的多样化风格和高水准，于佛禅更是只字未提，这是非常重要的一个评论，奠定了唐代对于王维诗歌风格认识的最重要基础。

三、王维诗风格的多样性

王维被后人称为"诗佛"，此一称呼不但让我们无法正视其在唐代的地位，同时还影响了我们对王维诗作风格多样性的认识。翻开王维诗集就会发现，王维诗作大多数都与"佛禅"无关。按照王缙的说法，王维的诗"开元中诗百千余篇，天宝事后，十不存一。比于中外亲故间相与编缀，都得四百余篇"。这样说来，王维的诗，总数可能有几千首，传世仅四百首左右，然而就是这四百首诗，其题材之多样也值得关注。除了写景诗、送行诗、边塞诗、佛禅诗之外，王维诗中之杰出者还有游侠诗、闺阁诗、咏史诗、挽诗等诸多题材，风格也堪称丰富，本书仅从体裁和情感两个角度予以分析和说明。

正如唐代宗评价王维时说的那样，王维诗歌不但"抗行周雅，长揖楚辞"，而且"歌以国风，宜登乐府"。王维现存诗作虽然只有四百余首，但体裁风格却很丰富。除了寻常的律绝之外，王维的乐府歌行以及四言体、楚辞体、口语化诗作等俱有佳作可供研究。

（一）王维的乐府歌行诗

王维的诗作除了律绝之外，乐府歌行也颇有佳作存世。他的乐府多为边塞诗，而歌行则题材丰富，艺术水准很高，却较少人注意。他的歌行诗或者叙事，或者抒情，或者送行，或者咏物，或者咏史，个别作品后世评价颇高，例如他的《桃源行》和《洛阳女儿行》就是其中的典型。自陶渊明在《桃花源记》中描绘了一个世外桃源之后，这个桃源便成了很多文人的向往，与王维同时代的李白、包融、武元衡、刘禹锡等人以及后来的韩愈都有这样的作品，而王维的《桃源行》无疑是其中最杰出的诗作，清代焦袁熹在《此木轩论诗汇编》中说这首是七言古诗第一。宋代的同题作品就更多了，然而在王维的这首诗面前都显得黯然失色。清人王士禛说："唐宋以来，作《桃源行》最佳者，王摩诘（维）、韩退之（愈）、王介甫（安石）三篇。观退之、介甫二诗，笔力意思甚可喜。及读摩诘诗，多少自在；二公便如努力挽强，不免面红耳热，此盛唐所以高不可及。"这"多少自在"四字便是极高的评价。翁方纲也极力推崇，他的"古今咏桃源事者，至右丞而造极"（《石洲诗话》）可谓定评。王维的《洛阳女儿行》同样写得非常出色。他创作这首诗的时候只有18岁，青春年少、才华横溢的王维自然也风流倜傥，所以他的这首诗描写洛阳女儿不可不谓娇贵。最后两句"谁怜越女颜如玉，贫贱江头自浣纱"则达到了如汉赋般"劝百讽一"的效果，清代宋徵璧在《抱真堂诗话》中对王维的这首《洛阳女儿行》评价很高，说这首诗是王维七言古诗的当家之作。

王维的一些古体诗如《双黄鹄歌送别》《登楼歌》《送友人归山歌二首》还兼有楚辞风格，可称为楚辞歌行体，这是王维诗集中比较特别的一类诗作，尤其《双黄鹄歌送别》具有很重要的诗体意义：

> 天路来兮双黄鹄，云上飞兮水上宿，抚翼和鸣整羽族。不得已，忽分飞，家在玉京朝紫微，主人临水送将归。悲笳嘹唳垂舞衣，宾

欲散兮复相依。几往返兮极浦，尚徘徊兮落晖！岸上火兮相迎，将夜入兮边城。鞍马归兮佳人散，怅离忧兮独含情。①

首先，这首诗是歌行体，这从题目中的"歌"可以明确得知；其次，这首诗是杂言体，其中夹杂着三言、六言和七言；再次，这首诗是楚辞体，十五句中有九句含"兮"；最后，这首诗开头的四句还运用了《诗经》之"比兴"。从这个角度来说，这首诗是一首融合了诸多诗体特征的送行诗。

（二）王维的楚辞体诗

除了上述《双黄鹄歌送别》《登楼歌》《送友人归山歌二首》等三首楚辞体诗歌外，王维的《鱼山神女祠歌二首》《凉州郊外游望》《白鼋涡》《凉州赛神》《赠徐中书望终南山歌》《奉和圣制天长节赐宰臣歌应制》等都是楚辞作品。尤其《鱼山神女祠歌二首》，不但在形式上颇近楚辞之体，在精神气质上尤其近楚辞之神：

迎神曲

坎坎击鼓，鱼山之下。吹洞箫，望极浦。女巫进，纷屡舞。陈瑶席，湛清酤。风凄凄兮夜雨，神之来兮不来？使我心兮苦复苦！

送神曲

纷进舞兮堂前，目眷眷兮琼筵。来不言兮意不传，作暮雨兮愁空山。悲急管，思繁弦，灵之驾兮俨欲旋。倏云收兮雨歇，山青青兮水潺潺。②

第一首《迎神曲》中"女巫进，纷屡舞"描写女巫之登场，非常生动，让人立刻就联想到善以歌舞迎神的楚巫。"神之来兮不来？使我心兮苦复苦！"两句同《山鬼》中的"风飒飒兮木萧萧，思公子兮徒离忧"一样，在想象中似乎把将来之"神"看成了久等不来的恋人，而"苦"字尤其表达了类似恋

---

① （唐）王维撰，陈铁民校注：《王维集校注》卷二，中华书局1997年版，第141页。
② （唐）王维撰，陈铁民校注：《王维集校注》卷一，中华书局1997年版，第52—54页。

人似的"不见复关，泣涕涟涟"的心情。《送神曲》之开头两句"纷进舞兮堂前，目眷眷兮琼筵"描写女巫动作如在目前，其动作之轻盈与目光之灵动颇似楚巫。"悲急管兮思繁弦，神之驾兮俨欲旋"两句则在音乐中写出了神之将走，最后两句"倏云收兮雨歇，山青青兮水潺潺"则尤其写出了送神的无穷意味。《批点唐诗正声》以为后一首更好，"二曲俱由楚辞变化，而《送神》尤精致"①。王维这两首诗的楚辞特色受到了很多批评者的关注，清代文坛领袖翁方纲的评价最高："唐诗似《骚》者，约言之有数种：韩文公《琴操》，在骚之上；王右丞《送迎神曲》诸歌，骚之匹也。"② 如果说《鱼山神女次歌二首》无论形式还是精神气质上都堪称楚辞，那么《凉州郊外游望》两首诗则可以说是遗貌取神。

> 野老才三户，边村少四邻。
>
> 婆娑依里社，箫鼓赛田神。
>
> 洒酒浇刍狗，焚香拜木人。
>
> 女巫纷屡舞，罗袜自生尘。
>
> ——《凉州郊外游望》③

《凉州郊外游望》的前两句分明就是唐诗，然而接下来两句中的"里社"和"田神"则将这首诗完全变为楚辞式的女巫描写。"洒酒浇刍狗，焚香拜木人。女巫纷屡舞，罗袜自生尘""洒酒浇刍狗，焚香拜木人"明显是在祭神，"女巫纷屡舞"源自他的《鱼山神女祠歌二首》中的"女巫进，纷屡舞"。"罗袜自生尘"出自曹植《洛神赋》之"休迅飞凫，飘忽若神，陵波微步，罗袜生尘"。此首诗将巫与神合为一体进行描写，深得楚辞之妙。

---

① （明）高棅编著，（明）桂天祥批点：《批点唐诗正声》卷二，明嘉靖间胡缵宗刻本。
② （清）翁方纲：《石洲诗话》卷二，人民文学出版社 1981 年版，第 61 页。
③ （唐）王维撰，陈铁民校注：《王维集校注》卷二，中华书局 1997 年版，第 139 页。

（三）王维的四、六言诗

王维诗集以律绝为主。此外，还有若干四言和六言诗，四言只有一首，即《酬诸公见过》，而六言诗则有七首，即《田园乐七首》：

> 出入千门万户，经过北里南邻。
>
> 蹀躞鸣珂有底，崆峒散发何人！
>
>
> 再见封侯万户，立谈赐璧一双。
>
> 讵胜耦耕南亩，何如高卧东窗！
>
>
> 采菱渡头风急，策杖林西日斜。
>
> 杏树坛边渔父，桃花源里人家。
>
>
> 萋萋春草春绿，落落长松夏寒。
>
> 牛羊自归村巷，童稚不识衣冠。
>
>
> 山下孤烟远村，天边独树高原。
>
> 一瓢颜回陋巷，五柳先生对门。
>
>
> 桃红复含宿雨，柳绿更带春烟。
>
> 花落家童未扫，莺啼山客犹眠。
>
>
> 酌酒会临泉水，抱琴好倚长松。
>
> 南园露葵朝折，东谷黄粱夜舂。①

---

① （唐）王维撰，陈铁民校注：《王维集校注》卷五，中华书局1997年版，第453—457页。

这七首诗确如其题目所言是田园题材，除第二首有些梗概之气外，其余六首皆属王维惯常的静穆、安详的田园诗。明代顾璘、董其昌等人关于这组诗皆有评论，其评论之重点在王维诗中的画面。宋代黄昇、元代方回、清代潘德舆等人则都注意到了这组诗的六言特色，并指出了这组六言诗在古代六言诗史上的重要轨范地位。

> 六言绝句，如王摩诘"桃红复含宿雨"，及王荆公"杨柳鸣蜩暗晴"，二诗最为警绝，后难继者。
>
> ——《诗人玉屑》①

> 或问六言诗法，予曰：王右丞"花落家僮未扫，鸟啼山客犹眠"，康伯可"啼鸟一声春晚，落花满地人归"，此六言之式也。必如此自在谐协方妙。若稍有安排，只是减字七言绝耳，不如无作也。
>
> ——《养一斋诗话》②

当代施蛰存在《唐诗百话》中有"六言诗"一节，专门论述六言诗之发展史。他指出了王维这七首诗的形式特点，并肯定了其在六言诗史上的重要地位："这是诗了。平仄粘缀，词性对偶整齐，可以称为六言绝句了。"

（四）王维口语化的诗作

相较于李白和杜甫，王维的诗作以典雅著称。王维应该算是学院派的诗人，然而其诗作中的口语化作品依然不少，且他的这些口语化作品读来十分有趣。

> 侬家真个去，公定随侬否？着处是莲花，无心变杨柳。
>
> 松龛藏药裹，石唇安茶臼。气味当共知，那能不携手？
>
> ——《酬黎居士淅川作》③

> 长安客舍热如煮，无个茗糜难御暑。

---

① （宋）魏庆之撰，王仲闻点校：《诗人玉屑》卷一九，中华书局 2007 年版，第 603 页。

② （清）潘德舆撰，朱德慈辑校：《养一斋诗话》卷五，中华书局 2010 年版，第 88 页。

③ （唐）王维撰，陈铁民校注：《王维集校注》卷三，中华书局 1997 年版，第 232—233 页。

空摇白团其谛苦，欲向缥囊还归旅。

江乡鲭鲊不寄来，秦人汤饼那堪许？

不如侬家任挑达，草属捞虾富春渚。

——《赠吴官》①

绿树重阴盖四邻，青苔日厚自无尘。

科头箕踞长松下，白眼看他世上人！

——《与卢员外象过崔处士兴宗林亭》②

君家少室西，为复少室东？别来几日今春风。新买双溪定何似？
余生欲寄白云中。

——《问寇校书双溪》③

黄雀痴，黄雀痴，谓言青觳是我儿。一一口衔食，养得成毛衣。
到大啁啾解游飏，各自东西南北飞；薄暮空巢上，羁雌独自归。凤
凰九雏亦如此，慎莫愁思憔悴损容辉！

——《黄雀痴》④

朝耕上平田，暮耕上平田。借问问津者，宁知沮溺贤？

——《上平田》⑤

画君年少时，如今君已老。今时新识人，知君旧时好。

——《崔兴宗写真咏》⑥

《酬黎居士淅川作》和《赠吴官》两首与其他诸作并不一样，这两首诗因为是
所赠之人为江浙人士，所以王维于诗中特意用了吴侬软语中的"侬"，口语化
特点愈加明显。其余诗作的口语化特征主要表现在句式的口语化，如"科头

---

① （唐）王维撰，陈铁民校注：《王维集校注》卷七，中华书局1997年版，第583页。
② （唐）王维撰，陈铁民校注：《王维集校注》卷三，中华书局1997年版，第289页。
③ （唐）王维撰，陈铁民校注：《王维集校注》卷四，中华书局1997年版，第355页。
④ （唐）王维撰，陈铁民校注：《王维集校注》卷七，中华书局1997年版，第582页。
⑤ （唐）王维撰，陈铁民校注：《王维集校注》卷七，中华书局1997年版，第639页。
⑥ （唐）王维撰，陈铁民校注：《王维集校注》卷七，中华书局1997年版，第642页。

箕踞长松下，白眼看他世上人"两句，简直如平常说话。而"君家少室西，为复少室东？"和"朝耕上平田，暮耕上平田"则是有意的重复，口语化特点也很明显。如果说这些诗都是部分口语化的话，那么《黄雀痴》和《崔兴宗写真咏》则全诗都是口语化写作，读来朗朗上口，完全不同于严整的格律诗。

四、王维诗作的丰富情感

自王维被称为"诗佛"后，似乎王维就成了不食人间烟火的佛，他的诗是禅诗，他的诗也只剩下静谧与禅思，然而事实并非如此。王维的边塞诗充满了慷慨之情，他的送别诗伤感不已。除此之外，王维的诗中不仅有静谧，更有愤怒，喜怒哀乐样样俱全，王维是一个立体的人。

（一）王维的梗概之气

王维的"诗佛"桂冠让我们看不到王维在仕进之途上的不如意，但他的诗忠实地记录了他的心路历程，他偶尔而发的梗概之气，竟有六朝鲍照"泻水置平地，各自东西南北流。"（《拟行路难十八首》）那样的梗概之气。

> 北阙献书寝不报，南山种田时不登。
> 百人会中身不预，五侯门前心不能。
> 身投河朔饮君酒，家在茂陵平安否？
> 且共登山复临水，莫问春风动杨柳。
> 今人作人多自私，我心不说君应知。
> 济人然后拂衣去，肯作徒尔一男儿！
>
> ——《不遇咏》①

这首诗前四句连用四个典故，句句有"不"，高频率地集中叙述了自己怀才不遇而又执拗地拒绝阿谀奉承权贵的高洁人品。后面一句"今人作人多自

---

① （唐）王维撰，陈铁民校注：《王维集校注》卷一，中华书局 1997 年版，第 80 页。

私，我心不说君应知"是这首诗真正的牢骚所在。这首诗最为可贵的是最后两句"济人然后拂衣去，肯作徒尔一男儿！"这两句在王维的诗集中很少见，颇有左思"功成不受爵，长揖归田庐"（《咏史》）和王勃"穷且益坚，不坠青云之志"（《滕王阁序》）的思想。这首诗在精神气质上和同时期高扬理想主义旗帜的李白高度一致，王维的这首诗是如此珍贵，然而这首诗却并没有受到古今诗评者的重视，着实可惜。

王维对理想的追求并非只此一例，王维写给张九龄的自荐诗《献始兴公》同样充满了梗概之气，把对理想的追求和对张九龄的求荐表达得明明白白而又不卑不亢。

> 宁栖野树林，宁饮涧水流；不用坐粱肉，崎岖见王侯。
>
> 鄙哉匹夫节，布褐将白头！任智诚则短，守仁固其优。
>
> 侧闻大君子，安问党与仇。所不卖公器，动为苍生谋。
>
> 贱子跪自陈，可为帐下不？感激有公议，曲私非所求！①

此诗起首四句"宁栖野树林，宁饮涧水流。不用坐粱肉，崎岖见王侯"，一开头便突出了作者"贫贱不能移"的气节，梗概之气竟似陆机《猛虎行》之"渴不饮盗泉水，热不息恶木阴。恶木岂无枝？志士多苦心"。后四句进一步谦虚地总结了自己的特长之处仍是对"仁义"的坚守。中间四句是对张九龄的赞誉却并非虚夸，"贱子跪自陈，可为帐下不"两句点明写诗旨意。结尾两句尤其精彩，既表达了自己的要求，也照应了上文对张九龄正直无私精神的颂扬。同时又表现了自己讲气节、重操守的品格，使诗歌在结构上很完整，思想境界也光明磊落。《唐诗归》说王维此诗有激烈悲愤处，评论极准确。

（二）王维的哭诗

王维是个深情之人，他的深情在生离死别之时表现得尤为强烈，"哭"字

---

① （唐）王维撰，陈铁民校注：《王维集校注》卷二，中华书局1997年版，第112-113页。

经常出现在他的诗里。王维给皇亲贵戚、富贵势要等人写的挽歌多出现"哭"字，其中并无多少情感，但王维自己写的哭诗却首首动人。

《哭祖六自虚》是王维最早的一首哭诗，祖自虚当是王维少年时期的一个挚友，他的去世令王维悲恸不已，所以这首哭诗也写得悲切动人："乍失疑犹见，沉思悟绝缘。生前不忍别，死后向谁宣？为此情难尽，弥令忆更缠。"其动人之处似能与潘岳"望庐思其人，入室想所历。帏屏无仿佛，翰墨有余迹。流芳未及歇，遗挂犹在壁。"①（《悼亡诗三首》其一）相比。并无典故，却将悲情写得摧人心肺。这首诗后世少有评论，但读来颇能打动人心。

王维诗集中有不少哭诗，一般都是一人一首，唯殷遥有两首：

> 人生能几何？毕竟归无形。念君等为死，万事伤人情！
>
> 慈母未及葬，一女才十龄。泱泱寒郊外，萧条闻哭声。
>
> 浮云为苍茫，飞鸟不能鸣。行人何寂寞，白日自凄清。
>
> 忆昔君在时，问我学无生。劝君苦不早，令君无所成。
>
> 故人各有赠，又不及生平。负尔非一途，恸哭返柴荆。
>
> ——《哭殷遥》②
>
> 送君返葬石楼山，松柏苍苍宾驭还。
>
> 埋骨白云长已矣，空余流水向人间！
>
> ——《送殷四葬》③

殷遥事迹见于《唐才子传》："遥，丹阳人。天宝间，尝仕为忠王府仓曹参军。与王维结交，同慕禅寂，志趣高疏，多云岫之想。而苦家贫，死不能葬，一女才十岁，日哀号于亲，爱怜之者赠赠，埋骨石楼山中。工诗，词彩不群，而多警句，杜甫尝称许之。有诗传于今。"④ 结合这则材料和王维的前

---

① （晋）潘兵撰，董志广校注：《潘岳集校注》，天津古籍出版社 2005 年版，第 254 页。
② （唐）王维撰，陈铁民校注：《王维集校注》卷三，中华书局 1997 年版，第 234 页。
③ （唐）王维撰，陈铁民校注：《王维集校注》卷三，中华书局 1997 年版，第 236 页。
④ 傅璇琮主编：《唐才子传校笺》卷三，中华书局 1987 年版，第 502 页。

一首诗，则王维的哭诗写得都是实情，他与王维志趣相投，可称同志——
"同慕禅寂，志趣高疏，多云岫之想"，而且殷遥"工诗，词彩不群，而多警
句，杜甫尝称许之"。这不能不让王维为之悲痛，而殷遥死后的状况就更可怜
了，"慈母未及葬，一女才十龄"。最为悲惨的是殷遥"家贫，死不能葬"，靠
"爱怜之者赠赠"才得以"埋骨石楼山中"。这种种可怜，让王维不禁"恸哭
返柴荆"。王维的《送殷四葬》当是殷遥下葬时所作，亦是实写——"送君返
葬石楼山"，而结尾情感的表达则含蓄了一些，"埋骨白云长已矣，空余流水
向人间。"

《过沈居士山居哭之》是王维另一首哭诗。从题目来看，这首诗是王维到
沈居士的住所悼亡好友沈居士的诗作。

> 杨朱来此哭，桑扈返于真。独自成千古，依然旧四邻。
>
> 闲檐喧鸟鹊，故榻满埃尘。曙月孤莺啭，空山五柳春。
>
> 野花愁对客，泉水咽迎人。善卷明时隐，黔娄在日贫。
>
> 逝川嗟尔命，丘井叹吾身。前后徒言隔，相悲讵几晨。[①]

王维在这首诗里叙述自己之悲痛并不像前几首那样以情动人，而是只想
随之而去"逝川嗟尔命，丘井叹吾身。前后徒言隔，相悲讵几晨"，你已经去
了，而我的生命也如废墟枯井般已然衰老。你我不会再阴阳两隔，我为你而
悲伤哪有几日？我也将随你而去，不久于人世。据陈铁民先生的意见，此诗
作于天宝末。当时的王维很可能慑于李林甫的淫威，在政治上比较失意，因
此这首诗在痛惜沈居士之死的同时也表达了自己深深的悲哀。

（三）王维的快诗

王维虽被称"诗佛"，但他也偶有快诗，让我们能感受到王维一时的欢
愉，例如下面这首诗：

---

① （唐）王维撰，陈铁民校注：《王维集校注》卷四，中华书局1997年版，第360页。

> 忽蒙汉诏还冠冕，始觉殷王解网罗。
>
> 日比皇明犹自暗，天齐圣寿未云多。
>
> 花迎喜气皆知笑，鸟识欢心亦解歌。
>
> 闻道百城新佩印，还来双阙共鸣珂。
>
> ——《既蒙宥罪旋复拜官伏感圣恩窃书
>
> 鄙意兼奉简新除使君等诸公》①

王维自天宝十五载（756）六月被禁，直到至德二载（757）十月长安收复，这一年半王维一直生活在悲愤之中。长安收复后，王维并没有高兴起来，因为他虽然摆脱了安禄山的囚禁，却又被唐军囚禁，因为他还有仕伪的嫌疑，必须接受皇帝的审判。两个月后，王维因为有《凝碧诗》可以表明对大唐的忠心，再加上他的弟弟王缙以及宰相崔圆等人的营救，王维被宥罪赦免，还责授太子中允。这对王维来说是一个好消息！所以他才在诗里面少有地表达了他的"喜悦"，"花迎喜气皆知笑，鸟识欢心亦解歌"。一个"欢"、一个"喜"把王维的喜悦心情表达得直白而淋漓尽致，大有李白"仰天大笑出门去"之感！

（四）写给挚友的真情之作

王维与裴迪关系甚好，保持了多年的友谊，因此王维写给裴迪的诗中透露了很多真情，由此可以体会王维丰富的情感世界。王维诗集中有不少写给友人的诗作，这里面数量最多的当属裴迪，有八首之多，分别是《赠裴十迪》《赠裴迪》《酌酒与裴迪》《辋川闲居赠裴秀才迪》《答裴迪辋口遇雨忆终南山之作》《闻裴秀才迪吟诗因戏赠》《凝碧池》《菩提寺禁口号又示裴迪》。

王维对裴迪的思念。王维善于描写对好友的思念之情，他的《红豆》《送沈子归江东》《赠祖三咏》《送宇文太守赴宣城》等诗作都有抒写思念之情的

---

① （唐）王维撰，陈铁民校注：《王维集校注》卷六，中华书局1997年版，第486页。

语句，而写给裴迪的这首《赠裴迪》无疑是其中表达得最为真挚的一首：

> 不相见，不相见来久。日日泉水头，常忆同携手。携手本同心，
>
> 复叹忽分襟。相忆今如此，相思深不深？①

王维写给裴迪的诗多有评论，而这首诗却很少有人关注，因为里面是浓浓的相思，并无典故，语言浅近，近乎口语。如果只看内容，即使说这首诗是恋人情语也并不为过，然而王维对挚友裴迪的感情就是这样的直白而浓厚，这种情感与"诗佛"之称简直是判若云泥。

王维写给裴迪的牢骚语。王维也偶尔会借诗歌发牢骚，他写给裴迪的《酌酒与裴迪》：

> 酌酒与君君自宽，人情翻覆似波澜。
>
> 白首相知犹按剑，朱门先达笑弹冠。
>
> 草色全经细雨湿，花枝欲动春风寒。
>
> 世事浮云何足问？不如高卧且加餐。②

王维的这首诗明显是酒后的慷慨之言，此诗首句入韵，读来梗概多气而又有所针砭。王维看透了人情之反复无常，所以首句"酌酒与君君自宽"就劝裴迪要"自宽"。这首诗的后两联写景如画"草色全经细雨湿，花枝欲动春风寒"，也最终引出了王维解决"人情翻覆似波澜"的办法——"世事浮云何足问？不如高卧且加餐。"王维是这样说的，也是这样做的，因此这首诗在梗概之中还透露着真诚。同样有慷慨之情的诗还见于《辋川闲居赠裴秀才迪》：

> 寒山转苍翠，秋水日潺湲。倚杖柴门外，临风听暮蝉。
>
> 渡头余落日，墟里上孤烟。复值接舆醉，狂歌五柳前。③

此诗前六句皆是写景，将与裴迪的闲居之乐写得静穆而幽美。古今关于这首诗的评价不少，然而关注点多在写景。笔者所在意的是最后一联"复值

---

① （唐）王维撰，陈铁民校注：《王维集校注》卷五，中华书局1997年版，第433页。
② （唐）王维撰，陈铁民校注：《王维集校注》卷五，中华书局1997年版，第435页。
③ （唐）王维撰，陈铁民校注：《王维集校注》卷五，中华书局1997年版，第429页。

接舆醉，狂歌五柳前"。其中的"狂歌"把裴迪的狂士风度表现得淋漓尽致。王维极其崇拜接舆，其《偶然作》第一首专咏接舆："楚国有狂夫，茫然无心想。散发不冠带，行歌南陌上。孔丘与之言，仁义莫能奖。未尝肯问天，何事须击壤。复笑采薇人，胡为乃长往。"据皇甫谧《高士传·陆通》记载：

> 陆通，字接舆，楚人也。好养姓，躬耕以为食。楚昭王时，通见楚政无常，乃伴狂不仕，故时人谓之楚狂。孔子适楚，楚狂接舆，游其门。曰："凤兮凤兮，何如德之衰也？来世不可待，往世不可追也。天下有道，圣人成焉。天下无道，圣人生焉。方今之时，仅免刑焉。福轻乎羽，莫之知载。祸重乎地，莫之知避。已乎已乎，临人以德……孔子下车，欲与之言。趋而避之，不得与之言。楚王闻陆通贤，遣使者持金百镒，车马二驷，往聘通，曰：'王请先生治江南。'通笑而不应。使者去，妻从市来，曰：'先生少而为义，岂老违之哉！门外车迹何深也。妾闻义士非礼不动。妾事先生，躬耕以自食，亲织以为衣，食饱衣暖，其乐自足矣，不如去之。'于是夫负釜甑，妻戴纤器，变名易姓，游诸名山，食桂栌实，服黄菁子，隐蜀峨眉山，寿数百年。俗传以为仙云。"①

接舆崇义而不仕，以自足为乐，面对孔子也狂放不已，最终选择隐居山林。应该说接舆在某种程度上是王维的人生偶像。王维不但肯定了接舆的隐居，同时还十分欣赏他的"狂放"精神，所以王维以"狂歌"的接舆比喻裴迪。不但夸裴迪，同时也寄予了他自己的人生理想。

王维诗集中有一首《凝碧诗》很出名。据《新唐书·王维传》载，这首诗几乎可以说救了王维的命。

> 万户伤心生野烟，百官何日更朝天。

---

① （晋）皇甫谧原著，（清）任渭长、沙英绘，刘晓艺撰文：《高士传》，上海古籍出版社2014年版，第104页。

秋槐叶落空宫里，凝碧池头奏管弦。①

这首诗诗题的全称《菩提寺禁裴迪来相看说逆贼等凝碧池上作音乐供奉人等举声便一时泪下私成口号诵示裴迪》。诗题有 39 个字之长，竟比诗作本身还多 11 个字。这首诗的信息量比较大。首先是写给裴迪的一首诗；其次是王维是在菩提寺被禁期间写的一首口号的诗，而原因则是听裴迪说了凝碧池梨园弟子雷海青壮烈殉难的事情，于是写下了这首诗。这首诗开头四字"万户伤心"即表明了作者心迹，是真情流露。如果没有裴迪，王维之真性情是无以诉说的，足见王维、裴迪情谊之深。不但如此，王维紧接着又写了第二首诗给裴迪。

安得舍罗网，拂衣辞世喧。悠然策藜杖，归向桃花源。

——《口号又示裴迪》②

王维写给裴迪的第一首诗中充满了对国家遭乱、个人被禁的悲愤，第二首则借此表达了王维面对"安史之乱"、个人遭禁的个人选择，他急切地想摆脱目前的困境，想找到理想中的桃花源。应当说这首诗才是"怨而不怒"，因为王维由"怨"走向了"平淡"，这是他真实的想法。而这，王维也只对裴迪言说。

王维诗的体裁和题材都是多种多样的，他在诗中寄予的情感也是丰富多彩的，然而所有这些都因为后人对他的"诗佛"之称而被忽视，这是前人研究的弊病。认清这些事实之后，与之相关的研究就必定会成为今后研究的方向。清代徐增在《而庵说唐诗》中曾对比过李白、杜甫和王维三人，他说，李白诗天才，杜甫是地才，而王维是人才。"人才"二字确实可以形容王维之质，他确实非常有才华，然而他确实也只是个人，具有一般人的所有情感。只把王维之才归结于佛禅，是非常不全面的，正是类似的诗评阻碍了对王维全面的认识，从而难以在王维诗研究上开拓创新。

---

① （唐）王维撰，陈铁民校注：《王维集校注》卷六，中华书局 1997 年版，第 484 页。
② （唐）王维撰，陈铁民校注：《王维集校注》卷六，中华书局 1997 年版，第 486 页。

第五节 王昌龄《出塞》诗的艺术想象

——从"飞将"与李广无关说起①

王昌龄的《出塞》诗（秦时明月汉时关）广为人知，明代李攀龙曾在《唐诗选》中推此诗为唐诗七绝压卷之作，称为"唐绝句中第一"，由此拉开了明清两代唐诗绝句"压卷公案"的序幕。其间多有不同意见，也并未形成的论，但这首诗一直是公认的、杰出的唐诗七言绝句之一却是不争的事实。很多人以为诗中"飞将"即李广，很多注释也都明言"飞将军，指汉代名将李广"，这种说法是经不住推敲的。"飞将"并非李广，王昌龄此诗也并非因李广而闻名，其艺术魅力在意境而不在形象。

一、"飞将"并非李广

由于学术界对"龙城"到底指哪里存在争议，所以对"龙城飞将"的理解也有若干种意见，主流有李广说、兼指李广、卫青说两种。不管怎样争论，有一点却是共识，那就是"飞将"都与李广有关，对此，笔者不敢苟同。

（一）从"龙城"与"飞将"的关联性来看

有些研究者习惯将"龙城"和"飞将"联系在一起解读，认为两者有内在联系，即"龙城"和"飞将"说的都是李广，是一回事。比如胡问涛就延续了清代阎若璩把"龙城"当作"卢城"的意见，认为"龙城"即"卢城"，"（"龙城飞将"）指李广。《史记·李将军列传》：'广居右北平，匈奴闻之，号曰汉之飞将军，避之数岁，不敢入右北平。'右北平，汉郡名，唐为北平

---

① 本文系 2022 年 12 月，作者参加中国唐代文学学会第二十一界年会暨唐代文学国际学术研讨会的参会文章，已被收入会议论文集，内容有改动。

郡，治卢龙城。"① 李永祥在《唐人万首绝句选校注》中也表达了类似的观点："汉北平郡，辖境相当于后之营州，营州州治为龙城，故谓李广'龙城飞将'。"② 当代著名学者莫砺锋先生在《莫砺锋教你读古诗》中也持相同意见。

还有一些学者认为"龙城"与"飞将"并非直接关联，而是类似事件——卫青和李广的并举。李云逸先生就曾说："《汉书卫青霍去病传》载，元光六年（前 129 年），卫青为车骑将军，击匈奴，出上谷，至笼城，斩首虏数百。笼城，颜师古注韵：'笼'与'龙'同。《史记·李将军列传》：'（李）广居右北平，匈奴闻之，号曰'汉之飞将军'，避之数岁，不敢入右北平。'此处之'龙城飞将'，乃合用卫青、李广事，指扬威敌境之名将。龙，诸本皆同，唯朱本、黄本、活字本、王本并作'卢'，清阎若璩《潜邱札记》尝辩'龙'之当从王本作'卢城'，其说甚详，然似是而非，未可遽从。"③ 他认为，卫青曾出兵龙城，李广有"汉之飞将军"之美誉，此二人都是汉代名将，所以他认为"龙城"（卫青）与"飞将"（李广）是并列关系。此外，马茂元《唐诗选》、赵昌平《唐诗三百首新编》、富寿荪《千首唐人绝句》、顾青《唐诗三百首（名家集评本）》等均以为"龙城飞将"是合用卫青袭取匈奴龙城、匈奴称李广为"汉之飞将军"二典。

以上所举两种具有代表性的意见看似都很合理，结论也有相同之处——"飞将"要么指李广，要么与李广有关。然而这两种意见能够成立的前提是"龙城"是一个实际的地点，如果失去了这个前提，则这两种意见就会失去说服力。对此，赵望秦《唐诗中的"龙城"与"卢龙"——从王昌龄〈出塞二首〉之一说起》一文认为，王昌龄《出塞》诗中的"龙城"与南北朝诗人笔下的"龙城"和其他唐人诗中的"龙城"一样，只是借指边关边城，既非实

---

① （唐）王昌龄撰，胡问涛、罗琴校注：《王昌龄集编年校注》卷一，巴蜀书社 2000 年版，第 21 页。

② （清）王世禛选，李永祥撰：《唐人万首绝句选校注》卷三，齐鲁书社 1995 年版，第 139 页。

③ （唐）王昌龄撰，李云逸注：《王昌龄诗注》卷四，上海古籍出版社 1984 年版，第 130 页。

指匈奴龙城，亦非实指前燕龙城，更不是卢龙之误。此文论证有力，论据充分，颇具说服力。首先厘清了"龙城"和"卢龙"的建置沿革；其次考察了这两个词在唐以前诗歌作品中的用法，指出"南北朝时期诗歌作品中的"龙城"，是诗人在创作以边塞生活为主题的诗歌时，舍弃原始本意，仅取它在地理位置上具有出入东北边境所必经过这一点，并形成一个艺术化、典故化的地理概念，即借指边城边关，或泛指边塞边境。① 最后进一步用唐诗验证并得出结论："（唐诗中的）'龙城'都是作为借指边关边城、泛指边塞边境的典故词语使用的，没有一例是能够坐实为具体所指。"既然"龙城"是泛指边塞边关而非实指某地，则它与"卢城""卢龙城""笼城"都无关系，所以"龙城飞将"兼指李广卫青说以及支持者甚少的"飞将"指卫青说即皆成无稽之谈；"飞将"指李广也失去了最重要的依据，即并不能凭"龙城"来判断"飞将"是否与李广有关。"飞将"是否李广，或是否与李广有关只能从"飞将"本身来判断。

（二）从"飞将军"与"飞将"的词义差别来看

人们往往将"飞将"和"飞将军"联系在一起，因此有必要谈谈"飞将军"的词义指向问题。李广的"飞将军"之名出于《史记·李将军列传》："广居右北平，匈奴闻之，号曰'汉之飞将军'，避之数岁，不敢入右北平。"当时的李广确已是汉朝的一位将军，所以此"将"当读为"jiāng"，指将（jiàng）级军官或高级将领，突出其军衔。所以唐及唐以前之汉代诗文中的"飞将军"俱专指李广，突出汉代之李广是一位勇猛的高级将领。之所以强调"汉"与"唐"这两个时间点，是因为唐以前唯有一位"飞将军"，那就是李广。而唐以后至清末，我国历史上至少还有一人有"飞将军"之名，那就是清末名将刘锦棠。据《清史稿》载："（光绪）四年，锦棠既定喀城，以次巡历叶

---

① 赵望秦：《唐诗中的"龙城"与"卢龙"——从王昌龄〈出塞二首〉之一说起》，《陕西师范大学学报》（哲学社会科学版）2007 年第 5 期。

尔羌、和阗。凡西人侨居其地者，英乳目阿喇伯十余人，印度温都斯坦五千余人，咸服其勇略，称为'飞将军'云。"① 刘锦棠或可称为"清之飞将军"。

"飞将"之"将"读为"jiàng"，不同于"飞将军"之"将（jiāng）"。音不同，所指亦不同，当然更不能简单地认为"飞将"是"飞将军"的简称。简称是为了称呼的方便，但字音是不能发生改变的。"飞将"意为勇猛的将领，与"猛将、健将、虎将、神将"等词为一类，区别只在于程度或有不同。而且"飞将"是个多义词，它首先是一个类的概念，泛指各级勇猛的军官将领。"飞将"不是简单地只比"飞将军"少了一个"军"，从形式逻辑学角度来说，"飞将军"与"飞将"是真包含于关系，即"飞将军"只是"飞将"中的一部分，换言之，李广、孙克咸、刘锦棠都是"飞将"，而"飞将"不见得就是李广等三人。另外，"飞将"还是一个个体概念，可以专指某些人。翻阅史籍，我国历史上唐以前竟有两人直接就被誉为"飞将"，一是三国之吕布，据《三国志》记载："布便弓马，膂力过人，号为飞将"；二是隋末之单雄信，史载："初，雄信骁捷，善用马槊，名冠诸军，军中号曰'飞将'"。"汉之飞将军""飞将军""飞将"和李广等词的关系如图4-3、图4-4所示。

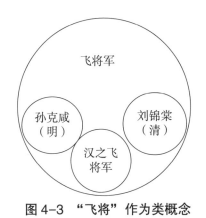

图4-3 "飞将"作为类概念

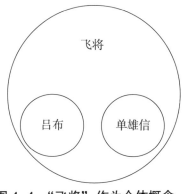

图4-4 "飞将"作为个体概念

---

① （清）赵尔巽等：《清史稿》卷四五四，中华书局 1977 年版，第 12610 页。

由图 4-3、4-4 可以很清楚地看出，"飞将军"并非确指李广，"汉之飞将军"才是李广。同理，"飞将"若作为一个类的概念，与李广并无必然联系。若言"汉飞将"则当指李广，若没有上下文背景佐证，则不能认定"飞将"就是李广；若"飞将"作为个体概念，则一定不是李广。如前所述，王昌龄《出塞二首》诗中的"飞将"与"龙城"并无关联，其与后面的"阴山"同样毫无关联，则王昌龄诗中的"飞将"并没有可以证明其确为李广的旁证。所以诗中的"飞将"不能认定就是李广，也不能说"飞将"与李广有关。

（三）从汉唐之间诗歌中的"飞将"指向来看

用典是古代诗人创作的重要手段之一，除生僻典故之外，考察一个词语典故的含义，方法之一就是找出诗人之前以及同时代其他诗人的作品，进行横向比较。"飞将"并非生僻词语，亦见于其他诗人作品，故将汉唐之间所有包含"飞将"一词的诗歌进行横向比较，对确定"飞将"是否确指李广来说。是有重要意义的。唐以前，含"飞将"的诗歌共有两首：一是南朝梁刘孝标之《出塞》："蓟门秋气清，飞将出长城。绝漠冲风急，交河夜月明。陷敌挫金鼓，摧锋扬旆旌。去去无终极，日暮动边声。"二是北朝隋之际诗人卢思道之《从军行》："朔方烽火照甘泉，长安飞将出祁连。犀渠玉剑良家子，白马金羁侠少年。平明偃月屯右地，薄暮鱼丽逐左贤。谷中石虎经衔箭，山上金人曾祭天……从军行，军行万里出龙庭，单于渭桥今已拜，将军何处觅功名。"刘诗乃典型的边塞诗，其中并无一语实指，故"飞将"并无任何迹象显示其与李广相关。卢诗中"谷中石虎经衔箭"可能与李广相关，但从"长安飞将出祁连"中的"长安""祁连"来看，此"飞将"还可能指称霍去病，而且可能性更大，所以此"飞将"并非实指某人，乃泛指猛将，并非实指李广。

（四）从唐代涉及"飞将"诗歌的词义对比来看

若无特别说明或交代背景，则唐以前诗歌中的"飞将并非实指李广。再看唐诗中"飞将"的含义与指向。唐诗中含"飞将"的诗歌共有 20 首,除卢纶的《出塞二首·其一》外,其余 19 首按照"飞将"出现的形式特点可分为以下几类。

1. "汉飞将"类

行闻<u>汉飞将</u>,还向皋兰宿。　寇泚《度涂山》

尝闻<u>汉飞将</u>,可夺单于垒。　常建《吊王将军墓》

双旌<u>汉飞将</u>,万里授横戈。　郎士元《送李将军赴定州(一作送彭将军)》

身承<u>汉飞将</u>,束发即言兵。　李益《赴邠宁留别》

<u>汉家飞将</u>下天来,马棰一挥门洞开。　刘禹锡《平蔡州三首(其一)》

虏尘如雾昏亭障,陇首年年<u>汉飞将</u>。　温庭筠《遐水谣》

依照之前的"飞将军"与"飞将"的词义辨析,则这六首诗中的"飞将"皆指李广,因为"飞将"前的"汉"字明确地规定了这个"飞将"的年代,对此当无异议。

2. 对仗类

武士日曳柴,<u>飞将</u>竞执馘。　杨乘《甲子岁书事》

天子金坛拜<u>飞将</u>,单于玉塞振佳兵。　贺朝《从军行》

投笔弃缥生,提戈逐<u>飞将</u>。　戴休珽《古意》

故老思<u>飞将</u>,何时议筑坛。　杜甫《秦州杂诗二十首其十九》

铁岭探人迷鸟道,阴山<u>飞将</u>湿貂裘。　翁绶《横吹曲辞·雨雪曲》

<u>五营飞将</u>拥霜戈,百里僵尸满洴河。　戎昱《收襄阳城二首》

以上前五位诗人都将"飞将"用在对仗句里面,所以考察与"飞将"对仗的词语含义,应当可以考察出"飞将"所指。杨乘诗以"武士"对"飞将"。"曳柴"是古代作战用的一种诈敌方法,即以车曳柴起尘,造成众军奔驰的假象,以迷惑敌人。则"曳柴"之"武士"当为下级军官或者士卒;"执馘"为杀敌献功之称,则"飞将"当为高级军官。诗中的"武士"与"飞将"当泛指军队中的将士,所以"飞将"并非李广。同理,贺朝以"佳

257

兵"对"飞将"也是以普通士兵对应高级将领，故此"飞将"也不是李广。戴休璠以"缥生"对"飞将"。"缥生"是一个典故，指西汉武帝时投笔从戎的终军，后泛指年少立大志之人。则与"缥生"相对之"飞将"也应该是个典故，时间也应该是汉代，则"飞将"当指汉代之李广无疑。杜诗的对仗句属于流水对，"议筑坛"指刘邦筑坛拜韩信为大将军之事，则"飞将"当指同为汉代而又积极抵抗外敌入侵的李广，这同杜甫此诗的志趣也颇为接近，故此诗之"飞将"当指李广。后两首诗与前三首略有不同，即"飞将"前都有名词加以修饰，而且这个名词和"飞将"并无关系，系对仗之需要——"铁岭探人"对"阴山飞将"，"五营飞将"对"百里僵尸"，所以后两首诗中的"飞将"非确指李广。

3. 前加姓氏类

谁怜李飞将，白首没三边。　李白《古风》其六

由于"飞将"泛指勇猛的将领，所以即使"飞将"前有"李"字，因为孤证难立，也未必就能断定此"飞将"一定是李广。然而"白首"一词以及此诗前还有"苦战功不赏，忠诚难可宣"两句，易令人联想到年老而未封侯的李广，故此"飞将"当指李广，詹锳先生《李白全集校注汇释集评》等著作也都作如此解释，可为旁证。

4. 单独"飞将"类

飞将下天来，奇谋阃外裁。　皎然《相和歌辞·从军行》

更催飞将追骄虏，莫遣沙场匹马还。　严武《军城早秋》

吾友从军在河上，腰佩吴钩佐飞将。　李涉《寄河阳从事杨潜》

飞将送迎遥避马，离亭不敢劝金杯。　马戴《边上送杨侍御鞫狱回》

弟兄间世真飞将，貔虎归时似故乡。　杨巨源《述旧纪勋寄太原李光颜侍中二首》

以上五首诗中并无其他任何与李广有关的可做旁证的词汇，故可认定这四首诗中的"飞将"与李广并无关联，泛指勇猛之将领，这与唐前期边塞诗

中的李广指称是一致的。

5. 存疑类

雪满衣裳冰满须，晓随飞<u>将</u>伐单于。　令狐楚《塞下曲二首》

令狐楚此诗中的"飞将"是否为李广，难以判断。"飞将"之后有"伐单于"，李广的确曾讨伐过单于，但令狐楚诗中仅有此一处旁证，所以此"飞将"是否为李广只能存疑。

由以上分类对比分析可以得出这样的结论，即唐诗中凡出现"汉飞将"者，此"飞将"指李广；凡对仗诗句中与"飞将"对仗者为具体历史人物且为汉代人物者，则"飞将"当指李广；含"李飞将"并且另有提示者，"飞将"也指李广。其余，"飞将"单独出现而无旁证者，则此"飞将"一定不是李广。从王昌龄的《出塞二首》全诗来看，"飞将"与"秦时明月""汉时关""龙城""胡马""阴山"皆无联系，没有任何旁证，则此诗中的"飞将"一定不是李广。

（五）从《盖罗缝二首·其一》的版本改动来看

《乐府诗集》保存了很多珍贵的资料，比如"近代曲辞二"中就记载了一组诗题很特别的诗，叫作《盖罗缝二首》："秦时明月汉时关，万里征人尚未还。但愿龙庭神将在，不教胡马渡阴山。""音书杜绝白狼西，桃李无颜黄鸟啼。寒雁春深归去尽，出门肠断草萋萋。"这两首诗明显都是在王昌龄诗歌的基础上修改而来。在唐代，王昌龄的诗早已经被四处传唱，而传唱的主要形式之一就是传入中原的南诏乐舞。"盖罗缝"实际上就是阁罗凤，而阁罗凤是一代南诏王的名字。所以"盖罗缝"当是以人名命名的一种歌舞形式，最初当是用来歌颂南诏王阁罗凤的。"盖罗缝"在天宝初年传入中原，并迅速成为宫廷之中经常演奏的一类杂曲歌舞，所以《乐府诗集》中的《盖罗缝二首》应该是当时广泛流行的众多诗歌中的两首。这两首诗都是王昌龄的诗，一为《出塞》，一为《春怨》。可能是出于演唱的需要，这两首诗在以"盖罗缝"

形式传唱的过程中，文字都发生了或多或少的变化。比如《盖罗缝二首》中的后一首改编自王昌龄的《春怨》，只是将原诗中的"雁"改成了"鸟"，而前一首则改编较多：一是将"长征"改为"征人"，二是将"使"改为"愿"，三是将"龙城"改为"龙庭"，四是将"飞将"改为"神将"，五是将"度"改为"渡"。在这五处改编中，最重要的两处当为"龙庭"和"神将"。"龙城"原本泛指边塞，而改成"龙庭"之后就变成了皇帝的朝廷，这与原诗很是不同。"盖罗缝"将"飞将"改为"神将"是这首诗最重要的改编之处。"飞将"本来就泛指各级勇猛的军官将领，与猛将、健将、虎将等为同义词，"神将"与"飞将"当然也是同义词，只是程度有所不同，所以"盖罗缝"将"飞将"改为"神将"也只是同义词替换罢了，这又可证明王昌龄原诗中的"飞将"与李广无关。如果王昌龄原诗中的"飞将"与李广有关，而"神将"又泛指所有勇猛的将领，即与李广无关，那么"盖罗缝"的改编就是失败的，因为它丢失了原诗重要的人物形象。事实是，这首"盖罗缝"在唐代广泛流行，说明当时人们对这种改编是认可的——以"神将"代替"飞将"，只是同义词的替换，"飞将"并非李广。

（六）从王昌龄《出塞》诗中的其他意象来看

《出塞》中除"飞将"外，还有若干其他意象，分析这些意象的内涵与外延同样有助于分析"飞将"所指，对于解析这首诗的艺术风格也具有重要的意义。

1. "明月"与"（边）关"

"明月"是边塞诗中较常见的一个意象，而且常常与"（边）关"一同出现，《乐府诗集》所载古《出塞》诗便有"明月"："候骑出甘泉，奔命入居延。旗作浮云影，阵如明月弦。"再如唐以前有些诗人的乐府旧题《关山月》更是直接将"明月"与"边关"联系在一起，如南朝梁陆琼《关山月》之"边城与明月，俱在关山头。"又如贺力牧《关山月》之"重关敛暮烟，明月下秋前。"进入唐代之后，"明月"与"（边）关"在边塞诗中出现得更频繁，如王维的《陇头吟》："长安少年游侠客，夜上戍楼看太白。陇头明月迥临关，陇上行人夜吹笛。关西老将不胜愁，驻马听之双泪流。"卢照邻的《横吹曲辞·关山月》："塞垣通碣石，虏障抵祁连。相思在万里，明月正孤悬。影移金岫北，光断玉门前。寄书谢中妇，时看鸿雁天。"骆宾王也多有此类诗作，如他的《在军中赠先还知己》："蓬转俱行役，瓜时独未还。魂迷金阙路，望断玉门关。献凯多惭霍，论封几谢班。风尘催白首，岁月损红颜。落雁低秋塞，惊凫起暝湾。胡霜如剑锷，汉月似刀环。"又如他的《边夜有怀》："汉地行逾远，燕山去不穷。城荒犹筑怨，碣毁尚铭功。古戍烟尘满，边庭人事空。夜关明陇月，秋塞急胡风。"还有张说的《送郑大夫惟忠从公主入蕃》："凤吹遥将断，龙旗送欲还。倾都邀节使，传酌缓离颜。春碛沙连海，秋城月对关。和戎因赏魏，定远莫辞班。"以及李白的《关山月》："明月出天山，苍茫云海间。长风几万里，吹度玉门关"等。可见，在边塞诗中，"明月"与"（边）关"是两个很常见的意象，王昌龄诗中的"明月"与"关"并无特殊含义。

2. "征人""胡马"与"阴山

"征人"，即戍边将士的代称，是边塞诗经常出现的诗歌主角之一，《乐府诗集》"横吹曲"中的第一首《陇头》中便有"征人"，"陇头征戍客，寒多不识春。惊风起嘶马，苦雾杂飞尘。投钱积石水，敛辔交河津。四面夕冰合，万里望佳人"。南朝梁元帝、南朝陈谢燮、张正见等人的同题乐府《陇头水》中都有"征人"意象。进入唐代以后，卢照邻、释皎然、罗隐等人的《陇头水》中也都有"征人"意象。除此，唐代张籍、刘湾等人的《出塞》诗，韦承庆的《折杨柳》，崔融、鲍氏君的《关山月》等诗中也有大量的"征人"意象。可见，王昌龄《出塞二首》中的"万里长征人未还"也只是唐以前以及唐代众多边塞诗中很常见的一个意象。

作为边塞诗中敌方的代称，"胡马"同"征人"一样也经常出现在唐代边塞诗中。据目前文献记载来看，"胡马"一词最早当出现在《李陵录别诗二十一首》中的第六首："胡马失其群，思心常依依。"其后，从西晋到隋的诗中偶有"胡马"出现，数量不多，共有 8 首左右。进入唐代以来，由于边塞诗的逐渐兴盛，"胡马"便多见于唐诗之中，含"胡马"之诗多达 70 首左右，所以"胡马"在唐代边塞诗中亦是一个寻常词汇。"阴山"即阴山山脉，是中国北部东西向山脉和重要地理分界线，横亘在内蒙古自治区中部及河北省最北部，是我国北方的天然屏障，亦是我国古代北方以畜牧为主的少数民族文明和以农耕为主的中原汉民族文明的地理分界线。边塞诗以边塞战争生活为主要题材，所以"阴山"同"胡马"一样也偶尔出现在唐以前的诗歌中，只不过数量较"胡马"还要少，只有晋陆机《饮马长城窟行》和南朝宋孝武帝刘骏《从军行》两首。进入唐代以来，边塞诗中便多有"阴山"一词出现，含"阴山"的唐诗总数约为 60 首，其中岑参一人就有 5 首之多。

分析了王昌龄《出塞二首·其一》中包括"龙城"和"飞将"在内的所有 7 个意象，结论是这首诗中的意象在唐代及以前的边塞诗中都很常见，并无特殊出处。

综上，无论从"龙城"与"飞将"的关系角度，还是从"飞将"与"飞将军"的词义辨析角度来看，王昌龄诗中的"飞将"都与李广无关。再从唐以前以及唐代诗歌中的"飞将"词义对比来看，王诗中的"飞将"也与李广无关。王昌龄《出塞二首》中的"飞将"既不是兼指李广、卫青，也不是李广，只是一个表示"勇猛将领"的普通词汇，并非专指某人。与王昌龄的《出塞》诗共存于唐代而留存至今的《盖罗缝》可作旁证。另外，王昌龄这首诗中的其他所有意象也并无特出之处，都属于唐诗常见的普通意象，所以在分析王昌龄《出塞二首·其一》中"但使龙城飞将在"一句时，根本无须提及李广，因为作者创作此诗所需要的只是一个勇猛的、能够确保边境和平的概念化的将领形象，并不是非李广不可。

有些诗歌评论者以为王昌龄此诗并无李广意象，却依然被视为最优秀的唐诗篇目之一，那么王昌龄此诗的魅力到底在哪里，即他的创新到底是什么呢？

二、王昌龄的"神品"《出塞》诗和他的"意境"论

王昌龄的《出塞》诗受到历代诗评者的推崇与"飞将"到底指谁是没有关系的，这首诗并非胜在意象的创造上。诚如王利增《王昌龄的〈出塞〉是怎样写出来的?》一文所言，王昌龄的《出塞》是在提炼概括和因袭套用前人边塞乐府诗的基础上写成，即此诗第一句"秦时明月汉时关"中表现的主要意象是"明月照关"，而这一意象来自边塞题材乐府诗《关山月》的拟辞；第二句"万里长征人未还"袭自隋代卢思道《从军行》中的"塞外征人殊未还"；第三、四句"但使龙城飞将在，不教胡马度阴山"，在句式和意思上都本自初唐崔湜《大漠行》中的"但使将军能百战，不须天子筑长城"，不过在使用的语汇上有所改变，特别是"但使龙城飞将在，不教胡马度阴山"与"但使将军能百战，不须天子筑长城"在意境上相似，即"飞将"与"将军"一样，都泛指能征善战的将领。王利增用"提炼""概括""因袭"和"套用"来形容王昌龄这首诗的创作特点，这四个词从创造性上来说是越来越弱的，这等于说否定了王昌龄此诗的艺术成就。而明代李攀龙在《唐诗选》中曾推王昌龄的《出塞》（秦时明月汉时关）为唐诗七绝压卷之作，称为"唐绝第一"。那么这首诗在艺术上到底如何呢?

我国边塞诗的创作若从《诗经》时代算起的话，其发展历史已有一千七百多年。此间，汉魏当是其重要的发展期，唐代当然是边塞诗发展的高潮，众多唐代诗人对边塞诗进行了全方位的开拓。所以王昌龄此诗在某些诗句上与前人相似不足为奇，并不见得王昌龄都是参考了古人诗句。王昌龄在开元、天宝年间是非常知名的诗人，这从类似"旗亭画壁"一类的故事中即可以想见。其诗句与古人的某些诗句相似，正说明王昌龄在某些创作观念、诗歌意象上与古人是相通的，所谓"英雄所见略同"。这首诗在语汇和意象选择上并没有新创，也未见"升华"。甚至其安边理想，崔湜等人也早就提出过了，此诗的魅力当从创作理念上去寻找原因。

（一）"神品"《出塞》诗与艺术想象

关于王昌龄的《出塞》诗，明代诗评家杨慎的评价最为经典，他说："此诗可入神品"①。同为明代著名诗评家的王世贞和胡应麟对王昌龄诗歌的评价也都以"神品"二字概括王昌龄的诗歌：

> 七言绝句，王江宁与太白争胜毫厘，俱是神品。②
>
> ——《艺苑卮言》

"神品"二字是对王昌龄诗歌的极高评价，然而这个评价并没有指出王昌龄《出塞二首·其一》的具体风格。关于此，我们仍然需要回到古人对王昌龄此诗的评价，如

杨慎《升庵诗话》：

> "秦时明月"四字，横空盘硬语也。人所难解。

王世贞《艺苑卮言》：

> 若以有意无意、可解不可解间求之，不免此诗第一耳。

胡震亨《唐音癸签》：

> 若边词"秦时明月"一绝，发端句虽奇，而后劲尚属中驷。③

施补华《岘佣说诗》：

> "秦时明月"一首，"黄河远上"一首，"天山雪后"一首，皆边塞名作，意态雄健，音节高亮，情思悱恻，令人百读不厌也。④

沈德潜《说诗晬语》：

> "秦时明月"一章，前人推奖之而未言其妙，盖言师劳力竭而功不成，由将非其人之故，得飞将军备边，边烽自熄，即高常侍《燕

---

① （明）杨慎撰，王仲镛笺证：《升庵诗话笺证》卷九，上海古籍出版社 1987 年版，第 266 页。
② （明）王世贞撰，罗仲鼎校注：《艺苑卮言校注》卷四，齐鲁书社 1992 年版，第 164 页。
③ （明）胡震亨：《唐音癸签》卷十，上海古籍出版社 1981 年版，第 101 页。
④ （清）施补华：《岘佣说诗》，载（清）王夫之等撰，丁福保辑《清诗话》，上海古籍出版社 2015 年版，第 1032 页。

歌行》归重"至今人说李将军"也，边防筑城，起于秦汉；明月属秦，关属汉，诗中互文。①

明清诗论者都很关注"秦时明月汉时关"一句。沈德潜以为是互文，这个评价被评诗者广为接受，但注重的是形式，而非本质。杨慎等人以"横空盘硬语""有意无意、可解不可解""奇""意态雄健"等评价这一句，所谈的都是感受，并未揭示出本质。此诗本质并不复杂，那就是艺术想象，唯有艺术想象才有如此魅力。"横空盘硬"道出了艺术想象可以突破时空限制的性质，"有意无意"道出了艺术想象给读者接受带来的理解困难。"奇"是艺术想象的魅力所在，"意态雄健"描述的是艺术想象所营造的意境，所以艺术想象才是这首诗拥有巨大魅力的最根本原因。

按照胡问涛先生的意见，开元十一年之前，正值而立之年的王昌龄陆续游走于陕西、河南、山西、河北一带，曾亲赴河北、河东边塞考察边况，《出塞二首》就写于此次赴边之行。根据历史记载，此年前后，河北、河东边塞并无战事，此地距阴山有千里之遥。年轻的王昌龄以乐府旧题创作边塞诗就只能发挥想象力，调动他已读过的边塞诗中的语词和意象，重新组织语言，让这些意象在他的想象中发生奇妙的联系。《文心雕龙》的"神思"篇说："文之思也，其神远矣。故寂然凝虑，思接千载，悄焉动容，视通万里；吟咏之间，吐纳珠玉之声；眉睫之前，卷舒风云之色。"刘勰此论很形象地描述了想象的运行机制，即想象可以不创造新形象，仅凭已有的形象就让人在脑海中突破现实中的羁绊，达到绝对自由的境界。这种创作方法在中外古今都是相通的，黑格尔也曾说过："通过想象的创造活动，艺术家在内心中把绝对理性转化为现实形象，成为最足以表现他自己的作品"②，并认为"最杰出的艺术本领就是想象。"可见想象才是这首诗成功的关键所在。

那么王昌龄以此诗用想象创造了一个什么样的意境呢？"秦时明月汉时

---

①　（清）沈德潜撰，霍松林校注：《说诗晬语》，人民文学出版社 1979 年版，第 220 页。

②　[德] 黑格尔著：《美学》，朱光潜译，商务印书馆 1979 年版，第 360 页。

关"以景开头，却不是实写。作者用边塞题材诗歌惯用的"明月""边关"从一开始便引领读者进入想象世界，所以这一句既是以虚景起兴，也是直入主题。沈德潜的"边防筑城，起于秦汉；明月属秦，关属汉，诗中互文"，眼界明显太小。北方少数民族和中原汉族之间的矛盾由来已久，边防筑城怎能说起于秦汉？而且诗人所言也并非单言秦汉，诗论者经常说唐诗"以汉喻唐"，则作者所谈论的至少是在以汉代而喻唐代，所以"秦时明月汉时关"的字面是"秦时明月"与"汉时关"，而作者所关心的可能早已突破了过去的汉和现在的唐。他可能还想到未来的边塞战争，则作者在这一句里想象出了一条长长的时间纵线——人类若存，战争不止，边境也就永无安宁。在画了一条长长的纵线之后，接下来的"万里长征人未还"又画了一条广阔的横线，"万里"极言其远，因为"人不还"，所以这个"长"可能已概括了世间所有"征人"与其家人的分别。如此，诗人在开头两句便想象出了一幅广阔的边塞时空，所同情的是从古至今所有那些因为要戍边而远离自己家乡的人。至于如何解"征人"问题及能否期盼世间再无纷争，诗人似也觉得人类远离战争不太现实，所以他想象出了一个边境的英雄——"飞将"。所以王昌龄此诗，字面是秦汉，所喻是唐朝，而他所着眼的却是全人类都面临的战争之祸，意境宏阔而又深远。后来的一些诗评谓这首诗表达了诗人对朝廷黑暗的抨击和对边塞无人的批评，结合王昌龄的经历和当时的边境实情来看，这些评论并无实际的依据，属于过度解读。

王昌龄此诗的结构也一如他的意境，圆融而纯洁。"秦时明月汉时关"是景色描写。"明月"是以景开头，"关"字标识边塞诗题材，既是以景起兴，也是直入主题；"万里长征人未还"则承接首句边塞题材，提出对"征人"的同情；就如何解决"征人"的苦况，第三句并未就"征人"本身说事，而是话题一转，言边境对"飞将"之需要——"但使龙城飞将在"；最后一句"不教胡马度阴山"紧承上句，认为"飞将"能够令边境平安，同时还解决了"征人未还"的问题，"合"之作用得到充分的发挥。关于此，《围炉诗话》

评价得很好："王龙标七绝，如八股之王济之也，起承转合之法自此而定，是为唐体，后人无不宗之。"①

（二）王昌龄的诗歌创作与他的理论主张

王昌龄的《出塞》诗并不在用典和创造新形象上下功夫，而是用艺术想象驱动各种已有的寻常意象，进而达到意境上极高的境界。王昌龄作诗善以想象为手段，以寻常意象为对象，创作出不朽的诗句。欲知其创作风格形成的原因，翻开我国诗歌理论史不难发现端倪。刘勰的"神思"篇固然经典，然而刘勰并未指出艺术想象与意境创造的关系。刘勰辞世二百多年之后，我国诗歌理论界又出了一位著名的诗人理论家，那就是王昌龄。王昌龄不仅是唐代著名的边塞诗人，同时还是一位著名的诗论家。他撰有《诗格》一书，提出了"三境论"，被认为是意境概念最早的提出者和论述者，指出了艺术想象在创造意境中的关键作用：

> 诗有三境：一曰物境。欲为山水诗，则张泉石云峰之境，极丽极秀者，神之于心，处身于境，视境于心，莹然掌中，然后用思，了然境象，故得形似。二曰情境。娱乐愁怨，皆张于意而处于身，然后用思，深得其情。三曰意境。亦张之于意而思之于心，则得其真矣。②

王昌龄认为诗歌有三种审美境界，即物境、情境和意境。"物境"注重描摹外在，追求形似，如山水诗；"情境"注重情感抒发；"意境"是诗歌境界之最高层，追求的是"真"，即对事物或人心最本质的揭示与表达。关于这三种"境"的生成，王昌龄也进行了认真的思考，他强调三"境"都离不开"思"之参与，即"物境"侧重于外在物象，"思"之用在于求"形似"；"情境"侧重于诗人的内在之"情"，"思"之用在求其"深"；"意境"是诗歌艺术的最高追求或者说最高境界，唯有"思"，才能"得"诗之"真"。他还对

---

① （清）吴乔：《围炉诗话》卷一，《丛书集成初编》本，第51页。
② 张伯伟：《全唐五代诗格汇考》，江苏古籍出版社2002年版，第172页。

比分析了"情境"与"意境",认为"情境"同"意境"一样,都"张之于意",即都立足于诗人"意志"的表达。不同之处在于,"情境"虽立足诗人"意志",却也仅仅服务于诗人本身的"意志"表达,即"处于身",所以"情境"之"思"具有某种工具性,而"意境"之"思"则深存于"心",是艺术构思的问题,即艺术想象的问题。换言之,"思"是思维活动,它可以使诗人突破、超越外在"物象"的束缚,甚至可以摆脱时空的限制,去思考某些较深刻的问题,进而触及某些关乎人类本质的"真"。现代文学理论讲,作家的艺术想象活动是一种创造性活动,目的就是营造出独特的审美意。从这一点来看,刘勰之"神思"与王昌龄"意境"之"思"在内涵与外延上是相同的,都指艺术想象。这正是文学审美境界的关键所在,也是现代文艺理论一直在强调的问题。关于此,中西方表述虽然有异,但本质是一样的。黑格尔将这种想象称为"创造的想象","它是一个伟大心灵和伟大胸襟的想象,它用图画般的明确的感性表象去了解和创造观念和形象,显示出人类的最深刻最普遍的旨趣。"从这个角度来看,王昌龄的诗之所以被广泛肯定,最重要的原因当是他以自己超凡的想象力营造了一个个独特的意境,而这又恰恰是他在诗歌理论上的所追求的理想。

要之,王昌龄作诗善于运用艺术想象创造宏阔的意境,其不喜用典,却能用已有的一系列意象直击诗歌之"真",这些特征在他的《出塞二首·其一》中得到了充分的展现。"龙城"并非实地,"飞将"亦与李广无关,王昌龄并不关注现成典故,他所关注的是如何用已有的简单意象为自己的意境书写服务。"化腐朽为神奇"才是他诗歌创作的取胜之道,而这一切又都得益于王昌龄在诗歌创作理论上的不断思考和他在创作上的不断实践。从辩证的角度来说,王昌龄诗歌的创作实践激发了他的理论思考,他的理论主张又进一步指导着他的诗歌创作。在这种相辅相成的情况下,王昌龄最终以不朽的诗歌奠定了他在唐代诗人群体中的杰出地位。

第六节　李广形象在唐代的典型化①

李广的成名固然应该首先归因于司马迁的《史记·李将军列传》，但让李广成为一个典型形象却是由唐代文人完成的。如果纯以军功而论，李广并无特别之处，和卫青、霍去病等人相比，他的军功或许也不值一提；论个人能力，李广除了射箭之外并无太多过人之处，早在李广之前很多年就有像养由基等人做出过将箭射进石头的壮举；论命运多舛，李广在汉代及汉以前也并没有代表性。李广之出名应该归功于司马迁的出色描写，是司马迁以他的如椽巨笔将一个名不见经传的李广塑造成了一个突出悲剧人物形象。

一、李广形象在唐代广泛而深刻的接受

司马迁以饱含深情的笔墨创造的李广形象，读来确实吸引人，然而这个形象在《史记》撰成之后很长一段时间都没有被人注意过。进入唐代之后，李广形象却出奇地受到了文人的广泛关注。究其原因，主要是汉唐之间的相似性，比如这两个朝代都崇武，都是大一统的国家，身处其中的文人普遍都有一种民族自豪感，都积极地追求自身价值的实现等。唐代士人基本上生活于一个相对强大而稳定的国度，国家的强大让他们有自豪感，有志向；社会的稳定容易提高他们的人生需求层次，让他们渴望自我价值的实现；尽管除了科考，还有从军、终南捷径等实现文人仕进理想的途径，然而激烈的竞争和黑暗的社会现实必然会造成很多士人理想失落的悲剧。为一吐心中块垒，诗文创作无疑是首选。当他们这种期待视野形成之后，司马迁笔下的李广很自然就会被唐代文人注意到。于是李广就成了他们寄托思想的一个形象。这就是为什么唐代人更热爱李广，而自东汉到隋代很少有人提及李广的原因

---

① 见王福栋《唐代李广形象的典型化及其诗学意义》，《社会科学战线》2017 年第 3 期。

所在。

唐代人接受李广形象，直接评价李广的诗作只有崔道融的一首《题〈李将军传〉》，其他都是将李广形象融入自己的诗文当中进行再创作，如长孙无忌、杨炯、骆宾王、王勃、陈子昂、李白、杜甫、王维、王昌龄、高适、岑参、卢纶、韩翃、严武、戎昱、刘长卿、耿湋、李端、李益等近百位诗人都在诗文当中提到了李广或者用了有关李广的典故，这些诗歌的总数量至少在两百首左右，数量相当可观。这些诗引李广入诗时的方式也堪称丰富多彩，可以说每一种引入方式都表达着诗作者对李广的不同认识和情感取向，这些引入方式可分为四类。

直引　如李广、"李将军（将军）""李都尉""汉飞将（飞将军）""老将"等。这些称谓或直呼李广，或突出对李广的崇敬（李将军），或突出李广之能力（汉飞将、老将），如初唐名臣长孙无忌存诗仅 8 首，其中的一首五言绝句《灞桥待李将军》就用到了李广被喝醉的霸陵尉阻挡在霸陵城外的典故。

　　飒飒风叶下，遥遥烟景曛。霸陵无醉尉，谁滞李将军。①

这首诗当写于长孙无忌在灞桥等待一个李姓将军的时候。对于这位将军的姗姗来迟，诗人进行了诗意的推测——是谁阻挡了李将军而让你迟迟不到？当年酒醉的霸陵尉阻挡了李广将军进城，可是这里并没有喝醉了的霸陵尉。诗人所在地为灞桥，所等之人是姓李的一位将军，诗人巧妙地运用了李广将军被酒醉的霸陵尉阻挡在霸陵城外的典故，等人虽小事，写来却颇有妙趣。

侧引　如"李轻车""霸陵尉""白马将"和"射雕者"等。这些典故虽非直接指称李广，却都与李广有莫大关系。李轻车即李蔡，是李广的从弟。在《史记·李将军列传》中，李蔡是作为李广的对比对象而存在的——人品低下的李蔡有幸最终封侯，而李广人品极正却始终封侯无望，所以唐诗中的李轻车往往指的是命运好且终得高官厚禄的那一类人，与李广正好相反。李

①　（清）彭定求等编：《全唐诗》卷三〇，中华书局 1960 年版，第 434 页。

广曾因霸陵尉阻止他夜入霸陵而借故将其杀害，所以唐诗中的霸陵尉则往往突出的是主人公受到阻拦或者直接批评李广之心胸狭窄。因李广曾经射死匈奴的射雕者和白马将，所以唐诗中的"射雕者""白马将"往往都是间接突出李广的勇猛和高超射技，如刘禹锡的叙事诗《和董庶中古散调词赠尹果毅》，其主角"穷巷士"少年时期便文武双全。时值"安史之乱"，诗人在写他在战场上的表现时，有这样几句：

> 勇气贯中肠，视身忽如遗。生擒白马将，虏骑不敢追。贵臣上战功，名姓随意移。终岁肌骨苦，他人印累累。①

在战场上勇猛无比，"视死忽如归"②，曾经"生擒白马将"，最后却"终岁肌骨苦，他人印累累"。这里的"白马将"间接而明显地告诉读者，这里用的就是李广曾经"生擒白马将"的典故，突出了"穷巷士"非凡的战场表现。

物引　"猿臂""桃李（旧蹊）""射虎（石）"等。"猿臂"和"射虎（石）"突出的是李广高超的射技，因为《史记·李将军列传》载善射，其中原因之一是李广臂展很长，犹如"猿臂"。他经常射虎并曾将箭射入石头，所以"射虎（石）"突出的也是李广高超的射技。《史记·李将军列传》曾赞誉李广"桃李不言，下自成蹊"，所以"桃李（旧蹊）"指称的自然是如李广那样的美好品德，如"初唐四杰"中骆宾王的《早秋出塞寄东台详正学士》。这首诗的结尾是"数奇何以托，桃李自无言"③，用的就是李广"数奇"的典故和司马迁对李广"桃李不言，下自成蹊"的评价，突出了诗人对自己高贵品格的肯定。

事引　"未（不）封侯""坑降（杀降、坑杀）""数奇"等。李广征战一生却终未封侯，所以"未（不）封侯"指称的当然是如李广般终未实现志

---

① （唐）刘禹锡撰，陶敏校注，陶红雨校：《刘禹锡全集编年校注》卷二，岳麓书社 2003 年版，第 90 页。

② （三国魏）曹植撰，赵幼文校注：《曹植集校注》卷三，中华书局 2016 年版，第 613 页。

③ （唐）骆宾王撰，（清）陈熙晋笺注：《骆临海集笺注》卷四，上海古籍出版社 1985 年版，第 115 页。

向的人。李广对此曾经反思过，他认为其原因在于他曾坑杀八百降卒，所以唐人皆视"坑降（杀降、坑杀）"为不祥。汉武帝曾经对卫青说李广"数奇"，即李广命运不佳，所以李广与"数奇"很自然地联系在了一起，唐人也多将"数奇"与李广联系在一起。

王维是一个创造性很强的诗人，他很喜欢李广，不但在诗歌当中数次用到有关李广的典故，还在文章当中多次提到李广。更为难能可贵的是，他不但引李广入诗，还以李广为主要原型创造新的人物形象，如《老将行》中的"老将"形象：

> 少年十五二十时，步行夺取胡马骑。射杀山中白额虎，肯数邺下黄须儿！一身转战三千里，一剑曾当百万师。汉兵奋迅如霹雳，虏骑崩腾畏蒺藜。卫青不败由天幸，李广无功缘数奇。自从弃置便衰朽，世事蹉跎成白首。昔时飞箭无全目，今日垂杨生左肘。路旁时卖故侯瓜，门前学种先生柳。苍茫古木连穷巷，寥落寒山对虚牖。誓令疏勒出飞泉，不似颍川空使酒。贺兰山下阵如云，羽檄交驰日夕闻。节使三河募年少，诏书五道出将军。试拂铁衣如雪色，聊持宝剑动星文。愿得燕弓射大将，耻令越甲鸣吾君。莫嫌旧日云中守，犹堪一战立功勋。[①]

据张清华《王维年谱》[②]，王维这首诗当创作于他 21 岁的时候，翌年二月他进士及第。此时的王维年轻气盛，风流倜傥，所与结交的多是富贵王侯，此时当是王维诗歌创造性最强的时候。他这首诗的前半部分是李广的缩影——"少年十五二十时"便"步行夺得胡马骑"，还曾"射杀""白额虎"，关键是曾经转战各处击杀"胡"人，所谓"一身转战三千里，一剑曾当百万师。"

"李广无功缘数奇"是这首叙事诗的一个转折，同时还明确告诉我们这首诗中的"老将"与李广有着相似的命运。历史上的李广至此，就走向了命运

① （唐）王维撰，陈铁民校注：《王维集校注》卷二，中华书局 1997 年版，第 148 页。
② 张清华：《王维年谱》，学林出版社 1988 年版，第 27 页。

的最低谷，直至最后自刎而亡。年轻气盛而又极富创造性的王维并没有让李广的悲剧发生在"老将"身上，他让这个"老将"过了一段陶渊明式的田园生活："自从弃置便衰朽，世事蹉跎成白首。昔时飞箭无全目，今日垂杨生左肘。路旁时卖故侯瓜，门前学种先生柳。苍茫古木连穷巷，寥落寒山对虚牖。誓令疏勒出飞泉，不似颍川空使酒"。这是一种嫁接，王维以他强大的创造性，把失意的李广形象和乐于田园的召平、陶渊明形象有机地结合在了一起，让我们体会到了这位老将强大的内心和宽阔的胸怀。

"贺兰山下阵如云"是这首诗的又一个转折点。军情来了，王维的创造性又一次闪现。一个饱受不公正待遇的失意的老将，一个已经过上了平静田园生活的退役军人，面对国家的紧急军情，王维用诗句告诉我们："试拂铁衣如雪色，聊持宝剑动星文。愿得燕弓射大将，耻令越甲鸣吾军。莫嫌旧日云中守，犹堪一战取功勋"。这非常容易让人联想到那位曾写下"老骥伏枥，志在千里"的幽燕老将曹操。这位"老将"曾经征战沙场，曾经立下不朽战功却饱受不公正待遇，曾经恬居田园不问世事，然而当国家战事又起的时候立刻就又燃起了战斗的勇气。整首诗一波三折，但贯穿始终的却是李广式的爱国热诚和他建功立业的伟大梦想。《唐风定》对此诗评价极高：

> 绝去雕组，独行风骨，初唐气运至此一变。歌行正宗，千秋标准，有外此者，一切邪道矣。[1]

邢昉认为这首诗是歌行之正宗，非常肯定王维在这首诗上的创造性。王维这首诗的创造性主要表现在他对李广形象的改编，他让这个"老将"得意时有李广身上的勇猛，落寞时还有陶渊明式的淡定，战事重起却年老体衰时犹有曹操式的"不已""壮心"。王维将李广形象本来的耿直特点变得能屈能伸，三种不同性格最终融合于一体，堪称完美，而贯穿其中的一直是李广的爱国之心和他建功立业的雄心壮志。

---

[1]　（明）邢昉：《唐风定》，民国二十三年（1934）刻本。

二、李广形象的典型化

李广形象在唐代被普遍接受，他的接受高潮就在唐代。同样，李广形象的典型化也发生在唐代。"典型"应当是对作品中的人物进行了高度凝练之后形成的鲜明个性，却又反映着人们日常生活中的某些共性，为广大读者普遍接受。"典型化"则应当是概括一定阶级的、一定人群的性格的本质特征而具现于一个人物身上，使他既有一定的代表性却又具有完全独特的个性。俄国批评家别林斯基在谈论"典型性"时说："诗人从所描绘的人物身上提取最鲜明本质的特征，剔除一切对烘托人物性格没有帮助的偶然的东西。然而，他这样做，并不是根据分类、不是把较有用的东西予以参照和对比，他甚至全没有想到这些，这一切自动地来到他的笔下，因为早在他把人物描写到纸上以前，那些人物已经在他的想象中充分而完整地出现了，连同一切天生的标志，从头发的颜色到脸上的黑痣，从嗓音到衣服的裁剪。"① 他的这段话很准确地说出了"典型性"的形成过程，完成"典型化"则需"提取人物身上最鲜明本质的特征，剔除一切对烘托人物性格没有帮助的偶然的东西。"李广确是一个典型形象，然而他的典型化却不是由司马迁完成的。司马迁的《史记》有很多读者，受众良多。然而李广一直就没有能够成为一个典型人物，不是司马迁笔力不足，创造性不够，而是缺少李广形象的"第一读者"，也就是缺少对李广形象作出有力评论的读者。这个"第一读者"出现在唐代，而且先后出现了三个"第一读者"，其"评论"如下：

冯唐易老，李广难封。②

——王勃《秋日登洪府滕王阁饯别序》

秦时明月汉时关，万里长征人未还。但使龙城飞将在，不教胡

---

① ［俄］别列金娜选集：《别林斯基论文学》，梁真译，新文艺出版社1958年版，第124页。
② （唐）王勃撰，（清）蒋清翊注：《王子安集注》卷八，上海古籍出版社1995年版，第232页。

马度阴山。①

——王昌龄《出塞二首（其一）》

林暗草惊风，将军夜引弓。平明寻白羽，没在石棱中。②

——卢纶《和张仆射塞下曲（其二）》

正是王勃、王昌龄、卢纶这三位"第一读者"总结了李广形象的最主要内涵并以诗歌的形式发表出来，影响了后来无数读者。一般读者对于李广的认识较少来源于《史记》，而是更多地源于这三首唐诗。从这个角度来说，李广形象之所以闻名后世，是得益于唐人的。"冯唐易老，李广难封"的接受度非常高，几成俗语，而后两首诗在文学史上的评价也非常高，如《升庵诗话》认为王昌龄的诗是"神品"③，《唐诗直解》等诗话著作也都对这首诗有高度评价。卢纶的诗也被《养一斋诗话》《载酒园诗话》等著作赞誉有加。这里所要讨论的是，三首诗所表现的内容中是否有某种共通的东西，是否可以凝练成某种东西，而这正是李广作为一个文学典型的最主要内容。王昌龄的诗"但使龙城飞将在，不教胡马度阴山"，突出的是李广保家卫国的能力，他有能力让匈奴不敢再度过阴山侵犯大汉王朝；卢纶的诗"平明寻白羽，没在石棱中"，突出的也是李广的能力——射箭时的巨大力量。这样说来，这两首诗其实是从两个角度说明了同一个问题，即李广的超强个人能力。王勃的"冯唐易老，李广难封"，强调的是李广难以封侯，其实这里面还有一个隐含的内容，那就是无论冯唐还是李广都是很有能力的人，否则他们也不会有什么遗憾可言，不会成为悲剧人物。由此对于李广这个典型的主要意义其实已经很明确了——李广这个典型人物形象的主要内容其实是一对矛盾——怀才与不遇。这也就可以解释为什么唐代文人这样广泛地接受李广形象了。中国自汉代之后就一直处于动乱的状态，文人想实现自身的价值没有可靠的途径，更

---

① （唐）王昌龄撰，李云逸注：《王昌龄诗注》卷四，上海古籍出版社 1984 年版，第 130 页。

② （唐）卢纶撰，刘初棠校注：《卢纶诗注》卷三，上海古籍出版社 1989 年版，第 255 页。

③ （明）杨慎撰，王仲镛笺证：《升庵诗话笺证》卷九，上海古籍出版社 1987 年版，第 266 页。

没有实现自身价值的环境，虽然隋代开科取试，可惜隋朝国祚实短。唐代为文人实现自己的价值提供了所有的必要条件。按照马斯洛的需求理论，当一个人在社会上满足了生存需要，没有了性命之忧，有了归属感和爱以后，他会去追求被尊重，进而会主动追求自身价值的实现。唐代文人在立国之初的一二百年里面一直体验的是国内的安定环境和经济的富足、文化的繁荣，科举的定期进行又给文人提供了向上的发展空间。同时，对于军功的重视以及对终南捷径的艳羡等，都让唐代文人对自己的未来充满希望，一代又一代的文人前赴后继地想实现自己的志向。当这些文人的愿望被现实击得粉碎之后，他们开始失望，甚至绝望。从冉冉的希望走向巨大的失望、绝望，对于唐代文人来说，"怀才不遇"这四个字不是用笔写下来的，而是用尽了毕生的青春和热血换来的一个悲苦结局。于是他们开始发牢骚，开始寻找一切途径来表达自己的不满。李广是他们从将近八百年前的《史记》当中找到的一个典型人物，他是"士"，他们也是"士"；他怀才不遇，他们也怀才不遇。于是李广便不断地出现在唐人笔下，成为一个具有代表性的"怀才不遇"的"士"。唐代文人运用各种方法将李广引入自己的诗文，让他为自己代言，倾吐不快，或者为描写别人而服务，或者以李广为原型直接塑造新的人物形象，这些都是源于李广的"怀才不遇"。于是李广从汉代"走"到了唐代，从《史记》进入唐诗，又从唐诗一路走到了现在。

三、李广形象典型化带来的理论启示

传统的文学研究方法一直专注于作者、创作过程和作品本身。直到西方接受美学的产生，才将读者拉进了文学研究的范畴，这给文学研究带来的影响是巨大的。现在再谈文学就不能说文学只是审美生产的过程，而是审美接受和审美生产相互作用的一个复杂过程。读者的作用和意义被凸显出来，"文学作品的结构、意义、特性只是一种潜在的可能的特性，只有当读者按文学的叙述原则去读它时，这种可能性才变为现实性，作品才真正成为文学作品了"①。司马迁笔下的李广形象，极富传奇性与悲剧性，唐以前却一直没有得到读者的认可。因为李广形象的典型性在当时还只是一种潜在的可能性，并没有读者将其变为可能性。

（一）"第一读者群"概念的提出

萨特曾经将文学比喻为一个奇怪的陀螺，认为文学只存在于运动当中，认为一旦没有了读者的阅读过程，那么文学也就无所依附而只剩下白纸黑字，只能作为一个可能的审美对象存在着。没有读者，文学就没有任何意义可言。可见读者在文学的发展过程中所起到的重要作用。李广形象就像一颗深埋在沙中的珍珠，尽管过客无数，却一直没有人能看得到它。直到700年后的唐代，忽然出现了很多"采珠人"，发现了李广形象的独特性，于是李广成为唐代文人笔下经常出现的一个历史人物。历史上的李广早已化为泥土，史书中的李广以文字的形式躺在书中度过了漫漫几百年。直到唐人发现了他的价值，于是李广形象开始闪光——"第一读者"出现了，只不过这个"第一读者"并不是一个人，而是三个。关于"第一读者"，联邦德国的姚斯在他的著作中曾经有过这样一段重要论述，他说：

> 第一个读者的理解将在一代又一代的接受之链上被充实和丰富，一部作品的历史意义就是在这过程中得以确定，他的审美价值也是在这过程中得以证实。②

在这里"第一读者"的概念被提出来，就如何界定谁是一部作品的第一读者，陈文忠的《中国古典诗歌接受史研究》说：

> 所谓"第一读者"，并不是指第一个接触到作品的那位读者，不论是作者、选家还是评家，尽管其确实是作品的最初接受者，但倘

---

① 朱立元：《接受美学》，上海人民出版社1989年版，第47页。
② ［联邦德国］H. R. 姚斯、［美］R. C. 霍拉勃著：《接受美学与接受理论》，周宁、金元浦译，辽宁人民出版社1987年版，第25页。

若他并没有对作品留下影响后人的独特阐释，他在实际上就没有真正进入接受史。所谓接受史上的"第一读者"，是指以其独到的见解和精辟的阐释，为作家作品开创接受史、奠定接受基础、甚至指引接受方向的那位特殊读者。①

这段论述很好地解决了"第一读者"的问题，然而李广的典型化并非由唐代的某一个人完成的，而是由王勃、王昌龄、卢纶等人共同来完成的，谁是"第一读者"？从文学接受理论的角度而言，谁是第一读者应当与时间先后无关，而只与其对某文本的评价对以后的影响有关。上述三个人虽然在现实生活中出生有先后，但在阅读文本这个问题上，他们给后人的影响是平行的，是共同的。在李广形象接受史上，他们是"第一读者群"。作为"第一读者"概念的补充，"第一读者群"是那些对某些作品有独到见解和精辟阐释，为作家作品开创接受史，奠定接受基础，甚至指引接受方向的若干位读者的合称。李广的形象被世人广泛接受并形成典型形象，在很大程度上要归功于这三位唐代文人，他们从不同角度给后代读者以认识上的重要影响。这种现象在我国并不少见，比如《诗经》出现以后，有很多人都在解读《诗经》，但真正能够影响后来人的阅读的，却只有四家——"鲁诗""齐诗""韩诗"和"毛诗"。他们组成了《诗经》的"第一读者群"，共同进行着对《诗经》的评价、解读等工作。我们可以说毛亨、毛苌叔侄两个是《诗经》的"第一读者"，前提是"四家诗"中的另外三家逐渐亡佚——"第一读者群"解散，唯有毛亨、毛苌对于《诗经》的解读意见被保留了下来并被不断接受——真正的"第一读者"出现了。文学史上如《诗经》这样，先有"第一读者群"而后有"第一读者"的情况比比皆是。再如，《春秋》有左氏、公羊和穀梁三传，即《春秋》在那时已经有了它的"第一读者群"，然而这个群体最终被左丘明取代，他以"第一读者"的身份被大家认可。由此可见，"第一作者群"

---

① 陈文忠：《中国古典诗歌接受史研究》，安徽大学出版社 1998 年版，第 64 页。

的现象在我国早就存在，只是没有人用像接受美学这样的理论眼光去发现。

　　针对"第一读者"的概念，学术界曾经有人提过"第二读者"①。如果说"第二读者"是"第一读者"之后的又一个重要"读者"，再后来如果还有重要读者，就会有"第三读者""第四读者"，乃至更多的"读者"。如果顺着这个思路考虑的话，那么"第一读者"也就失去了存在的意义。"第一读者"的概念实质上只是就其对文本的突出批评价值而提出的，并未涉及谁是"第一读者"的指向问题，即如何界定谁是"第一读者"并未被阐明，所以"第一读者群"这个概念作为描述某一文本有众多批评者，是有其理论价值的。在"第一读者群"里面，根据其对后世的影响，再确定出谁是"第一读者"，这种做法似乎更加合理、稳妥。

（二）读者与作者身份的统一性

　　接受美学认为作者、文本、读者三者是具有一种交互关系的，三者在运动之中才完成了阅读，让文学成了有意义的活动，让文本中的潜在意义变成了现实意义。现实中，总有一些有着超强创作能力的人，他们经常是一身而兼读者和作者两种身份，这就使接受美学对作者和读者关系的描述显得过于机械。比如王勃、王昌龄、卢纶三人，他们阅读《史记·李将军列传》时的身份是读者，读李广的时候他们自然有自己的期待视野。一般而言，对某本文有某种见解，还把这种见解发表出来，而且对后世有重要影响的读者就属于某文本的"第一读者群"。把见解发表出来的形式，一般而言就是"诗话""词话"等。当然，也有其他形式可以被读者用来表达自己对某部作品的看法，比如王勃、王昌龄、卢纶就用自己的作品表达了对李广形象的看法，并将李广提升为一个典型形象。面对《史记·李将军列传》，这三人是读者，而且是李广形象的"第一读者"；也正是这三位读者以诗歌形式将李广形象提升

---

　　①　魏琼琼：《李贺诗歌接受史上的"第一读者"与"第二读者"》，《盐城工学院学报》（社会科学版）2015 年第 3 期。

为典型形象，从这个角度来说，他们又是诗人、作家。在这里，读者与作家不是截然分开的。作家在阅读某些作品的时候是有他的期待视野的，而他在结束阅读后很可能会有所感悟，于是开始他的构思、创作。陈文忠说，对于作家来说，"阅读是创作的直接目的"①。这里对读者与作家身份的合一性就理解得更深了。这样的例子在我国屡见不鲜，比如刘勰首先作为一个读者，阅尽了其前的所有诗文作品，然后才写下了"体大思精"的《文心雕龙》。此后他又作为作者，对后世诗文创作和文学理论产生着深远的影响。在这里，这两种身份集合在刘勰的身上，共同影响了整个中国文学史。杜甫著名的《戏为六绝句》是更典型的例子，郭绍虞先生在《杜甫戏为六绝句集解》的序言中说："杜甫戏为六绝句，开论诗绝句之端。亦后世诗话所宗。论其体则创，语其义则精。盖其一生诗学所诣，与论诗所诣，悉萃于是，非可以偶尔游戏视之也。"② 杜甫在中国有诗圣之誉，其诗艺术水平之高自不待言，然而杜甫对诗学的贡献并不止于此。郭绍虞先生这段话指出杜甫所谓的"戏为"绝不是随便之作，这六首绝句是杜甫一生诗学旨趣的总结，无论是对于诗体还是对于诗歌语言的论述都能切中要害，是不可多得的精品。这六首诗的最大创新之处在于其开创了以绝句这种完美的诗学形式探讨诗歌的方式，后世研究者不但探讨杜甫的这六首诗，更学习这种论诗形式，影响巨大。在中国诗歌理论遗产中，有不少著名的论诗绝句，而最早出现、最有影响的则是杜甫的《六绝句》。《六绝句》前三首评论作家，后三首揭示论诗宗旨，是一个不可分割的整体。庾信、初唐四杰等人在文学史上固然具有很重要的地位，然而作为他们的"第一读者"，杜甫在他们诗歌的传播接受过程中，无疑起着极其重要的作用；同时，杜甫对他们的评价也引领更多的人阅读他们的诗篇——"庾信文章老更成，凌云健笔意纵横"，"尔曹身与名俱灭，不废江河万古流"。杜甫之后的元好问，很好地继承了这种论诗方式，写成了《论诗三十首》，对后世影

---

① 陈文忠：《中国古典诗歌接受史研究》，安徽大学出版社 1998 年版，第 50 页。
② 郭绍虞集解：《杜甫戏为六绝句集解》，人民文学出版社 1978 年版，第 3 页。

响也很大。

通过以上分析，我们发现李广虽然早在西汉之初就被写进《史记》，被司马迁塑造为一个悲情的名将形象，然而从东汉到后来的隋代，李广形象在古代诗文中一直没有形成影响。直到唐朝建立，李广才开始真正成为诗作中的"宠儿"：李广频繁出现在唐诗之中而且出现的形式多种多样，在李广形象内涵的开发上奠定了李广内涵最主要的基础。在这个基础上，唐代诗人进一步将李广形象经典化。西方文艺接受理论中"第一读者"的概念恰可以用在此处，因为司马迁塑造了李广形象之后，李广形象并未立即成为经典形象，而是在进入唐代之后渐渐成为"经典"。所以"第一读者"概念的提出，一定是重视对作品文本的首次重要评价，但如果不是一个读者，而是一群读者都参与了对文本形成重要评价的，那么"第一读者群"作为"第一读者"的补充概念就显得很重要了。

综上所述，李广形象的接受虽属于小题目，然而对于它的研究可见文学接受与读者所处的社会历史情况及其期待视野之间的关系。只有当被接受的对象与读者的期待视野相一致时，文学接受才会真正发生。"第一读者群"也是通过李广形象接受而提出来的，虽然不是全新的概念，但对文学接受理论应不无裨益。由此引出的对读者与作者身份统一关系的讨论也有利于清楚地认识接受理论中读者与作者的辩证关系。我们还明白这样一个道理：虽然只有当被接受的对象与读者的期待视野相一致时文学接受才会发生，但这种接受并不是被动地阅读、思考，很可能接受与创造同时进行。而创造源于什么呢？源于接受者的心理需求，而接受者与接受者又存在很大的差异性，这种差异性体现在性别、年龄、地域、时代等各个方面。因此不同的创造者面对相同的接受对象例如李广，必然会有不同的作品。从以上李广形象在唐代的经典化过程可以很清晰地看到这个道理——文学接受源于需要、体现需要。

小结　李广形象在唐代的繁荣与唐代士人心理、社会状况的关系

司马迁的《史记》一出便成为史学经典，同时在文学史上也具有重要地位，然而《史记·李将军列传》并没有因此而广为人知。即以诗歌为例，从西汉武帝一直到隋末，700 年间只留下了 6 个人的 6 首诗语涉李广。入唐之后，李广在唐代各种文学体裁中都有体现，还以诗歌为例，有唐一代 300 年间，留下了 54 个诗人的 66 首诗，这些诗人分布在唐代各个阶段，从多个角度演绎李广形象，体现出了极强的创造性。这里面既有专论李广的诗作，如崔道融的《题〈李将军传〉》，也有咏史诗如胡曾的《咏史诗·霸陵》，而更多的则是将李广形象融入诗作，李广形象因而发生了很多变化，如前述王昌龄、王维等人的诗作。缘何沉寂了 700 年的李广形象到了唐代忽然又"活"了起来，可从微观和宏观两个角度来考察。

从微观而言，唐代士人多胸襟宏阔，在人生价值的实现上比汉代人更为迫切，"封侯"可以说是唐人追求人生价值实现的典型体现，而这与李广毕生都在追求的封侯理想是完全一致的，所以唐诗中以李广而歌咏理想的诗篇大量存在。现实中，封侯是绝大多数人都无法实现的愿望，所以他们悲观、失望，看到别人落魄失意也同样是感同身受，于是他们想起了 700 年前同样热烈追求封侯理想而不得的李广。更为相似的是，李广戎马一生，一直奋斗在边塞之上，而唐代诗人往往也有"宁为百夫长，胜作一书生"的想法，有不少人还真的有从戎边塞的经历，所以李广虽然没有诗文传世，却是唐代诗人最为熟悉的古人形象之一。他们在李广身上似乎看到了自己，而且如司马迁所描写的那样，李广身上还具有很高的"品格"，而这正是士人所一直引以为荣的核心人格。综合这种种因素，李广便成了唐代诗人笔下常常出现的一个历史人物形象。他们用李广歌颂理想、盛赞边将，用李广哀悼送别，用李广塑

造人物形象、讲述人物事迹，用李广抨击朝廷不公、抒发不遇之苦。从这个意义上讲，李广俨然成了唐代一部分诗人的自我写照。

从宏观来说，汉唐之间是存在很多相似性的，例如两个朝代国力都比较强大，而且战争不断，给士人提供了向上发展的动力和机会。唐代在这方面要比汉代更为突出，充军边塞有可能建功立业，科举制度也有机会改变命运，尤其后者，还促进了他们对诗艺的研修，再加上唐代对诗歌的崇尚，于是国家和社会就给士人营造出一个紧迫而又指向性很强的环境。在这种大环境中，广大士子如李广般怀揣建功立业的梦想，用自己的诗句记录下自己的所见所感，抒发他们对封侯理想的无限向往。

综上，唐代诗文中李广形象繁盛并非偶然，而是有着深刻的社会历史原因。既需要国家实力强大，又需要国家创造宽松的发展环境，同时还需要给诗人提供良好的文化环境。如此，李广这样一个投身边塞而又积极追求功名理想的人物形象才会被诗人们反复提及，并用各种方式加以演绎，形成李广形象演变史上的第一个高潮。

第五章　唐代文章中的李广与唐代文化中的李广

就李广接受而言，唐代是一个具有里程碑意义的朝代。唐代不但在诗歌领域延续了之前各个时代对于李广的接受，而且沿着前代的脚步进一步将李广接受扩展至诗文、小说、史学、军事学、蒙学、佛教学、类书学、诗文注释学等多个领域，在李广接受史上起到了重要的承前启后的作用。对此，后世学者少有关注。从唐代开始，李广接受从平面的接受走向了全方位的接受，这是其他历史人物形象所难以比拟的。

第一节　唐文中的李广形象

唐代的文章对于李广的接受沿着南北朝所开拓的方向继续发展，李广经常出现在官方文书如史书、奏议中和民间的杂记、杂论、序言、书信等散文、小说中，是李广形象接受的重阵。在很多悼文和神道碑文中也经常能见到李广的身影，足见李广在唐代文章中的广泛接受。

一、官方文书中的李广形象

本书所谓官方文书指史书、诏书、奏启等文体。此类文体或者由官方书写，或者写成之后即呈给官方阅览，是很正式的文体，代表了国家层面、上层社会对李广形象的接受。

(一) 史书对"李广之风"的重视

唐代文武并重，修撰了很多史书，其中内容往往涉及李广。这里面既有史事，也有史论。例如，中国历史上有关射箭入石故事的记载有好几则，养由基、熊渠、李广之后，北周又有一个名叫李远的将军也曾将箭射进了石头里面：

> 远善绥抚，有干略，守战之备，无不精锐。每厚抚境外之人，使为间谍，敌中动静，必先知之。至有事泄被诛戮者，亦不以为悔。其得人心如此。尝校猎于莎栅，见石于丛薄中，以为伏兔，射之而中，镞入寸余。就而视之，乃石也。太祖闻而异之，赐书曰："昔李将军广亲有此事，公今复尔，可谓世载其德。虽熊渠之名，不能独擅其美。"①

射兔而将箭射入石头寸余，这是很平实、客观的记录，又与李广射石之事相似，所以北周太祖宇文泰对李远的评价就显得非常准确而又恰当。

其他史书中有关李广的文字多见于人物传记，所关注的多是李广之才气与品格，如《南史》所载南朝刘宋名将檀道济死后，宋文帝刘义隆与殷景仁的对话就以李广突出檀道济之才气与威名：

> 文帝问殷景仁曰："谁可继道济？"答曰："道济以累有战功，故致威名，余但未任耳。"帝曰："不然，昔李广在朝，匈奴不敢南望，后继者复有几人。"二十七年，魏军至瓜步，文帝登石头城望，甚有忧色。叹曰："若道济在，岂至此！"②

再如《北史·史万岁传》所载的史万岁事迹，竟与李广出奇的相似。史载史万岁一生以抗击突厥为业，其"少英武，善骑射，骁健若飞"。李广射死

---

① (唐) 令狐德棻等：《周书》卷二五，中华书局1974年版，第420页。
② (唐) 李延寿：《南史》卷一五，中华书局1975年版，第447页。

匈奴射雕手突出了李广高超的射艺，而史万岁则是以射雁而令三军悦服。在"邺城之阵"中，官军稍有退却，史万岁"驰马奋击，杀数十人，众亦齐力，官军复振"。这与李广在元狩二年（前121年）被匈奴左贤王带领四万名骑兵包围时的情形非常相似。当时军士极其恐慌，李广派他的儿子李敢向敌人驰去。李敢独自带领几十名骑兵冲去，一直穿过匈奴骑兵的包围圈，抄过敌人的左右两翼再回来，他向李广报告说："胡虏易与耳！"这样军心才安定下来。李广治军简易并且爱兵如子，史万岁也是如此。史载："万岁为将，不修营伍，令士卒各随所安，无警夜之备，虏亦不敢犯。临阵对敌，应变无方，号为良将。"同李广一样，史万岁也曾被除名，后因"突厥达头可汗犯塞"而重被皇帝启用为将军。匈奴曾经因为李广镇守右北平而"避之数岁，不敢入右北平"。史万岁也有这样的事迹，史载"开皇末，突厥达头可汗犯塞"，当达头听说隋朝来将是史万岁的时候，竟"闻而引去"，这与李广何其相似。更为相似的是，史万岁死的时候"天下士庶闻者，识与不识，无不冤惜"。史万岁与李广有诸多的相似之处，所以在史万岁最后的赞中，我们就见到了这段文字：

> 万岁实怀智勇，善抚士卒，人皆乐死，师不疲劳。北却匈奴，南平夷獠，兵锋所指，威警绝域。论功仗气，犯忤贵臣，偏听生奸，死非其罪，人皆痛惜，有李广之风焉。①

史万岁的经历与品格和李广有着诸多的相似之处，这就无怪乎魏征等人会在最后的赞语中将其与李广进行对比，以"有李广之风"来评价他，这是唐代李广接受的一种特别的方式。

（二）唐代诏书对李广的重视及对李广"赎罪"的重视

诏书是古代公文的一种，是古代社会以"王言"即皇帝命令为主的下行

---

① （唐）李延寿：《北史》卷七三，中华书局1974年版，第2537页。

公文，作为皇帝专用的公文文体，已有两千多年历史。在封建社会，诏书的发布关系到军国大事、国计民生，也体现了封建皇权。《文心雕龙·诏策》是这样说的：

> 皇帝御宇，其言也神。渊嘿黼扆，而响盈四表，唯诏策乎！昔轩辕唐虞，同称为"命"。"命"之为义，制性之本也。其在三代，事兼诰誓。誓以训戎，诰以敷政。"命"喻自天，故授官锡胤。《易》之《姤·象》："后以施命诰四方。"诰命动民，若天下之有风矣，降及七国，并称曰"令"。令者，使也。秦并天下，改"命"曰"制"。汉初定仪则，则命有四品：一曰策书，二曰制书，三曰诏书，四曰戒敕。"敕"戒州部，"诏"诰百官，"制"施赦命，"策"封王侯。策者，简也；制者，裁也；诏者，告也；敕者，正也。①

诏，是一种正式、严肃的应用文体，而李广却是一个带有悲剧性的名将形象，二者间的联系可见诸唐代诏书，如《授嗢没斯姓李名思忠制》《赐张仲武诏意》《薛达除秦州刺史制》《康从固除冀王府司马制》等都提到了李广，其用意不外乎借以赞颂他人之勇猛善战。制，亦是诏。据《旧唐书·则天皇后纪》记载，由于武则天名"曌"，为避讳，"遂改诏书为制书"②。此时期的制书兼有诏书的功能。徐师曾《文体明辨·制》对唐宋制书的文体体制进行了描述，他说："唐世，大赏罚、赦宥、虑囚及大除授，则用制书，其褒嘉赞劳，别有慰劳制书，余皆用敕，中书省掌之。宋承唐制，用以拜三公、三省（门下、中书、尚书）等官，而罢免大臣亦用之。"③"以制命官"，是唐宋的制度。

《授嗢没斯改姓李名思忠制》是以上所举诏书中较有代表性的一篇。这是唐武宗朝时任宰相的李德裕所拟的一道诏书：

---

①　（南朝梁）刘勰著，范文澜注：《文心雕龙注》卷四，人民文学出版社1958年版，第358页。

②　（后晋）刘昫等：《旧唐书》卷六，中华书局1975年版，第120页。

③　（明）徐师曾撰，罗根则校点：《文体明辨序说》，人民文学出版社1998年版，第114页。

　　昔项伯归义，奉春建策，赐之刘氏，列在汉宗。爰宠茂勋，仰惟前典。嗢没斯代雄沙漠，勇冠天山，早称良将之材，常佩明王之绂，附于绝塞，岁已再期，秉是一心，竟全大节。今则解其毳服，始列牙旗，自我加恩，益闻厉志，骥登吴坂，感顾盼而长鸣，剑出丰城，因拂拭而增焕。朕以汉北平太守李广，北狄避之，号为飞将。顾其苗裔，颇在龙庭。美瓜瓞之所兴，因而命氏，念棣萼之方韡，当使同荣。夫思在无邪，忠为令德，嘉其立志，用以锡名。尔宜念之，无替休命。①

　　嗢没斯是唐代回纥汗国的特勤。特勤是古代北方民族官名，以可汗子弟及宗室充任。唐朝末年（840），黠戛斯汗国打败了回纥，称雄漠北，回纥残部逃到了西域（今新疆）。会昌元年（841）八月，回纥嗢没斯部到天德军请求内附。天德军使田牟、监军韦仲平贪求边功，想联合吐谷浑、沙陀、党项等部落乘势出击，朝臣大多表示赞成，李德裕则竭力反对。他认为回纥在平定"安史之乱"中有功，如今嗢没斯率部来降，秋毫无犯，应予以安抚。出击的话，天德军兵力不足，一旦交战失利，城池必然陷落。如果他们骚扰边境，即可调动各道兵马讨伐。朝廷采纳了李德裕的建议，这篇诏书就是李德裕拟定的诏书，目的是给嗢没斯改姓名。在封建社会，以国家的名义给个人改姓名是一件具有重大政治意义的事件。这篇诏的开头提到了刘邦赐项伯和娄敬刘姓，并解释说这是一种肯定的和可以借鉴的做法。接下来是对回纥嗢没斯部归附大唐的肯定，以及对他们的期望。李德裕在这里提到了李广，他说："汉北平太守李广，北狄避之，号为飞将。顾其苗裔，颇在龙庭。美瓜瓞之所兴，因而命氏，念棣萼之方韡，当使同荣。"意思是希望嗢没斯部能够像李广那样为唐朝镇守边塞，所以赐嗢没斯姓李广之李。当然，唐朝是李姓王朝，赐嗢没斯李姓还有明显的接纳意味。后几句"夫思在无邪，忠为令德，

---

① （唐）董诰等编：《全唐文》卷六九七，中华书局 1983 年版，第 7161 页。

嘉其立志，用以锡名。尔宜念之，无替休命”，给嗢没斯赐名的用意则承接着所赐的李姓，希望嗢没斯能忠心不二地忠于大唐，能够一直守护大唐的边境安宁。

唐玄宗的《薛讷除名为庶人制》在这些诏书里面是另一篇很特别的诏书。唐玄宗的这篇制文目的是将薛讷除名为庶人，即剥夺其所有爵位、职位。薛讷是唐朝名将、右威卫大将军薛仁贵的长子。其不善言笑，沉着勇悍，以刚正秉直而闻名于世。其得到武则天重用，抵抗突厥，屡立战功。然而在开元二年的滦水谷之战中，薛讷却中了契丹的埋伏，导致“死者十分之八九”。制云：

> 薛讷与左监门卫将军杜宾客、定州刺史崔宣道等将兵六万出檀州击契丹。宾客以为“士卒盛夏负戈甲，赍资粮，深入寇境，难以成功。”讷曰：“盛夏草肥，羔犊孳息，因粮于敌，正得天时，一举灭虏，不可失也。”行至滦水山峡中，契丹伏兵遮其前后，从山上击之，唐兵大败，死者什八九。讷与数十骑突围，得免，虏中嗤之，谓之“薛婆”。崔宣道将后军，闻讷败，亦走。讷归罪于宣道及胡将李思敬等八人。[①]

薛讷大败，惩罚是必然的，然而唐玄宗并不想处死薛讷。他批评了薛讷的过错，并说明了处罚的方式。其中既有批评，也有责罚，同时还对薛讷寄予了希望：

> 出师不臧，本于丧律，责帅归罪，闻于记言。并州大都督府长史兼左卫大将军和戎大武等诸军州节度大使同紫微黄门三品薛讷，顷者总戎御边，建议为首。暗于料敌，轻于接战，张我王师，剑之虏境。偏裨失节，乃斯令之不明；中军靡旗，则厥谋之不振。况雁门斩级，魏尚岂得论功；马邑亡辐，王恢必闻议罪。进退之咎，典

---

① （宋）司马光编著，（元）胡三省音注：《资治通鉴》卷二一一，中华书局1976年版，第6702页。

刑攸属。且观其畴昔，颇尝输罄，每欲资忠效主，见义忘身，傥曹沫不死于辱，终能自奋。秦赦孟明之败，汉从李广之赎，古常有矣，朕每怀之。特缓严科，俾期来效，宜放其罪。所有官爵，并从除削。[①]

唐玄宗的这篇文章写得有理有据、恩威并重，既分析了薛讷兵败的缘由及主要责任，又显示了皇恩浩荡，对薛讷寄予了希望。在考虑如何惩罚薛讷的时候，玄宗提到了李广，"汉从李广之赎"。这里所说的"李广之赎"指的是元光六年（前129年）李广出雁门打击匈奴却不幸被俘，后又逃回汉营的事。李广回到京师后，朝廷把李广交给执法官吏审判。执法官吏判决李广折损伤亡人马多，又被匈奴活捉，依法当斩，经纳粟赎罪，成为平民。李广依法当斩，却用纳粟的方式赎了死罪，这应当是国家制度所允许的，但也不能不考虑汉武帝的恻隐之心，毕竟李广是抗击匈奴的一员猛将。如果汉武帝不同意，李广必定还是会被处斩。唐玄宗正是看到了这点，他说"汉从李广之赎"，这里的"从"是"听从""同意""允许"的意思。同为帝王，他看出了汉武帝允许李广赎罪的原因，而他也并不想杀死薛讷，所以他从李广赎罪为自己免除薛讷死罪找到了案例依据。李广是一个内涵很丰富的历史人物形象，然而就"赎罪"这一点而言，李隆基却是首个发现这个点的人，这进一步丰富了李广形象的内涵。

（三）奏启中的李广形象接受

奏启与诏、制正好相反，是一种臣子写给皇帝的上行文书，用以向皇帝汇报、请示等。《全唐文》里唐代留下来的奏启文章中也偶见李广，但用法鲜有新意，或赞其才，或矜其勇，或悲其难封，或叹其生不逢时，唯颜真卿建

---

① （唐）董诰等编：《全唐文》卷二一《李隆基〈薛讷除名为庶人制〉》，中华书局1983年版，第243页。

中三年（782）的奏表和员半千的《陈情表》值得一说。前者涉及武成王庙的祭祀，后者原是一篇直接呈给皇帝用以求官的干谒奇文或者称自荐书，展示了一个怀才不遇、渴求功名而又高自标持、狂傲不羁的文人形象。员半千是初盛唐时期一个才华出众的著名文人，《陈情表》作于高宗咸亨年间。其时，皇帝下令求才，员半千听说之后便进京求官，他变卖了全部家产以充路费，用以明破釜沉舟之志。这篇表最为人所惊叹的是他对自己才华的描述：

> 若使臣平章军国，燮理阴阳，臣不如稷契；若使臣十载成赋，一代称美，臣不如左太冲；若使臣荷戈出战，除凶去逆，臣不如李广。若使臣七步成文，一定无改，臣不愧子建；若使臣飞书走檄，授笔立成，臣不愧枚皋。陛下何惜玉阶前方寸地，不使臣披露肝胆，抑扬辞翰？请陛下召天下才子三五千人，与臣同试诗、策、判、笺、表、论，勒字数，定一人在臣先者，陛下斩臣头，粉臣骨，悬于都市，以谢天下才子。①

员半千极其自负，他描写自己才华的文字大肆铺排，极尽渲染。如果说前一半可以概括为"三不如"和"二不愧"，还有谦虚的成分，那么后一半打赌式的炫才简直比谢灵运还狂傲百倍。本书所关注的是李广，即员半千"三不如"中的第三个"不如"。员半千的"三不如"代表了三种能力，第一、二分别概括的是掌管民治和文学创作能力，而只有第三个"不如"说的是武将之战场拼杀——"若荷戈出战，除凶去逆"。历史上有名的良将不计其数，如白起、李牧、廉颇等都是名垂青史的猛将、名将，然而员半千选的是李广，足见李广在他心目中的地位和李广形象在当时是多么受重视。

二、唐代小说《张守珪》对李广故事的创改

与唐诗和唐代官方文书不同，唐代多数的书信、序言、杂论在李广的问

---

① （唐）董诰等编：《全唐文》卷一六五，中华书局 1983 年版，第 1682 页。

题上都主要关注李广的"数奇"和"难封"问题，例如罗隐在一封信《投蕲州裴员外启》中说："嵇康骨俗，徒矜养性之能。李广数奇，岂是用兵之罪。"① 王勃在他著名的《秋日登洪府滕王阁饯别序》中说："冯唐易老，李广难封。"② 李白在他的《饯李副使藏用移军广陵序》中说："社稷虽定于刘章，封侯未施于李广。"③ 符载的《愁赋》也说："李广失路于匈奴，徐市泛舟于海曲。"④ 由此可见，唐代文人在散文的叙事、议论中更关注李广的悲剧性，而不像诗歌那样具有多方面的创造性，唯小说表现出了较强的创造性。

志怪小说自南北朝以来一路发展，至唐有了新变，呈现出向传奇小说发展的趋势，其中一些作品也出现了李广的身影。例如，戴孚所撰的《广异记》就是这样一部小说集，其兼具传奇和志怪两种特点，上承六朝志怪模式而有进步，提升了小说创作意识的水平。其以志怪之体而用传奇之法，是初唐小说由志怪演进为传奇的代表作品。《广异记》中一些作品虽然仍未脱利用宗教元素辅教的窠臼，但新变也很明显，比如其中一则名为《张守珪》的故事，就表现出了极大的创造性。

> 幽州节度张守珪，少时为河西主将，守玉门关。其军校皆勤勇善斗，每探候深入，颇以劫掠为事。西城胡僧者，自西京造袈裟二十余驮，还大竺国。其徒二十余人。探骑意是罗锦等物，乃劫掠之。杀其众尽，至胡僧，刀棒乱下而不能伤，探者异焉。既而索驮，唯得袈裟，意甚悔恨，因于僧前追悔，擗踊悲涕。久之，僧乃曰："此辈前身，皆负守将命，唯趁僧鬼是枉死耳。然汝守将禄位重，后当为节度、大夫等官，此辈亦如君何！可白守将，为修福耳。然后数年，守将合有小厄，亦有所以免之。"骑还白守，留僧供养，累年

---

① （唐）董诰等编：《全唐文》卷八九四，中华书局 1983 年版，第 9339 页。
② （唐）王勃撰，（清）蒋清翊注：《王子安集注》卷八，上海古籍出版社 1995 年版，第 233 页。
③ （唐）李白撰，詹锳主编：《李白全集校注汇释集评》卷二七，百花文艺出版社 1996 年版，第 4120 页。
④ （唐）董诰等编：《全唐文》卷六八八，中华书局 1983 年版，第 7042 页。

去。后守珪与其徒二十五人，至伊兰山探贼，胡骑数千猝至。守力不能抗，下马脱鞍，示以闲暇。骑来渐逼，守珪谓左右："为之奈何，若不获已，事理须战。"忽见山下红旗数百骑突前出战，守随之，穿其一角，寻俱得出，虏不敢逐。红旗下将谓守珪曰："吾是汉之李广，知君有难，故此相救。后富贵，毋相忘也。"言讫不见。守珪竟至幽州节度、御史大夫。①

因果报应是六朝以来志怪小说的重要主题之一，《幽明录》《宣验记》《搜神记》等著作之中均不乏因果报应，这篇《张守珪》明显是承六朝小说的这种思潮而创作的。张守珪的部下贪财而误杀西域僧人，在一番忏悔之后，西域僧人告诉张守珪的部下：那些被杀者前世都负欠守将之命，不用计较，只有一个趁僧鬼是枉死的。张守珪日后官运亨通，这些死鬼奈何不了他。张守珪只要为死鬼修福即可。此后数年，守将命中有小灾厄，会因此而免除。张守珪供养此西域僧人多年，西域僧人才离开。后来，张守珪果然在一次侦察中与数千胡骑遭遇，正在无奈之际，汉将李广出现，为张守珪解围，而张守珪日后也竟如胡僧所言官至幽州节度、御史大夫。

张守珪，史上确有其人，是盛唐一位具有传奇色彩的名将，与戴孚生活于同一个时代而略早，《新唐书》有《张守珪传》。戴孚创作的这篇有关张守珪的志怪小说宣扬佛教因果报应并不新鲜，新鲜的是他让汉朝的李广穿越了900年去解救唐朝的张守珪，这是一种浪漫主义的创作手法。其创作动因主要有以下三方面：一是李广与张守珪都是具有传奇色彩的守边名将；二是故事类型的相似性；三是李广形象在唐代的广泛传播。

李广与张守珪都是具有传奇色彩的守边名将。据《新唐书·张守珪传》记载：

> 张守珪，陕州河北人。姿干瑰壮，慷慨尚节义，善骑射。以平

---

① （唐）戴孚撰，方诗铭辑校：《广异记》卷五，中华书局1992年版，第70页。

乐府别将从郭虔瓘守北庭。突厥侵轮台，遣守珪往援，中道逢贼，苦战，斩首千余级，禽颉斤一人。开元初，虏复攻北庭，守珪从儳道奏事京师，因上书言利害，请引兵出蒲昌、轮台夹击贼。再迁幽州良杜府果毅。时卢齐卿为刺史，器之，引与共榻坐，谓曰："不十年，子当节度是州，为国重将，愿以子孙托，可僚属相期邪?"稍迁建康军使……契丹、奚连年梗边，牙官可突于，胡有谋者，前长史赵含章、薛楚玉等不能制，守珪至，每战辄胜，虏遂大败。①

从《广异记》和《新唐书》的这两则材料来看，张守珪与李广非常相像：他们都擅长骑射，长期奋战在边庭，以抗击外敌入侵为业。而敌军遇到他们也每每闻风丧胆，所以戴孚在创作张守珪故事的时候会想到"让"李广去营救张守珪。

这个故事中还有一个与李广极为相似的情节。如《李广年表》所述，后元六年（前158年），李广带领百余骑兵在为中贵人报仇之后遭遇数千匈奴骑兵，李广命令部队下马解鞍迷惑敌人，让敌人以为自己是汉军的诱敌之兵而不敢贸然进击，最后得以平安脱险。在张守珪的这个故事中，张守珪只带了25人，遇敌骑兵数千，实力悬殊犹如李广，张守珪同样"下马脱鞍，示以闲暇"，但对方不为所惑，而是"骑来渐逼"——张守珪想用李广的办法却不奏效。面对这样一个困境，现实中的张守珪如何解决无法确知，但在故事中，基于佛教的因果理论，这时候一定会有一个人挺身而出解救张守珪，戴孚选择了与其有相似经历而又有成功经验的李广，这种浪漫主义的创作手法超越了志怪小说之"志"，而走向了"传奇"之路。

这则故事之所以会这样编著，其前提必定是戴孚对于李广形象十分熟悉，所以才会在接触到与李广有相似特点的张守珪时想到李广，并将李广写进故事，从而实现佛教因果报应说法的宣扬，而这正反映了李广形象在唐代的广泛传播。

---

① （宋）欧阳修等：《新唐书》卷一三三，中华书局1975年版，第4548—4549页。

三、悼文及神道碑文中的"痛""赞"情绪与李广形象

鉴于唐人对李广的高度关注，在唐代的祭文中竟也发现了李广的身影，本书统计，这类文章共有 22 篇之多。

"诔""哀""吊"等几种文体形成很早，《文心雕龙》有专门论述，言其"情主于痛伤，而辞穷乎爱惜"（《文心雕龙·哀吊》）。在这点上李广无疑是很合适的，他的自杀、他的难封都足以令人悲痛至极，所以墓志铭、碑铭等文体中常常能见到李广的身影。

> 昔李将军之殂，人皆流涕，以其信结于士大夫，公近之矣。
>
> ——李德裕《唐故左神策军护军中尉兼左街功德
>
> 使知内侍省事刘公神道碑铭》①

> 玉海波空，实痛神辞李广。
>
> ——皮光业《吴越国武肃王庙碑铭》②

这两则材料所突出的都是李广之死。据《史记·李将军列传》记载，李广"引刀自刭"后，"广军士大夫一军皆哭。百姓闻之，知与不知，无老壮皆为垂涕"。从这几句描写来看，李广死前是非常受大家爱戴的，所以这样一则材料就非常适用于碑铭的写作，以此来描写周围人对于逝者之逝的痛惜，间接突出逝者之德。相比于自杀和死亡，李广最大的悲剧是理想的破灭——难封。如果逝者已逝，而又偏偏不获赏识，那么李广便是一个非常好的悲剧形象，进而影响了中国古代的英雄文化。

> 周公圣而谤，屈平贤而放，贾谊才而谪，李广劳而丧。彼天命
> 之纠纷，此人情之惆怅。
>
> ——张说《唐故夏州都督太原王公神道碑》③

---

① （唐）董诰等编：《全唐文》卷七一〇，中华书局 1983 年版，第 7296 页。
② （唐）董诰等编：《全唐文》卷八九八，中华书局 1983 年版，第 9375 页。
③ （唐）董诰等编：《全唐文》卷二二八，中华书局 1983 年版，第 2304 页。

嗟乎！命之不偶，李广岂遂于封侯；枭在官门，士衡终闻于叹？公婚于荥阳郑氏，克谐琴瑟，相敬如宾。有子三人，男曰义仙、义立，女适齐郡史氏。孤子衔恤茹茶，哀号罔极。恐田恩碧海，谷变为陵，片石未镌，防墓何辨。用凭不朽之石，以志永存之词。

——赵造《中大夫行内侍省内给事员餐置同正员上柱
国赐绯鱼袋王公墓志铭（并序）》①

铉本自世亲，早为姻族。叹侯封于李广，发哀词于杜笃。刻翠炎于荒阡，拟高陵于深谷。

——徐铉《唐故检校司徒行右千牛卫将军苗公墓志铭》②

著名诗人刘长卿就有一篇这样的作品。他曾任随州刺史，在他任职随州的第二年（建中二年，781），遇上了李希烈讨伐唐朝叛将山南东道节度使梁崇义的战争。在这场战争中有一个董姓的兵马使阵亡了，刘长卿可能与之熟识，于是挥笔写下了《祭董兵马使文》。全文如下：

维年月日，某乙谨以清酌之奠，祭于故镇守兵马使董公之灵：

温温董公，纯厚谦恭。忠孝因心，礼乐在躬。薄伐襄汉，言从征东。

远将偏师，独当群凶。朱旗薄霄，白羽生风。彼众我寡，兵尽矢穷。

手张空拳，力殚气雄。孟明失律，李广无功。有志不遂，饮恨而终。

落梅笛怨，细柳营空。犹嘶战马，永挂良弓。铭旌悠悠，此去何从？

宝剑埋没，黄泉几重！尚飨！③

此文偶句用韵，主体为四言句，前四句用以形容董兵马使其人，忠孝仁义。后面全是叙事，先是点出董兵马使参加了讨伐梁崇义的战争。"远将偏师，独当群凶"八个字耐人寻味，董兵马使远道而来，并非主将，但他面对的形势

---

① （唐）董诰等编：《全唐文》卷七六四，中华书局1983年版，第7939页。
② （唐）董诰等编：《全唐文》卷八八六，中华书局1983年版，第9264页。
③ （唐）刘长卿撰：杨世明编年校注：《刘长卿集编年校注》，人民文学出版社1999年版，第590页。

却是"独当群凶"。后面的十六个字很自然地写出了战争的结果——"彼众我寡，兵尽矢穷。手张空拳，力殚气雄。"这个董姓兵马使就此牺牲了，他同李广一样不仅没有功劳，理想还没实现，"有志不遂，饮恨而终"概括得极好。后面几个典故的运用也非常好，四字句使得全诗节奏感强，情感深沉而有力。

除了表达哀思、悲痛之外，"诔""哀""吊"等几种文体，也常常凸显对逝者的"赞誉"。在这一点上，"铭"也可归入同类。

> 周世盛德，有铭诔之文。
>
> ——《文心雕龙·诔碑》①

> 故铭者，名也，观器必也正名，审用贵乎盛德。盖臧武仲之论铭也，曰："天子令德，诸侯计功，大夫称伐。"夏铸九牧之金鼎，周勒肃慎之楛矢，令德之事也；吕望铭功于昆吾，仲山镂绩于庸器，计功之义也；魏颗纪勋于景钟，孔悝表勤于卫鼎，称伐之类也。
>
> ——《文心雕龙·铭箴》②

> 诔者，累也；累其德行，旌之不朽也。
>
> ——《文心雕龙·诔碑》

> 详夫诔之为制，盖选言录行，传体而颂文，荣始而哀终。论其人也，暧乎若可觌；道其哀也，凄焉如可伤：此其旨也。
>
> ——《文心雕龙·诔碑》

由这几段文字可知，"铭"和"诔"这两种文体不但产生很早，而且主要意旨都包含了矜夸功绩。"碑"也同样具有这样的性质。

> 碑者，埤也；上古帝皇，纪号封禅，树石埤岳，故曰碑也。周穆纪迹于弇山之石，亦古碑之意也。又宗庙有碑，树之两楹，事止丽牲，未勒勋绩。而庸器渐缺，故后代用碑，以石代金，同

---

① （南朝梁）刘勰著，范文澜注：《文心雕龙注》卷三，人民文学出版社 1958 年版，第 212 页。
② （南朝梁）刘勰著，范文澜注：《文心雕龙注》卷三，人民文学出版社 1958 年版，第 193 页。

乎不朽。

——《文心雕龙·诔碑》

关于"诔""铭""碑"三者的关系，刘勰是这样总结的：

> 夫属碑之体，资乎史才，其序则传，其文则铭。标序盛德，必见清风之华；昭纪鸿懿，必见峻伟之烈：此碑之制也。夫碑实铭器，铭实碑文，因器立名，事光于诔。是以勒石赞勋者，入铭之域；树碑述亡者，同诔之区焉。

——《文心雕龙·诔碑》

简单说就是"碑"和"铭"是一体的，区别只在于是否将铭文刻于石碑之上。在叙述亡者事迹上，"碑"和"诔"同属于一个范畴。刘勰在诔碑篇最后的"赞"中的总结也非常到位：

> 赞曰：写远追虚，碑诔以立。铭德慕行，文允集。观风似面，听辞如泣。石墨镌华，颓影岂戢。

"哀吊"之"哀"与以上之"诔""铭"和"碑"有很大区别，刘勰说："哀者，依也；悲实依心，故曰哀也。"但是"哀"的内容之中却也少不了对逝者的誉赞：

> 原夫哀辞大体，情主于痛伤，而辞穷乎爱惜。幼未成德，故誉止于察惠；弱不胜务，故悼加乎肤色。

——《文心雕龙·哀吊》①

综合以上刘勰对这几种文体的分析可知，"铭""碑""诔"以及"哀"等几种文体在称颂逝者这一点上是比较一致的。李广身上具有很多可称颂的地方，于是唐代的这一类文章中就出现了李广的形象。例如"尤善为诔奠之词"（《旧唐书·李商隐传》）的李商隐在他的一篇写给岳父王茂元的祭文中就引入了李广形象。王茂元生前对李商隐的才华非常欣赏，并将女儿王晏媄

---

① （南朝梁）刘勰著，范文澜注：《文心雕龙注》卷三，人民文学出版社1958年版，第240页。

嫁给了他。会昌三年（843）发生了著名的"会昌伐叛"，河北诸军正在讨伐叛乱的昭义节度使刘稹，而王茂元亦以本军屯天井，贼未灭而病卒于任上。李商隐给他的岳父写过两篇祭文，其中的长篇祭文《祭外舅赠司徒公文》多达1702字，其文即以李广喻指其人。李商隐在这篇祭文中说"李广名重，王商貌异"，这非常明显地是以李广"汉之飞将军"喻指王茂元之令名。类似的对李广的赞誉在唐代一些墓志铭中经常出现，如：

> 类彼王商，竟贻真相之目；均夫李广，惮其飞将之名。
>
> ——刘祎之《大唐故司空公太子太师赠太尉扬州大都督上柱国英国公李公某志之铭》①

> 汉代良家，李广高于六郡；秦庭素贵，李良勇于一时。
>
> ——阙名《大唐合州新明县丞李君墓志》②

> 李广之世传雄略，累代将军；邓骘之帝出元勋，自家开国。
>
> ——阙名《嘉庆墓志铭》③

> 犹□□□□之德，射虎感李广之贤。
>
> ——阙名《□□□□州大都督参军陇西李公墓志铭并序》④

> 慕李将军之射法，重张太傅之兵谋。
>
> ——阙名《大唐故斛斯君墓志铭》⑤

> 邓晨一郡，汉帝称为主人；李广数年，匈奴号为飞将。
>
> ——杨炯《唐恒州刺史建昌公王公神道碑》⑥

> 犹祭彤之有勇，虏不敢窥；若李广之能飞，寇恒警避。
>
> ——严识元《潭州都督杨志本碑》⑦

---

① （南朝梁）刘勰著，范文澜注：《文心雕龙注》卷二，人民文学出版社1958年版，第179页。
② （南朝梁）刘勰著，范文澜注：《文心雕龙注》卷三，人民文学出版社1958年版，第253页。
③ （南朝梁）刘勰著，范文澜注：《文心雕龙注》卷四，人民文学出版社1958年版，第368页。
④ （南朝梁）刘勰著，范文澜注：《文心雕龙注》卷七，人民文学出版社1958年版，第589页，
⑤ （南朝梁）刘勰著，范文澜注：《文心雕龙注》卷二，人民文学出版社1958年版，第186页。
⑥ （唐）董诰等编：《全唐文》卷一九三，中华书局1983年版，第1950页。
⑦ （唐）董诰等编：《全唐文》卷二六七，中华书局1983年版，第2708页。

　　　　上既知公有日碑之纯固，加李广之材气，义形于主，确然秉志。

　　　　　　——元载《朔方河东河西陇右节度使御史大夫赠兵部尚书

　　　　　　　　　太子太师清源公王府君神道碑铭（并序）》①

　　　　若李广之飞来，效贾复之深入。

　　　　　　——杨凝式《大唐故天下兵马都元帅尚父吴越国王

　　　　　　　　　谥武肃神道碑铭（并序）》②

这些墓志铭的作者在赞颂逝者时非常注意挖掘李广身上的各种闪光点，有的重其"飞将"之名，即重其爱国善战；有的重其"良家"出身与辉煌家世；有的重其"下自成蹊"的崇高品格，有的重其射艺之高，有的突出公孙昆对景帝所说的"李广才气，天下无双"。总之，只要能突出逝者某一优长，碑文作者便联想李广身上的某一闪光点，然后将李广写入碑文，足见唐人对李广之重视。

　　除此之外，还有另一种对李广的赞誉方式，那就是以李广后人形容某人，如：

　　　　公讳璿，文安县人也。其先汉将李广，子最孙陵，并为汉名将，
　　　　即公之始也。自是□□华毂代代继出，时□□祖武父□并优游养间，
　　　　□□□□□□公文雄兼恃，技艺大善。年廿七，宾擢公□□□随其
　　　　愿而□不尽，享年二十有□皇唐天宝四载十二月五日，寝疾终
　　　　□□□□□□名举，未婚而终。父母哀其魂孤，为结幽契，娶同县
　　　　刘氏为夫人，越十一日，合葬于郡州西北二百步，从先茔。礼也。
　　　　尤恐陵谷迁变，刻石为铭。

　　　　　　——阙名《西郡李公墓石》③

　　很多学者都已经明证李广并无后人，这里无非是想借李广以光耀碑主之家世。墓志铭和碑文是文学创作，撰文者的目的在于突出逝者家世，这种做

---

① （唐）董诰等编：《全唐文》卷三六九，中华书局1983年版，第3750页。
② （唐）董诰等编：《全唐文》卷八五八，中华书局1983年版，第8996页。
③ （唐）董诰等编：《全唐文》卷九九三，中华书局1983年版，第10293页。

法看似无关紧要，却形成了一种写人的方式——以名人之后人写人，加深阅读者对人物的印象，这种方式对后世小说创作有直接影响。如元代《全相平话三国志平话》介绍李肃时说，右边有汉李广之后李肃，戴银头盔，身披银锁甲白袍，使一条丈五倒须悟钩枪，又弓带箭。① 同为元代的白朴在其剧作《裴少俊墙头马上》中为李世杰设计的自我介绍也说，老夫姓李，双名世杰，乃李广之后，当今皇上之族，嫡亲三口儿，夫人张氏，有女孩儿小字千金，年方一十八岁，尤善女工，深通文墨，志量过人，容颜出世。② 由此可以看出，以李广后人自居或以李广后人写人成了一种写作方式，其发展趋势是从官方到民间，从应用文到文学创作，足见李广接受之广泛和深入。

第二节　李善《昭明文选》注中对《汉书·李广传》的偏好

为古籍作注是我国古代非常优秀的学术传统，具有十分重要的学术和文化传承意义。就李广而言，与他关联最为紧密的当属由南朝宋裴骃集解、唐代司马贞索隐和张守节正义的三家注本《史记》以及汤代替严师古注释的《汉书》，尤其前者，三人的注释无疑为后世理解《史记》提供了极大的方便。然而《史记》和《汉书》的意义并不止于被注释，基于《史记》《汉书》在史学、文学和文化学方面的价值，汉代以后学者在给其他古籍作注时常常引用两书的文字作为注释内容，这是两书被广泛传播和接受的又一体现，也是它们在文献学和注释学上价值的重要体现。唐代是李广接受的第一个高潮，这个高潮不仅体现在诗文上，在类书、碑铭，甚至注释学方面也有鲜明的体现。作为唐代注释学的典型之作，李善注《昭明文选》征引了很多《史记》

---

① （元）佚名《全相平话五种·全相平话三国志平话》，浙江人民美术出版社 2017 年版，第380 页。

② 张月中、王钢主编：《全元曲》，中州古籍出版社 1996 年版，第 354 页。

《汉书》的内容，其中《史记》被引的总数有 848 处之多，《汉书》则达到了惊人的 2749 处，是《史记》的 3 倍有余，看来李善在注释中更偏爱《汉书》，这种偏爱十分鲜明地体现在李广传记上。作为《史记》名篇，《史记·李将军列传》同样出现在《汉书》当中，班固之《李广传》在文字上几乎全部引用了司马迁之《史记·李将军列传》，除了细微处有所更改，只是多了一则李广怒杀霸陵尉之后与汉武帝的书面对话。考虑到《史记》的地位、《史记·李将军列传》的优秀书写以及《汉书·李广传》对《史记·李将军列传》的全面引用，李善注《昭明文选》时，凡涉及李广之处都应该首言《史记》，但事实并非如此。李广在《昭明文选》注中确实出现过很多次，但李善在注中凡提到李广处皆言《汉书》，而不言《史记》，足见李善对《汉书》之偏爱。当然，就《汉书·李广传》而言，其相较于《史记·李将军列传》多出来的材料也确实被不少文人引用过，李善自然需要注明出处为《汉书》，所以可能是为了统一李广事迹以及文字的出处，再加上对《汉书》的偏爱，其注《昭明文选》凡涉李广皆言出自《汉书·李广传》也就情有可原了。

李善对于《李广传》的这种偏爱不但体现在他在注释时凡遇到李广事迹都言之甚详细，更体现在有些注释并非必要，也并非首先出自《李广传》，李善也都以《汉书·李广传》注之。

一、对李广事迹的注释

《昭明文选》中有些诗文作品确实用到了李广事迹，李善在注释的时候往往非常详细，值得注意的是，李善更偏爱引用《汉书·李广传》，而非《史记·李将军列传》中的相关文字。例如李陵《答苏武书》的后半段谈到其祖父李广时说道："陵先将军，功略盖天地，义勇冠三军，徒失贵臣之意，刭身绝域之表。此功臣义士所以负戟而长叹者也！何谓不薄哉？"[①] 李善在这几句

---

① （南朝梁）萧统编，（唐）李善注：《昭明文选》卷四一，上海古籍出版社 1986 年版，第 1852 页。

下面的注较为详细：

> 先将军，谓李广也。贵臣，谓卫青也。汉书曰：元狩四年，大
> 将军卫青击匈奴，广为前将军。出塞捕虏，知单于所居处，乃自部
> 精兵，而令广出东道。东道回远，广辞曰：臣结发而与匈奴战，原
> 居前。大将军不听。广意色愠怒，引兵出东道，惑失道，后大将军。
> 大将军因问失道状，欲上书报天子。广未对，大将军长史急责广。
> 广谓其麾下曰：结发与匈奴大小十余战，今幸从大将军出接单于兵，
> 而大将军令广部行回远，又迷失道，岂非天哉！且广年六十余，终
> 不复对刀笔之吏。遂引刀自刭。

苏武在给李陵的信中说"汉与功臣不薄"，李陵不同意这种说法，用了一整段文字予以证明，其中就谈到了自己的祖父李广的死。"徒失贵臣之意，刭身绝域之表"，两句所云当是元狩四年（前119年）李广随卫青出击匈奴而中途迷失道路，因而获罪并自刭一事。《李广列传》几乎是唐代文人的必读书目，然而李善还是完整地注释出了李广之死的前因后果，不能说不详细。

再如班固《幽通赋》中有一句"李虎发而石开"，李善注中几乎全文引用了《汉书》中李广射石的文字，言李广居右北平，猎，见草中石，以为虎，而射之，中石没矢，视之，石也。他日射之，终不能入。①

还有徐敬业的《古意酬到长史溉登琅邪城诗一首》中有"寄言封侯者，数奇良可叹"句，李善的注也说得很详细，不但把王朔给李广看相注了出来，还把汉武帝对卫青说李广数奇也注了出来："汉书，李广与望气王朔语曰：自汉击匈奴，广未尝不在其中，而诸将校尉以军功取侯者数十人，广不为人后，然终无尺寸之功以得封邑者，何也？岂吾相不当侯耶！又曰：大将军卫青阴

---

① （南朝梁）萧统编，（唐）李善注：《昭明文选》卷一四，上海古籍出版社1986年版，第645页。

受上旨，以为李广数奇。"①

再如"威棱"一词，这个词并非出自《史记》，而是出自《汉书·李广传》，是汉武帝针对李广的谢罪书给李广的回信中所用的一个词。这个词被后来的文人频繁引用，仅在《昭明文选》中就出现了9次，"棱威"出现了5次，合计14次。李善在作注的时候，每次都会不厌其烦地注出"《汉书》武帝报李广曰：威棱憺乎邻国"。

二、对李广事迹解释的偏好

以上所列都是《昭明文选》中出现的与李广直接相关的词汇，而有些诗文中的词汇却并非李广专属，李善在注释的时候总是习惯性地举李广事迹以为例，如解鞍、控弦、击刁、时、结发、猿臂、黄机等。

解鞍 "解鞍"一词本无特殊意义可讲，无非就是把马鞍解下，表示停驻，无注释必要，然而李善在给颜延年《秋胡诗》中"严驾越风寒，解鞍犯霜露"作注时说："《汉书·李广传》："令曰：'下马解鞍。'"②

控弦 "控弦"一词也并无特殊含义，意为拉弓或持弓，很多诗人都在用这个词，如蔡琰《胡笳十八拍》"人多暴猛兮如虺蛇，控弦被甲兮为骄奢。"曹植《白马篇》中亦有"控弦破左的，右发摧月支。"当然，李广传记中也有，然而李善在给左思的《魏都赋》"控弦简发"四字作注时写道：

《史记》曰：冒顿自立为单于，控弦之士三十万。班固《汉书》

李广述曰：控弦贯石，威动北邻。

以时间论，《史记》在《汉书》之前，李善已经注出《史记·匈奴列传》曾言："是时汉兵与项羽相距，中国罢于兵革，以故冒顿得自强，控弦之士三

---

① （南朝梁）萧统编，（唐）李善注：《昭明文选》卷二二，上海古籍出版社1986年版，第1065页。

② （南朝梁）萧统编，（唐）李善注：《昭明文选》卷二一，上海古籍出版社1986年版，第1004页。

十余万"；以诗歌论，蔡琰和曹植也都在左思之前，但李善还是用《汉书·李广传》中的"下马解鞍"四字作注解。这除了偏爱，应该没有其他合理解释了。

结发　《礼记》所谓的"冠礼"，即在二十岁时举行的成年礼，是我国古代一个重要的传统礼仪。这与李广没有必然联系，所以在注释中没有必要提李广，但李善在注释中并不是这样做的，例如在苏子卿《诗四首》"结发为夫妻，恩爱两不疑"句的注中，李善说："结发，始成人也。谓男年二十，女年十五时取笄冠为义也。"① 这个解释足矣，后边无须再举例，即使举例也无须刻意举出李广事迹。然而李善还是举出了《汉书·李广传》当中所载的元狩四年（前119年）李广随卫青大举出击匈奴之战请求卫青愿为前锋时所说的话——"《汉书》，李广曰：结发而与匈奴战也。"然而"结发"一词在《汉书》中并非只出现在《李广传》当中，同时还出现在《汉书·严朱吾丘主父徐严终王贾传》《汉书·霍光金日磾传》《汉书·儒林传》和《汉书·游侠传》中，《史记》当中的《傅靳蒯成列传》和《平津侯主父列传》也有"结发"一词。李善只引用《汉书·李广传》当中的"结发"一词，足见李善对于《汉书·李广传》的偏爱。

刁斗　"刁斗"一词源于《汉书·李广传》，《史记·李将军列传》中写作"刀斗"，两者所指当是同一物件，其含义正如三家注本《史记》所言：

> 不击刀斗以自卫【集解】：孟康曰："以铜作鐎器，受一斗，昼炊饭食，夜击持行，名曰刀斗。"【索隐】：刀音貂。案：荀悦云"刀斗，小铃，如宫中传夜铃也"。苏林云"形如铞，以铜作之，无缘，受一斗，故云刀斗"。铞即铃也。埤仓云"鐎，温器，有柄斗，似铫无缘。音焦"。

又查《说文解字注》云：

---

① （南朝梁）萧统编，（唐）李善注：《昭明文选》卷二九，上海古籍出版社1986年版，第1355页。

> 鐎，鐎斗也。即刁斗也。孟康曰：以铜作鐎器，受一斗。昼炊
> 饭食，夜击持行，名曰刁斗。荀悦曰：刁斗小铃，如宫中传夜铃也。
> 苏林曰：形如锅，以铜作之，无缘，受一斗，故云刁斗。鐎即铃也。
> 广韵：温器，三足而有柄。从金焦声。即消切。二部。①

那么"刀斗"应该是对的，而"刁斗"很有可能是因字形相近而误。《昭明文选·铭·新刻漏铭》记载了陆倕的一篇铭文《新刻漏铭》，其中有"击刀舛次，聚木乖方。"② 从文字来看，"击刀"当指《史记·李将军列传》当中的"刀斗"，那么李善的注释应该就取"刀斗"二字加以解释。如果要举例，也应该从《史记·李将军列传》中选取相关文字，但李善的注却是这样说的：

> 《汉书》曰：李广行无部曲，不击刁斗自卫。

文字不准确，解释不详细，而且出处不是最早，李善对《汉书·李广传》的偏爱可见一斑。

大黄 "大黄"是一种冷兵器，即大黄弩，又称黄肩弩，是汉代著名冷兵器，是步兵有效克制骑兵的一种武器。汉代的弩强度按石来计算，分一石至十石，大约引满一石弩需27—30公斤的力量，其中十石弩最强，又被称为黄肩弩、大黄力弩。《史记·李将军列传》的注说得很清楚：

> 【集解】：徐广曰："《南都赋》曰'黄间机张，善弩之名'。"骃
> 案：郑德曰"黄肩弩，渊中黄殊之"。孟康曰"太公六韬曰'陷坚
> 败强敌，用大黄连弩'"。韦昭曰"角弩色黄而体大也"。【索隐】：
> 案：大黄，黄间，弩名也。故韦昭曰"角弩也，色黄体大"是也。

既如此，那么在注释张衡《南都赋》中的"黄间机张"时就应该取《史记·李将军列传》的解释，然而李善的注释同样喜好《汉书·李广传》的叙述，注为：

---

① （汉）许慎撰，汤可敬译注：《说文解字》，中华书局1981年版，第704页。
② （南朝梁）萧统编，（唐）李善注：《昭明文选》卷五六，上海古籍出版社1986年版，第2429页。

《汉书》曰：李广以大黄射其裨将。郑氏曰：黄间，弩渊中黄
牙。《尚书》曰：若虞机张。孔安国曰：机，弩牙。

两相对比很容易发现《史记》的解释更全面也更仔细，而且《史记》先出，
但李善依然取《汉书·李广传》的解释。

三、以《汉书·李广传》作注的习惯

李善注释《昭明文选》诗文作品并非都能找到出处，有时他会加进自己
的理解，或者进行联想，在这方面李广传记同样有所体现。南朝梁著名诗人
范云曾经有一篇《为范尚书让吏部封侯第一表》，其介绍自己的家族时说：
"臣本自诸生，家承素业，门无富贵，易农而仕，乃祖玄平，道风秀世，爰在
中兴，仪刑多士，位裁元凯，任止牧伯，高祖少连，凤秉高尚，所富者义，
所乏者时，薄宦东朝，谢病下邑。"① 从这段文字来看，范云的祖上是较清贫
的，却又品格高尚，修仁行义，遗憾之处在于生不逢时。应该说表述已经很
清晰，没有进一步解释的必要，与李广也没有必然联系。但李善在这里给出
了一个注解："《汉书》：文帝曰：惜李广不逢时。""生不逢时"这个成语最
早的出处可以追溯至《诗·大雅·桑柔》："我生不辰，逢天僤怒。"而感慨生
不逢时的古人也大有人在，例如东方朔作《答客难》，董仲舒作《士不遇赋》，
司马迁写过《悲士不遇赋》，都是悲叹生不逢时。当然，《史记·李将军列传》
中汉文帝评价李广的那段著名的话也是可以引用的材料：

尝从行，有所冲陷折关及格猛兽，而文帝曰："惜乎，子不遇
时！如令子当高帝时，万户侯岂足道哉！"

然而李善没有引用这些材料，而是又从《汉书·李广传》中找材料对"时"
进行注解。

综上，李善在注解《昭明文选》时对于《汉书·李广传》是有明显偏好

---

① （南朝梁）萧统编，（唐）李善注：《昭明文选》卷三八，上海古籍出版社 1986 年版，第
1738 页。

的，只要是其中出现过的语词或事件，李善往往习惯将其作引为诗词的注解，或者作为例子进行展示。从另外一个角度来讲，这种做法则是李善在李广形象接受上的另一种体现。

第三节　唐代类书对李广内涵多重性的体现

类书是我国古代典籍中一种重要的门类，是我国特有的百科全书。其辑录各门类或某一门类之资料，按照一定方法编排，以便于寻检、征引，兼具"百科全书"和"资料汇编"双重性质。故《四库全书总目》曰："类事之书，兼收四部，而非经、非史、非子、非集，四部之内，乃无类可归。"①

魏文帝曹丕时编纂的《皇览》是类书之祖，其后历代王朝均有述作，惜六朝以前者皆已亡佚，今传世者以成书于隋末唐初及唐中期的《北堂书钞》《艺文类聚》《初学记》《白孔六帖》为最古。这四部类书，保存了大量的唐以前的遗文秘籍，而这些典籍十之八九今已不传，所以在校勘、辑佚及查找唐以前诗文典故和文献资料等方面，其作用十分巨大且无以替代。如前所述，自唐代始，李广形象突破了诗文，走向了更广阔的唐代社会。《史记·李将军列传》和《汉书·李广传》的文献学价值也得到了越来越多的重视，其表现形式之一即为唐代以来的类书多收录有关李广的词条，尤其以《白孔六帖》收录的词条最多（10 部类/10 条），其次是《艺文类聚》（7 部类 7 条）、《北堂书钞》（2 部类 4 条）和《初学记》（2 部类 2 条），具体如表 5-1 所示。

---

① （清）永瑢等：《四库全书总目》卷一三五，中华书局 1997 年版，第 1769 页。

表5-1　类书中收录李广相关词条统计表

		地部/巧艺部	乐部	职官部	封爵部	食物部	兽部/巧艺部	设官部	武功部	武功部(3)	巧艺部
艺文类聚	部类	地部/巧艺部	乐部	职官部	封爵部	食物部	兽部/巧艺部				巧艺部
	内容	《韩诗外传》：汉书载李广，亦如之。	梁刘孝威横吹曲陇头流水：勿令如李广	陈徐陵《让右仆射初表》：李广遗恨	李广与望气王朔语	梁刘孝威鹿脯东宫赞：李广等启：驰射	李广猿臂善射；				中贵人事件
北堂书钞	部类					武功部(1)		设官部	武功部(2)	武功部(3)	
	内容					赏分麾下		登车不轼 遭丧不服 振旅抚师 以征不义	不识击刁斗	大黄	
初学记	部类	地理部									
	内容	陈张正见《石赋》：李广射而为兽									
白孔六帖	部类	犯夜/诸卫/雕怨	大将/斥候	持重	武勇	行惠	臂			弩	
	内容	霸陵尉呵斥李广	军行无部曲 行阵；治军 簿至明；李 广威动珠邪	李广遇匈奴，下马，解鞍	飞将	李广得赏赐 分麾下 云云士乐为用也	猿臂李广			李广大黄射匈奴	

通过表 5-1 可以得出这样几个结论。

一、随着时代的发展，唐代人对于李广的认识不断加深、扩展。例如成书最早的《北堂书钞》仅在"设官部"和"武官部"涉及李广。到了初唐，《艺文类聚》则在 7 个部类（实为 4 个部类）中提到李广，而到了中唐乃至南宋，《白孔六帖》则进一步在 10 个部类中涉及李广。在这方面，唐代对后世类书影响甚大，明清类书收录李广的词条不断增多与唐代类书的模范和引导有很大关系。当然，这也显示出对李广认识的不断加深和扩展。

二、对李广的认识虽然会随着历史的发展有所变化，但李广身上的某些特点却是公认的。例如，《艺文类聚》《初学记》都有专门的词条涉及李广射石，《北堂书钞》和《白孔六帖》则都有专门词条涉及李广大黄弩射匈奴及李广程不识治军方法对比，而《北堂书钞》和《白孔六帖》又都很注重李广猿臂。这些都是李广形象的重要特点，充分说明了李广形象接受过程中历代的继承和发展。

三、对李广形象特点认识的多角度趋势越来越明显。历史上真实的李广从未改变，但存在于文献中的李广却变动不居，因为他存在于人的视野之中。例如《北堂书钞》"武功部三·赏分麾下"指李广①，《白孔六帖》"行惠"同样指李广②，两书关于李广善待部下方面，角度还是比较一致的。随着时代的发展，人们认识的角度会显示出不同。例如《艺文类聚》在"兽部下·猿"中提到了"李广猿臂善射"内言："《汉书》曰：李广猿臂善射。"③ 在"巧艺部·射"④ 也提到了这则材料。两者一注重"猿"，一注重"射"。《白孔六

---

① "武功部三·赏分麾下"下注释：《汉书》云李广历七郡太守，前后三十余年，得赏赐，辄分麾下，饮食与士卒并之。见（唐）姚江、虞世南辑，（明）海虞、陈禹谟校并补注《北堂书钞》卷一二五，明万历二十八年（1600）刻本。

② "行惠"下注释言，李广得赏赐分麾下，见水云云，士乐为用也。载（唐）白居易等编著《白孔六帖》卷五二，影印《文渊阁四库全书》本。

③ （唐）欧阳询撰，汪绍楹校：《艺文类聚》卷九五，上海古籍出版社 2007 年版。

④ （唐）欧阳询撰，汪绍楹校：《艺文类聚》卷七四，上海古籍出版社 2007 年版。

帖》同样提到了"李广猿臂善射"，却是在"臂"部中，言李广猿臂（《汉书》）。① 这还只是观察同一材料的角度出现不同，更为不同的是从多角度出发认识李广形象的特点。在这方面，《白孔六帖》最为显著，例如对于"李广怒杀霸陵尉"事件，《白孔六帖》一方面，在"犯夜"中说"灞亭夜猎"，其下注曰：李广将军夜猎还灞陵亭长呵斥之。② 一个"犯"字明显是说李广身犯纪律。另一方面，《白孔六帖》在"雠怨"部中又说"李广释憾"③，言"仇怨"而又言"释憾"，似乎是理解李广的杀人行径，这与"犯夜"条多少有些抵牾。再如李广"军行无部曲行阵"这一特点，《白孔六帖》一方面从战法中的"斥候"直接说李广④，比较客观；另一方面在"大将"部中又说"军行无部曲行阵"⑤ 是大将的特点之一，是肯定的态度。这种种细微差别，已经昭示了在认识李广这件事情上，白居易和孔传已经开始多方面思考，不再人云亦云，而这也直接影响了明清类书对李广全方位和纵深的认识。

第四节　唐代诸子之学与李广形象接受

自南北朝时期李广形象进入诸子之学的各种典籍之中开始，李广形象就继续出现在唐代诸子之学中，有因有革。李广不但为佛学理论者关注，还在军事学、蒙学文章等诸子之学典籍中出现。

---

① （唐）白居易等编著：《白孔六帖》卷三〇，影印《文渊阁四库全书》本。
② （唐）白居易等编著：《白孔六帖》卷四八，影印《文渊阁四库全书》本。
③ （唐）白居易等编著：《白孔六帖》卷九二，影印《文渊阁四库全书》本。注曰：霸陵尉呵止广。广后为北平太守，请与俱，至则斩之。
④ （唐）白居易等编著：《白孔六帖》卷五五，影印《文渊阁四库全书》本。注曰：行无部曲行阵，就善水草顿舍，不击刁斗自。卫幕府省文书，然亦远斥候，未尝遇害。
⑤ （唐）白居易等编著：《白孔六帖》卷五一，影印《文渊阁四库全书》本。注曰：李广击胡，军行无部曲行阵，就善水草顿舍，不击刁斗自衞。幕府省文书，然远斥候未尝遇害。

一、《法苑珠林》的精诚精神与李广射石

释道世的《法苑珠林》是与释道宣的《广弘明集》同时出现的一部佛学著作。《广弘明集》是继承并扩大梁僧祐《弘明集》而作，主要收录历代佛学理论文章与《广弘明集》。同时的另一部佛学大典即是《法苑珠林》，但它是佛教类书。全书一百卷，一卷一篇，每篇都有一定主题，颇便检括查询。其所集佛典甚丰富，征引文献四百多种，佛经之外，兼及儒典道经、野史杂记，保存资料甚多，其中不乏失传之作，弥足珍贵。在《法苑珠林》中，也有李广的身影，其文如下：

> 楚熊渠夜行见寝石。以为伏虎，弯弓射之，没金镞羽。下视知其石也，射之矢摧无迹。汉世复有李广，为右北平太守，射虎得石亦如之。刘向曰："诚之至也，而金石为之开。况人乎？夫倡而不和，动而不随，中必有不全者也。夫不降席而匡天下者，求之己也。①

这则材料明显是摘自东晋干宝的《搜神记》，而这也正符合这部著作的类书性质。这则材料前面还有这样两行小字：

> 详夫古今无问道俗，但有至诚剋必感征，但列外中有三、内中十一，内外合说，略述一十四验。

这两行小字总括了下面所搜集的涵盖了古今、道俗一共十四个"至诚"故事，第一个故事是"晋明帝杀力士含玄"，上则材料排在第二，名为"楚熊渠夜行射石"。从唐代社会大环境和全唐诗文的情况来看，除了《法苑珠林》这一处引用，突出李广至诚的只有李白一人而已。其原因不外有二：一是唐人崇尚才情，而并非重视"至诚"；二是佛教理论可能更注重"至诚"。但佛教理论至唐代才注意到李广在"至诚"精神上的贡献，尽管这说的并不是李广，但

---

① （唐）释道世：《法苑珠林》卷三六，《四部丛刊》本。

至少说明佛学一直在挖掘、思考李广的形象价值。

二、李筌《孙子注》对李广"虚实"战术的重视

李广是汉代名将，《史记·李将军列传》中记录了李广的若干战例。这些战例在战术中当然是有示范作用的，然而唐以前并未有人注意过，直到唐代李筌的《孙子注》才在《虚实篇》提到了李广。《虚实篇》主要论述战略谋划与战术用兵上的虚实问题。孙子主张要牢牢掌握战略战术上的主动权，"致人而不致于人"，这是用兵的根本原则之一。要能"避实击虚"，使敌不知其所守，亦不知其所攻，而我则能随心所欲，攻守自如，无往而不胜。他说：

> 故我欲战，敌虽高垒深沟，不得不与我战者，攻其所必救也。
>
> 我不欲战，画地而守之，敌不得与我战者，乖其所之也。①

这两句话从两方面说到了注重虚实所能达到的效果：我方想战，即使敌方高筑防御工事也不得不出来与我交战，这是因为我在攻击它必然要救援的地方；如果我方不想同敌交战，只要我方在地上画个界线便可守住，使敌人无法与我交锋，这是因为我会设法调动敌方，使敌方背离所要进攻的方向。这段话非常精辟，将"虚实"理论在战场上的妙用全面地说了出来。古今有多人注《孙子》，《孙子集注》是其集大成者，汇辑了魏武帝曹操，南朝梁孟氏，唐李筌、杜佑、杜牧、陈皞、贾林，五代何氏（何延锡），北宋王晢、梅尧臣、张预等十一家对于《孙子》的注解。在这句话下面，有曹操、李筌、杜牧、贾林、梅尧臣、王晢、张预等七人的注解，其中李筌、杜牧和张预不但在理论上予以讲解，更重要的是还举了实际的战例进行解释。杜牧和张预都举了三国时期诸葛亮的空城计，而李筌所举的例子就与此二人大为不同，他说：

> 乖，异也。设奇异而疑之，是以敌不可得与我战。汉上谷太守李广纵马卸安，疑也。

---

① （春秋）孙武：《孙子集注》卷六，明嘉靖三十四年（1555）谈恺刻本，第148页。

李筌说"乖"是"奇异"的意思，他认为这句话是说己方用奇计以利害相诱逼，迷惑敌人，令敌人不能来攻击我方。接着他举的是李广"纵马卸鞍"的战例：

> （汉文帝后元六年）已缚之上马，望匈奴有数千骑，见广，以为诱骑，皆惊，上山陈。广之百骑皆大恐，欲驰还走。广曰："吾去大军数十里，今如此以百骑走，匈奴追射我立尽。今我留，匈奴必以我为大军诱，必不敢击我。"广令诸骑曰："前！"前未到匈奴陈二里所，止，令曰："皆下马解鞍！"其骑曰："虏多且近，即有急，奈何？"广曰："彼虏以我为走，今皆解鞍以示不走，用坚其意。"于是胡骑遂不敢击。有白马将出护其兵，李广上马与十余骑奔射杀胡白马将，而复还至其骑中，解鞍，令士皆纵马卧。是时会暮，胡兵终怪之，不敢击。夜半时，胡兵亦以为汉有伏军于旁欲夜取之，胡皆引兵而去。平旦，李广乃归其大军。大军不知广所之，故弗从。

李广确实不能称为良将，他并没有值得骄傲的战功，在战略上也无贡献，但就具体的战术而言，李广确有过人之处。忽然遭遇兵力几十倍于己方的敌人，而又无险可据，逃不得，战不得，李广凭借大胆的疑兵之计最后竟能全身而退。这么好的战例竟很少有人注意，不能不说这是李广历史形象文学化的影响——大家都以为这是历史传说，而没有把这件事当作真实的历史事件看待，直到李筌把这个战例当作"孙子兵法"的注解案例，才又恢复了李广真实的历史形象。

三、唐代蒙学教材《蒙求》对李广之德的重视

历朝历代都很重视基础教育，编辑了很多蒙学教材。基于李广形象在唐代的广泛接受，我们在唐李翰所编的蒙学教材《蒙求》中也发现了李广。《蒙求》是唐朝李翰编著的以介绍掌故和各科知识为主要内容的儿童识字课本，其在很长一段历史时期内都是儿童识字的必读书之一，程端礼曾经把李氏

《蒙求》与《千字文》相提并论，可见其在蒙学中流行之广。历代注释《蒙求》者极多，并且大批蒙书都采用《蒙求》的编法和名称。根据一些记载来看，这本书大概一直流行到清初，之后才渐趋销声匿迹。今有宋徐子光注《蒙求集注》、清杨迦怿集注《李氏蒙求集注》和金三俊注《李氏蒙求补注》等传世。《蒙求》原文中有"陈平多辙，李广成蹊"之语，徐氏《蒙求集注》卷上注云：

> 前汉李广，陇西成纪人，世世受射法。武帝时右北平太守，匈奴号曰：汉飞将军，避之数岁，不入界。广出猎，见草中石以为虎而射之，中石没镞，视之，石也。他日射终不能入。广历七郡太守，前后四十余年，得赏赐辄分其麾下，饮食与士卒共之，宽缓不苛，士乐为用。元狩中，为前将军，从大将军卫青击匈奴，惑失道。青欲上书报天子失军曲折，长吏责广之幕府上簿。广谓其麾下曰："广结发与匈奴大小七十余战，今又迷失道。岂非天哉？且广年六十余，不能复对刀笔吏矣。"遂引刀自到。百姓闻之知与不知老弱皆垂泣。
> 赞曰：李将军恂恂如鄙人，口不能出辞。及死之日，天下知与不知，皆为流涕。彼其中心诚信于士大夫也。谚曰：桃李不言下自成蹊，此言虽小，可以喻大。

对于李广，李翰的原文只有四个字，而徐子光的注则多达三百字，几乎凝练了《史记·李将军列传》全文。李翰言李广而只提"成蹊"，从《蒙求》的儿童识字课本性质来看，是有着比较明确的道德指向的——育德为先。李翰是这样写的，而徐子光也是这样注的。细看徐子光的注，这段文字全取《史记·李将军列传》，但内容却是经过仔细选择的。其先言李广飞将军的名号，次言射石故事，再言李广爱兵如子、为名节之故而宁死不受辱，最后言及"桃李不言，下自成蹊"的评价。这些都是李广形象中的正面特征，是可以用于教育儿童的，而对于李广怒杀霸陵尉、接受梁王将军印、难以封侯以及被俘逃跑等内容则一概不提，这是有意识的忽略，目的可能落脚于对儿童的正面引导。

综上，唐代诸子在接受李广形象方面可以用四个字来概括——"各取所需"。佛教理论取其"至诚"，军事理论学取其运用"虚实"，而这也正反映了接受理论的特点——所有接受都是具有特定需要的，此即为期待视野。诚如李广形象的丰富内涵逐步为人们所认知，从南北朝开始的地理学、佛学、文学理论到唐代的佛学、军事理论学以及蒙学，越来越广。也正是在魏晋南北朝隋唐影响下，宋、元、明、清在更多的领域发现了李广的身影，展现出李广越来越丰富的内涵。

第五节　唐代社会对李广的重视——武成王庙中的李广祭祀

从唐代开始，李广形象的接受越来越多元化，李广开始"走"出案头的诗、文，走向更广阔的社会。唐人从军事管理、人生命运、类书整理等方向关注李广，李广甚至走上了祭坛，这是以往研究者很少注意的一个现象。

李广活着的时候并非享誉整个大汉，但自《史记》写成之后，李广却由一个实际存在过的历史人物演变为一个史传中的名将，当然，这"名"是司马迁发现并给予李广的。古语云："国之大事，在祀与戎"。虽然唐代距春秋战国时代久远，但对于祭祀是同样重视的，且随着武庙祭祀在唐代的建立，李广之"名"竟然受到唐代统治者的赏识，首次被国家列为武庙祭祀的对象。一直到宋代，李广都是武庙祭祀的对象，反映了我国古代武庙祭祀的盛衰变化。

唐代在我国古代文庙祭祀和武庙祭祀制度的形成和发展史上具有重要意义。在文庙方面，文庙祭祀经历了从以周公为先圣到以孔子为先圣的变化过程，孔庙祭祀逐渐固定下来。

武德二年（619），始诏国子学立周公、孔子庙；七年，高祖释莫焉，以周公为先圣，孔子配。九年封孔子之后为褒圣侯。贞观二年，左仆射房玄龄、博士朱子奢建言："周公、尼父俱圣人，然释奠于学，以夫子也。大业以前，皆孔丘为先圣，颜回为先师。"乃罢周公，升孔子为先圣，以颜回配。四年，诏州、县学皆作孔子庙。十一年，诏尊孔子为宣父，作庙于兖州，给户二十以奉之。①

唐贞观四年（630）又诏"州县皆特立孔子庙，四时致祭，以左丘明等廿二人从祀"。诸儒名流从此也被纳入孔庙，同孔子一道共同被祭。玄宗开元八年（720），进一步形成了更规范的祭祀制度，最终在开元二十七年形成形制完备的文宣王庙祭祀制度：

> 明年（开元八年），司业李元瓘奏："先圣庙为十哲像，以先师颜子配，则配像当坐，今乃立侍。余弟子列像庙堂不豫享，而范宁等皆从祀。请释奠十哲享于上，而图七十子于壁。曾参以孝受经于夫子，请享之如二十二贤。"乃诏十哲为坐象，悉豫祀。曾参特为之象，坐亚之。图七十子及二十二贤于庙壁。

> （开元）二十七年（739），诏夫子既称先圣，可谥曰文宣王，遣三公持节册命，以其嗣为文宣公，任州长史，代代勿绝。②

由这些资料可知，开元八年（720）的时候，已经就形成了比较完备的孔庙祭祀制度：孔子作为主祀，其下配享为颜回，配祀为"十哲"，从祀为七十子和二十二贤。从开元二十七年（739）开始，先圣庙统称文宣王庙。这些对武成王庙祭祀制度的形成都具有重要的参考意义。

在武庙方面，唐太宗有开创之功。据《新唐书·礼乐志五》记载，开元十九年（731），唐玄宗仿照孔庙制度，始置太公尚父庙，"以留侯张良配。中春、中秋上戊祭之，牲、乐之制如文宣。出师命将，发日引辞于庙。仍以古

---

① （宋）欧阳修等：《新唐书》卷一五，中华书局1975年版，第373页。
② （宋）欧阳修等：《新唐书》卷一五，中华书局1975年版，第375页。

名将十人为十哲配享"①。这一年，唐太宗为吕尚建庙，配祀为西汉留侯张良，其下还有"古名将十人"作为"十哲"配祀，然而史书中并未记载"古名将十人"即武庙"十哲"具体指谁，是否有李广也并未可知。上元元年（760）是一个很重要的年份，唐肃宗追尊姜太公为武成王（封王爵），"祭典与文宣王比，以历代良将为十哲象坐侍。秦武安君白起、汉淮阴侯韩信、蜀丞相诸葛亮、唐尚书右仆射卫国公李靖、司空英国公李绩列于左，汉太子少傅张良、齐大司马田穰苴、吴将军孙武、魏西河守吴起、燕昌国君乐毅列于右，以良为配"。从这里我们大约能够推断出开元十九年时太公尚父庙所置的"十哲"可能就是这十个人，当然，也有可能中间有变化，但即使有变化，其中有李广的可能性也是极小的，因为以李广的地位和影响而言，应该不可能在"十哲"的考虑范围内。未知何故，这种祭祀没多久竟然停止了，据《新唐书》记载，"后罢中祀②，遂不祭"。

德宗建中三年（782），对于武成王庙的祭祀又恢复了，而且发生了很大的变化。《新唐书》记载了时任礼仪使颜真卿的一篇奏章："治武成庙，请如月令春、秋释奠。其追封以王，宜用诸侯之数，乐奏轩县。"于是，"诏史馆考定可配享者，列古今名将凡六十四人图形焉：越相国范蠡、齐将孙膑、赵信平君廉颇、秦将王翦、汉相国平阳侯曹参、左丞相绛侯周勃、前将军北平太守李广、大司马冠军侯霍去病、后汉太傅高密侯邓禹、左将军胶东侯贾复、执金吾雍奴侯寇恂、伏波将军新息侯马援、太尉槐里侯皇甫嵩、魏征东将军晋阳侯张辽、蜀前将军汉寿亭侯关羽、吴偏将军南郡太守周瑜、丞相娄侯陆逊、晋征南大将军南城侯羊祜、抚军大将军襄阳侯王浚、东晋车骑将军康乐公谢玄、前燕太宰录尚书太原王慕容恪、宋司空武陵公檀道济、梁太尉永宁

---

① （宋）欧阳修等：《新唐书》卷一五，中华书局1975年版，第375页。
② （宋）欧阳修等：《新唐书》卷一一《礼志》载：大祀：天、地、宗庙、五帝及追尊之帝、后。中祀：社、稷、日、月、星、辰、岳、镇、海、渎、帝社、先蚕、七祀、文宣、武成王及古帝王、赠太子。小祀：司中、司命、司人、司禄、风伯、雨师、灵星、山林、川泽、司寒、马祖、先牧、马社、马步、州县之社稷、释奠。

郡公王僧辩、北齐尚书右仆射燕郡公慕容绍宗、周大冢宰齐王宇文宪、隋上柱国新义公韩擒虎、柱国太平公史万岁、唐右武候大将军鄂国公尉迟敬德、右武卫大将军邢国公苏定方、右武卫大将军同中书门下平章事韩国公张仁亶、兵部尚书同中书门下三品中山公王晙、夏官尚书同中书门下三品朔方大总管王孝杰、齐相管仲、安平君田单、赵马服君赵奢、大将军武安君李牧、汉梁王彭越、太尉条侯周亚夫、大将军长平侯卫青、后将军营平侯赵充国、后汉大司马广平侯吴汉、征西大将军夏阳侯冯异、建威大将军好畤侯耿弇、太尉新丰侯段颍、魏太尉邓艾、蜀车骑将军西乡侯张飞、吴武威将军南郡太守孱陵侯吕蒙、大司马荆州牧陆抗、晋镇南大将军当阳侯杜预、太尉长沙公陶侃、前秦丞相王猛、后魏太尉北平王长孙嵩、宋征虏将军王镇恶、陈司空南平公吴明彻、北齐右丞相咸阳王斛律光、周太傅大宗伯燕国公于谨、右仆射郧国公韦孝宽、隋司空尚书令越国公杨素、右武候大将军宋国公贺若弼、唐司空河间郡王孝恭、礼部尚书闻喜公裴行俭、兵部尚书同中书门下三品代国公郭元振、朔方节度使兼御史大夫张齐丘、太尉中书令尚父汾阳郡王郭子仪"。此时，武庙的地位在唐代达到顶峰，祭祀人物众多，阵容整齐，从国家发兵到武举参拜，武成王庙受到空前重视。正是在这种大环境中，李广第一次成为国家祭祀对象。这是李广形象接受史上很重要的一个时间点，标志着当时人不再把李广仅仅看作一个文学人物形象，而是看作一个可以激励国家斗志的历史人物。

这种祭祀仅仅持续了四年，贞元二年（786），刑部尚书关播就上奏朝廷说："太公古称大贤，下乃置亚圣，义有未安。而仲尼十哲，皆当时弟子，今以异时名将，列之弟子，非类也。请但用古今名将配享，去亚圣十哲之名。"紧接着"自是，唯享武成王及留侯，而诸将不复祭矣"[①]。自此之后，对于武成王庙的祭祀就只祭祀武成王及留侯了。"六十四名将"一概不再祭祀，李广

---

① （宋）欧阳修等：《新唐书》卷一五，中华书局 1975 年版，第 378 页。

当然也不予祭祀。这种情况一直持续到唐代结束。

五代十国之后的情况，据《宋史·礼志八》载："梁废从祀之祭，后唐复之"①。看来五代十国时期的后梁在祭祀武成王庙的时候，同样只祭祀武成王、留侯和十哲，而废止了"六十四名将"的从祀。后唐与之不同，其"复之"，即恢复了从祀制度。如果乐观地认为后唐的武成王庙祭祀恢复了"六十四名将"的从祀地位，那么李广就又一次成为国家祭祀的对象，但对此我们缺乏有力的证据，因此这还是个悬而未决的问题。

小结　唐代李广接受的状况与原因简析

唐诗不但是唐代文学无可争辩的代表，就中国整个古代文学史而言都是一座高山，而在李广形象接受史上，唐诗也绝对是绕不过的山峰。唐诗之中有关李广的作品数量保守估计约有 70 首之多，这个数量看似不多，却是自汉武帝以来 700 年间有关李广形象诗作数量的 10 倍之多。这些作品以李、杜数量为最多，其他各个大诗人均有涉猎，而且反映了各自不同的艺术特色。从众多的诗人和诗作中，可以读出各种各样的心态、各种各样的李广形象，而其核心则是唐代诗人强烈的艺术创造力。最终，李广的形象在众多唐代诗人的努力下，成为一个典型形象，而这最终实现了李广形象的重生。司马迁塑造了李广形象之后，李广形象在很长时间内实际是处于沉寂状态的。进入唐代之后，李广形象被一次次提及、改编，似乎在唐代焕发出了比之前几百年都要多得多的生命力。这里的生命力是指形象再生成的生命力，而不是冷静的、理性的评论与分析，这也正是唐诗区别于后世的关键所在。"诗言志，歌永言"是唐诗最打动人的地方，冷静的分析可以启迪人，但永远无法像唐诗那样感动人、感染人。

---

① （元）脱脱等：《宋史》卷一○五，中华书局 1977 年版，第 2556 页。

唐诗之外，是李广形象在唐代文章和整个唐代文化中的接受。李广形象在唐代的接受似乎走的是两条路：一条是文学形象接受之路，主要是就唐代诗文等文学作品而言；另一条则是历史形象接受之路，主要就唐代诸子之学以及武成王庙祭祀而言。前者多有分析，后者则是一片新大陆。自从在南北朝的佛教著作、地理著作、文学理论著作中发现了李广形象之后，李广形象便开始出现在越来越多的学科领域，至唐又在军事学等领域中见到李广的身影。这些学科领域在接受李广形象之时，取向非常明确——但凡与己之观点一致便引李广，而这都是基于李广的历史形象而言，即把李广当作一个实在的历史人物看待，而非一个文学人物看待。例如李筌注《孙子》需要的是实际的战例，而非文学中的故事描写，所以他以李广的战例注释《孙子》"虚实"篇就显得特别认真而正式。李广从唐代开始成为武成王庙从祀就更加说明了那时对于李广历史形象接受的严肃性。

李广接受在唐代呈现出一种广泛、纵深的状况，原因无非两端：首先是李广虽非文学家却具有深刻的、丰富的历史人格内涵与文学形象内涵，这是李广形象接受在唐代大放异彩的内在原因。其次是唐代人比较开放的思想与心胸，这使他们能够从多方面探索塑造人物形象的方法，能够从多方面思考李广的历史形象价值。所以他们的收获就多，作品就多，而且风格也多，而这些都给后代以积极的影响。使得后来李广接受的道路越来越理性，越走越宽，也越来越深。

第六章　宋、金、元三朝对李广形象
接受的转型

　　从李广形象接受的历史来看，唐代并非是顶峰，而是一个精彩的开始。以诗歌而论，唐代并没有集中产生有关李广的诗歌，也没有形成所谓"李广热"。终唐300年，《全唐诗》现存48963首，其中也只有100首左右关于李广的诗歌，比例很小。其他领域如各类文章、笔记、碑文中涉及李广的则是在继承魏晋南北朝文化的基础上发展起来的。自《史记·李将军列传》写成之后，从西汉初一直到隋亡，近八百年间，李广接受不出诗、文两端，诗作寥寥无几，文章倒是不少，多见于史论、公文以及一些笔记、杂论。相比于其他《史记》人物，李广的经历极富传奇性，他的故事具有更丰富的内涵。汉唐都是统一的王朝，都曾经盛极一时。唐人比汉人具有更开阔的心胸和实现人生价值的更积极的心态，这些因素使得唐人在汉魏基础上开始全方位地认识、接受李广。除了在传统的诗文上大放异彩之外，在类书、小说、变文、军事著作、佛教等领域也都出现李广的身影，甚至于李广在唐代成了国家武庙祭祀的对象，李广接受在唐代开始了全方位的发展进程。入宋之后，李广接受越发广泛和深入。不但李广接受在诗文中有了新的重心，李广形象在宋词中也开始出现，出现了陆游这样的李广接受大家。诗文之外，宋代社会除了继续在佛教、兵书、类书等领域探讨李广之外，还将对李广的思考进一步扩展至文艺理论、《易》学理论等领域。最为突出的是李广在宋代不但继续被尊为武庙的祭祀对象，而且还被追封为怀柔伯。如果从广义的李广形象的社会接受角度而言，宋代当可称为李广接受的高潮，此后一直到明清，李广再未有过如此高的地位。

第一节　宋代诗词中李广形象的新变

两宋都偏安南方，国土并不统一，而唐代则一直是大一统的局面。唐代强而且富，故诗作颇多个人惆怅之叹；宋代富而不强，故诗词颇多爱国之作。唐人吸收前代营养，肆意创新，而宋代文人为超越唐代而颇费周章，刻意求新。进入宋代，宋诗中的李广接受很快就显示出鲜明的时代特点，这一特点通过唐诗与宋诗中李广形象的比较可见一斑。

首先，含有李广形象的唐诗与宋诗的情感基调不同。唐诗热烈、慷慨，而宋诗冷静，时有悲愤。唐诗中李广出现多慷慨，如"但使龙城飞将在，不教胡马度阴山"（王昌龄《出塞》）、"林暗草惊风，将军夜引弓"（卢纶《和张仆射塞下曲·其二》）等边塞名篇。唐诗中的乐府、歌行诗，不为格律所束缚，能够比律绝更酣畅淋漓地叙事、抒情，在塑造人物上也有更大的空间，如高适的《燕歌行》、王维的《老将行》等都对李广形象进行了很大程度的重塑。从唐代建国到最后灭亡，唐代版图始终是完整的，而宋代一直为外族侵扰，偏安一隅。尤其南宋诗人在经历了"靖康耻"之后爱国之心更甚于前，所以南宋诗人赋予李广形象以更多的爱国情怀，在冷静之外，还多了些悲愤。

其次，创造性表现不同。就数量而言，唐诗并无优势可言，其突出之处在于对于李广形象的创造性改编。宋代虽然以词盛，但宋诗中涉及李广的诗作依然有一百三十多首，略多于唐代。李广作为一员汉代名将，他的形象被唐代诗人不断改编，或将李广任侠化，或将李广作为失意人物之形象代表，或者重塑李广，或将李广融入新的人物形象之中等，显示出很强的创造性。

宋诗的主要用力点并不在于对李广形象本身的重塑，而在于对李广难封的吟咏和爱国热情的抒发。宋诗发展了杜甫开创的以李广言退隐的叙事方法，多以李广抒发隐居之意。另外，以陆游和辛弃疾为代表的作家长于用诗词抒发爱国的热诚和理想难以实现的悲哀。这其中又以陆游最为突出，他是李广接受史上作品最多的诗人，同李白一样，他广泛地探索李广的形象含义，诗作数量远胜李白，居古今第一。

宋诗中的李广与唐诗中的李广形象大为不同，这从宋诗中李广的存在形态就可以看出端倪。宋诗称李广不外两种称呼，一是李广、李将军，这是最常见的称呼；二是飞将军或飞将，比较少见。以人引李广入诗的，只有"霸陵尉"一人而已。用事物引李广入诗，方式很单一，唯"猿臂"而已。有研究者认为"桃李"亦应看作宋诗引李广入诗的事物方式之一。毕竟"桃李不言，下自成蹊"首出《史记·李将军列传》，并且是司马迁用以评价李广的句子。事实上，宋诗中的"桃李"多数用来写景，而非形容人之品格，如黄庭坚的《寄黄几复》"桃李春风一杯酒，江湖夜雨十年灯"。方岳的《池亭即事》"春风恰恰破桃李，池馆无人一径深"。苏轼的《寓居定惠院之东杂花满山有海棠一株土人不知》"嫣然一笑竹篱间，桃李漫山总粗俗"等都与李广无关，因此不能简单将宋诗中的"桃李"与李广关联在一起。以事件引李广入诗的方式有四种：一是不（未）封侯，二是数奇，三是射虎（石、猎），四是"成蹊"。上述宋诗引李广入诗的方式与唐诗比起来差别是很大的，不但方式少，而且比较集中。其中以不（未）封侯为最多，"数奇"其次，而且"不封侯"与"数奇"往往在一起，"射虎""成蹊"又次，其他就更少了。从这种对比中大致可以看出宋人的基本心态：对于李广未封侯、数奇的不满以及对身边人或者自己未能实现功业理想的诸多牢骚，还有对隐居生活的向往。总之，宋诗中涉及李广的诗作总数约为130首，而且主题相对比较集中，不同于唐诗对李广形象含义的多方面探讨。

一、宋代诗词对"李广难封"悲观情绪的消解与超越

唐诗与宋诗都关注李广，而且都很关注"李广难封"，在慨叹理想难以实现这一点上大致是一样的，因为任何时代人生价值的实现都是个体生命的必然要求。然而仔细分析唐诗中的"李广难封"和宋诗中的"李广难封"，两者还是有很大不同的。唐诗中有关"李广难（未、不）封"的诗作实际是很少的，一共只有五首，盛唐杜甫的《将赴荆南，寄别李剑州》说："但见文翁能化俗，焉知李广未封侯。"其余都是中唐诗人，崔道融的《题〈李将军传〉》说："汉文自与封侯得，何必伤嗟不遇时。"钱起的《送崔校书从军》说："闻道轻生能击虏，何嗟少壮不封侯。"耿湋的《陇西行》说："因思李都尉，毕竟不封侯。"崔峒的《送冯八将军奏事毕归滑台幕府》说："自叹马卿常带疾，还嗟李广不封侯。"[1] 李益的《来从窦车骑行》说："汉将不封侯，苏卿劳远使。"这六首诗中，三首是送别诗，两首是歌行体，一首是李广评价诗。杜甫和钱起的诗中规中矩，在诗中对人寄予希望，"焉知李广未封侯"和"何嗟少壮不封侯"都是宽慰人的语句。崔道融的诗是对李广难封情绪的消解，唯崔峒诗用李广未封侯慨叹被送的冯将军命运不济。唐代歌行诗往往融叙事和抒情于一体，《陇西行》属于边塞题材，悲壮之气较浓，《乐府诗集》卷三七说："若梁简文'陇西战地'，但言辛苦征战，佳人怨思而已。"[2] 所以耿湋的《陇西行》结尾两句"因思李都尉，毕竟不封侯"中有对奋战边疆而未被封侯的不平，更多的则是因"封狐未翦"而产生的"边将之羞"，以及由此而引发的想要通过杀敌而封的壮志。李益的《来从窦车骑行》是新乐府诗，叙述了一位边将的传奇经历。他年少时适逢国家有难，于是弃文从武跟从窦宪将军驰骋边塞。边塞战争不断，这位边将奋力拼杀却无因"将军失恩泽"，便"万事从此异"，"汉将不封侯"是这位边将落寞结局的历史写照，又一个李广诞

---

[1] 此诗一说为李嘉祐诗，诗名相同，而其中文字略有不同。

[2] （宋）郭茂倩编：《乐府诗集》卷三七，中华书局1998年版，第542页。

生了。全诗融叙事、抒情于一体，高潮时雄壮，结尾处落寞，而李广的出现就是用来描写落寞，这在唐代是不多见的。

相对于唐诗中寥寥几首有关"李广难封"的诗作，宋诗中有关李广难封的诗作数量远多于唐诗，总数近30首，占有关李广的宋诗总数1/4强。而且这些诗对于"李广难封"的看法与态度多样，与唐诗截然不同。唐诗中有关"李广难封"的诗较少，在用法上的创新也少，总结杜甫、钱起等五人的作品，其诗中"李广难封"所蕴含的意旨有三：一是正用典故，用以形容如李广那样"不封侯"的人；二是反用典故，杜甫和钱起即以李广鼓励他人，寓意对方有可能会如愿"封侯"；三是对"李广难封"悲观情绪的消解。在运用"李广难封"这个问题上，宋人在继承的基础上所做的创新主要有二：一是消解这种悲观情绪，二是超越这种悲观情绪。

宋人对"李广难封"悲观情绪的消解　总体而言，宋人心态较唐人平和、理智，正如严羽所说："本朝人尚理而病于意兴；唐人尚意兴而理在其中。"①（《沧浪诗话·诗评》）唐代诗人在诗中用"李广难封"塑造了很多悲剧艺术形象，感染力很强。宋人则纷纷致力于如何消解"李广难封"所带来的悲哀，力图达到《论语·八佾》所说的"哀而不伤"的境界。正如王国维在《人间词话》所言的"大词人"所具有的三重境界那样，宋人消解"李广难封"也具有层次性，第一层是否定式的接受，第二层是取代式的肯定。

第一层，否定式的接受　自南朝梁刘孝威《陇头水》"勿令如李广，功多遂不酬"以来，诗作中的"李广难封"里弥漫的一直都是悲伤的情绪，宋诗中这样的诗作也有很多，例如陆游的"平生笑李广，痴绝望封侯"（《怀昔》）等。然而宋代人并没有一直沉溺在这种悲伤和绝望之中，他们中的一些人开始尝试突破这种情绪，对"李广难封"说"不"。

> 勿忧李广不封侯，广不封侯未足忧。汉鼎不烹曹操肉，吴钩空

---

① （宋）严羽撰：郭绍虞校释，《沧浪诗话校释》，人民文学出版社2000年版，第148页。

断伍员头。鸿门自昔推屠狗，虎帐于今愧沐猴。千万南阳遇徐庶，为言豪杰尚缧囚。

——华岳《闷成》①

乱云推月上层楼，楼上朱帘不下钩。鸡翅拍开朱户锁，雁声唤上木兰舟。黄花捻酒留人醉，红叶题诗倩水流。李广不侯人不笑，笑他人作烂羊头。

——华岳《送李子方》②

莫嗟骨相未封侯，嫩恶穷通本不侔。文似陈琳须草檄，赋如王粲好登楼。进平上幕宜多暇，酒贱清欢亦易谋。荔子丹时籍末利，可能无句寄中州。

——姜特立《送徐抚幹二首》③

我梦登天，尽把不平，问之化工。似桂花开日，秋高露冷，梅花开日，岁老霜浓。如此清标，依然香性，长在凄凉索寞中。何为者，只纷纷桃李，占断春风。一时列鼎分封。岂猿臂将军无寸功。想世间成败，不关工拙，男儿济否，只声遭逢。天曰果然，事皆偶尔，凿井得铜奴得翁。君归去，但力行好事，休问穷通。

——《沁园春·天问》④

夺得胡儿马便休，休嗟李广不封侯。分明射得南山虎，子细看来是石头。

——黄庭坚《题永首座庵颂》⑤

华岳，是南宋著名的一位爱国志士，《宋史·忠义传》谓其"为武学生，

---

① （宋）华岳撰，马君骅点校：《翠微南征录北征录合集》卷五，黄山书社2014年版，第49页。
② （宋）华岳撰，马君骅点校：《翠微南征录北征录合集》卷六，黄山书社2014年版，第69页。
③ 北京大学古文献研究所编：《全宋诗》卷二一三三，北京大学出版社1998年版，第24088页。
④ 朱德才主编：《增订注释全宋词》卷四，文化艺术出版社1997年版，第64页。
⑤ 北京大学古文献研究所编：《全宋诗》卷一〇二四，北京大学出版社1998年版，第11716页。此诗因系佛教"颂"，故不见于《黄庭坚诗注》。

轻财好侠"。嘉定十年（1217），登武科第一，为殿前司官属。密谋除去奸相史弥远，无奈却被下临安狱，杖死于东市。其诗豪纵，有《翠微北征录》行世。叶绍翁比之为陈亮（《四朝闻见录》甲）。其《翠微南征录》除《上宁宗皇帝谏北伐书》外，皆为诗作。诗如其人，慷慨不羁，多抒写遭受迫害后的不平和愤慨。《闷成》就是这样一首诗，前两句反复说"李广难封"，"勿忧李广不封侯，广不封侯未足忧"，前一句劝人"勿忧""李广不封侯"，后一句解释原因是"未足忧"。至于因何"未足忧"，下文中华岳并没有直说，而是连用历史典故。按照传统观点，曹操是奸臣，"汉鼎不烹曹操肉"表达的是奸臣当道，不但没有被惩治，反而成了汉相。伍子胥一直被认为是忠孝之人，但最后却被吴王夫差赐死，"吴钩空断伍员头"是对伍子胥的深切同情，这与上一句形成了强烈的对比。"鸿门自昔推屠狗，虎帐于今愧沐猴"两句说的是项羽鸿门宴之事。"屠狗"说的是樊哙，《史记》载其出身寒微，"以屠狗为事"。在著名的"鸿门宴"事件中，樊哙的勇猛和无畏确实救了刘邦，甚至可以说改变了历史，所以后世一直推崇樊哙的功劳。"沐猴"说的是项羽。"鸿门宴"之后，项羽攻入咸阳，有说客劝项羽建都咸阳，而项羽却说"富贵不归故乡，如衣绣夜行，谁知之者!"此说客以"沐猴而冠"讽刺项羽，项羽便把此人给"烹"了。华岳非常轻视樊哙这个徒有勇气的屠狗辈，更看不起项羽这个没见识的"沐猴"。最后的"千万南阳遇徐庶，为言豪杰尚缧囚"说的是徐庶。"千万南阳"是对诸葛亮的高度评价，徐庶为报刘备知遇之恩，向刘备推荐了诸葛亮，刘备才成就一番伟业，然而徐庶当年因为替人报仇却也曾经身陷图圄。华岳一直在慨叹命运之不公，杜甫曾经说："自古圣贤多薄命，奸雄恶少皆封侯。"（《锦树行》）在华岳看来，既然历史规律就是这样的，那么李广"未封侯"也就不值得"忧愁"。李广有了"桃李不言，下自成蹊"的德行，"不封侯"就是必然的代价，也就没有必要为此"忧愁"。在看似理智分析的诗句下面，喷薄而出的却是对不平的强烈慨叹，所以这首诗既是对"李广难封"的历史解释——必须接受——"未足忧"。同时，还有对"李广难封"的慨叹——虽然是历史规律，但不公平，诗题中的"闷"正体现了作者的这种矛盾心情。联系到华岳的经历和宋代的国情，不难推测，华岳此诗既是咏史，亦是抒怀。华岳的《送李子方》关注的同样是"李广难封"，这首诗题下有注曰："子方以将家子不采用，事业之秋，漂流下僚，方有求婚问舍之意。作诗嘲之。"李子方其人于史无载，大略是华岳友人。华岳此诗小注说得很清楚，李子方出身武将家庭却不被重用。国家正在用人之际，李子方不但胸无大志，随波逐流，甘愿做个小官吏，竟然一心想着儿女婚姻之事。这令一心想着国事的华岳十分不满，所以"嘲之"乃是该诗用意无疑。此诗四联，前三联皆是写景，虽非宫体却句句都在描写与国事毫无关系的儿女情长。最后一联"李广不侯人不笑，笑他人作烂羊头"是这首诗的关键所在。"烂羊头"典出《后汉书·刘玄传》。两汉之际的刘玄昏庸无能，其所封授的官爵都是一些小商人，还有伙夫、厨师之流，许多受封之人穿着绣面衣、锦缎裤子、短衣，或者穿着妇女的大襟上衣，在路上嬉笑怒骂。长安城有歌讽刺说："灶下养，中郎将。烂羊胃，骑都尉。烂羊头，关内侯。"① 诗中的"烂羊头"当取典故原意，指被胡乱授予的官爵。再联系前一句"李广不侯人不笑"，可推知华岳对于"李广难封"不但不会耻笑，而是会非常尊重，并且不以为意。因为尽管李广没有封侯，但他尽力了，而且"桃李不言，下自成蹊"的评价也足以令李广立足于《史记》人物之林。相比之下，华岳根本看不起那些被胡乱授予的爵位，而以"烂羊头"称之——既无追求，又无可称道之处，即使有爵位，也不过是贻笑大方。对李子方的"嘲讽"之意，不言自明。在这首旨在嘲讽的诗作中，"李广难封"被作者重新定义，这个故事的哀伤情绪被冲淡，取而代之的是"不笑"，是对李广的肯定——只要李广有所追求并有所作为，不封侯又有什么关系！李广不封侯，也要比碌碌无为的"烂羊头"好很多。

---

① （南朝宋）范晔：《后汉书》卷一一，中华书局 1965 年版，第 471 页。

相比于华岳的诗作，姜特立、黄庭坚对待"李广难封"的态度就显得越来越旷达。姜诗开头说："莫嗟骨相未封侯"，他把"未封侯"的原因归在"骨相"上，并且劝人"莫嗟"。他的解释是"媺恶穷通本不侔"。媺，善也。侔，齐等。这句诗谓人的"媺恶""穷通"等命运并不对等，应该坦然接受，无须因为"未封侯"而嗟叹不已，这里已经有了"旷达"的味道。陈人杰的词作《沁园春·天问》表达的也是这样的意思，但境界更高，"天问"即是对人生命运的思考，而且在探讨人生命运时谈到了李广："一时列鼎分封。岂猿臂将军无寸功。想世间成败，不关工拙，男儿济否，只声遭逢。"这首词的结论也非常通达，极具启发性，"君归去，但力行好事，休问穷通"。

黄庭坚的《题永首座庵颂》同样十分通达。这是佛教文章体裁中的"颂"，浅显易读，有别于一般的僧人作品。这首诗的第一句"夺得胡儿马便休"当指李广被俘而逃脱一事，事件详情如下：

> 匈奴兵多，破败广军，生得广。单于素闻广贤，令曰："得李广必生致之。"胡骑得广，广时伤病，置广两马间，络而盛卧广。行十余里，广详死，睨其旁有一胡儿骑善马，广暂腾而上胡儿马，因推堕儿，取其弓，鞭马南驰数十里，复得其余军，因引而入塞。匈奴捕者骑数百追之，广行取胡儿弓，射杀追骑，以故得脱。

黄庭坚的这首诗以李广被俘而又成功逃脱作为第一句，并说"便休"，"便休"，即"就算了"。意思当是被俘之后能够成功逃命回来就很好了，还抱怨什么封侯不封侯的？后面的"分明射得南山虎，子细看来是石头"指李广射石事，与前面两句在逻辑上缺乏联系，符合宋代僧诗、佛偈的惯常写法，但这两句突出的是李广射艺之高。再联系前面的第一句亦是突出李广才能，那么黄庭坚这首诗的主旨就比较明显了——有了过人的才华便足够了，要什么"封侯"呢？这样一想，似乎心理就平衡了。

第二层，取代式的肯定 中国古代哲学中有很多类似于"失之东隅，收之桑榆"这样讨论"得"与"失"辩证关系的论述。"李广难封"当然是李广失去了封侯的机会，是令人同情的一件事，然而宋代诗人却用一种取代式的肯定实践了"李广难封"中"失"与"得"的转换。例如，黄庚的《漫述》认为李广虽然没有封侯，但是他的"名"留下了，这足以抵偿他的"未封"之痛：

> 逢人休要说公卿，老去无心慕宠荣。
>
> 李不封侯刘不第，千年青史亦传名。①

黄庚是宋末元初的一位诗人，他在《全宋诗》中存诗四卷，其《漫述》诗并非一首，而是一组诗，共有 10 首七绝，用以总结人生经验，此是第五首。"李不封侯刘不第"涉及两个历史典故，"李广难封"自不待言。"刘不第"指晚唐刘蕡不第事。据《新唐书·刘蕡传》记载：

> 大和二年，举贤良方正直言极谏……士人读其辞，至感慨流涕
>
> 者。是时，考策官冯宿、贾𫗧、庞严见蕡对嗟伏，以为过古晁、董，
>
> 而畏中官眦睚，不敢取。②

后以"刘蕡未第"谓高才正直敢言之士被埋没。如宋代高登的词《多丽》就写道："李广不侯，刘蕡未第，千年公论谁羞?"黄庚、高登都将李广与刘蕡并举，意思很明白，李、刘代表才高而被埋没的人。高登的词句明显是强烈的埋怨，而黄庚的诗句则平和了许多："李不封侯刘不第，千年青史亦传名。"虽然李广没有封侯，但是青史已留名，足矣。

陆游是我国诗歌史上吟咏李广最多的诗人，他对李广多方探索，甚至用隐居之乐消解了"李广难封"带来的悲哀情绪。

> 猿臂将军老未衰，气吞十万羽林儿。
>
> 南山射虎自堪乐，何用封侯高帝时!
>
> ——《野兴二首·其一》③

---

① 北京大学古文献研究所编：《全宋诗》卷三六三八，北京大学出版社 1998 年版，第 43597 页。

② （宋）欧阳修等：《新唐书》卷一七八，中华书局 1975 年版，第 5305 页。

③ （宋）陆游著，钱仲联、马亚中主编：《剑南诗稿校注》卷一六，浙江教育出版社 2011 年版，第 65 页。

陆游诗集中有多首同名《野兴》诗，此是一首有关李广的咏史抒怀诗，作于淳熙十年（1183）。这首诗格调很高，慷慨激昂，颇有曹操"老骥伏枥"之风。此诗最大之特色当是后两句。据《史记·李将军列传》记载，李广因被匈奴俘虏而被贬为庶人，确实曾在蓝田南山中射猎。从诗中看，"南山射虎"当指被贬隐居，但这并非陆游首创，而是出自杜甫《曲江三章章五句》：

> 自断此生休问天，杜曲幸有桑麻田，故将移住南山边。
>
> 短衣匹马随李广，看射猛虎终残年。①

杜甫此诗写于天宝十一载（752），时在长安。此年杜甫献赋不遇，苦闷至极，起首一句"自断此生休问天"即道出了杜甫的失望与悲苦。杜甫此年40岁，诗尾却言"终残年"，足见杜甫内心的心灰意冷。此诗妙处在于创造性地以李广写自己不遇的苦闷，这在唐代是第一次，开宋代以李广"短衣匹马""南山射虎"而言隐逸和不遇的先河。入宋之后，有些诗人继承了杜甫的写法，用"短衣""射虎"来写隐居和不遇，如李洪的"老来壮志浑消尽，射虎南山愧北平"。（《次韵马驹父大阅》）、陆游的"鞭寒熨手戎衣窄，忽忆南山射虎时"。（《宿武连县驿》）、王安石的"射虎未能随李广，割鸡空欲戏言游"。（《寄朱昌叔》）等。这里面陆游是最特出的一个，在这个问题上可谓别出心裁。陆游自幼聪慧过人，不但诗名早著而且文武兼长，但他在仕途上却经历了无数的起伏跌宕。淳熙六年（1179）秋，陆游被任命为江西常平提举，主管粮仓、水利事宜。第二年，江西忽发水灾，陆游号令各郡开仓放粮，同时上奏朝廷请求开常平仓赈灾。十一月，陆游奉诏返京，给事中赵汝愚借机弹劾陆游，陆游愤然辞官，回到家乡越州山阴（今浙江绍兴）。谁知这一回就是六年，陆游的感受应该是很复杂的，一方面是无辜被弹劾的气愤，一方面是远离是非的喜悦。陆游的这首《野兴》写于淳熙十年闰十二月，也就是回到家乡山阴的第三年，时58岁。"猿臂将军老未衰，气吞十万羽林儿。"句中的

---

① （唐）杜甫撰，（清）仇兆鳌注：《杜诗详注》卷二，中华书局1979年版，第139页。

"猿臂将军"谓李广将军战力很强,"老未衰"谓年高而能力未衰,而"气吞十万羽林儿"即是明证。"南山射虎自堪乐,何用封侯高帝时!"字面上是说李广赋闲在家怡然自乐,又何必要等到高祖时封侯呢?隐逸之乐与封侯之喜,陆游更重前者。前述杜甫用"南山射虎"表达了心灰意冷,而陆游则用隐逸之乐消解了这种不愉快,这就是陆游的创造性。

宋人对"李广难封"悲观情绪的超越　传统观点习惯性地以为唐诗张扬而宋诗内敛,大趋势的确如此。然而就具体诗人和具体诗作来看,宋诗也偶有慷慨之作。在以"李广难封"赞誉人、鼓励人这点上,宋诗比唐诗更加慷慨。陈造的《柘皋短吟》即是明证:

> 铁山横飞截平野,宁复江流饮胡马。
>
> 大酋胆落狐鼠逃,虎头将军自天下。
>
> 拂庐连络屯长云,提戈敢谓秦无人。
>
> 惊霆白昼振解叶,淮地一扫留无尘。
>
> 歌摇千载淮民口,将军归饮策勋酒。
>
> 乌袍使者来如烟,腾书乞和胡稽首。
>
> 蝇鸣鸥噪初不闻,贾怒一举雌雄分。
>
> 辛勤结发七十战,数奇堪笑李将军。①

这首诗前面的部分都在描写"将军"是如何在沙场上驰骋杀敌,最后的两句"辛勤结发七十战,数奇堪笑李将军"用了一种对比的方法赞誉诗中的"将军",一个"笑"字尽显作者的乐观与豪爽。宋词中也有这样的作品,如刘省斋的《沁园春·赠较弓会诸友》:

> 男子才生,桑弧蓬矢,志期古同。况平生慷慨,胸襟磊落,弛
>
> 张洞晓,经艺该通。笔扫云烟,腹储兵甲,志气天边万丈虹。行藏
>
> 事,笑不侯李广,射石夸雄。仰天一问穷通。叹风虎去龙时未逢。

---

① 北京大学古文献研究所编:《全宋诗》卷二四二七,北京大学出版社1998年版,第28031页。

羡傅岩版筑，终符求象，渭滨渔钓，果兆非熊。白额未除，长鲸未

　　脍，臂健何嫌二石弓。天山定，任扶桑高挂，凌阁图功。①

刘省斋其人，史传无载，只知是宋代词人。这首词题作"赠较弓会诸友"，
"较弓会"是比赛射箭的聚会。此诗写的是武事，故而慷慨豪放，结尾"天山
定，任扶桑高挂，凌阁图功"，更是写出了作者的壮志。词中提到李广时说：
"行藏事，笑不侯李广，射石夸雄。"同陈造的《柘皋短吟》一样，都用对比
的方法抒情，一个"笑"字尽显作者的乐观与豪爽。

　　陆游《赠刘改之秀才》，抒发的同样是豪情：

　　　　君居古荆州，醉胆天宇小，

　　　　尚不拜庞公，况肯依刘表？

　　　　胸中九渊蛟龙蟠，笔底六月冰雹寒。

　　　　有时大叫脱乌帻，不怕酒杯如海宽。

　　　　放翁七十病欲死，相逢尚能刮眼看。

　　　　李广不生楚汉间，封侯万户宜其难！②

这首歌行体的七言古体诗是陆游写给知己刘过的一首赠诗。刘过少怀志节，
读书论兵，好言古今治乱盛衰之变，尤其在意国事，与陆游都有"整顿乾坤"
"誓斩楼兰"的英雄气质。宋光宗绍熙四年（1193），69 岁的陆游，奉祠家居
于山阴。春天时，刘过前来拜谒，陆游对其刮目相看，并对其坎坷遭际深表
感愤，遂赋诗以赠。在这首诗的前面，诗人极尽所能地盛赞刘过，言其胜过
庞德公，竟不肯归附刘表。酣畅淋漓地描绘出刘过惊人的酒量、傲岸的风度、
豪放的性格、宽广的胸怀和他绝妙的文笔。最后两句"李广不生楚汉间，封
侯万户宜其难！"乃点睛之笔，诗人以反讽笔调解析李广不得封侯的原因是生
不逢时，从而鼓励正值国家有难之时的刘过抓住机会建功立业，对其评价和

---

　　①　朱德才主编：《增订注释全宋词》卷四，文化艺术出版社 1997 年版，第 528 页。

　　②　（宋）陆游著，钱仲联、马亚中主编：《剑南诗稿校注四》，浙江教育出版社 2011 年版，第 84 页。

期望都是很高的。这两句诗字面上是在感叹李广，因为汉文帝在李广刚刚从军之时就对李广说过："惜乎，子不遇时！如令子当高帝时，万户侯岂足道哉！"而实际上，陆游不只用这个典故描写刘过"生不逢时"，更重要的是高调勉励刘过要抓住机会建功立业。这首诗一反宋诗惯有的内敛、冷静，而是高调、热情地抒情、描写，不禁令人想起唐代王昌龄《从军行》中的"黄沙百战穿金甲，不破楼兰终不还"。据周密的《齐东野语》记载："其后放翁赠刘改之曰：'李广不生楚汉间，封侯万户宜其难。'盖用阜陵（宋孝宗）语也。改之大喜，以为善名我。"① 从这里的"改之大喜"尤其可以看到陆游对刘过的赞扬所带来的效果——寄予希望，而不是一味苦恼。

此后，刘过给陆游写过一首《水龙吟·寄陆放翁》，结尾几句是这样说的："想见鸾飞，如椽健笔，檄书亲草。算平生、白传风流，未可向、香山老。"陆游以刘过不能封万户侯为可惜，惺惺惜惺惺，才人怜英雄。刘过自然也希望放翁能再度出山，立功异域，名垂青史，故这几句盛赞放翁既有文才，又有武略。当亲草檄书，报国杀敌，万万不可在田园间了此一生。不能忘情世事，积极入世，知其不可而为之的精神是刘过与放翁最可敬的地方。《艺概》评价刘过的词风说："刘改之词，狂逸之中自饶俊致。"② "狂逸"二字用在陆游身上同样适合，因为二人都具有英雄气质。陆游诗中的这种英雄气概在宋代并不多见，即使是唐代也未见有如此运用"李广难封"的诗句，其创造性可见一斑。

二、南宋之初诗人的爱国情怀与李广形象

李广形象产生之后，其形象内涵主要以个人价值为主，"不遇""难封""善射""霸陵尉"等关键词无不体现出个人化特征，唐诗尤其如此。宋人在

---

① （宋）周密撰：朱菊如、段飈等校注：《齐东野语校注》卷八，华东师范大学出版社1987年版，第162页。

② （清）刘熙载撰，袁津琥校注：《艺概注稿》卷四，中华书局2009年版，第517页。

诗歌创作上一直在积极地求新，力求超越唐人。无论是自觉还是不自觉，在某些方面比如上述对"李广难封"悲伤情绪的消解与超越，宋代诗人确实做到了超越，而更大的创新则在用李广形象抒发爱国情怀上。南宋民众最痛恨的莫过于金，南宋建立之初的"靖康之难"带给宋人的远非"切肤之痛"四字可以形容，岳飞《满江红》中的"壮志饥餐胡虏肉，笑谈渴饮匈奴血"颇能看出南宋士人强烈的国家意识和爱国情怀。从此以后，"北定中原"成为南宋有志之士的梦想，以至于陆游临终前都说："王师北定中原日，家祭无忘告乃翁。"以李广书写爱国情怀的南宋诗人主要有两个群体，即刘韐周围的爱国诗人群体和以辛、陆为核心的爱国诗人。

刘韐周围的爱国诗人 刘韐，北宋末年大臣，又名福高，字仲偃，崇安（今福建武夷山市）人。著名的抗金英雄岳飞就是刘韐发现并培养、起用的。"靖康之难"时，京城不守，遣使金营，金人欲用之，（刘韐）不屈，于靖康二年自缢。《宋史·忠义传》载：

> 京城不守，始遣使金营，金人命仆射韩正馆之僧舍。正曰："国相知君，今用君矣。"韐曰："偷生以事二姓，有死，不为也。"正曰："军中议立异姓，欲以君为正代，得以家属行，与其徒死，不若北去取富贵。"韐仰天大呼曰："有是乎！"归书片纸曰："金人不以予为有罪，而以予为可用。夫贞女不事二夫，忠臣不事两君；况主忧臣辱，主辱臣死，以顺为正者，妾妇之道，此予所以必死也。"使亲信持归报诸子。即沐浴更衣，酌卮酒而缢。燕人叹其忠，瘗之寺西冈上，遍题窗壁，识其处。凡八十日乃就殓，颜色如生。建炎元年，赠资政殿大学士，后谥曰忠显。①

刘韐死后，时人遂称其为"刘忠显"，当时很多人都写挽诗悼念刘韐，如刘一止、吕本中、李弥逊、胡寅、朱熹等人都对刘韐评价极高，张嵲竟一连写了

---

① （元）脱脱等：《宋史》卷四四六，中华书局 1977 年版，第 13164 页。

七首挽诗，足见当时人对刘韐的敬佩之情。邓肃尝从刘韐治学，是宋代著名的谏臣，坚决主战。在得知刘韐事迹后作了一篇长篇古体挽诗以寄哀痛：

> 靖康之变，死其事者数人，然皆人死之耳。独忠显刘公勋业撰于两河，虏乞于朝，盖将用之。公独不顾，毅然自尽。此所以卓然拔乎其萃，为当今第一人也。某以布衣辱公父子兄弟待以国士，顷尝论公之节如颜真卿、杲卿等，或者骇之曰："公尚亡恙，子安的出此语乎？"忽忽十年而公竟以节薨，更出颜公之右，识者然后知某前日之言自有管见，盖非偶然耳。公丧南归，义当匍匐一恸新阡之下，但方以罪逐，不欲徹声于贤公卿之门。今仲固驰书索诗以助挽人之唱，某敢不勉？然我公气义欲穿天心，狼子虽有万众，不得以兵甲威之。今欲写于毫楮间，顾岂区区章句数字得以缚道光本作傅之乎？谨作古诗一首，略去声律，意盖有在也。伏幸采览。

> 城头皂帜作云飞，城中不纵胡马嘶。
>
> 虎狼那顾百万众，政期生载人杰归。
>
> 天王遣公赴狂虏，胡奴列拜听奇语。
>
> 军中相庆得左车，便觉笑谈混天宇。
>
> 先生一笑凛长虹，此膝那屈穹庐中。
>
> 平生数奇似李广，自许孤忠如鲁公。
>
> 毡帐归来眦欲裂，北望紫微湮涕血。
>
> 更期结草报君王，夜半无人径自绝。
>
> 城门初开闻讣书，参骞哭往万人俱。
>
> 义色忠躯略不变，忠言凛凛在襟裾。
>
> 当时中国满朱紫，不臣女真即臣楚。
>
> 闻公高节端不回，身虽亡恙气先死。
>
> 英风吹到新冕旒，天恩夜破九泉幽。
>
> 佳城可葬不可没，时有红光上斗牛。

> 我昔从公子弟列，欲报公知效公节。
>
> 公骑箕尾我谁依，独上山巅采薇蕨。
>
> ——《刘忠显挽词》①

邓肃（1091—1132）字志宏，号栟榈，沙县八都邓墩人，唐末崇安镇将邓光布将军的后裔。邓肃为人刚正，关心民瘼。在徽宗时因坐上诗讽刺花石纲被屏出太学而名动天下。至靖康元年（1126）钦宗即位，因李纲大力推荐，得钦宗召对便殿，赐进士出身、补承务郎，授鸿胪寺主簿。后金兵犯阙，他奉命出使金营，被扣五十日，坚强不屈，还设法探听敌营虚实，了解军情，极力主战。高宗时他居谏官三个月，疏奏二十次，揭露时弊，提出救国良策。宋建炎元年（1127）八月，李纲因坚持抗金，受权臣陷害而再次罢相。邓肃竭力反对，并为之申辩，再次触怒执政，贬出守郡，罢官归家。邓肃与刘韐多有往来，邓肃本就是爱国志士，对刘韐格外推崇。他这首挽诗回顾了刘韐牺牲的过程并表达了自己沉痛的心情，"公骑箕尾我谁依，独上山巅采薇蕨"。这首诗描写刘韐时用到了李广——"平生数奇似李广，自许孤忠如鲁公"。言李广而突出其"数奇"，这无疑是对刘韐才能和经历的总结。一来刘韐如李广般军事指挥能力突出，曾经在甘肃慑服西夏，取得了真定保卫战的胜利，收复五台，还曾发现并任用岳飞；二来刘韐因为直言而饱受蔡京、唐恪等人迫害，仕途不顺，颇有李广的"数奇"之叹。

刘韐有三子：刘子羽、刘子翼和刘子翚，他们父子四人都心怀抗金之志。刘韐自缢之时，刘子翚时年 30 岁，接到噩耗后，与其兄刘子羽、刘子翼扶柩返里，悲愤交集以至"几无以为生"，守制庐墓三年。服除后，以父荫补承务郎，为兴化军（治今福建莆田）通判，后因体弱多病辞官。常徘徊涕泗于父兄墓地，累日不返。其辞归武夷山，主管冲佑观，讲学传道，朱熹是他的得意门生。刘子翚有《靖康改元四十韵》诗，同样表达的是爱国之情：

---

① 北京大学古文献研究所编：《全宋诗》卷一七七四，北京大学出版社 1995 年版，第 19711 页。

肉食开边衅，天骄负汉恩。阴谋招叛将，喋血犯中原。

饮马江河竭，鸣笳宇宙喧。氛埃缠帝座，獯獟吸宫垣。

鼓锐梯飞壁，弯强矢及门。黔黎惊瓦解，冠盖尽星奔。

走辙秦城地，浮航楚峡村。画堂空锁钥，乐府散婵媛。

夜诏闻传玺，春王记改元。三辰光尽匿，四海浪横翻。

伏阁惟群彦，兴邦在一言。雉城期必守，虎旅更增屯。

龙困虽忧蚁，牛赢尚覆豚。谋成擒颉利，义可绝乌孙。

坚壁师弥老，穷兵火自燔。钓鱼犹假息，幕燕暂游魂。

恩款情先露，诛锄党实繁。横磨非嗜杀，下策且和番。

割地烦专使，要盟胁至尊。赐弓垂拱殿，留宴玉津园。

回骑桑乾北，游军广武原。驱驰无立草，剖斫露空坟。

太子悲秦粟，明妃泣汉轩。敌情终未测，邻好久宜敦。

晋赵封疆远，金汤阻固存。短衣求李广，长啸得刘琨。

御极朝仪盛，胪传诏语温。神霄分别仗，法驾引双辕。

内柳东风软，宫花丽日暄。闾阎多喜气，箫鼓送芳樽。

运契天同力，时危祸有根。覆车宜自戒，曲突更深论。

落拓江南士，飘零寒北潘。蚤尝专翰墨，晚厌属橐鞬。

拔剑思摩垒，怀书拟叩阍。蹉跎谋不遂，感激气潜吞。

野迥寒烯照，楼高暮雨昏。望乡心怳惘，忧国涕潺湲。

仄席勤谘访，垂绅乐引援。鹓鸾方竞集，短翼待腾骞。①

刘子翚此诗题提到"靖康改元"，那么此诗当写作于公元 1125 年，而刘子翚的父亲刘韐自缢于建炎元年（1127），所以刘子翚此诗当作其父辞世之前。若刘子翚的父亲刚刚去世，刘子翚悲愤至极，应该是不会有心情写诗。这首诗前边交代了金国侵犯大宋之状况，接着写改元之事，作者以为"和番"是

---

① （宋）刘子翚：《屏山集》卷一五，影印《文渊阁四库全书》本。

"下策"，而"割地烦专使，要盟胁至尊"简直都是咄咄怪事。国势如此，连皇庭中都是"太子悲秦粟，明妃泣汉轩"，何况广大的宋朝士人、百姓！刘子翚此诗也提到了李广，他说："短衣求李广，长啸得刘琨"。当时的宋朝深受金国侵扰之苦，犹如汉代抗击匈奴一样，所以"求"字很能体现刘子翚对于国家形势的担忧。

辛、陆周围的爱国诗人 邓肃《刘忠显挽词》的长序中提到了自己写作挽诗的缘由："今仲固驰书索诗以助挽人之唱，某敢不勉？"仲固指张仲固，名叫张坚，字仲固，南宋大臣，以读书出仕。绍兴二十四年进士。淳熙七年（1180）秋，受命知兴元府兼利州东路安抚使。邓肃此语是说他写这首挽诗是应张坚的请求而写的。张坚与辛弃疾也交好。辛弃疾的《木兰花慢·席上送张仲固帅兴元》就是写给张坚的。这首词虽是送别之作，却不涉儿女之情，而是运用大量典故并采用借古讽今的艺术手法，抨击南宋统治者偏安一隅、妥协投降的错误政策，抒发作者追求国家统一的爱国情怀。可见刘韐周围的爱国诗人与辛、陆周围的爱国诗人是有联系的。

辛弃疾词中多有李广出现，即便是游戏之作也体现出浓烈的爱国之情，譬如下面这两首作品：

> 故将军饮罢夜归来，长亭解雕鞍。恨灞陵醉尉，匆匆未识，桃李无言。射虎山横一骑，裂石响惊弦。落魄封侯事，岁晚田园。
>
> 谁向桑麻杜曲，要短衣匹马，移住南山？看风流慷慨，谈笑过残年。汉开边，功名万里，甚当年健者也曾闲？纱窗外，斜风细雨，一阵轻寒。
>
> ——《八声甘州·夜读〈李广传〉不能寐因念晁楚老杨民瞻约同居山间戏用李广事赋以寄之》[1]

> 千古李将军，夺得胡儿马。李蔡为人在下中，却是封侯者。芸

---

① （宋）辛弃疾：《辛弃疾词集》卷二，上海古籍出版社 2016 年版，第 110 页。

草去陈根，笕竹添新瓦。万一朝家举力田，舍我其谁也。

——《卜算子》①

辛弃疾的这首《八声甘州》是宋代唯一一首专以李广事迹创作的诗词，既是怀古，又是抒怀。辛弃疾的祖父辛赞在靖康之变宋室南渡后"累于族众"，无法南下，遂仕于金国。辛赞一直心系大宋，有抗金之志，在他的影响下，辛弃疾自幼就形成了恢复中原、报国雪耻的志向，养成了燕赵奇士的侠义之气。汉族人民不堪金人严苛的压榨，奋起反抗。21 岁的辛弃疾参加了由耿京领导的起义军，担任掌书记，并于绍兴三十二年（1162）奉命南下与南宋朝廷联络。在他完成使命归来的途中，听到耿京被叛徒张安国所杀、义军溃散的消息时，便率领五十多人奇袭几万人的敌营，把叛徒擒拿带回建康，交给南宋朝廷处决。这个举动使辛弃疾名重一时，宋高宗任命他为江阴签判，从此开始了他在南宋的仕宦生涯。辛弃疾有出色的才干和执着北伐的热情，但"归正人"的尴尬身份阻拦了他仕途的发展，朝廷并不给他冲锋陷阵的机会，除了长期担任负责治理荒政、整顿治安的地方官外，辛弃疾一直闲居。六十四岁时，主张北伐的韩侂胄任命辛弃疾为知绍兴府兼浙东安抚使，年迈的辛弃疾精神为之一振。他先后被起用为绍兴知府、镇江知府等职。翌年，辛弃疾又被加为宝谟阁待制、提举佑神观，并奉朝请。其间几度沉浮，开禧三年（1207），朝廷再次起用辛弃疾为枢密都承旨，令他速到临安赴任，但此时辛弃疾已病重卧床不起，只能上奏请辞。同年九月初十辛弃疾含恨辞世。

辛弃疾这首《八声甘州》作于闲居带湖期间。如词的标题所言，辛弃疾"夜读《李广传》"而"不能寐"，原因并不难猜测。再加上其与友人晁楚老、杨民瞻约定同居山间的事，于是"戏用李广事"而作了这首词。此处的"戏"并非娱乐之作，而是颇有深意。宋廷对辛弃疾一直闲置，而辛弃疾却一直是满怀理想，一腔愤懑。虽然如此，他对于受到的处分却只能遵循"用之

---

① （宋）辛弃疾：《辛弃疾词集》卷四，上海古籍出版社 2016 年版，第 266 页。

则行，舍之则藏"的儒家原则，向陶渊明学习，寄情于山水田园，所以内心无比愤懑的辛弃疾表面上却必须表现得平静、淡泊，这种内外的矛盾使得辛弃疾无比痛苦。所有这些情绪辛弃疾都借这首《八声甘州》写了出来。这首词上阕寥寥数语，约略叙述了李广的事迹。辛弃疾在叙述李广事迹时选取的开端是很有目的的，"灞陵醉尉"是关键词，即辛弃疾注重叙述的是李广罢职后野居蓝田南山的生活。霸陵尉拒绝李广入城确实很打击李广，虎落平阳被犬欺，李广一定是深感世态之炎凉，然而李广并非老朽。他可以射虎，甚至可以射石，可谓"猛志固常在"（陶渊明《读山海经》），所以"落魄"二字已见辛弃疾对李广的同情——封侯不得，而且只能"守拙归园田"（陶渊明《归园田居》）。这同辛弃疾当时的心境非常相似。词的下阕，辛弃疾紧承词题"约同居山间"的事，"风流慷慨""谈笑"说得都很轻松。然而辛弃疾放不下李广，更难以平复自己无比愤怒却不能抒发的强烈情感。所以他又说到了李广，"汉开边，功名万里，甚当年健者也曾闲?"这是替李广鸣不平，也是在叙述自己的郁闷。可惜的是，辛弃疾很无奈。词的结尾，辛弃疾说："纱窗外，斜风细雨，一阵轻寒。"真是"知我者谓我心忧，不知我者谓我何求"（《黍离》），辛弃疾此时的感受哪里是"一阵轻寒"，分明是"彻骨寒"。然而辛弃疾是真正的"哀而不伤"，他举重若轻，含而不露，非常生气却必须表现得无比轻松。

无独有偶，辛弃疾的《卜算子》亦作于闲居期间，时在瓢泉。庆元二年（1196）夏，带湖庄园失火，辛弃疾举家移居瓢泉。辛弃疾在瓢泉过着游山逛水、饮酒赋诗、闲云野鹤的村居生活，然而这种闲适、安逸的生活并不能泯灭辛弃疾内心的激情与愤懑。这首词的开头不同于《八声甘州》，是以李广被俘而又夺马而归的事起句，突出了李广的声名之大和能力之强。然而为人在下中、名声远不如李广的李蔡却位列三公。这是何等的不公！辛弃疾写作这首词的时候已经56岁了，"英雄老矣"，却壮心未灭。他慨叹于自己这样一个以抗金复国为己任的志士英才，却干着"芸草去陈根，笕竹添新瓦"的营生，这是何等荒唐、可笑。辛弃疾对于这种用人现状实是无奈，所以他索性把讽刺进行到底，如在汉代，像我这样默默践行力田的，是不是应该受到表彰，还可以被荐举到朝廷呢！愤怒与郁闷溢于言表。

陆游与辛弃疾都是爱国志士，志趣相投，陆游曾经给辛弃疾写过一首诗，名为《送辛幼安殿撰造朝》：

> 稼轩落笔凌鲍谢，退避声名称学稼。十年高卧不出门，参透南宗牧牛话。功名固是券内事，且葺园庐了婚嫁。千篇昌谷诗满囊，万卷邺侯书插架。忽然起冠东诸侯，黄旗皂纛从天下。圣朝仄席意未快，尺一东来烦促驾。大材小用古所叹，管仲萧何实流亚。天山挂旆或少须，先挽银河洗嵩华。中原麟凤争自奋，残虏犬羊何足吓。但令小试出绪余，青史英豪可雄跨。古来立事戒轻发，往往谗夫出乘罅。深仇积愤在逆胡，不用追思灞亭夜。①

此诗当作于嘉泰四年（1203）春。主张北伐的韩侂胄起用主战派，辛弃疾被任为知绍兴府兼浙东安抚使，年迈的辛弃疾精神为之一振。嘉泰三年十二月二十八日，辛弃疾赴临安。当辛弃疾由绍兴出发的时候，陆游写了这首长诗并交给辛弃疾。这首诗高度赞扬了辛弃疾的诗才将略，非常同情辛弃疾的苦恼，用诗句宽慰辛弃疾，所谓"大材小用古所叹"，并鼓励他说："中原麟凤争自奋，残虏犬羊何足吓。但令小试出绪余，青史英豪可雄跨。"然而，作为志同道合的挚友，陆游是非常讲求实际的，他说："古来立事戒轻发，往往谗夫出乘罅。深仇积愤在逆胡，不用追思灞亭夜。"他说北伐事重，必定要准备充分，力戒"轻发"。同时，还提醒辛弃疾要防备"谗夫"找麻烦，陆游想得非常周到。最后两句，陆游用上了李广，他说："深仇积愤在逆胡，不用追思灞亭夜。"目前最重要的是北伐，是集中力量消灭金国的侵略力量，而对于类似霸陵尉这样的人和事就不要计较了。谆谆告诫，发自肺腑，既体现了

---

① （宋）陆游著，钱仲联、马亚中主编：《剑南诗稿校注》卷五七，浙江教育出版社2011年版，第270页。

陆游对于当时朝廷的了解，又体现了对朋友的关怀，同时也表达了自己对于"北定中原"的渴望。对于陆游诗中的李广形象，不但在宋代文学史上，甚至在整个中国文学史上，陆游都是写李广最多的诗人，他的相关作品有 25 首之多。陆游的这些诗对于李广形象内涵的开掘是非常广泛的，他既同情李广，写下了诸如"人事信难料，百战竟不侯"这样的诗句。由于长时间的闲适，所以陆游对于李广关注最多的是"短衣射虎性所乐"（《六月二十五日晓出郊》）、"生拟入山随李广"（《躬耕》）这样的诗句，洋溢着对国事的密切关注。

如前文所述，陆游有一首诗是写给刘过的，名为《赠刘改之秀才》。刘改之即刘过，其人四次应举不中，流落江湖间，布衣终身。曾伏阙上书，力陈恢复方略，未被采纳而落拓江湖。宁宗时，曾为辛弃疾幕僚，常以词唱和。其词多写政治抱负和抒发怀才不遇的感慨，并为陆游、辛弃疾所激赏，亦与陈亮、岳珂友善。其深怀报国之志，写下了诸多类似"独有孤臣挥血泪，更无奇杰叫天阍"（《夜思中原》）、"北固怀人频对酒，中原在望莫登楼"（《登多景楼》）这样的名句。

刘过曾经给辛弃疾写过一首诗《呈徐侍郎兼寄辛幼安》，诗云："猿臂将军战不休，当时部曲已封侯。夜深忽梦燕山月，犹幸君王晚更收。"① 这首诗以李广开篇，突出了李广之善射与长期征战——"猿臂将军战不休"。接着一转，"当时部曲已封侯"。李广部下都已经封侯，李广却独不封侯，这难免让人委屈。此两句像是怀古，又像是喻指某人，所喻应该是刘过、辛弃疾等人。此诗接下来又是一转，说到了刘过的一个梦——"夜深忽梦燕山月"。"燕山月"应该是泛指北方为金占领之地区，也即陆游口中的"中原"。他和辛弃疾等人心心念念的都是统一大业，然而这只是一场梦，应了古语所谓"日有所思，夜有所梦"。有理想而不能实现，这是一种心理失衡。如何来解决这个问题，刘过开始自我安慰并安慰别人，"犹幸君王晚更收"，意即"还好，我们

---

① （宋）刘过：《龙洲集》卷八，影印《文渊阁四库全书》本。

的君王迟早会把失地都收回来的。"这话不要说是安慰别人，恐怕自己都难以相信，但是除此之外，刘过无能为力。这是南宋有志之士共同的，也是最大的悲哀。

刘过身边有很多主战派士人，从他们给刘过写的诗同样可以看出他们的报国之志，苏泂就是其中的一个。苏泂，字召叟，山阴（今浙江绍兴）人。生平事迹不详，曾任过短期朝官，在荆湖、金陵等地做幕宾，身经宁宗开禧初的北征。曾从陆游学诗，与当时著名诗人辛弃疾、刘过、赵师秀、姜夔等多有唱和。苏泂在《全宋词》中只收有两首词，都是写刘过的，而且都提到了李广。其词全文过录如下：

> 望关河、试穷遥眼，新愁似丝千缕。刘郎豪气今何在，应是九疑三楚。堪恨处。便拼得、一生寂寞长羁旅。无人寄语。但吊麦伤桃，边松倚竹，空忆旧诗句。文章事，到底将身自误。功名难料迟暮。鹑衣箪食年年瘦，受侮世间儿女。君信否。尽县簿高门，岁晚谁青顾。何如引起。任槎上张骞，山中李广，商略尽风度。
>
> ——《摸鱼儿·忆刘改之》①
>
> 十载尊前，放歌起舞，人间酒户诗流。尽期君凌厉，羽翮高秋，世事几如人意，儒冠还负身谋。叹天生李广、才气无双，不得封侯。榆关万里，一去飘然，片云甚处神州。应怅望、家人父子，重见无由。陇水寂寥传恨，淮山宛转供愁。这回休也，燕鸿南北，长隔英游。
>
> ——《雨中花》②

从文辞上来看，第一首《摸鱼儿》中的"文章事，到底将身自误，功名难料迟暮"，当指刘过"四次应举不中"而言。词尾"山中李广"当指李广被废为庶人之后在蓝田南山的隐居生活，即指刘过可靠失利侯在山中闲居。这两

---

① 唐圭璋编纂：《全宋词》，中华书局1999年版，第3221页。
② 唐圭璋编纂：《全宋词》，中华书局1999年版，第3221页。

首词是有联系的，第二首词题下有注，曰：

> 余往时忆刘改之，作《摸鱼儿》，颇为朋友所喜，然改之尚未之
> 见也。数日前，忽闻改之去世，怅惘殆不胜言。因忆改之每聚首，
> 爱歌雨中花，悲壮激烈，令人鼓舞。辄倚此声，以寓余思，凡未忘
> 吾改之者，幸为我和之。

可见这两首词都是回忆刘过的，尤其第二首，可以算是一首悼亡词。第一首
如果所言未及文章事，那么第二首所说的应该是刘过的政治理想，因为其第
三句说道："叹天生李广、才气无双，不得封侯。"李广一生奋战在抵抗匈奴
的边塞之上，却未封侯。刘过一直寄希望于恢复中原而难以实现自己的抱负。
就在陆游写给辛弃疾《送辛幼安殿撰造朝》的那一年，刘过也写有一首《六
州歌头·题岳王庙》，很好地体现了他的理想：

> 中兴诸将，谁是万人英。身草莽，人虽死，气填膺。尚如生。
> 年少起河朔，弓两石，剑三尺，定襄汉，开虢洛，洗洞庭。北望帝
> 京。狡兔依然在，良犬先烹。过旧时营垒，荆鄂有遗民。忆故将军。
> 泪如倾。说当年事，知恨苦，不奉诏，伪耶真。臣有罪，陛下圣，
> 可鉴临。一片心。万古分茅土，终不到，旧奸臣。人世夜，白日照，
> 忽开明。衮佩冕圭百拜，九泉下、荣感君恩。看年年三月，满地野
> 花春。卤簿迎神。①

《六州歌头》一词，三字句较多，节奏较快，抒情慷慨激昂。刘过此词悼念岳
飞，开头的四组三字句极富气势。"气填膺"尤其体现了刘过对国家形势的愤
慨。第一阕的结尾说："忆故将军。泪如倾"。强烈地表达了他对岳飞的怀念
和对国家的无限赤诚。

除此之外，南宋行将灭亡之际，同样有诗人以李广抒发爱国之情，如林
景熙的《秦吉了》借一种可学人语的鸟，道出了大宋将亡之时武将的软弱：

---

① （宋）刘过：《龙洲集》卷一一，影印《文渊阁四库全书》本。

《邵氏见闻录》：泸南有畜秦吉了者，能人语。夷酋欲以钱十万买之。其人告以贫，欲卖之。秦吉了曰："我，汉禽也，不愿入蛮夷山。"不食而死。

尔禽畜于人，性巧作人语。

家贫售千金，宁死不离主。

桓桓李将军，甘作单于鬼。①

林景熙，字德旸，一作德阳，号霁山。温州平阳人。南宋末期著名爱国诗人。宋亡不仕，隐居于平阳县城白石巷。林景熙曾冒死捡拾帝骨葬于兰亭附近。他教授生徒，漫游江浙，因而名重一时，人称"霁山先生"。这首诗的序里面提到的《邵氏闻见录》系北宋学者邵伯温所撰笔记。或者是林景熙读了这个故事而写下了这首诗，或者是他对现实有所感，于是借这个故事进行叙说。一只鸟尚且因不愿入蛮夷山，不食而死，那么人呢？作者诗作最后两句"桓桓李将军，甘作单于鬼"很容易让人联想到南宋末年宋军在对抗元军战场上的表现。据《宋史》《资治通鉴》等史书记载，咸淳九年（1273）二月，南宋主将吕文焕出城投降，襄阳就此沦陷。德祐元年（1274）十二月，元军自汉水渡江，淮西制置大使夏贵领战船三百艘逃跑。鄂州都统程鹏飞投降。伯颜以四万兵守鄂州，自领大军东下，直指临安。一路之上，黄州、蕲州、江州、德安、六安等地宋军守将望风而降，范文虎也在安庆降元。这样的战场表现让宋代士人如何能"心静身安"？桓桓者，勇武、威武貌。李广将军自然是威武的，南宋的将军看起来也一定是威武的，然而遇到元军便"甘作单于鬼"。此处用李广，意在辛辣地讽刺南宋末年一些将领的无耻投降行为。

综上所述，宋代爱国诗人而言李广者，以南宋最显著，且这些诗人互相都有联系，并相互影响。他们在引李广入诗上，不但诗作数量可观，而且主题比较一致，集中体现了宋人在李广形象接收上的新创。

---

① （宋）林景熙：《霁山文集》卷一，影印《文渊阁四库全书》本。

三、其他

宋诗除了上述创新之外，还有其他一些特点，如首次以李广形象反映社会不公，禅诗大量出现，对霸陵尉关注较多，题画诗和咏物诗增多等。

一般而言，李广形象多出现在咏史、怀古、赞颂他人等题材诗作中，唐代是这样，宋代亦然。然而宋代却有人尝试突破常规，以李广反映社会黑暗，如方岳之《三虎行》：

> 黄茅惨惨天欲雨，老乌查查路幽阻。田家止予且勿行，前有南山白额虎。一母三足其名彪，两子从之力俱武。西邻昨暮樵不归，欲觅残骸无处所。日未昏黑深掩关，毛发为竖心悲酸，客子岂知行路难。打门声急谁氏子，束蕴乞火霜风寒。劝渠且宿不敢住，袒而示我催租瘢。呜呼，李广不生周处死，负子渡河何日是。①

方岳，字巨山，号秋崖，新安祁门（今属安徽）人。官至吏部侍郎。因忤权要史嵩之、丁大全、贾似道诸人，终生仕途失意。工于诗，多描写农村生活与田园风光，质朴自然。这首《三虎行》在方岳的诗集中比较特别，是一首宋代比较少见的新题乐府诗。这首诗前边部分一直在描写"一母""两子"三只"白额虎"，这三只为危害一方，令人"悲酸"，正所谓"西邻昨暮樵不归，欲觅残骸无处所。"直至"袒而示我催租瘢"一句始悟，原来这是一首寓言诗，作者方岳在以虎比喻人间的"催租瘢"。"催租瘢"指农民被逼租时受到拷打，身上留下的伤瘢。孔子曾云："苛政猛于虎"（《论语·檀弓》），从孔子到方岳已经过去了 1700 年，然而苛政之害并没有减轻之势。作者最后连用了三个与虎有关的典故，说："李广不生周处死，负子渡河何日是"。此处言李广当取李广射虎意，既然老虎为祸一方，作者自然渴求有人能射虎除害，然而"李广不生周处死"令人绝望。在这里，李广已经化身为民除害的人，

---

① （宋）方岳撰：秦效成校注，《秋崖诗词校注》卷三一，黄山书社 1998 年版，第 536 页。

成了能为黎庶减轻苛政之害的一个人物形象，完全不同于唐宋关于李广形象的惯常用法。诗之结尾所言"负子渡河"指《后汉书》所载刘昆事迹："先是崤、黾驿道多虎灾，行旅不通。昆为政三年，仁化大行，虎皆负子度河。"[①]仁政广行，连虎都不愿伤人。这是作者美好的社会理想，因而成为名篇。

随着文化的不断繁荣以及佛教僧人儒学化的不断加深，唐代已经出现了诸如释皎然《武源行赠邱卿岑》这样引李广入诗的僧诗，但数量还很少。至宋，佛教儒学化、世俗化趋势越发明显，僧诗越来越多，故僧诗中李广的身影也越来越多，这类诗作总数约有十几首。纵观这十几首诗，宋代僧诗十之八九都将关注点放在李广的射箭上，或射虎，或射石，如释智愚《颂古一百首》之"翻思昔日李将军，射虎之机犹是钝"。释宗杲《偈颂一百六十首》之"李将军，射石虎。虽然过那边，枉发千钧之弩"等。这类诗虽名为诗却具有极强的佛偈色彩，故难以从中读出主旨，文学意义较淡。

霸陵尉是李广故事的一个小插曲，唐诗中关注霸陵尉的诗比较少，唯长孙无忌的《灞桥待李将军》和胡曾的《咏史诗·霸陵》，前者恰巧在灞桥等人，而被等之人恰好也姓李，于是长孙无忌就写下了这首诗，颇为巧妙。胡曾的诗是一首咏史诗，后两句"况是四方无事日，霸陵谁识旧将军"表达了对霸陵尉的理解。相对于唐诗，宋诗对于霸陵尉的关注要多一些，集中表现为对霸陵尉事件中李广的表现进行重新评价，如苏轼的《铁沟行赠乔太博》：

> 城东坡陇何所似？风吹海涛低复起。城中病守无所为，走马来
> 寻铁沟水。铁沟水浅不容辀，恰似当年韩与侯。有鱼无鱼何足道，
> 驾言聊复写我忧。孤村野店亦何有，欲发狂言须斗酒。山头落日侧
> 金盆，倒著接䍦搔白首。忽忆从军年少时，轻裘细马百不知。臂弓
> 腰箭南山下，追逐长杨射猎儿。老去同君两憔悴，犯夜醉归人不避。

---

① （南朝宋）范晔：《后汉书》卷二〇，中华书局1965年版，第2550页。

明年定起故将军，未肯先诛霸陵尉。①

这是一首歌行古体赠诗，乔太博，名叙，字禹功，太博是官职名，文官。《苏轼诗集》中此诗有注说：

> ［尧卿曰］禹功尝欲换武，故有次句。其后果换左藏知施州。又作诗云：今年果起故将军。盖谓此言明验。［查注］按《许彦周诗话》云：淮阴胜而不骄，乃能师；李左车李广诛霸陵尉，则薄于德矣。东坡"明年定起故将军，未肯先诛霸陵尉"，用事当如此向背。

由注可知，苏轼写这首诗的用意是乔禹功想从文官转为武官，而且后来果然在施州当政。苏轼写这首诗目的很明确，劝诫乔禹功莫要学习李广，一旦掌军权便报私仇。很明显，苏轼对李广怒杀霸陵尉是不赞成的。还有李邴和刘克庄的诗也持同一观点。

> 短衣自猎南山虎，正好渔樵不乱群。
>
> 妄以宿嫌诛醉尉，令人翻恨李将军。
>
> ——李邴《行田同安题康店铺》②
>
> 醉尉怒呵故侯猎，亭长豪夺征君牛。
>
> 射虎将军余怒在，卖药先生一笑休。
>
> ——刘克庄《杂兴四首·其一》③

前者后两句直接以否定词"妄"提出意见，不要因为前嫌而杀死那个曾经喝醉的霸陵尉，结果却让人批评李广的睚眦必报。后者虽短，也无结论，却是艺术水平最高的一首。诗人将李广和东汉名士韩康作了一番对比。关于韩康，皇甫谧的《高士传》记载了他的事迹：

> 韩康字伯休，京兆霸陵人也。常游名山采药，卖于长安市中。

---

① （宋）苏轼撰，（清）王文浩辑注，孔繁礼点校：《苏轼诗集》卷一二，中华书局1982年版，第601—602页。

② 北京大学古文献研究所编：《全宋诗》卷一六四六，北京大学出版社1998年版，第18436页。

③ 《刘克庄集笺校》卷四，中华书局2011年版，第2302页。

口不二价者三十余年。时有女子买药于康，怒康守价，乃曰："公是韩伯休邪？乃不二价乎？"康叹曰："我欲避名，今区区女子皆知有我，何用药为？"遂逃入霸陵山中，博士公车连征不至。桓帝时，乃备玄纁安车以聘之，使者奉诏造康，康不得已，乃伴许诺。辞安车，自乘柴车，冒晨先发至亭。亭长以韩征君当过，方发人牛修道桥。及见康柴车幅巾，以为田叟也，使夺其牛，康即释驾与之。有顷，使者至，夺牛翁乃征君也。使者欲奏杀亭长，康曰："此自老子与之，亭长何罪！"乃止。康因中路逃遁，以寿终。[①]

韩康的牛无故被夺，他并不反抗，"释驾与之"，而且并无申辩之言。等到使者到了，这个亭长知道了真相，就在使者要杀亭长的时候，韩康却说是他自己把牛给交给亭长的，亭长没有过错。同样是被冒犯，韩康不但选择原谅，而且还要为对方开脱，说对方无过错。实际上是使者觉得亭长冒犯了长官而要杀掉亭长，韩康只要点头就可以，并不用承担杀人的责任。而李广面对酒醉而秉公执法的霸陵尉，则不但怀恨在心，而且借国家需要李广出山消灭匈奴之机，有恃无恐地杀掉了曾经"冒犯"过他的霸陵尉。两相对比，高下立分。刘克庄这首诗的写法也很高妙，"醉尉怒呵故侯猎，亭长豪夺征君牛"两句中的"怒呵"与"豪夺"在严对的同时，还非常形象地突出了李广和韩康被冒犯的原因。这两件事之间并无任何关联词语，只是并列放在一起。接下来，刘克庄客观叙述李广和韩康的反应："射虎将军余怒在，卖药先生一笑休。"李广余怒未消，韩康"一笑而过"；霸陵尉惨遭杀害，亭长安然无恙。由此看来，李广与韩康在容人之量上可谓云泥之别。刘克庄此诗之妙有三：一是选材恰当，都选择了有关容人之量的历史人物，"冒犯"是关键词；二是布局巧妙，两个人的两件事只是客观叙述，而未有只字评论；三是主旨不言自明，作者并不明说结论。但两者一对比，结论早已明了，可谓不言之言。

---

①　（晋）皇甫谧原著，（清）任渭长、沙英绘，刘晓艺撰文：《高士传》，上海古籍出版社 2014 年版，第 246 页。

进入宋代之后，文人对李广的吟咏逐渐增多，题画诗和咏物诗中也偶有李广出现，题画诗如《艇斋诗话》（宋曾季狸）提到徐俯①的《画虎图》诗"不向南山寻李广，却来东海笑黄公"②、宋元之交方回的《题孝猿图》诗"面故可颜彪，臂岂徒李广"③ 以及王安石的《阴山画虎图》。

> 阴山健儿鞭辔急，走势能追北风及。逶迤一虎出马前，白羽横穿更人立。回旗倒戟四边动，抽矢当前放蹄入。爪牙蹭蹬不得施，迹上流丹看来湿。胡天朔漠杀气高，烟云万里埋弓刀。穹庐无工可貌此，汉使自解丹青包。堂上绢素开欲裂，一见犹能动毛发。低徊使我思古人，此地拊兵走戎羯。禽逃兽遁亦萧然，岂若封疆今晏眠。契丹弋猎汉耕作，飞将自老南山边，还能射虎随少年。④

此诗前半部分主要运用赋法，描述阴山健儿骑马射虎之状，并夸赞绘画者绘画技艺之高，"堂上绢素开欲裂，一见犹能动毛发"。诗的后半部分因"低徊使我思古人"而一转，表达了作者对边疆现状的担心，以及他对当下边塞和平现状的赞美——"岂若封疆今晏眠"。"契丹弋猎汉耕作，飞将自老南山边，还能射虎随少年"，是说契丹本游牧民族，那就安心弋猎；汉朝擅长耕作，那就好好耕作。从此李广无仗可打，在蓝田南山养老即可，间或可以随一些少年上山射虎。一般的诗作提到李广与虎，无非是因为李广射虎，然而这首诗突出的却是李广蓝田南山的悠闲时光，尤其"自老"二字，强调了和平时期"刀枪入库，马放南山"式的和平愿望。这首诗虽为题画诗，却另有抒发，艺术性很高，以至于八百年后的晚清诗人胡庭麟竟作了一首和诗《和王介甫阴山画虎图用元韵》，足见其影响之远。

宋人一直在拓宽诗作的表现范围。唐代提及李广的诗作虽多，却并没有

---

① 徐俯，宋代官员，江西派著名诗人之一。字师川，自号东湖居士。
② （宋）曾季狸：《艇斋诗话》，《四库未收书辑刊》本，第8页。
③ 北京大学古文献研究所编：《全宋诗》卷三四九五，北京大学出版社1998年版，第41657页。
④ （宋）王安石撰，李壁笺注：《王荆文公诗笺注》卷一二，上海古籍出版社2010年版，第142页。

咏物诗。而到了宋代则出现了若干咏物诗。除了袁说友的《大石》、薛绍彭的《汉高帝试剑石》等咏石诗，还有宋祁的《僧园牡丹》等。

综上，在李广形象上，宋代人不但继承了唐人几乎所有的题材和体裁，更为重要的是他们的创新并非都是刻意。首先，宋代偏安一隅，先有宋、辽纷争，后来宋、金战争不断，再后来宋、元战争直接导致南宋灭亡。这些导致宋代诗词中出现了不少有关爱国的作品，尤其是其中一些作品纷纷引李广入诗，大大拓宽了李广形象的内涵，在无意之中形成了新的特色。其间，南宋之初的诗人用李广表达爱国情绪最为显著。这与这些诗人身经"靖康之难"有直接的联系。凡经历过靖康惨状的诗人无不惊叹于战争之残酷，这激起了诗人强烈的爱国热情，故而借李广抒写。其次，宋人确实在刻意求新，他们不满足于唐人诗中的"哀而不伤"，而是尽力消解和超越唐诗中"李广难封"带来的不快，以求达到内心的愉悦。最后，宋人在一些小的方面如咏物诗、题画诗、僧诗等方面也有创新，体现了李广形象接受在宋代诗词中的进一步拓展。

第二节　宋、金文章对李广及《史记·李将军列传》的理性批评

两宋涉及李广的文章在类别上要比唐代少一些，主要有书启、奏表、政论、史论、杂论等，其中杂论文章较多，有44篇；其次是史论，33篇。与唐代文章相比，宋代的史论不但多而且质量上乘，有些篇目颇值得注意。涉及李广的史论主要有两类：一类是专论、兼论李广的兵论、史论；一类是针对《史记·李将军列传》文字进行批评的文章。

一、何去非对李广军纪松散的批评及文史诸家对李广的肯定

（一）何去非对李广军纪松散的批评

何去非的《何博士备论》以及司马光的《资治通鉴》卷二八《汉纪二十·

汉武帝永光元年》都有文字专论李广，二者俱被《历代名贤确论》收录。何去非，字正通，北宋福建人，生卒年不详，喜谈兵学。先任武学教授，不久升任武学博士。据苏轼的《举何去非换文资状》记载，宋神宗赵顼认为何去非的策词理优赡，长于论兵。就问他愿不愿当武官，而何去非不敢推辞，因此充任右班殿直，先任武学教授，后迁博士，然而何去非并不乐意一直当武官。于是，八年后，也就是元祐四年，苏轼写了这个《举何去非换文资状》，建议宋哲宗将何去非调回文官，仍充任太学博士。苏轼之所以这么做，原因是苏轼认为何去非"其所撰述，材力有余，识度高远，其论历代所以废兴成败，皆出人意表，有补于世。去非虽喜论兵，然本儒者，不乐为武吏。又其他文章，无施不宜"①。《何博士备论》就是何去非的代表作，此书对战国至五代的兴废成败和军事人物进行评述，真知灼见屡见笔端。对历史的思考文章有"六国论""秦论""楚汉论""魏论""蜀论""晋论""唐论""五代论"等。对军事人物的讨论有晁错、汉武帝、李陵、霍去病、刘伯升、汉光武帝、陆机、苻坚、宋武帝、杨素等，其中有一篇文章专论李广。其文如下：

> 先王之政，不求徇人之私情，而求当天下之正义。正义之立，在国为法制，在军为纪律。治国而缓法制者，亡；理军而废纪律者，败。法制非人情之所安然，吾必驱之使就者，所以齐万民也。纪律非士心之所乐，然吾必督之使循者，所以严三军也。

> 昔者李广之为将军，其材气超绝，汉之边将无出其右者。自汉师之加匈奴，广未尝不任其事。盖以兵居郡者四十余年；以将军出塞者，岁相继也。而大小之战七十余，遇以汉武之厚于赏功。自卫、霍之出，斩虏而取侯封者，数十百人；广之吏士侯者，亦且数辈。而广每至于败衄废罪，无尺寸之功以取封爵，卒以失律自裁，以当幕府之责。当时、后世之士，莫不共惜其材，而深哀其不偶也。窃

---

① （宋）苏轼撰，孔凡礼点校：《苏轼文集》卷二九，中华书局 1986 年版，第 836 页。

尝究之，以广之能而遂至于此者，由其治军不用纪律，此所以勋烈、爵赏皆所不与，而又继之以死也。

夫士有死将之恩，有死将之令。知死恩而不知死令，常至于骄；知死令而不知死恩，常至于怨。善于将者，使有以死吾之恩，又有以死吾之令，可百战而百胜也。虽然死恩者，私也；死令者，职也。士未有以致其私，而有以致其职者，可战也。未有以致其职，而有以致其私者，未可战也。盖私者在士，而职者在将。在士者，难恃；在将者，可必故也。

夫部曲行阵、屯营顿舍，与夫昼夜之警严，符籍之管摄，皆所谓军之纪律。虽百夫之率，不可一日辄废而缓于申严约束者也。故以守则整而不犯，以战则肃而用命。今广之治军，欲其人人之自安利也。至于部曲、顿舍、警严、管摄一切弛略，以便其私，而专为恩，所谓军之纪律者，未尝用也。故当时称其宽缓不苛。士皆爱乐，而程不识乃谓："士虽佚，乐为之死，然敌虏卒犯之，无以禁也。"此其恩不加令，而功之难必也。士诚乐死之矣，然其纪律之不戒也，亦所以取败也。故曰："厚而不能令，譬如骄子，不可用也。"

昔者，司马穰苴，卒然擢于闾伍之间而将齐军。一申令于庄贾，而三军之士莫不奋争为之赴战，遂一举而摧燕晋之师。彭越起于群盗，百人之聚，其所率者皆平日之等夷。一旦号令，斩其后期，众皆莫敢仰视，遂以其兵起为侯王，卒佐高祖平一天下。二人者，岂获所谓素抚循之师者哉！以其得治军之纪律，能使夫三军之士必死于令故也。广不求诸此，乃从妄人之谈，而深自罪悔于杀已，降以为祸，盖莫大于此者，亦已疎矣。[1]

李广殁后，"李广难封"就成了一个公案，不少学者文人都想一探究竟。何去

---

① （宋）何去非撰：《何博士备论》卷上，影印《文渊阁四库全书》本，第19页。

非这篇文章观点非常明确，缺少军队纪律是李广难封，甚至是李广自杀的真正原因。这个观点其实是站不住脚的，因为从《史记·李将军列传》的记载来看，李广自结发起，四十多年与匈奴打了七十多仗，其间即使有败仗，也并非因为军纪涣散。更毋庸说李广最后自杀也并不是如何去非所言之"失律"，而是"失道"，这是两回事。前者是不守纪律，属于自身的错误；后者是偶发，属于不可预料的事件，与李广自身无关。抛开这一点，仅从军事指挥学、管理学角度来讲，何去非关于军纪重要性的阐述还是十分精彩的。首段关于"纪律"的阐述，直接亮明观点——"纪律非士心之所乐"，却可以"严三军"。何去非说："夫士有死将之恩，有死将之令。知死恩而不知死令，常至于骄；知死令而不知死恩，常至于怨。"这个说法非常符合实际。《史记·李将军列传》就说过："士卒亦多乐从李广而苦程不识。"这个"苦"不就是抱怨吗？但有趣的是，何去非关于纪律重要性的观点同《史记·李将军列传》中程不识的观点是一致的，都认为"士虽佚，乐为之死，然敌虏卒犯之，无以禁也"是非常有说服力的，是一个合格的将军应该避免的。何去非后面谈到司马穰苴和彭越的例子也很有说服力，他们的成功并不是因为"抚循"士卒，而是因为纪律严明。但我们知道，司马穰苴同样爱兵如子，与李广无异：

> 士卒次舍井灶饮食问疾医药，身自拊循之。悉取将军之资粮享士卒，身与士卒平分粮食。最比其羸弱者，三日而后勒兵。病者皆求行，争奋出为之赴战。[1]

这应该就是何去非所谓的"善于将者，使有以死吾之恩，又有以死吾之令，可百战而百胜也"。

（二）司马光谈李广

司马光对李广亦有论述，在《资治通鉴》卷一七《汉纪九·武帝元光元

---

[1] （汉）司马迁：《史记》卷六四，中华书局1959年版，第2158页。

年》篇末说：

> 臣光曰：《易》曰："师出以律，否臧凶。"言治众而不用法，
> 无不凶也。李广之将，使人人自便。以广之材，如此焉可也；然不
> 可以为法。何则？其继者难也，况与之并时而为将乎！夫小人之情，
> 乐于安肆而昧于近祸，彼既以程不识为烦扰而乐于从广，且将仇其
> 上而不服。然则简易之害，非徒广军无以禁虏之仓卒而已也！故曰
> "兵事以严终"，为将者，亦严而已矣。然则效程不识，虽无功，犹
> 不败；效李广，鲜不覆亡哉！①

司马光同样认为军纪很重要，并引《周易》说："师出以律，否臧凶。"意即
出兵打仗，必须要有严格的军纪，否则胜败都是凶。同时，司马光认为李广
带兵"使人人自便"即不守军纪是可以的，因为李广有"才气"，但李广的做
法并不能推而广之，原因基本与何去非一致。在司马光看来，将领带兵是需
要严肃军纪的，这关系到军队的存亡命运。虽然李广军纪松散，但这并不是
他难以封侯、举剑自刎的原因。

（三）杨万里的颇牧不用论与李广不遇的理论解释

杨万里有诸多史论传世，其《诚斋集》中就收录一篇《文帝曷不用颇牧
论》，是专门针对扬雄《法言·重黎》中的一句话进行议论。原文如下：

> 或问："冯唐面文帝得廉颇、李牧不能用也，谅乎？"曰："彼将
> 有激也。亲屈帝尊，信亚夫之军，至颇、牧，曷不用哉？"②

上述对话又是从《史记·张释之冯唐列传》而来：

> 上既闻廉颇、李牧为人，良说，而搏髀曰："嗟乎！吾独不得廉

---

① （宋）司马光编著，（元）胡三省音注：《资治通鉴》卷一七，中华书局 1976 年版，第 577—
578 页。

② （汉）杨雄撰，汪荣宝义疏，陈仲夫点校：《法言义疏》卷一〇，中华书局 1987 年版，第
389 页。

颇、李牧时为吾将，吾岂忧匈奴哉！"唐曰："主臣！陛下虽得廉颇、李牧，弗能用也。"上怒，起入禁中。良久，召唐让曰："公奈何众辱我，独无间处乎？"唐谢曰："鄙人不知忌讳。"

当是之时，匈奴新大入朝，杀北地都尉卬。上以胡寇为意，乃卒复问唐曰："公何以知吾不能用廉颇、李牧也？"唐对曰："臣闻上古王者之遣将也，跪而推毂，曰阃以内者，寡人制之；阃以外者，将军制之。军功爵赏皆决于外，归而奏之。此非虚言也。臣大父言，李牧为赵将居边，军市之租皆自用飨士，赏赐决于外，不从中扰也。委任而责成功，故李牧乃得尽其智能，遣选车千三百乘，彀骑万三千，百金之士十万，是以北逐单于，破东胡，灭澹林，西抑强秦，南支韩、魏。当是之时，赵几霸。其后会赵王迁立，其母倡也。王迁立，乃用郭开谗，卒诛李牧，令颜聚代之。是以兵破士北，为秦所禽灭。今臣窃闻魏尚为云中守，其军市租尽以飨士卒，私养钱，五日一椎牛，飨宾客军吏舍人，是以匈奴远避，不近云中之塞。虏曾一入，尚率车骑击之，所杀其众。夫士卒尽家人子，起田中从军，安知尺籍伍符。终日力战，斩首捕虏，上功莫府，一言不相应，文吏以法绳之。其赏不行而吏奉法必用。臣愚，以为陛下法太明，赏太轻，罚太重。且云中守魏尚坐上功首虏差六级，陛下下之吏，削其爵，罚作之。由此言之，陛下虽得廉颇、李牧，弗能用也。臣诚愚，触忌讳，死罪死罪！"文帝说。是日令冯唐持节赦魏尚，复以为云中守，而拜唐为车骑都尉，主中尉及郡国车士。①

以上两段材料所围绕的都是汉文帝若得廉颇、李牧是否能用的问题。冯唐与汉文帝对面谈话却认为汉文帝得到廉颇也不能用，这令汉文帝很生气。然而冯唐的真正目的却是提醒汉文帝"法太明，赏太轻，罚太重"，并进一步替魏

---

① （汉）司马迁：《史记》卷一〇二，中华书局 1959 年版，第 2757—2759 页。

尚说话，令其官复原职，冯唐自己也得以加官晋爵。这里需要插一句，宋代李心传所撰《建炎以来系年要录》同样表达了西汉"法太明，赏太轻，罚太重"的特点，而且所举事例恰有李广："中兴圣政臣留正等曰：昔魏尚守御云中，坐上功差六级，下之吏，削其爵。李广出右北平遇左贤王战，以功过相当，亡赏。汉家赏功之令严矣。"① 看来赏罚太明、太严确是事实。

扬雄《法言》中的那段对话表达的也是基本一致的观点，认为冯唐之言文帝不能用颇、牧是激将法，认为汉文帝是能用颇、牧的，而扬雄之"至颇、牧，曷不用哉？"正是千年以后杨万里所关心的问题。

宋人注重历史反思，很多人文集中都有史论。杨万里的《文帝曷不用颇牧论》是其众多史论中的一篇：

> 论曰：贤者不能使人知，而能使人思。知与不知，贤者初莫之计，思与不思有国者竟莫之悟，二者常巧于相违，而不喜于相遭，是可叹也。汉文帝闻说者之论而思颇牧之贤，谓文帝之思为未善，不可也。然当颇牧之时或以间而摈，或以谗而殒。孰知其诬？孰知其贤哉？其生也莫知，其往也始思。思颇牧而天下无颇牧矣。使其复有颇牧，其能知颇牧乎？浅于知而深于思，薄今而厚古，岂特一颇牧而已哉？扬雄曰："文帝曷不用颇牧？贤者不求，不用亦不求。必用吾之所挟，不用则泽其身，用则泽其国，谓贤者求不用，贤者有是心乎？然其挟在我，其用不在我。不在我而我求之，又从而必之自，古圣贤君子未有或是之能也。颇牧之在赵也，颇牧不负赵而赵实负颇牧。负与不负颇牧何心焉？可悼者，赵之社稷而已矣，生灵而已矣。使颇不以赵括代，牧不以郭开死，韩魏不侵，匈奴不侵，非颇牧之功也。二子迟一日而去赵，则赵之国迟一日而为秦，此谁之功乎？虽然二子之功不求其君之不负也，求其略知焉而不得也。

① （宋）李心传：《建炎以来系年要录》卷七五，上海古籍出版社 1992 年版，第 56 页。

知且不知也，而况于思乎？汉文帝之思二子亦可为二子贺矣。使二子而有知亦少慰矣。然天下之事至于思其人而不获其用，君子谓之无益。汉文之不思二子，二子之病不加多，汉文之思二子，汉文之病不加少。且匈奴之寇日迫，而帝也乃欲起颇牧于九原，不徒匈奴闻之为之一笑而已，使颇牧闻之有不笑者耶？汉文之于魏尚，犹赵之于颇牧也。舍今颇牧而思古颇牧，善谋国者然乎哉？帝能思颇牧，吾亦能思魏尚也。愿以帝思颇牧之心为帝知魏尚之心，帝其许之乎？冯唐谓帝有颇牧亦不能用，其意则然矣，其气无乃犹未平，其辞无乃犹未婉乎？气平则辞自婉，辞婉则君自悟。吾于冯唐之论犹有憾焉。"且帝尝谓李广曰："使广在高帝时万户侯岂足道哉？士患不遇主，广之受知于帝，尚可诿曰：不遇主耶。遇主而又云云。若尔是高帝不生，广终不用也。有李广则舍之于今焉？无颇牧则思之于古焉？冯唐谓帝虽有颇牧不能用，帝则怒，唐也怒冯唐之言，帝不悔李广之论，帝其忘之乎？帝不忘之，帝当悔之矣。悔于广则不怒于唐矣。不怒于唐而悔于广则颇牧二者，思之可也，不思亦可也，谨论。"①

杨万里的观点与扬雄正好相反，他认为汉文帝即使得到廉颇、李牧也不可能用。杨万里认为君主普遍"浅于知而深于思，薄今而厚古"，即君主能够在贤人的启发下渴望得到良将，却做不到真正了解人才。即使有人才也不能够识别，这是非常遗憾的事情，而且君主往往重视古代的良将却轻视当代的人才，而这正是当年廉颇因离间而被排挤、李牧因谗言而被杀的原因所在，所以结论是即使有廉颇、李牧这样的良将，汉文帝是用不了的，恐怕廉颇、李牧还是会得到相同的下场。杨万里所考虑的问题已经超越了汉文帝是否能用廉颇、李牧的具体问题，而是看到了历史上的君主往往渴求过去的良将却不能识别身边的良将，致使良将遭受各种厄运而不得所用的悲剧。这又自然引申到

---

① （宋）杨万里：《诚斋集》卷九一，《四部丛刊》本，第20页。

"士不遇"这样一个历史难题上，因为汉文帝曾经亲口夸过李广说："惜乎，子不遇时！如令子当高帝时，万户侯岂足道哉！"所以李广就很自然地被杨万里提到。无疑，汉文帝对李广的才气是十分认可的，正如杨万里所言，汉文帝对李广是有"知"的，但是没有"遇"。汉文帝有眼前李广这样的良将不用，却想念已经去世了的廉颇、李牧，看来他只想念已经去世的良将而不能重用眼前的良将。那廉颇和李牧即使复生，也逃脱不了被离间和罢黜的命运。这就从另一个角度解释了李广难封的原因，即君主"浅于知而深于思，薄今而厚古"。

（四）王应麟的李广优出论

司马光的《资治通鉴》写成之后，很多相关的历史著作应运而生，先有朱熹的《资治通鉴纲目》，后有王应麟的《通鉴答问》。《通鉴答问》用一系列的问答组成，其中有一篇题目为《李广卫青霍去病》，其文如下：

> 或问：李广、卫青、霍去病三将孰优？曰：士不可以成败论也。以成败论士，则公议废矣。廉颇以？弃，李牧以？死，而言良将者必称颇牧。千载之下懔懔有生气，此公议之不可泯者也。李广，山西宿将，老不封侯而豪杰归之。卫霍以后戚进，功著沙漠而豪杰轻之。太史公列传谓：李将军死之日，天下知与不知皆为尽哀。于卫青则曰：以和柔自媚于上，然天下未有称也。于去病则曰：亦有天幸未尝困绝也。功可以幸而成名，不可以幸而得爵位，可以幸而致讥贬，不得以幸而免。史笔之公即天理之正。①

王应麟的这篇小文章开篇是个小问题：李广、卫青、霍去病三将孰优？按照一般的功绩评价标准，这个问题并不难回答，然而王应麟的评价标准并不同于一般。他首先说："士不可以成败论也"，直接就抛弃了功名的比较。至于

---

① （宋）王应麟撰，郑振峰等点校：《通鉴答问》卷四，中华书局 2012 年版，第 380 页。

评价的标准，他提出了"公议"二字，即王应麟更重视大多数人（豪杰）的看法。他说："（李广）老不封侯而豪杰归之。卫霍以后戚进，功著沙漠而豪杰轻之。"他还对比了司马迁给李广和卫、霍的不同评价，所以结论就很明显了——李广要优于卫、霍。王应麟进一步说卫霍能幸运地得到爵位，却不能够靠幸运得到李广那样美好的声名，也不可能幸运地避免人们的指摘，李广虽败（未封侯）犹荣。王应麟最后将这种公正形容为"史笔之公"和"天理之正"。

（五）其他

除上述专论李广的文字外，还有些宋人在其著作中偶然提到李广，如刘宰对读了《史记·李将军列传》和《汉书·李广传》之后，在《读史抄》中说：

> 《史记·李广传》：卫青问广等失道状曰："青欲上书报天子军曲折。"班史增作"失军曲折"，非是。广时但失道，不曾失军也。①

刘宰提到的《史记·李将军列传》中"青欲上书报天子军曲折"一句中，"军"字单用确实似有不妥。但又诚如刘宰所言，班固在"军"字前加"失"又是不准确的。那么此处是本来如此还是阙字都未可知，但无论如何不能任意增字。

据《史记·李将军列传》中记载，李广曾与望气王朔燕语，谈论李广难以封侯的原因，最后的结论是李广杀降。王得臣在《麈史·鉴戒》中进一步说："李广之不侯，史氏以为杀已降。余谓非特此，其杀灞陵尉亦甚哉！广自抵阴谴，岂止不侯而已哉！至陵身臣虏，而李氏夷灭，亦显报矣。"②王得臣以为李广杀霸陵尉同杀降一样，同样导致了李广不侯，还导致李广之子得到了恶报——李陵投降、李氏被灭。不得不说王得臣这种因果报应的说法实是迂腐。

---

① （宋）刘宰编著：《漫塘集》卷一八《读史抄》，影印《文渊阁四库全书》本，第24页。
② （宋）王得臣：《麈史》卷下，上海书店出版社1990年影印版。

二、王若虚对司马迁《史记·李将军列传》书写的批评

除了李广形象的接受之外，宋辽金文人对《史记·李将军列传》也偶有批评。对《史记·李将军列传》的批评则是从金代王若虚开始的。王若虚，字从之，号慵夫，金亡后自称"滹南遗老"。王若虚在金章宗朝应奉翰林文字，曾奉命出使西夏。王若虚颇善思考，对古今著作多有指摘，撰有《五经辨惑》《论语辨惑》《孟子辨惑》《史记辨惑》《慵夫集》《诸史辨惑》等。《史记辨惑》有多处涉及《史记·李将军列传》：

（1）取舍不当辨：《史记·索隐》谓《司马相如传》不宜在《西南夷》下，《大宛传》不宜在《酷吏》、《游侠》之间，此论固当。然凡诸夷狄当以类相附，则《匈奴》亦岂得在《李广》、《卫青》之间乎？[①]

（2）议论不当辨：《李广传》云其射，见敌急，度不中不发，发即应弦而倒。用此其将兵，数困辱。其射虎亦多为所伤。此在阴里容或有之，然亦失之臆料，非史氏所可必者也。[②]

（3）文势不相承接辨：陈平长可娶妻，富人莫肯与，贫者平亦耻之。久之，户牖里富人有张负女孙，五嫁而夫辄死。平欲得之。李广尝有罪当斩，赎为庶人，顷之，家居数岁。皆同病也。[③]

（4）字语冗复辨：李广见草中石以为虎而射之，中石没镞，视之石也。因复更射，终不能复入石矣。几多三"石"字，当云以为虎而射之，没镞。既知其石因复更射，终不能入。或云尝见草中有

---

① （金）王若虚：《滹南遗老集》卷一一，载《丛书集成新编》，台北新文丰出版社 2008 年版，第 79 页。

② （金）王若虚：《滹南遗老集》卷一二，载《丛书集成新编》，台北新文丰出版社 2008 年版，第 82 页。

③ （金）王若虚：《滹南遗老集》卷一三，载《丛书集成新编》，台北新文丰出版社 2008 年版，第 85 页。

虎，射之，没镞。视之石也亦可。又云其射，见敌急非在数十步之内度不中不发，"度不中"三字重迭。若存此句，则上句"却"宜去也。又言广自到，军士大夫一军皆哭。但云一军足矣，或去"此"二字亦可。①

（5）史记用"而"字多不安：李广与望气王朔燕语曰："自汉击匈奴，而广未尝不在其中。而诸部校尉以下才能不及中人，然以击胡军功取侯者数十人。而广不为后人，然无尺寸之功以得封邑者，何也？三"而"字皆剩。上一"然"字却作"而"字则惬当矣。②

（6）司马迁用"于"、"是"、"乃"、"遂"等字冗而不当者十七八今略举之：灞陵尉呵止李广，广骑曰：故李将军。尉云：今将军尚不得夜行，何乃故也？乃字不安。③

以上材料中，除第一则是对《史记·李将军列传》在诸传中的位置有异议，第二则质疑司马迁写李广射箭有"臆想"外，其他材料都是针对《史记·李将军列传》的文字问题进行批评，属于求疵之言。王若虚言《史记·李将军列传》有语句文势不相承接，但所举例句似乎并无显著问题。余下的字语冗复、用"而"字多不安、用"于""是""乃""遂"等字冗而不当等问题，都是具体的用字问题。不得不承认，王若虚在文句的精练上确实思考得很细，例如"（李广）以为虎而射之，没镞。既知其石因复更射，终不能入"确实比"李广见草中石以为虎而射之，中石没镞，视之石也。因复更射，终不能复入石矣"更简练，然而此种问题对李广形象的塑造并无丝毫影响，所以无须过分苛求。

---

① （金）王若虚：《滹南遗老集》卷一五，载《丛书集成新编》，台北新文丰出版社 2008 年版，第 97 页。

② （金）王若虚：《滹南遗老集》卷一八，载《丛书集成新编》，台北新文丰出版社 2008 年版，第 10 页。

③ （金）王若虚：《滹南遗老集》卷一八，载《丛书集成新编》，台北新文丰出版社 2008 年版，第 106 页。

第三节　宋代文艺理论与李广形象及其内涵分析

对李广的认知，一般人不出《史记》和唐诗两端。李广已成为一个具有符号性质的人物形象，用以形容不得志之人，然而从整个李广接受史来看，《史记》和唐诗中的李广形象都只是古代李广形象接受史之冰山一角，宋代文艺理论中亦不乏涉及李广者，使整个李广接受史既保持了持续性、完整性，又很好地体现了李广接受的广泛性。宋代以前，文艺理论中出现的李广形象唯刘勰《文心雕龙·书记》，但也只是在提到"簿"这种文体举例时提到了李广曾"为吏所簿"。此处李广只具出处作用，并无其他深意。唐代虽也有陈子昂的诗歌理论、杜甫的《戏为六绝句》、释皎然的《诗式》、司空图的《二十四诗品》等一批文学理论，但其中并未涉及李广。宋代文艺理论对李广形象的接受尤其能体现宋代在李广形象接受方面的创新。

宋人往往比唐人更理智，所以宋代出了很多的文学理论著作，如各种诗话、词话等。随着李广形象在宋代的全面接受，宋代的文艺理论著作之中也往往出现李广形象，而且呈现出多领域、多内涵、多角度的特点。

宋代文艺理论本就涵盖众多，诗论、书论、画论等领域多有不俗之作，其中著名如《沧浪诗话》《巩溪诗话》《宝真斋法书赞》《广川书跋》等著作中都有李广的身影。

一、宋代诗论对李广"简易"的重视及其他

《沧浪诗话》是严羽所撰的一部中国古代诗歌理论和诗歌美学著作，它的系统性、理论性较强，是宋代最负盛名、对后世影响最大的一部诗话。其内容分为诗辨、诗体、诗法、诗评和诗证五部分，其中诗评部分就提到了李广，内言：

少陵诗法如孙、吴，太白诗法如李广。少陵如节制之师。①

这里显然是在用比喻的手法对比杜甫和李白的作诗之法，而喻体是三个军事人物：孙武、吴起和李广。孙武和吴起都是大军事家，尤以谋略和军纪闻名，孙武曾经为了申明军纪，竟无视吴王阖闾的命令而坚持杀了吴王的两名爱妃。相反，宋代人一直在批评李广军纪涣散，谓"李广之将，使人人自便"，"不可以为法"，"效李广，鲜不覆亡哉！"在严羽看来，如果将诗坛比作战场，那么杜甫作诗如孙、吴般有规矩，讲做法，"如节制之师"；李白作诗则如"人人自便"的李广般天马行空、无迹可循。《沧浪诗话校释》中此段的"释"提到了几位明、清诗论家的不同见解，明代胡应麟《诗薮·外编》的评语似乎更合乎严羽之本意。胡氏言：

李杜二家，其才本无优劣，但工部体裁明密有法可寻，青莲兴会标举非学可至。②

杜甫于诗多讲求规矩，在句法、对仗、韵律上多所考虑，"为人性僻耽佳句，语不惊人死不休"是他作诗的形象写照，而李白"斗酒诗百篇"似乎更形象。

同样以李广将兵说诗的还有李樗的《毛诗李黄集解》，他在讲解《诗经·小雅·六月》"有严有翼，共武之服"两句时说道：

有严有翼，共武之服。此又言将帅之德。如此兵事以严，终固在于严也。翼，敬也。既严而又翼敬，其慎重如此。夫兵，凶器也，战危事也。子之所慎，齐战疾临戎之事，尤贵于慎重。李广之简易不如程不识之严，故以严为贵，有严有翼，共武之服。③

《小雅·六月》是一首记述和赞美周宣王时代尹吉甫北伐猃狁取得胜利的诗歌。如这则材料所言，"兵事以严，终固在于严"，"夫兵，凶器也，战危事也。子之所慎，齐战疾临戎之事，尤贵于慎重。"李樗一再强调战事需要严明

---

① （宋）严羽撰：郭绍虞校释，《沧浪诗话校释》，人民文学出版社 2000 年版，第 170 页。
② （明）胡应麟：《诗薮》卷四，《续修四库全书》本，第 159 页。
③ （宋）李樗：《毛诗李黄集解》卷二一，影印《文渊阁四库全书》本。

的军纪，紧接着提到了李广，认为"李广之简易不如程不识之严。"李广治军"极简易"，往往"就善水草屯，舍止，人人自便，不击刁斗以自卫，莫府省约文书籍事"，在李樗看来，如《六月》所言，这是很不"慎重"的。

同样是谈诗，同样用的是李广治军之事，李樗谈论战争诗作，表达了对李广治军不严的批评，而严羽用来比喻李白作诗之法就是一片褒扬，应了苏轼的那句"横看成岭侧成峰，远近高低各不同"。

我国传统诗论习惯于点评式的写法，或表明对某诗句的理解，或谈论某诗人的风格，内容不一而足。宋代诗论谈到诗作中李广典故的用法时说：

> 王直方《诗话》云："近世有注杜诗者，注'甫昔少年日'，乃引贾少年。'幽径恐多蹊'，乃引《李广传》：'桃李不言，下自成蹊'。"
>
> ——胡仔《苕溪渔隐丛话前集》①

> 韩子苍《番马图》诗："回鞭慎勿向南驰。""向南驰"三字出《李广传》。
>
> ——曾季狸《艇斋诗话》②

> 余尝论李广以私憾杀灞陵尉，其褊忮险刻，绝非长者，所以不侯，非直杀降之谴也。因观坡云："明年定起故将军，未肯先诛灞陵尉。"恐亦寓此意。
>
> ——黄彻《巩溪诗话》③

> 李广诛霸陵尉，薄于德矣，东坡诗云："今年定起故将军，未肯说诛霸陵尉。"用事当如此向背。
>
> ——许顗《许周彦诗话》④

胡仔和曾季狸在诗话中注意的是他人诗句对李广典故的具体引用。《白露》是

---

① （宋）胡仔：《苕溪渔隐丛话》卷九，人民文学出版社1984年版，第59页。
② （宋）曾季狸：《艇斋诗话》，《四库未收书辑刊》本，第23页。
③ （宋）黄彻：《巩溪诗话》卷八，人民文学出版社1986年版，第138页。
④ 《许周彦诗话》，《丛书集成初编》本。

杜甫于大历二年（767）在夔州瀼西所作，描写的是诗人早出晚归所见之园林景色，末两句云："渐知秋实美，幽径恐多蹊。"王直方言"多蹊"出于《史记·李将军列传》所载之俗谚"桃李不言，下自成蹊"，当是。李广曾经被俘，然后又自己逃回来，《史记·李将军列传》云："行十余里，广详死，睨其旁有一胡儿骑善马，广暂腾而上胡儿马，因推堕儿，取其弓，鞭马南驰数十里，复得其余军，因引而入塞。"所以曾季狸说韩子苍《番马图》诗"回鞭慎勿向南驰"中"向南驰"三字出《李广传》，也应该是对的，有不希望失败的寓意。黄彻的《巩溪诗话》和许顗的《许周彦诗话》对李广的关注都在苏轼"明年定起故将军，未肯先诛霸陵尉"（《铁沟行赠乔太博》）两句诗的理解上，他们都认为这两句诗用的是李广怒杀霸陵尉的典故，然而黄彻认为李广杀霸陵尉是李广难封的原因之一，严重性堪与李广杀降相比，这同前述王得臣《麈史·鉴戒》中的意见是一样的。许顗谈论的也是这两句诗，他也认为"李广诛霸陵尉，薄于德矣"，所以他十分欣赏苏轼"明年定起故将军，未肯先诛霸陵尉"的用典方法。

宋人在诗论中最关注的是李广治军之"简易"和李广杀霸陵尉两件事，都与战争有关却又各有看法，显示出宋人在诗歌理论上的多方思考。

二、李广形象与宋代书画理论中的"气""神"观念

随着李广形象接受在宋代的不断蔓延，诗论之外，在书法、绘画领域也有人用李广阐发书画理论，他们所关注的李广形象特点也并不一样。

（一）书法理论中的李广形象与"气"

北宋藏书家、书画鉴定家董逌以精于鉴赏考据而名重当时。他的《广川书跋》是一部著录金石碑帖文字及简述鉴赏心得之作，记述比较丰富，论述亦多精当，其中不少作品今已不传，故亦有较高的史料价值。在给《怀素洪州诗》写的跋中，董逌提到了李广，强调了"气"的概念，其文如下：

> 怀素似不许右军得名太过，谓汉家聚兵，楚无人也。其与阮籍
> 言"世无英雄使竖子成名"，气亦略等矣。夫君子养心，贵在不屈，
> 必气和而在，物物累之，则浩浩搏天之外，而若无所碍也。观李广
> 射石，秦人扑虎，皆在气全未分时。使心一改而气已移，虽有勇决
> 刚果，何施于用耶？怀素气成乎技者也，直视无前，而能坐收成功，
> 天下至莫与争胜，其气盖一世久矣。故能致一而终身不衰也。①

"气"的概念最早见于《老子》："道生一，一生二，二生三，三生万物。万物负阴而抱阳，冲气以为和。"② 此后，"气"的概念、内涵不断扩展，气在中国艺术审美中是艺术深层的具有生命内涵的审美。曹丕在《典论·论文》中也提到了"气"，谓"文以气为主，气之清浊有体，不可力强而致"。传统理论认为，气是书法本体所表现的精神状态，是一种由"气"所构成的作品生命的虚境。例如，刘熙载在他的《艺概·书概》中就多次用到了"气"这个概念。怀素的书法之气自不待言，"夫君子养心，贵在不屈，必气和而在，物物累之，则浩浩搏天之外，而若无所碍也"。接下来董逌就提到了李广，言"观李广射石，秦人扑虎，皆在气全未分时。使心一改而气已移，虽有勇决刚果，何施于用耶？"李广射石本是一偶然事件，司马迁叙述这件事的本意是突出李广的射艺之强，班固的《幽通赋》从这件事总结出了"精诚"的精神。其后，李白以及以《法苑珠林》作者释道世为代表的唐、宋文人继承和发扬着这种精神，以卢纶和辛弃疾为代表的作家则继续坚持着对李广射艺的赞美。到了董逌这里，他在谈书法之"气"的时候竟又和李广射石联系到了一起，谓："观李广射石，秦人扑虎，皆在气全未分时。使心一改而气已移，虽有勇决刚果，何施于用耶？"其大意是李广射石之时精神高度集中，如果当时另有分心则即使勇力无比也不可能把箭射进石头。董逌把这种高度集中的精神称作"气"，并认为这种"气"与书法中的"气"是一致的，并对怀素的书法

---

① （宋）董逌撰，何利民点校：《广川书跋》卷八，浙江人民美术出版社 2016 年版，第 158 页。
② （三国魏）王弼注，楼宇烈校释：《老子道德经注校释》，中华书局 2016 年版，第 117 页。

之"气"高度赞扬:"怀素气成乎技者也,直视无前,而能坐收成功,天下至莫与争胜,其气盖一世久矣。故能致一而终身不衰也。"

宋代皇帝多善文艺,宋孝宗赵昚善书法,其《宋孝宗手诏》留存至今。据岳珂的《宝真斋法书赞》记载,宋孝宗曾有一幅楷书作品名为《李广事御书》,其所书内容是李广与望气王朔的那段对话:

> 李广与望气王朔语曰:"自汉征匈奴,广未尝不在其中。而诸将校尉已下材能不及中人,以军功取侯者数十人。广不为后人,然终无尺寸功以得封邑者,何也?岂吾相不当侯耶?"朔曰:"将军自念岂尝有恨者乎?"广曰:"吾为陇西守,羌尝反,吾诱降者八百余人,诈而同日杀之,至今恨,独此耳。"朔曰:"祸莫大于杀已降,此乃将军所以不得侯者也。"

《宝真斋法书赞》对于宋孝宗的这幅字是这样介绍的:

> 右孝宗皇帝御书李广事真迹一卷　帝以世雠未复,垂意中原,肆笔所形多及将帅事,是书之作盖神武不杀之本心,而舞干格苗之大略,示已然之戒图。方来之功固非苟然而作也。臣以嘉定丙戌十月托士友得之中都贵珰家。①

后世普遍认为赵昚是南宋最有作为的皇帝。他在位期间,平反岳飞冤案,起用主战派人士,锐意收复中原。这段介绍文字最主要的信息是宋孝宗有收复中原之心,所以书法亦多涉战争人物,譬如这幅作品就是写李广的。文中赞颂宋孝宗有"神武不杀""舞干格苗"之大略。接下来的赞语是这样说的:

> 赞曰:臣侧闻昌陵之御宇也,尝幸武成王庙指白起像慨然谓:杀降为不武。以杖画去。后二百载,神孙纂绪肆笔之书乃及于李广王朔之语,以侯封不可以忘取,其所好恶盖吻合乎皇祖,然则论帝王之迹固若有守文创业之异,而其知不杀之仁则未始不重规而叠矩也。

---

① (宋)岳珂:《宝真斋法书赞》卷三,影印《文渊阁四库全书》本。

宋太祖赵匡胤陵名"永昌陵"，宋人有时以"昌陵"称太祖。这段赞语前面的部分叙述了一个故事，据《宋史》记载，（建隆）四年（963）四月，赵匡胤来到武庙，历观图壁，指白起曰："此人杀已降，不武之甚，何受享于此？"① 就命令把白起去掉了。那么宋孝宗又缘何书写同样有杀降行为的李广，岳珂接着说，两百年后，宋孝宗书写这段李广目的很明确，即与宋太祖厌恶杀降不同，宋孝宗更在意封侯不能随便就得到，这是创业与守成的区别。如此说来，宋太祖对李广可能也并不十分看好，或许是由于杀降在李广形象内涵所占的比重很小的缘故，宋太祖并没有注意李广，然而宋孝宗对此却并不介意，他抄录李广与望气王朔的对话，可能如岳珂所言，他觉得"侯封不可以忘取"，"忘"，或为"妄"字之误，胡乱之意。

（二）李广形象与绘画理论中的"神""韵"观

董逌在绘画领域同样关注李广，他的《广川画跋》中也提到了李广，用以阐发绘画的奇妙境界，原文过录如下：

> 明皇思嘉陵江山水，命吴道玄往图，及索其本，曰：寓之心矣，敢不有一于此也。诏大同殿图本以进，嘉陵江三百里一目而尽，远近可尺寸计也。论者谓丘壑成于胸中，既癯则发之于画，故物无留迹，景随见殖以天合天者邪？李广射石，初则没镞饮羽，既则不胜石矣。彼有石见者，以石为碍，盖神定者，一发而得其妙解，过此则人为己能知此者，可以语吴生之意矣。仲穆于画，盖得于此。②

唐玄宗让吴道子画画的事详见于唐代朱景玄《唐朝名画录》：

> 又明皇天宝中忽思蜀道嘉陵江水，遂假吴生驿驷，令往写貌。及回日，帝问其状。奏曰："臣无粉本，并记在心。"后宣令于大同殿图之，嘉陵江三百余里山水，一日而毕。时有李思训将军，山水

---

① （元）脱脱等：《宋史》卷一〇五，中华书局 1977 年版，第 2556 页。
② （宋）董逌：《广川画跋》卷一，中国书店出版社 2018 年版。

> 擅名，帝亦宣于大同殿图，累月方毕。明皇云："李思训数月之功，
> 吴道子一日之迹，皆极其妙也。"①

吴道子奉玄宗之命为画嘉陵江而实地考察，但并没有带着成品回来，而是回来后当着玄宗的面一天画毕。吴道子说他没有带回成品是因为他把嘉陵江的样子"并记在心"。董逌将这句话提升为"丘壑成于胸中，既寓则发之于画，故物无留迹，景随见生殆以天合天"。为说理之方便，他接着说到了李广射石的事情。"广射石，初则没镞饮羽，既则不胜石矣。"这里董逌强调的是两次射石却是不同的结果。就如何理解李广能够将箭射进石头，他说："彼有石见者，以石为碍，盖神定者，一发而得其妙解，过此则人为已能知此者，可以语吴生之意矣。"李广知道面前是一块石，心里自然会有障碍，不能将神勇发挥到极致。而当李广以为面前的不是石而是虎的时候，他被逼到了绝境，也就没有了任何顾忌，箭于是射进了石头。这段文字看似在说李广射石，实则在描述吴道子的绘画原理。当吴道子面对嘉陵江水的时候，他是没有办法画的，因为真的嘉陵江就在他面前，他没有想象的任何余地。而当他离开嘉陵江，眼前没有了嘉陵江，艺术之思也就没有了禁锢，面对空白的画纸，神思稳定之后，创作之思便喷涌而出。这就是所谓的"彼有石见者，以石为碍，盖神定者，一发而得其妙解"，这种状态与刘勰的"神思"颇有异曲同工之妙。

联系到董逌在《广川书跋》中写的《怀素洪州诗跋》中也运用了李广形象，并且还从李广形象中提炼出了书法中"气"的概念，可以说李广的形象意义到宋代实现了一个质的飞跃，从形而下到了形而上，从直观的形象意义上升到了艺术创作原理。无论是书法理论中的"气"，还是绘画领域的"神"，这些与一生都在边塞征战的李广实在是没有关系，也与那个误将石头当作老虎而以箭射之的李广没有关系。然而接受学就是这样的奇妙，这种接受早已经超越了文学接受学，走向了更宽泛的艺术接受学，或者说是文艺接受学。

---

① （唐）朱景玄撰，吴企明校注：《唐朝名画录校注》，黄山书社 2016 年版，第 9 页。

就这一条线而言，李广形象实现了三次跨越：从真实的李广到史学中的李广，这是司马迁完成的；从史学的李广形象到文学的李广形象，这是班固、干宝完成的；从文学的李广形象到艺术学的李广形象，这是董逌完成的。

李广形象不但成了诸如宋孝宗这样的书法家的创作对象，同时也是宋代画家的创作对象。黄庭坚曾经为一幅画作跋，名为《题摹燕郭尚父图》：

> 凡书画当观韵。往时李伯时为余作李广夺胡儿马，挟儿南驰，取胡儿弓引满以拟追骑，观箭锋所直发之，人马皆应弦也。伯时笑曰："使俗子为之，当作中箭追骑矣。"余因此深悟画格此与文章同一关纽，但难得人入神会耳。①

李广的故事很多，被俘逃跑算是其中之一。除了诗人、文人描写歌颂之外，画家也往往愿意以之为题材进行创作。黄庭坚在文中提到大画家李伯时曾经就为自己画过一幅题为"李广夺胡儿马"的画，画中的内容是"挟儿南驰，取胡儿弓引满以拟追骑，观箭锋所直发之，人马皆应弦也"。而且黄庭坚还记述了李伯时对黄庭坚说的话："使俗子为之，当作中箭追骑矣。"李伯时很自信他要比"俗子"画得要好。他的画中，李广"挟儿南驰"，"取胡儿弓引满以拟追骑"，这一系列都是李广的动作。"挟""驰""取""引""拟"，这些动作充满了动感，充满了故事性，令观画者不断地在脑海中想象故事，想象"李广夺胡儿马"的过程和结果。"俗子"作画"当作中箭追骑"，即只画结果，追击李广的匈奴中箭了。黄庭坚把李伯时画中所提供的这种想象的过程叫作"韵"，就是这篇跋一开头所言"凡书画当观韵"中的"韵"，也叫"画格"。黄庭坚进一步指出，这种所谓的"画格"与"与文章同一关纽"，即画中所带给人的这种想象与文章中给读者提供的想象空间是一样的。这与前文提到的董逌在《广川画跋》提出来的"神"、刘勰的"神思"理论似乎也是一致的，都强调了想象在绘画中的重要性。这些都与李广有关，足见宋代艺

---

① （宋）黄庭坚撰，郑永晓整理：《黄庭坚全集辑校编年》，江西人民出版社 2008 年版，第1538 页。

术理论在李广形象接受上的开放性及其丰富的想象力和创造力。

第四节　宋代诸子之学中的李广形象

李广形象接受在唐代陡然兴盛起来，然而李广形象的全面接受却是在宋代。宋代社会除了诗、词、文之外，至少还在其他在 13 个门类中都广泛提及李广，详见表 6-1：

表 6-1　宋代子书中对李广记载的统计

序号	门类	著作数量	条目数量	著作举例
1	笔记	16	29	《容斋随笔》等
2	地理	2	4	《方舆胜览》等
3	佛教	6	10	《古尊宿语录》等
4	教育	1	2	《蒙求集注》等
5	军事	2	4	《武经总要》等
6	器物	1	1	《重修宣和博古图》等
7	神道碑	2	2	《康刺史延泽神道碑》等
8	文献	5	10	《汉艺文志考证》等
9	小说	2	2	《大宋宣和遗事》等
10	姓名考	1	2	《古今姓氏书辩证》等
11	易学	9	12	《童溪易传》等
12	职官	1	5	《职官分纪》等
13	类书	21	253	《古今合璧事类备要》等

下面择其特出者予以重点分析。

一、笔记著作对李广的多方思考

笔记是我国一种传统的文体样式，从南朝宋《世说新语》开始，历代都有。据周勋初《唐代笔记小说》统计，有唐一代共留下了57种笔记著作。到了宋代，笔记著作骤然增多，据朱易安、傅璇琮等主编之《全宋笔记》统计，宋代共有笔记著作477种之多，远胜唐代。宋代的笔记数量多，内容丰富，具有重要的文献价值。就李广接受而言，唐代笔记甚少涉及李广，而宋代最著名的几部笔记基本都提到了李广，而且观点颇新，值得一读。

（一） 对李广射石和李广难封的关注

宋代文艺理论关注李广，从李广射虎这件事上读出了诗人之"气"、书法之"气"、绘画之"神"，实现了李广形象含义的一个很大的跨越。那么宋代笔记又是如何看待"李广射石"的呢？吴曾在他的《能改斋漫录》中分别在卷五《辨误·饮羽》和卷十四《记文类对·射石饮羽》两次提到李广射石，他以为李广射石确有其事，并提到了宋景公让人制作弓，弓成之后宋景公试射时却将箭射进石头的故事。又提到了《新序》所载熊渠子射箭入石的故事，而目的则是证明李广射石确有其事。刘昌诗的《芦浦笔记》则与此不同，刘昌诗同样提到了刘向《新序》所载熊渠子射箭入石、李广射箭入石之事，还提到了李万岁射箭入石之事，他说："三事如一，而其中也，要皆出于疑心。故予尝谓疑心一生，则屋上之弓皆为蛇；惧心一生，则山上之草皆为兵。"[①]班固最早把李广能够射箭入石的原因归结为"精诚"，此后一直有"精诚所至，金石为开"的说法。刘昌诗用"疑心"来解释李广能够射箭入石，意即李广怀疑面前的就是老虎，所以尽全力把箭射出去，结果射进了石头里面。这种解释其实与"精诚说"本质一样，唯说法不同而已，而戴埴则对李广射石的事有所怀疑，他说："大率奇事易失实。虎石、蛇杯意义略同，皆有二出。"[②] 接着他对举了李广射石与熊渠子射石的事，还对举了《晋书》中乐广杯弓蛇影的事和《风俗通》所载杜宣杯弓蛇影的事，最后的结论是"二事于

① （宋）刘昌诗：《芦浦日记》卷一，影印《文渊阁四库全书》本。
② （宋）戴埴：《鼠璞》卷上，《丛书集成初编》本。

李广研究

人名俱不合，未知孰是"。他看出了《史记·李将军列传》所载李广射石故事与《韩诗外传》所载熊渠子射石故事具有很大的相似性，怀疑李广射箭入石的真实性。由此可见，对于李广射石的怀疑早在宋代就已有之，只是未曾深入探讨。

关于李广难封的探讨，古人似乎永远有话说。郑景望的《蒙斋笔谈》同前述王得臣《麈史·鉴戒》的意见一致，认为李广不侯以及最后自刭、李氏族灭都是因为杀降。

> 前史载李广以杀降终不侯，广何止不侯，盖自不能免其身。于公以治狱有阴德大其门闾。而责报于天如符契然。因果报应之说，何必待释氏而后知也？①

而且郑景望在《蒙斋笔谈》还同时提到了西汉于公治狱，大兴驷马之门的典故。据《汉书·于定国传》记载，西汉丞相于定国之父于公为官长于治狱，判案公平，口碑极好。所以当于公的门坏了，大家凑钱给他修门而问他要多大的门时，他说要修一个很大的门，能令四匹马拉的车通过。他说自己治狱多年，积了很多阴德，从来没有冤枉过人，自己的子孙一定会大兴。结果他的儿子于定国成了汉朝丞相，封了平西侯，他的孙子于永侣也做了御史大夫。将李广的事迹与于公的事迹对比，似乎李广杀降真的是李广难封以及最后身死、族灭的原因。郑景望对此深信不疑，他说："责报于天如符契然"。郑景望受到时代观念的限制，他的解释并非科学解释，因而聊博一笑罢了，但他反对杀降是对的。

《史记·李将军列传》中，文帝曾经这样评价李广："惜乎，子不遇时！如令子当高帝时，万户侯岂足道哉！"陆游《赠刘改之秀才》一诗说："李广不生楚汉间，封侯万户宜其难！"就是汉文帝这段话的化用。周密的《齐东野语·诗词祖述》记述了三段有关李广的材料，其中就提到了陆游的这两句诗：

① （宋）郑景望：《蒙斋笔谈》卷一，影印《文渊阁四库全书》本。

隆兴间，魏胜战死淮阴，孝宗追惜之。一日，谕近臣曰："人才须用而后见，使魏胜不因边衅，何以见其才？如李广在文帝时，是以不用，使生高帝时，必将大有功矣。"

其后放翁赠刘改之曰："李广不生楚汉间，封侯万户宜其难。"盖用阜陵语也。改之大喜，以为善名我。

异时，刘潜夫作《沁园曲》云："使李将军遇高皇帝，万户侯何足道哉！"又祖放翁语也。①

周密以为陆游的两句诗从宋孝宗而来，其实未必。宋孝宗的言语与陆游的语句在文字上并不一致，充其量可以说是不谋而合，他们的意见都来自《史记·李将军列传》。至于刘克庄的《沁园春》两句源出于陆游，当无疑。

（二）洪迈《容斋随笔》对李广的多方关注

宋代笔记中关注李广最多的要数黄震的《黄氏日抄》和洪迈的《容斋随笔》。黄震的《黄氏日抄》对李广评价极高，他说："广之材尽出一时之上，广之功尽出一时之下……使武帝志在息民，专任李广足矣。"② 黄震以为李广才气高出同时代所有人，而他的功名却低于他身边的所有人。他甚至认为汉武帝如果有志于使人民得到休养生息，有李广一人就足够了，对李广的评价之高可谓无以复加，然而他接下来又说：

卫霍深入二千里，声震夷夏。今看其传不直一钱；李广每战辄

北困踬终身，今看其传英风如在，史氏抑扬予夺之妙岂常手？③

这段文字思维清晰，用字老辣，他说卫青、霍去病的传记"不值一钱"，而李广却"英风如在"。黄震说："史氏抑扬予夺之妙岂常手。"即李广形象之所以

---

① （宋）周密撰，朱菊如、段飚等校注：《齐东野语校注》卷八，华东师范大学出版社1987年版，第162页。

② （宋）黄震：《黄氏日抄》卷四七，影印《文渊阁四库全书》本。

③ （宋）黄震：《黄氏日抄》卷四七，影印《文渊阁四库全书》本。

深入人心，最主要的原因是司马迁的功劳，即李广之"名"并非自取，而是司马迁有意识地塑造李广形象的结果。

洪迈是南宋著名文学家，其耗费一生精力书就的《容斋随笔》，是洪迈多年博览群书的结晶。其书内容繁富，议论精当，广涉经史百家，无论是记录读书所得，还是抒发议论，皆备受时人称道。其考证、评价历史制度、事件、年代、人物等颇多有价值的意见，更正了许多流传已久的谬误，具有重要的文献价值。全书包括《容斋随笔》《容斋续笔》《容斋三笔》《容斋四笔》和《容斋五笔》凡五集74卷，皆涉李广，突出地显示了洪迈对于李广的多方关注。

1. 对霸陵尉事件的关注

霸陵尉事件是李广品格上的一大污点，宋代不少人对此进行批评，黄彻、王得臣等人甚至认为是李广杀死霸陵尉才导致了他难以封侯。洪迈对李广杀死霸陵尉的事件是有很明确的态度的——这是不对的，然而洪迈还由此得到了其他的结论，这是很难得的。

（1）汉武帝的御臣之法

《汉书·李广传》虽尽用《史记·李将军列传》文字，但还是比《史记·李将军列传》多出一则材料，那就是李广上书汉武帝承认错误，而汉武帝并没有降罪于李广，汉武帝给李广的信就见于《汉书·李广传》。洪迈由此则材料又想到了汉宣帝时张敞杀絮舜和汉武帝杀张汤：

> 李广以私忿杀霸陵尉，上书自陈谢罪。武帝报之曰："报忿除害，朕之所图于将军也。若乃免冠徒跣，稽颡请罪，岂朕之指哉！"张敞杀絮舜，上书曰："臣待罪京兆，絮舜本臣素所厚吏，以臣有章劾当免，受记考事，谓臣'五日京兆'，背恩忘义。臣窃以舜无状，枉法以诛之。臣贼杀不辜，鞫狱故不直，死无所恨。"宣帝引拜为刺史。汉世法令，最恶诞谩罔上。广、敞虽妄杀人，一语陈情，则赦之不问，所以开臣下不敢为欺之路也。武帝待张汤非不厚，及问鲁

谒居事，谓其怀诈面欺，杀之不贷，真得御臣之法。①

据《汉书·张敞传》记载，张敞杀死絮舜之后，并非立即上书皇帝陈说自己滥杀无辜，而是在被贬为庶人之后又重新被启用时给皇帝上的书，皇帝也不计前嫌，重新任命张敞为冀州刺史。李广和张敞都杀了无辜之人，而给皇帝写信自陈罪状之后却并未被皇帝追究。洪迈以为西汉法律（也就是皇帝）"最恶诞谩罔上"，即西汉皇帝最厌恶欺君罔上。洪迈认为李广和张敞虽然都杀了无辜之人，但是他俩都据实上书，属于"一语陈情"，所以汉武帝赦之不问，而这开创了西汉臣子不敢欺骗皇帝的局面。接着洪迈又提到了汉武帝认为张汤"怀诈面欺"而"杀之不贷"的事。通过两次对比，洪迈又得出了一个结论，谓西汉武帝、宣帝"真得御臣之法"。

（2）汉武帝喜杀人

洪迈的思想呈现出有趣的多维度性。前文洪迈说汉武帝没有追究李广杀霸陵尉的责任，"开臣下不敢为欺之路"，而在《容斋五笔》中又说汉武帝开了"妄杀之路"：

> 汉武帝天资刚严，闻臣下有杀人者，不唯不加之罪，更喜而褒称之。李广以故将军屏居蓝田，夜出至亭，为霸陵醉尉所辱。居无何，拜右北平太守，请尉与俱，至军而斩之，上书自陈谢罪。上报曰："将军者，国之爪牙也。怒形则千里棘，威振则万物伏。夫报忿除害，朕之所图于将军也。若乃免冠徒跣，稽颡请罪，岂朕之指哉！"胡建守军正丞，谓未得真官，兼守之也。时监军御史穿北军垒垣以为贾区，建欲诛之。当选士马日，御史与护军诸校列坐堂皇上，建趋至拜谒，因令走卒曳御史下，斩之，遂上奏曰："案军法：'正亡属将军，将军有罪以闻，二千石以下行法焉。'丞于用法疑，臣谨以斩。"谓丞属军正，斩御史于法有疑也。制曰："三王或誓于军中，

① （宋）洪迈撰，孔凡礼点校：《容斋随笔》卷九，中华书局 2005 年版，第 117 页。

欲民先成其虑也。或誓于军门之外，欲民先意以待事也。或将交刃
而誓，致民志也。建又何疑焉。"建由是显名。观此二诏，岂不开妄
杀之路乎？①

洪迈议论李广好将李广与他人作比较，与不同的人作比较，得出的结论也会
随之不同。在这段文字中，洪迈将李广与违例杀死监军御史的胡建作比较。
胡建同样给汉武帝上书，而且得到了类似于李广那样的答复，所以洪迈的结
论是汉武帝"开妄杀之路"。洪迈得出如此结论，其说服力是比较弱的。李广
杀死霸陵尉而上书自陈，结果汉武帝不但没有治其罪，还鼓励李广奋勇作战。
之所以如此，是因为汉武帝别无选择，当时"匈奴入辽西，杀太守，败韩将
军。"而李广在战场上的表现又无人可比，所以即便汉武帝不满李广杀死无辜
官吏的行为，为了抗击匈奴，也只能忍一时之气，不追究不说，还得好话说
尽。胡建与李广的情况不同，霸陵尉虽酒后无礼，但并无过错，而被胡建所
斩之监军御史确有违法行为，况且胡建给汉武帝的奏表说得合情合理，既彰
显了胡建的责任感，又诚恳地表达了认错的态度，汉武帝不予追究当然是可
以理解的。如此说来，说汉武帝"开妄杀之路"是不恰当的。

(3) 奉常亭长与霸陵尉的对比

霸陵尉被李广杀害，实是无辜。洪迈读《汉书·王莽传》，读到了一个类
似的故事并与李广杀霸陵尉的事作了一个比较：

李广免将军为庶人，屏居蓝田，尝夜从一骑出，从人田间饮，
还至亭，霸陵尉醉呵止广。后广拜右北平太守，请尉与俱，至军而
斩之，上书自陈谢罪，武帝报曰："报忿除害，朕之所图于将军也。"
王莽窃位，尤备大臣抑夺下权，大司空士夜过奉常亭，亭长呵之，
告以官名，亭长醉曰："宁有符传邪！"士以马棰击亭长，亭长斩士，
亡，郡县逐之。家上书，莽曰："亭长奉公，勿逐。"大司空王邑斥

---

① （宋）洪迈撰，孔凡丽点校：《容斋随笔》卷六，中华书局 2005 年版，第 902 页。

士以谢。予观此两亭尉长，其醉等耳。霸陵尉但呵止李广，而广杀之，

武帝不问，奉常亭长杀宰士，而王莽反以奉公免之，亦可笑也。①

据《汉书·王莽传》记载，王莽当政时，大司空的办事人员夜里经过奉常亭，亭长责问他，他把自己的官职告诉了亭长。亭长同霸陵尉一样，也喝醉了，说道："有没有证明呢?"那个办事人员用马鞭子打了亭长，亭长要斩办事人员，最后却逃跑了，郡里县里要追捕他。他家人上书申诉，王莽说："亭长奉行公事，不要追捕了。"大司空王邑斥责了那个办事人员来请罪。从这则故事来看，这个亭长尽管喝醉了，但他并无任何过错，他之言行完全就是职责所在。所以当他逃亡之后，他的家人向王莽申诉，王莽倒是很公平，他说："亭长奉公，勿逐。"

霸陵尉和奉常亭长的事迹在本质上差不多，但如洪迈所言："霸陵尉但呵止李广，而广杀之，武帝不问，奉常亭长杀宰士，而王莽反以奉公免之"。对比这两件事，明显的不同就是胸怀，李广胸怀狭窄，王莽胸怀宽广。只是洪迈的结论却难以理解，他说："亦可笑也。"

2. 对李广难封的思考

如前述杨万里的《文帝曷不用颇牧论》所说的那样，对于李广难封的问题，一些宋人将矛头对准了汉文帝。洪迈在《容斋随笔》卷九有一则名为"汉文失材"的材料，也持同样观点。其文如下：

汉文帝见李广曰："惜广不逢时，令当高祖世，万户侯岂足道哉!"贾山上书言治乱之道，借秦为喻，其言忠正明白，不下贾谊，曾不得一官，史臣犹赞美文帝，以为山言多激切，终不加罚，所以广谏争之路。观此二事，失材多矣。吴、楚反时，李广以都尉战昌邑下显名，以梁王授广将军印，故赏不行。武帝时，五为将军击匈奴，无尺寸功，至不得其死。三朝不遇，命也夫!②

---

① （宋）洪迈撰，孔凡丽点校：《容斋随笔》卷一六，中华书局 2005 年版，第 421 页。
② （宋）洪迈撰，孔凡丽点校：《容斋随笔》卷九，中华书局 2005 年版，第 113 页。

洪迈将李广被汉文帝高度评价的事和贾山上书给汉文帝的事作了比较。据《汉书·贾山传》记载，贾山以秦为例。谈论治乱之道，题名为《至言》，皇皇两千五百余字，议论精切。尽管贾山的谏书言辞急切，善于切中事情的要害，文帝却并没有重用他，还说始终没有惩罚他是为了广开进谏之路。由此而言，汉文帝确实错失了人才，"汉文失材"也就不无道理了。后面说李广"三朝不遇，名也夫！"则实在是无奈至极。

从李广难封这件事情上，洪迈还得出了其他的结论，如他在《容斋随笔》卷一一说：

> 以功名为心，贪军旅之寄，此自将帅习气，虽古来贤卿大夫，未有能知止自敛者也。廉颇既老，饭斗米，肉十斤，被甲上马，以示可用，致困郭开之口，终不得召。汉武帝大击匈奴，李广数自请行，上以为老，不许，良久，乃许之，卒有东道失军之罪。宣帝时，先零羌反，赵充国年七十余，上老之，使丙吉问谁可将，曰，"亡逾于老臣者矣。"即驰至金城，图上方略，虽全师制胜，而祸及其子卬。光武时，五溪蛮夷畔，马援请行，帝愍其老，未许。援自请曰："臣尚能被甲上马。"帝令试之，援据鞍顾盼，以示可用。帝笑曰："矍铄哉是翁也！"遂用为将，果有壶头之厄。李靖为相，以足疾就第，会吐谷浑寇边，即往见房乔曰："吾虽老，尚堪一行。"既平其国，而有高甑生诬罔之事，几于不免。太宗将伐辽，召入谓曰："高丽未服，公亦有意乎？"对曰："今疾虽衰，陛下诚不弃，病且瘳矣。"帝悯其老，不许。郭子仪年八十余，犹为关内副元帅、朔方河中节度，不求退身，竟为德宗册罢。此诸公皆人杰也，犹不免此，况其下者乎！①

文章开篇便抛出了观点："以功名为心，贪军旅之寄"是"将帅习气，虽古来

---

① （宋）洪迈撰，孔凡丽点校：《容斋随笔》卷一一，中华书局 2005 年版，第 139 页。

贤卿大夫，未有能知止自敛者也。"洪迈认为，对于功名的追求和对军队战争生活的执着使很多古代将领都惨遭厄运。他先后举了廉颇、李广、赵充国、马援、李靖、郭子仪等人为例证明他的观点。洪迈此论似乎是在批评李广等人不知急流勇退，不知止贪，最终导致了悲惨的结局。然而洪迈的这个观点实际上并不好把握，为了实现理想或是实现人生价值，即使年迈也有继续追求的意愿和努力是很正常的。曹操就曾说过："老骥伏枥，志在千里；烈士暮年，壮心不已"，况且李广最后失路也并非李广之错，属于偶发事件，可见洪迈议论失当。

二、易类对李广悲剧的原因探索

"只用以预测人事"是对《易经》一种极大的误解。从宋代易类著作对于李广的关注来看，尤其能够体现出《易经》的博大精深。

（一）师卦与李广失律

《易经》包含的内容非常丰富，其中的第七卦为师卦，专论军事管理中的军纪。卦象是䷆，由坎卦☵（下）和坤卦☷（上）组成，专论用兵之道，尤其"初六"，特别强调军纪必须严明：

> 初六，师出以律，否藏凶。
>
> 《象》曰："师出以律"，失律凶也。[①]

这两句话的含义是一样的，谓军旅出征必遵循国法军纪，反之必有凶险。宋代多解释、注释《周易》之作，又由于李广治军好"人人自便"受到很多人的批评。所以宋代《周易》传注之作频现李广身影，如杨简在《杨氏易传》中说：

> 初六，师出以律，否藏凶。象曰：师出以律。失律凶也。行师

---

① 杨天才、张善文译注：《周易》，中华书局 2011 年版，第 83 页。

之道用律为急臧，善也，苟不善于用则凶，此古今行师之定论，断不可易。以是知圣人聪明睿智无所不通，至于兵法亦深识其要，自古善用兵者唯得此不败，不得此虽善用兵亦有时乎败，如李广，如薛万彻，非不善用兵，以其失律故终于败。（尚）书云：不愆于四伐、五伐、六伐、七伐乃止齐焉，所以用律也，兵家常谈。唯整者胜此，断断不易之论，此易之道也庄。庄子曰：顺为臧，逆为否。盖谓逆则不臧矣，否臧，不臧也，用律而不善与无律同。[1]

杨简以为行军作战，军纪极其重要，无论古今都不能改易，"断不可易"。他说古今长于领军作战的将领只有懂得军纪之重要才能立于不败之地，否则即使是善于带兵作战的将领也难免失败。他所举的例子一是李广，一是薛万彻。杨简还引用了《尚书》中周武王讨伐纣王时的战前动员演讲词，"不愆于四伐、五伐、六伐、七伐，乃止齐焉"[2]。这句意为周武王对参战士卒提出作战要求，以统一行动，严整阵容，杨简将其理解为申明军纪亦未尝不可。杨简最后对军纪的强调更近一层，谓："用律而不善与无律同"。如果有军纪却不能很好地执行，与完全不讲军纪，在效果上是一样的，都将"终于败"。李过的《西溪易说》意见与杨简同。

王宗传的《童溪易传》与杨简则稍有差别，更加注意李广，将李广作为失律的典型案例。他转引程颐《伊川易传》的意见认为，兵出无名和号令不明都叫失律，所以他在解释师卦"初六"时还提到了齐桓公伐楚的例子。对于李广失律，王宗传比杨简说得稍微详细。他对比了李广和程不识，认为"然不识未尝遇败也，而广虽以勇名，竟以勇败。此所谓失律也"[3]。将李广作为失律的代表进行论述。

---

[1] （宋）杨简：《杨氏易传》卷四，影印《文渊阁四库全书》本，第13页。

[2] 《尚书·牧誓》，中华书局2012年版，第140页。

[3] （宋）王宗传：《童溪易传》卷五，影印《文渊阁四库全书》本。

（二）观卦与李广射石

《周易》中的观卦，卦象是䷓，由坤卦☷（下）和巽卦☴（上）组成，"中正以观天下"①，曰观。此卦与李广并无必然关联，然而李杞在《用易详解》中竟在观卦中提到了李广射石，其文如下：

> 《象》曰：中正以观天下。观盥而不荐，有孚颙若，下观而化也。观天之神道，而四时不忒。圣人以神道设教，而天下服矣。
>
> 神道设教而天下服矣。诚信事神莫不有以感而通之，而况乎设教以化民也哉？故曰：观盥而不荐，有孚颙若。所谓盥而不荐者，宗庙祭之以礼，以盥为先，以荐为后。孔子曰：禘自既灌而往者，吾不欲观之。初祼以求神，诚意专一，了无间断。及其至于荐也，则礼文繁多而一念之，诚始涣散矣。盖疑心不生，则入范氏之火而可以不焦；诚虑不固则射李广之石而不能以再中。此盥而不荐，所以贵其有颙若之孚也。②

按照李杞的逻辑，李杞从观卦中的"神道设教"想到了"诚信事神"，进而又从"诚"想到了"诚意专一"之"精诚"，想到了李广第二次射石却未能将箭射进石头的原因——"诚虑不固则射李广之石而不能以再中"。这种推理，未免稍显牵强，但也足以说明宋代《周易》注释对李广的关注。

（三）遁卦与李广之败

《周易》中的大畜卦，卦象是䷙，由乾卦☰（下）和艮卦☶（上）组成，象征着大有蓄积。其下进一步说："九三：良马逐，利艰贞。曰闲舆卫，利有攸往。象曰：利有攸往，上合志也。"③ 意为：九三，驾着良马在奔逐时，

---

① 杨天才、张善文译注：《周易》，中华书局2011年版，第190页。
② （宋）李杞：《用易详解》卷五，影印《文渊阁四库全书》本。
③ 杨天才、张善文译注：《周易》，中华书局2011年版，第245页。

即使是道路艰险，也是吉利的；不断地熟练车马防卫技能，有利于有所前往。李杞的《用易详解》对此的解释如下：

> 马之良者必无奔轶之患。谓之良马而又逐焉，是必未调习者也。故利在于艰难以守其正，使之闲习于舆卫之仪。然后周旋中规，折旋中矩而无奔车覆辙之忧。如是而后有所往则可以合乎上志之所欲矣。九三之马，马之良者也。不患其不能行，而患其有轻进之失，故以是戒之。古之人臣负不世之才、怀敢为之志而卒以轻用其才而至于败者多矣。汉之李广贾谊其才非不美，其志非不大，而二子者皆以轻躁暴露而卒，无所成。此不闲舆卫之过也。①

这段文字依照大畜卦言良马当中规中矩，熟练车马防卫技能，有利于顺利前行。接着便是李杞的发挥，他说："九三之马，马之良者也。不患其不能行，而患其有轻进之失，故以是戒之。"其中"轻进"是关键词，当戒之。这里的"轻进"当是"中规中矩"的对立面，意为轻易、肆意行走，而不遵循规矩。然后他就由马说到了人，"古之人臣负不世之才、怀敢为之志而卒以轻用其才而至于败者多矣"。古代不乏怀才而敢为之士，最后都因为"轻用其才"而败亡。接下来提到了李广与贾谊，说他们两人"其才非不美，其志非不大，而二子者皆以轻躁暴露而卒，无所成"。李广"才气天下无双"却"自负其能"，他杀霸陵尉，接受梁王印，纵马追击匈奴射雕手，杀降等，这些行为都不够沉稳、冷静，属于"轻躁暴露"之举。贾谊少年得志，经常向皇帝进言献计，还屡屡上奏书弹劾周勃等老将不懂朝政，不考虑后果，办事急躁而缺乏思考。综合李广、贾谊的表现，大致可以看出，所谓"轻进"是指缺乏沉稳的行事风格和三思而行的多方考虑。有才尽管骋，有志尽情追，却不管不顾其他人的感受和看法，这是很危险的，容易导致一个人最终的失败。从这个层面来讲，李杞其实是在对李广的性格作深层次的剖析，分析李广人生悲剧的性格

---

① （宋）李杞：《用易详解》卷六，影印《文渊阁四库全书》本。

原因。而这个结论要比缺乏政治远见、心胸狭窄等更为深刻，因为李广如果具有深沉思考的能力，那么很多悲剧事件都是有可能避免的。

《周易》是一部神奇的著作，总结出无数的社会规律，古人又从这部书里面读出了各种各样的内容。李广形象具有丰富的内涵，于是宋代注释《周易》的学者就和李广产生了奇妙的化学反应。杨简在师卦中看到了李广治军时的军纪涣散，李杞在观卦中看到了李广的精诚，还从大畜卦考虑李广悲剧人生的深层原因，结论是李广"轻用其才"而不懂得深思。宋人深思之功，于此可见一斑。

三、类书对李广的价值评判

类书作为中国传统文献的特殊载体，在传承华夏文明、整合古代文化的过程中发挥着不可替代的作用。前有三国魏之《皇览》等早期类书，可惜都已散佚，继之又有隋唐类书，大约六十多部。入宋，类书大兴。据《宋史·艺文志》记载，宋代类书总量超过 300 部，因此宋代类书在中国古代类书发展史上处于重要的发展、成熟阶段。就类书的性质而言，可概括为荟萃（辑录）故实、分类编排、专资采掇（寻检）。它是"一种将文献或文献中的资料，按其内容分门别类，组织撙述；或者条分件系，原文照录或摘录的图书。"① 观宋代类书中的李广形象，依据类书的性质和编纂宗旨，宋人确实没有在类书中长篇大论。但这并不代表宋人不发表观点，他们发表议论全在于细微之处，列出观点即提供材料，不容人思量，也无法辩驳。宋人类书中的李广形象与前代不同，集中表现在此。

（一）名将、良将、边将、儒将之辨

中国自古就有"盖棺定论"的说法，即对于一个人物要有一个总的评价，

---

① 夏南强：《类书通论》，湖北人民出版社 2001 年版，第 16 页。

而等到这个人死后再评价才是最客观的。宋代距西汉已经千年有余，李广事迹众多而又一直以"名将"闻名，这对于好发议论的宋人来说无论如何都要重新评价一番的，于是就有了类书中对于李广名将、良将、边将、儒将的讨论。

1. 名将与良将

李广历仕三朝，出名很早，名将之称由来已久。据《史记·李将军列传》记载："孝景崩，武帝立，左右以为广名将也，于是广以上郡太守为未央卫尉"。关于李广因何而名，《史记》也说得很清楚——"以力战为名"，然而同处一朝的卫青、霍去病却以少年之勇和不世之功令李广之名黯然失色。再加上李广自刎的悲惨结局，如果不是司马迁的刻意褒扬，恐怕李广之名早已淹没在历史的长河之中。关于李广是否良将，《记纂渊海》说得很清楚：

> 良将【附名将】子良将，刚则法天可望，而不可干；柔则法渊可观，而不可入。去如收电可见，而不可追；留如丘山，可瞻而不可动。【抱朴】

> 史吴起，所在，寇不敢敌。得之国强，失之国亡。是为良将【史廉颇传】李牧者，赵之北边良将也。常居代、雁门，备匈奴。以便宜置吏，市租皆输入幕，为士卒费，日击数牛飨士，习射骑，谨烽火，多间谍，厚遇战士。为约曰："匈奴即入盗，急入收保。有敢捕敌者斩。"匈奴每入烽火谨辄入收保，不敢战如是，数岁亦不亡失【史本传】充国常以远斥堠为务。行必为战备，止必坚营阵，尤能持重爱士卒，先计而后战【通鉴汉宣纪】汉边郡李广、程不识皆为名将【史本传】李陵提步卒不满五千，转斗千里，矢尽道穷，士张空拳，冒白刃，北首争死敌，得人之死力，虽古名将不过也。身虽陷败，然其所摧败亦足暴于天下【西汉本传】。①

① （宋）潘自牧：《记纂渊海》卷八〇，影印《文渊阁四库全书》本。

在这个字段里面,《记纂渊海》的作者潘自牧所举"良将"的例子很具体——吴起、李牧和赵充国。吴起说"所在,冦不敢敌。得之国强,失之国亡"①。关于这段话的出处,潘自牧弄错了。这段话并不出于《史记·廉颇列传》,而见于《吴子兵法》中的"论将",是吴起关于"良将"的描述。如此句所言,良将所到之处,敌人不敢靠近,甚至在某种程度上可以影响一个国家的命运,这就是良将。用这个标准来衡量历史上的将领,则高下立显。李牧身为战国时期的赵国名将,是战国末年东方六国最杰出的将领,与白起、王翦、廉颇并称"战国四大名将",是赵国赖以支撑危局的唯一良将,素有"李牧死,赵国亡"之称。他屡次重创敌军,显示了高超的军事指挥艺术。赵充国是西汉著名的军事将领和谋略家,一生折冲沙场,北抗匈奴,西平氏、羌,为保卫西汉西北部边陲作出了突出贡献。尽管潘自牧所叙二人事迹并不准确,但此二人确是典型的"良将"代表。相比之下,李广就弱多了,也只能被称为"名将"了,他的孙子李陵也被班固喻为名将代表,而非良将。相对来说,潘自牧用比较的方法区分"良将"与"名将"是很科学、合理的,而李昉等人在《太平御览·良将上》中将李广与吴起、王离等人并称为"良将",并不合适。

2. 儒将与边将

儒将,指有学识、风度儒雅的儒客将帅,文采武功都很出色的将领,也指从军的儒客。儒将应该是具备儒家的气质,兼备兵家的智慧,才能够称为儒将。《群书会元截江网》有"儒将"一门,其中有伊尹、周公、晏子、鲁仲连、诸葛亮等,其中竟也有李广。李广虽号称名将,但《史记》并未言其是否通文墨,因此可以认为李广唯擅作战。《记纂渊海》亦有"儒将"一门,其所引的第一则材料是《左传·僖公二十七年》的几句话:

> 赵衰曰:"郤縠可。臣亟闻其言矣,说礼乐而敦《诗》、《书》。

---

① (战国)吴起撰,邱崇丙译注:《吴子兵法·论将第四》,中国社会出版社2005年版,第93页。

《诗》、《书》，义之府也。礼乐，德之则也。①

我们知道，郤縠是春秋时期晋国公族、第一任中军将。公元前632年郤縠指挥的"城濮之战"中，晋国大胜，国威大振。以前与楚结盟的国家纷纷背楚投晋，文公在践土会盟，竖起了霸主之位，证明了郤縠的才能。因此称郤縠是儒将，完全没有问题。接下来所列举的是祭遵，《后汉书·祭遵传》称其"为将军，取士皆用儒术，对酒设乐，必雅歌投壶。又建为孔子立后，奏置《五经》大夫。虽在军旅，不忘俎豆，可谓好礼悦乐，守死善道者也。"② 诸如郤縠、祭遵这样的人物，是当之无愧的儒将。相比之下，唯善骑射的李广当然不能称为儒将。与"儒将"同卷，《群书会元截江网》中还设"边将"一类，其中亦有李广，曰："李广为右北平太守匈奴号曰汉飞将军。"③ "边将"一词并无褒贬，重点是"戍边"，《册府元龟》《太平御览》亦将李广划归此类，无甚争议。

综上，宋人在给李广定"将"时是有考虑的。"名将""边将"争议不大，李广可能粗通文墨，但与"儒将"无缘。《记纂渊海》对李广的"名将"定位比较恰当，李广虽有名，却并没有重要到可以影响国家命运。因此以"名将"定位李广，是很准确而恰当的。

(二)《册府元龟》《太平御览》《记纂渊海》李广记载之比较

作为宋代最具代表性的两部类书，《册府元龟》和《太平御览》各一千卷，内容丰富，分类严密。《册府元龟》是一部百科全书性质的史学类书，《太平御览》以天、地、人、事、物为序，分成55部，可谓包罗古今万象。这两部类书在宋代类书中收录李广词条也是最多的，《册府元龟》有5部提及李广，而《太平御览》则在13部中提及李广。基于收录资料的方向不同，

---

① 杨伯峻编著：《春秋左传注》，中华书局1995年版，第445页。
② （南朝宋）范晔：《后汉书》卷二○，中华书局1965年版，第742页。
③ （宋）佚名：《群书会元截江网》卷二一，影印《文渊阁四库全书》本。

《册府元龟》对于李广资料的收录主要集中在"将帅部",其下共有117个词条,其中31个词条提及李广。《太平御览》包罗万象,由于李广身为将领,所以亦以军事为重点收录方向,在"兵部"中有12个词条涉及李广,其他还在"羽族部""人部""人事部""刑法部""饮食部""咎征部""兽部""封建部""职官部""居处部""地部""州郡部"等处提及李广,对李广资料的搜集可谓全面而又细致。除此之外,关涉李广较多的类书还有《记纂渊海》。如果要比较三者在关涉李广事迹上有何不同,《册府》重评价,《御览》贵全面,《记纂渊海》重创新。

1.《册府元龟》重评价

宋真宗关于《册府元龟》的修撰目的说:"朕此书盖欲撰历代事实,为将来典法,使开卷者动有资益也。"① 同年十二月,宋真宗在赐给王钦若的手札进一步说:"联于此书,匪独听政之暇,资于披览,亦乃区别善恶,垂之后世,俾君臣父子,有所鉴戒。"② 由此可知,《册府元龟》的修撰目的与《资治通鉴》是一致的,要别善恶、资鉴戒。既要表达评判意见,又要客观辑录古代文献,王钦若采取的办法是先定调,即给出评价性的归类标题,然后辑录文献。王钦若对李广多有褒扬,在"将帅部"中的"威名""勇敢""抚士卒""清俭""仁爱""得士心""持重""轻财""刚"等许多子目中叙述李广的事迹。这里面最应注意的是"仁爱""清俭""持重""刚""轻财"几个子目。历史上对李广的评价有很多,然而类似这几个词的却很少见,因为这几个词都是儒家所尚,而李广并非儒家出身。如本书前文所述,司马迁用品格重新定位了李广的人生价值,而这个品格无疑是儒家所述的"三不朽"之"立德"。如此说来,王钦若与司马迁一样,或者说王钦若继承了司马迁对于李广的认识,而且在类书这种原则上要求原文摘抄的典籍中表达出来,甚是不易。

---

① （宋）李焘:《续资治通鉴长编》卷六二"景德三年四月丙子",台湾商务印书馆1986年版。
② （宋）李焘:《续资治通鉴长编》卷六二"景德三年十二月乙未",台湾商务印书馆1986年版。

《孟子》说：恻隐之心，仁之端也。① 《论语》说：刚、毅、木、讷，近仁。② 王钦若在"将帅部"的"仁爱"子目中提到了李广：

> 汉李广为前将军。及自到，百姓闻之，知与不知老壮皆为垂泣。
> （班固曰：李将军恂恂如鄙人，口不能出辞。及死之日，天下知与不
> 知皆为流涕，彼其中心诚信于士大夫也。谚曰：桃李不言下自成蹊
> 此言虽小可以喻大）。

从司马迁的上述评价来看，李广是很符合儒家之"仁爱"特点的。他作战勇敢，热爱士卒，木讷少言，他的仁爱品格得到了身边很多人的认可，司马迁甚至认为李广"彼其中心诚信于士大夫也"。虽然李广不重礼乐，也不动笔墨，并非儒将，但仅就品格而言，李广身上确有儒士之风。只是自司马迁至唐，从未有人将此说透，直至王钦若。在儒家思想里面，"俭"与"仁"是有必然联系的，孔子有所谓温、良、恭、俭、让五种品格。据《史记·李将军列传》记载，李广以良家子从军击胡，广历七郡太守，前后三十年家无余财，终不言生产事。这正是儒家之"俭"。

"持重"意为谨慎稳重，不浮躁。《册府元龟》在"将帅部"的"持重"子目中提到了汉武帝元狩二年（前121年），李广以郎中令带领四千名骑兵出右北平，被匈奴左贤王带领四万名骑兵包围的事。李广的战场表现确实异常稳重而从容，他告诉士卒不要紧张，用大黄弩杀死了匈奴裨将。打了一整天的仗，"会日暮，吏士皆无人色，而广意气自如，益治军。"孔子说："弟子入则孝，出则悌，谨而信，泛爱众，而亲仁。"按照王钦若的分类及类下所收录之李广故事，则李广将"谨"发挥到了极致。不仅如此，《册府元龟》"将帅部""刚"子目下也有李广身影。"刚"意为坚强、刚正不阿。《册府元龟》在这个子目中提到的李广事迹是他最后不愿受刀笔吏的审问，愤而自杀。士可杀不可辱，宁折不弯，是"刚"的最直接体现。

---

① （清）焦循撰，沈文倬点校：《孟子正义》卷二二，中华书局2017年版，第625页。
② 杨树达：《论语疏证》，上海古籍出版社1986年版，第331页。

《册府元龟》对李广并非一味褒扬，王钦若对李广的缺点并未回避，而且都用简短子目加以评价。如李广被俘逃跑一事，一般人都视这件事为机智和勇敢，而王钦若则将这件事归在"将帅部"下面的"败衄"子目中。衄，本意是鼻孔出血，引申指挫伤、失败，特指战争中的失败。李广不但战败，还被俘，这非常有损于一个将领的荣誉，王钦若不但将这则材料吸收进《册府元龟》，而且归在"败衄"类中，足见王钦若之意见。另外，"败衄"子目中李广事之后，紧接着就是李陵投降匈奴事，更见王钦若对李广战败被俘之态度。

除了"败衄"，"将帅部"中还有"报私怨""杀降""轻敌"等子目都提及李广之短。"报私怨"指李广杀霸陵尉，"杀降"和"轻敌"都是兵家大忌。"杀降"指李广杀羌兵，"轻敌"指典属国公孙昆邪对汉武帝哭诉："李广才气，天下无双，自负其能，数与虏敌战，恐亡之。"公孙昆邪之所以担心是因为李广轻敌，他自己仗恃有本领，屡次和敌人正面作战；他射敌人，一定是距离敌人很近了才放箭，估计射不中就不射，一旦射箭一定会射中敌人。由于距离敌人太近，太轻敌，李广带兵作战，数次被敌兵所困。

2.《太平御览》贵全面

《太平御览》在14部中提及李广，内容非常全面，包括了羽族部、兵部、人部、人事部、刑法部、资产部、饮食部、咎征部、兽部、职官部、封建部、居处部、地部、州郡部等。这些部下面的子目很多，例如兵部含箭、鞭、弩、角、示弱、机略、抚士、威名、安众、良将、命将、边将等12个子目。这些子目中，除"良将"稍显评判外，其他子目都只是客观陈述，符合一般类书的辑录特点。至于职官部、地部、州郡部等就更是客观辑录李广资料，务求全面。

3.《记纂渊海》重创新

《记纂渊海》同样广泛辑取李广材料，但在创新这一点上略胜《册府元龟》和《太平御览》。其创新集中体现在"议论部"之中。从卷五五至卷六一共七卷，创新的主要内容是对李广事迹进行了一些形而上的总结，令人耳目一新。例如卷五五有"妙理不传""坐以致人""心随事移""殊涂（途）同归"四个子目。从字面上来看，这四个子目与李广无甚关联，然而看子目下所录李广文字，却又不得不认可潘自牧的说法。如"妙理不传"下关联的是"天性善射，虽子孙他人学者莫能及"，一同被选辑在此的还有《庄子》中的故事《轮扁斫轮》："臣不能以喻臣之子，臣之子亦不能受之于臣，是以行年七十而老斫轮。"① 仔细想来，轮扁虽擅斫轮，所谓："得之于手而应于心，口不能言，有数存焉于其间。"却不能将这种奇妙的心得传之于子孙，正是"妙理不传"。《史记·李将军列传》言李广"为人长，猿臂，其善射亦天性也，虽其子孙他人学者，莫能及广"。李广善射却也不能将他的技艺传给子孙，与轮扁？可见潘自牧在看待李广射箭时的视角是多么特别。《记纂渊海》中"坐以致人"首先引用了《周易》中的蒙卦语："匪我求童蒙，童蒙求我"②，意为不要求着别人来学习，要让别人主动来求教。接着引用了《论语》中的"德不孤必有邻"。接下来便提到了《史记·李将军列传》中的"桃李不言，下自成蹊"，重在以德服人的精神实质。

"心随事移"中，《记纂渊海》提到了《吕氏春秋》中《人有亡斧者》，意为疑心之下必有误会。又提到了《荀子·正名》说的："心忧恐，则口衔刍豢而不知其味，耳听钟鼓而不知其声，目视黼黻而不知其状，轻暖平簟而体不知其安。"③ 这两则材料以及后面的几则材料都集中指向人心变化给人所带来的影响。此同下所引李广材料为李广射石故事，则班固从李广射石得出了"精诚"，董逌从李广射石看到了书画创作中的"气"和"神"，而潘自牧却看到了心境的变化给人的行动所带来的不同影响，可谓别出心裁。

"殊涂（途）同归"与李广似乎也没有什么联系。此目下所收李广事迹为

---

① 《庄子外篇·天道》，中华书局 2015 年版，第 222 页。
② 杨天才、张善文译注：《周易》，中华书局 2011 年版，第 53 页。
③ （战国）荀况撰，张觉校注：《荀子校注》卷一六，岳麓书社 2006 年版，第 290 页。

"李广行无部伍，行阵就善水草。舍止人人自便。不击刁斗以自卫。幕府省约文书。然亦远斥候，未尝遇害。程不识正部曲、行伍、营陈，击刁斗，士吏治军簿至明，军不得休息；然亦未尝遇害。"多数人读这则材料要么激赏李广带兵之"自便"，要么批评他缺乏军纪，还有人欣赏他的才气。唯独《记纂渊海》看重的是李广和程不识虽然军纪不同，却都"未尝遇害"，着眼点很新鲜。

再如卷六一的"交臂而失"和"习熟难忘"同样出人意表。"交臂而失"即"失之交臂"，意指当面错过或失去好机会。李广一生"数奇"，《记纂渊海》中这个子目下所引的李广材料是"汉文帝知李广才而不能用，乃叹其生不逢时"。"习熟难忘"条下征引李广材料为"李广居则画地为军陈，射阔狭以饮，专以射为戏"。通常人们理解这则材料，无非是认为李广在射箭上比较专一，无论射箭还是休闲娱乐都与射箭有关。而《记纂渊海》却总结为"习熟难忘"，还是很合适的。

如上，宋代类书众多，除了对各种文史知识进行归类以供查询外，宋人是不甘于单纯做一些知识辑佚工作的。宋人大多富于思辨，所以尽管在类书这种看似只是百科全书的文献中也常常具有不同的面貌。总体而言，《册府元龟》的修书目的是"别善恶"，所以此书重评价；《太平御览》以收录资料多著称；《记纂渊海》重观点创新，视李广为"名将"而非"良将"就是典型的例子。

综上，宋人在李广形象的接受上有诸多创新。在诗词上，爱国是宋人赋予李广最鲜明的时代特点，而在李广形象特点的发挥上，宋代文章如兵论对李广军纪涣散提出了严肃的批评。宋代文艺理论在李广形象上的创新最为明显，竟然以李广才气比李白作诗之法，还在书画领域提出了"气""神"的理论，这是李广形象第一次被引入文艺理论，具有开创性意义。宋代诸子之学关注的问题主要集中在李广射石、李广难封、怒杀霸陵尉三件事上，各抒己见。这里面最需要强调的就是易类著作对李广军纪涣散的批评，以及宋代类书对李广资料的编选和隐性评价。

第五节　金、元诗歌塑造李广形象的唐、宋之风

公元 1206 年，蒙古字儿只斤部落的贵族铁木真结束了蒙古长期分裂的局面，创立蒙古帝国，并被尊称为成吉思汗。公元 1234 年成吉思汗的儿子窝阔台攻击金朝，夺取了女真族统治下的中国北部地区政权。公元 1271 年成吉思汗的孙子忽必烈（元世祖）改国号为元。5 年之后，元世祖灭掉南宋，统一中国。蒙古贵族重武轻文，尊崇军事人才，不重视乃至鄙薄文士。传统的文学史研究认为金元两代重武轻文，于文学可研究者甚少。进入 21 世纪以来，随着元代文学、文化研究受到越来越多学者的关注，我们发现元代文学、文化虽不如唐宋那样盛行，但仍有可观之处。即以元代文化和文学中的李广形象为例，整个元代文化确实较少关注李广形象，但在诗作上，金元诗却表现出了很明显的"直追唐宋"的风气。

一、学唐

正如元代文学著名学者查洪德先生在《元代诗学"注唐""宗宋"论》一文说的那样："元代紧接宋代，元代诗论家最先面对宗唐宗宋问题，也是最早思考和讨论这一问题的论者……元代诗论家的理想，是广学各家，兼取众长，在学唐宋中超越唐宋，形成既不同于唐也不同于宋的元人风格。"[1] 然而，理论上的追求与诗作实际呈现出来的风格并不一定相符，就金元涉及李广的诗作来看，金元诗人无疑是成功的，他们的学唐之作优秀者不多，却尽显大唐气象。

---

① 查洪德：《元代诗学"注唐""宗宋"论》，《晋阳学刊》2013 年第 5 期，第 124—139 页。

（一）写人诗

元代有些描写李广或以李广写人的诗，尽显唐诗风格，如贝琼。贝琼，约生于元成宗大德初，曾从杨维桢学诗，论诗推崇盛唐而不取法宋代熙宁、元丰诸家。元代描写李广之作约有三十多家，而贝琼的学唐之作《李将军歌》无疑是其冠冕。其文如下：

> 汉家李广旧无双，年少提兵飞渡江。黄石素书心已授，龙文赤鼎手能扛。不作诸生自辛苦，千金结客轻如土。朝呼野外黄头鹘，夜杀山中雪毛虎。天子诏书开四夷，五年出塞事征西。三冬冰雪皴人肉，万里关山碎马蹄。今日相看凤阳道，绣袍换酒情编好。虎符金印来未迟，铁砚毛锥吾已老。豪侠平生感慨多，尊前击剑起高歌。定知班固文章在，为勒燕然示不磨。①

就描写李广而言，唐代结束以后，两宋三百余年之中竟无一首能媲美类似王维《老将行》的作品。反而是元朝诗人竞相学习唐诗的慷慨之风与塑造人物之方法，其中之佼佼者当数元末明初之贝琼。他的《李将军歌》同王维的《老将行》一样，也是七言古体之作。王维的《老将行》描写李广用了各种首段，从年轻写到年老，从战争写到隐居，从少年有志写到老骥伏枥。为了描写李广，他用了很多历史人物包括曹彰、卫青、召平、陶渊明、耿恭、灌夫、雍门子狄等，所以王维笔下的李广是一个融合了很多其他人物特点的一个新形象，却又不失李广善战、爱国特征的一个复合形象。贝琼的这首诗也是这样的，开头也从李广年少写起，"飞渡江"无疑是个新特点。"黄石素书心已授，龙文赤鼎手能扛"两句用张良得黄石公《太公兵法》和秦武王力举千钧之鼎两个典故描写少年李广的文韬武略。"不作诸生自辛苦，千金结客轻如土"两句像极了李白，鄙视皓首穷经的儒生，崇尚战国游侠之气。"朝呼野外

---

① （元）贝琼撰，李鸣校点：《贝琼集》卷四，吉林文史出版社 2010 年版，第 247 页。

黄头鹘，夜杀山中雪毛虎。"两句对仗严整，描写李广打猎的潇洒生活。接下来是对李广从戎边塞艰苦生活的描写，然而重点却是李广难封而年岁已老的悲歌："虎符金印来未迟，铁砚毛锥吾已老。豪侠平生感慨多，尊前击剑起高歌。"面对这种悲惨的结局，王维的做法是让老将继续奋斗，贺兰山下军情紧急，老将也并没有弃国家于不顾，而是"愿得燕弓射天将，耻令越甲鸣吾军。莫嫌旧日云中守，犹堪一战取功勋"。贝琼则言："定知班固文章在，为勒燕然示不磨"，用班固记录窦宪燕然勒石的典故安慰李广。虽然封侯未得，但青史不会忘记李广的功勋，历史会记住李广。比较王维的《老将行》和贝琼的《李将军歌》，可明显地看出贝琼的学习痕迹，然而贝琼之作在描写李广的时候赋予他更多的其他历史人物的特点。此诗除了结句气弱之外，其他都足以与盛唐王维《老将行》比肩而立。元代与贝琼诗类似的学唐之作还有很多，其中也多有涉李广之作，且多为边塞诗，如黄镇成的《李将军歌》也与王维的《老将行》很近似。

> 李将军，少年意气轻浮云，青丝络马黄金勒，宝剑错镂交龙文，十二高楼连广道，千金结客大梁门，昨日弯弓连白羽，射杀南山白额虎，归来飨士酒千钟，自向青楼按歌舞，前年起兵从义旗，斩将防阵身如飞，上功幕府久未报，有酒不乐当何为。[①]

这首诗前面的部分与王维《老将行》前半部分很相似，"少年十五二十时，步行夺得胡马骑。射杀中山白额虎，肯数邺下黄须儿。一身转战三千里，一剑曾当百万师。汉兵奋迅如霹雳，虏骑崩腾畏蒺藜"都是少年从戎，都是白羽射杀山中白额虎。这两首诗的后半部分也很相似，黄镇成诗中的"李将军"在战场上拼杀，结果是"上功幕府久未报"；王维诗中的"老将"结果是"李广无功缘数奇""自从弃置便衰朽"。面对这样的结局，黄镇成诗中的李将军显得很洒脱——"有酒不乐当何为？"而王维诗中的老将则经历了"弃置"

---

① （元）黄镇成：《秋声集》卷一，影印《文渊阁四库全书》本。

"衰朽"之后，当他听说"贺兰山下阵如云，羽檄交驰日夕闻"，立即又燃起了"一战取功勋"的斗志。王诗塑造了一个深受不公平待遇却依然愿意为国捐躯的悲剧老将，而黄诗则塑造了一个"起兵从义旗"的将领，尽管受到功未报的不平待遇，却仍能洒脱地饮酒作乐的将领形象。两诗对比，黄镇成的学唐之迹便很明显了。

郭钰的《峡江王巡检》与贡性之的《从军谣送王仪之》也都非常显著地学唐，前者形容王巡检说："我今独识王将军。将军好武称第一，慷慨功名少年日，剑术出奇愁白猿。兵符借重祠黄石，近报三军掠蓟丘。"① 并夸赞王巡检并不是像李广"猎南山"那样优游度日，而是与文儒朋友讨论学问。贡氏之作大用赋法，塑造了一个兼善文韬武略的将领形象：

> 王卿有志当俊髦，壮气直与秋争高。读书一目十行下，落笔神鬼先惊号，才如群府韫尺璧，思若独茧抽长缲，长身肮脏瘦如鹤，方瞳点漆明如膏，始丰先生典杭校，罗致馆下皆英豪，卿年弱冠即相许，老大喜与贤良遭，执经问难无少倦，下视余子空呶呶，三年宾兴时大比，文战笑与千人鏖，朱衣暗点夸敏捷，大字揭榜魁时曹，天庭策对聆圣语，辞若江汉流滔滔，鱼龙变化在顷刻，稽首拜舞趋神尧，璚林锡燕集诸彦，宫花压帽红玉娇，理司评事暂寄迹，秋官小宰争见招，牍书累积似山岳，词理曲直分牛毛，片言剖析不留滞，解使昧昧从昭昭，合言万口同一喙，奉法平允无贪饕，只今仗剑戍云内，向我醉索从军谣，军中之威既赫赫，军中之乐仍陶陶，雕鞍玉辔夸腰褭，黄金铠甲明绣袍，燕尘万里沙漠漠，边风八月凉萧萧，上马斫贼下马檄，臂鹰走犬田为遨，大旌小旆锦作队，戈矛在手弓在腰，睢盱诗云与子曰，谙习虎罟兼龙韬，雅歌投壶且容与，轻裘缓带还飘飘，引弦射虎昔李广，掷笔堕地今班超，功成他日献天子，

---

① （元）郭钰：《静思集》卷一，影印《文渊阁四库全书》本。

印悬肘后当还朝，姓名炳炳注青史，肯使汉将专嫖姚。①

此诗开篇即言明颂赞之旨，接着连用四个比喻句赞王仪之的"才""思"以及身形，又赞其为大儒徐一夔（号始丰）门下之英豪。接下来又用很多文字盛赞其文采之盛以及从政之无私、公允。然后以王仪之要"仗剑戍云内"引出后面对战争之描写，从战马、铠甲到旌旗、戈矛，从文韬到武略，又用李广和班超比喻王仪之的才华，最后表达了自己对其寄予厚望，预言其功绩当超汉代霍去病。整首诗写得慷慨激昂，为文用典恰当，语词丰富而优美，多有比喻、夸张之句，直可入唐人诗集。类似的学唐之作还有黄复圭的边塞诗《次韵塞上》：

> 李广称猿臂，班超号虎头。三边杀降卒，万里取封侯。砂碛胡
>
> 云暗，邮营汉月秋。曾经饮马窟，半是血骷髅。②

这首塞上风格慷慨，开篇即称李广、班超，后面"砂碛胡云暗，邮营汉月秋"两句边塞景色描写也颇有唐人边塞诗风，惜末句"半是血骷髅"失之于血腥，描写太陋，美感顿衰。

（二）射虎诗

射虎是李广形象的重要内涵之一，金元有若干"射虎"之作，尽显盛唐边塞之气。如乃贤之《答禄（达鲁）将军射虎行（并序）》、李俊民之《辽漆水郡王降虎（陈仲和之远祖）》以及虞集之《射虎歌》等。虞集的《射虎歌》是一首写实之作：

> 州人布矢之蒿蓬，半夜射杀南山雄。卷皮带雪送官府，割肉大
>
> 嚼千夫同。前日东家牛尽啖，犬豕无遗人落胆。不知世有李将军，
>
> 击鼓报神声坎坎。③

---

① （元）贡性之：《南湖集》卷上，影印《文渊阁四库全书》本。

② （清）顾嗣立编：《元诗选》，中华书局1987年版，第343页。

③ （元）虞集撰，王颋点校：《虞集全集》，天津古籍出版社2007年版，第49页。

这首诗将"周人"半夜射虎、送入官府和大快朵颐的过程写得一气呵成，最后用李广进行赞美的语句还略有王维《鱼山神女祠歌》中的楚巫之风。

乃贤的《答禄（达鲁）将军射虎行》则是唐代盛行的歌行体，读来酣畅淋漓，犹如高适之《燕歌行》：

> 答禄将军，世为乃蛮部主。归国朝拜随颖万户，平金有功，事载国史。其出守信阳，射虎之事尤伟。曾孙与权举进士，为秘书郎官，与余雅善，间言其事，因征作歌：

> 将军部曲瀚海东，三千铁骑精且雄。久知天命属真主，奋身来建非常功。世祖神谟涵宇宙，使英雄皆入彀。十年转战淮蔡平，帐下论功封太守。信阳郭外山嵯峨，长林大谷青松多。白额于菟踞当道，城边日落无人过。将军闻之毛发竖，拔剑誓天期杀虎。弯弓走马出东门，倾城来看夸豪武。猛虎磨牙当路噪，目光睒睒斑尾摇。据鞍一叱双眦裂，鸟飞木落风萧萧。金弰雕弓铁丝箭，满月弦开正当面。雕翎射没锦毛摧，厓石崩腾腥血溅。万人欢笑声震天，剖开一箭当心穿。父老持杯马前拜，祝公眉寿三千年。将军立功期不朽，奇事相传在人口。可怜李广不封侯，却喜将军今有后。承平公子秘书郎，文场百步曾穿杨。咫尺风云看豹变，鸣珂曳履登朝堂。[①]

乃贤，西域人，字易之，号河朔外史，合鲁（葛逻禄）部人。合鲁部人东迁，散居各地，乃贤家族先居南阳，后迁居四明（治今浙江宁波）。乃贤深受中原文化熏陶和影响，淡泊名利，于四明山水之间，与名士诗文唱酬，优游度日。两宋重文轻武，诗中很少慷慨豪放之作，乃贤的这首《答禄（达鲁）将军射虎行》上继盛唐精神而作，"属真主"一词于细微处体现出乃贤的民族风格。后面描写答禄将军射虎的语句写得十分精彩，"毛发竖""据鞍一叱双眦裂"写尽将军的威武之态，而"厓石崩腾腥血溅"一句则形象地突出了老虎中箭

---

① 张景星、姚培谦、王永琪编选：《元诗别裁集》，上海古籍出版社 1979 年版，第 44 页。

时的激烈情景。最后的"祝公眉寿三千年。将军立功期不朽，奇事相传在人口。可怜李广不封侯，却喜将军今有后"等语句则是纯粹的颂扬之词，而李广之作用则是反衬答禄将军仕途通顺之意。

李俊民的《辽漆水郡王降虎（陈仲和之远祖）》是另一首有盛唐之风的关涉李广的诗作：

> 秋风渐高秋草衰，空山校猎千骑围。突然有物势□猛，万里侯相食肉肥。横行妥尾不畏逐，挟□似有百步威。当时扈从懦于鼠，虽欲下车人其非。将军一奋跃身出，气雄志勇捷若飞。攘臂搏虎虎负去，须臾□皮擒虎归。北方锐儿皆好武，无愧疋马及短衣。声名赫赫耀前古，却笑冯妇胆力微。胙田命氏报恩异，至今漆水生光辉。君不见射石李广一箭亦可喜，死不封侯知者希。①

这首诗同样先描写射虎，然后对射虎者漆水郡王②进行赞美，先是嘲笑搏虎之冯妇"胆力微"，然后觉得射石之李广"可喜"，即可笑。因为李广至死未封侯，而且"知者希"。此诗并无特出之处，然而此诗同乃贤、虞集的诗一同显示出元诗不同于尚理之宋诗的豪放特点。这三首打虎诗也并不完全同于唐诗，因为唐代并无描写实际射虎之作。元代的这类诗集中体现出民族诗人艺术基因中的勇猛和好战之风。

元好问也有一首射虎诗，《怒虎行答宋文之》：

> 怒虎当道卧，百里不敢唾。纷纷射彪手，一见弧矢堕。谁知世有李将军，霹雳弦声惊石破！昨日双南金，今日缘绮琴，赠君无别物，唯有百年心。③

此诗前言射虎，后以李广赞美宋文之，最后用"赠君无别物，唯有百年心"

---

①　（金）李俊民：《庄靖集》卷一，山西古籍出版社 2006 年版，第 47 页。

②　漆水郡王，名耶律怀义，辽国人，归属金国之后，任金代大将，在金灭北宋的过程中立下过汗马功劳。

③　（金）元好问撰，狄宝心校注：《元好问诗编年校注》卷二，中华书局 2011 年版，第 424 页。

总结诗旨，语短而意长，唐诗意兴由此可见。

金国的李俊民也有一首射虎诗。他是状元出身，无论当时还是后世，对他的评价都很高，《四库全书总目》言其：

> 俊民抗志遁荒，于出处之际能洁其身。集中于入元后只书甲子，隐然自比陶潜。故所作诗类多幽忧激烈之音，系念宗邦，寄怀深远，不徒以清新奇崛为工。文格冲淡和平，具有高致，亦复似其为人。虽博大不及元好问，抑亦其亚矣。诗末间有注语，序不言何人所加，无可考证。[①]

李俊民的《射虎》所表达的似乎是一种欲建功而不得的苦恼，而以李广出之：

> 逐鹿中原鹿已无，功名那在一于菟。
>
> 分明射中南山虎，李广元来不丈夫。[②]
>
> ——李俊民《射虎》

"逐鹿中原鹿已无"，"逐鹿中原"本言有可为，而"鹿已无"无疑令作者绝望。"功名那在一于菟"中的"于菟"指斗谷于菟，春秋时期著名的楚国令尹，三任首辅，孔子誉为"忠"，对楚国强大和北上争霸作出了杰出贡献。第二句当谓功名都被斗谷于菟那样的人夺走了，意为建功立业不易。回头再来看南山射虎的李广，作者意为李广算不上"大丈夫"。此诗感慨建功立业之难，而又抒发豪杰之志，诗风直追唐人。

二、学宋

唐诗尚意兴，而宋诗尚理，元代诗人则兼而有之。在涉及李广的部分诗作上尤其能体现出这个特点。元人用李广写人、写事之外，也经常用李广说理，而且在主要观点上颇类宋人：

> 弧矢威盈塞北屯，汉家飞将气如神。但教千古英名在，不得封

---

① （清）永瑢等：《四库全书总目》卷一六六，中华书局1997年版，第2200页。
② （金）李俊民：《庄靖集》卷四，山西古籍出版社2006年版，第224页。

侯也快人。

　　　　　　　　　　　　　　——张弘范《读李广传》①

　　一壑风烟自可留，十年湖海漫狂（一作曾）游。短衣射虎真堪乐，莫恨将军老不侯。

　　　　　　　　　　——吴师道《次韵黄晋卿清明游北山二首其二》②

　　宋代对李广不侯的悲剧意蕴有一种有意识的消解，例如黄庚的《漫述》就说"李不封侯刘不第，千年青史亦传名"，再对比张弘范的《读李广传》的"但教千古英名在，不得封侯也快人"，其精神内质是一样的。杜甫最早从李广射虎找出了隐居的含义，其后陆游等人不断吟咏，比如陆游的"鞭寒熨手戎衣窄，忽忆南山射虎时"（《宿武连县驿》）、王安石的"射虎未能随李广，割鸡空欲戏言游"（《寄朱昌叔》）等。不仅如此，宋代有些诗人还从李广南山射虎的隐居生活里体会到了快乐，实现了对李广难封的超越，如陆游的"南山射虎自堪乐，何用封侯高帝时"（《野兴二首（其一）》）。再看吴师道的"短衣射虎真堪乐，莫恨将军老不侯"，二者非常相似。

　　元人写李广，除了学宋之议论，还学宋人用李广写寓言，用李广评价书画作品。周巽有一诗颇类宋代方岳的《三虎行》，名为《猛虎行》，其文如下：

　　疾风撼林木，空谷来啸声。秋气何肃杀，于菟晚纵横。眈眈掉尾相逐行，一兽咆哮百兽惊。玉爪拳钩蹴冰裂，金精夹镜流电明。磨牙吮血食人肉，威势惨酷伤群生。荒野云深山月黑，猿啼老树寒萧瑟。冯妇回头不下车，李广弯弓空裂石。郊原千里绝人行，近郭时时见其迹。呜呼，安得政化如刘琨，虎北渡河风俗淳。外户夜开无吠犬，耕桑共乐江南村。③

这首诗同《三虎行》一样是寓言诗，开篇同样描写老虎之形状，尤其"磨牙

---

① （元）张弘范：《淮阳集》，影印《文渊阁四库全书》本，第12页。
② （清）顾嗣立编：《元诗选》，中华书局1987年版，第576页。
③ （元）周巽：《性情集》卷一，影印《文渊阁四库全书》本。

吮血食人肉"和"安得政化如刘琨"两句写老虎肆虐，而以打虎闻名的冯妇和李广竟都未能将虎杀死，这同《三虎行》的"李广不生周处死，负子渡河何日是"也是一样的。后面"郊原千里绝人行，近郭时时见其迹"是虎患未消的象征性写照，也是苛政之下底层人民悲惨生活的真实写照。作者在最后表达了自己的愿望：呜呼，安得政化如刘琨，虎北渡河风俗淳。这又让我们想到杜甫的"呜呼！何时眼前突兀见此屋，吾庐独破受冻死亦足！"(《茅屋为秋风所破歌》)，同是为民之心，只是所处年代不同而已。

宋人具有自觉的创新意识，他们甚至在书画领域都愿意引入李广以说理或抒情，出现了董逌的《怀素书跋》《广川画跋》等以李广论书画的理论著作。元人也有这样的以李广说书画的文字，只不过不是文章，而是诗作，例如庞铸的《山谷透绢帖》：

> 君不见李广射虎如射兔，霹雳一声石饮羽。又不见巨灵擘山如擘云，莲华万仞留掌痕。精神入物物乃尔，笔端有神亦如此。熙丰以来推善书，日下无双黄太史。胸中八法蟠虹霓，峨眉仙人容并驰。平生败笔冢累累，妙处不减磨崖碑。吕侯好古兼好异，与字分身作游戏。清潭错落印星璧，大泽纵横散龙蜕。又如汉宫粉黛争婵娟，倚风顾影影更妍。岂无硬黄官纸与临仿，画师写照非天然。吕侯之子今诗仙，传家以此为青毡。须防神物有时合，却逐六丁飞上天。①

这首诗围绕黄庭坚的一幅字展开，开篇便引李广入诗，用来形容黄庭坚的字。此诗开头"君不见"极易让人联想到李白的"君不见，黄河之水天上来"(《将进酒》)，气势立见。李广射虎本就传奇，作者又加上"如射兔"三字，使李广射虎显得更容易，这是蓄势。"霹雳"二字自带声响，让人立刻想象到李广箭镞与石头碰撞时迸出的电光石火。仅此两句，李广射石之妙，便更进

---

① （元）元好问编，张静校注：《中州集校注》，中华书局 2018 年版，第 1279 页。

一层。这两句连同下面的"巨灵擘山如擘云"都是极奇妙的事，"精神入物物乃尔"一句是对这两件事的总结——"精诚所至，金石为开"。而"笔端有神亦如此"则是点题，作者用这两个典故形容黄庭坚的字。在想象中，作者强烈地刺激读者的视觉、听觉。在诗歌中用李广形象描写书法之妙，难能可贵。

第六节　简论元代戏曲中的李广形象

我国戏曲的历史很长，先秦时期《诗经》里的"颂"与《楚辞》中的"九歌"如果算作戏曲的源头，那么从汉魏到中唐的"角抵"（百戏）、"参军戏"等都是萌芽状态的戏剧。中唐以后，我国戏剧飞跃发展，戏剧艺术逐渐形成。宋代的"杂剧"、金代的"院本"和讲唱形式的"诸宫调"，从乐曲、结构到内容，都为元代杂剧打下了基础。元代是我国古代戏曲的成熟期，"杂剧"成为一种新型的戏剧，具备了戏剧的基本特点，标志着我国戏剧进入成熟的阶段。李广最早进入戏曲是从元代开始的，而且只是在唱词中被提及。出现的方式可以归纳为以下两种。

第一种出现方式是以李广后人介绍某人，以加深人物印象。我国传统诗作、文章、小说、戏剧为突出某人性格、能力等特点，往往好说某人是某名人之后。如唐代李白最早在诗作《赠张相镐二首》中说自己是李广后人。唐代一些墓志铭如《西郡李公墓石》也说墓主人是李广之后。到了元代，李广形象的接受和传播逐渐扩散至小说、戏曲，这些作品中也都出现了以李广后人介绍某人的做法，如小说《全相平话三国志平话》介绍李肃时说他是汉李广之后。同为元代的白朴在其剧作《裴少俊墙头马上》第一折为李世杰设计的自我介绍时也说自己是李广之后：

（外扮李总管上，云）老夫姓李，双名世杰，乃李广之后，当今皇上之族，嫡亲三口儿，夫人张氏，有女孩儿小字千金，年方一十八岁；尤善女工，深通文墨，志量过人，容颜出世。①

戏中的李总管与李广并无关联，只是说他姓李而已，目的就是说自己乃名人之后，让观众记住他这个角色。

第二种出现方式是引用或化用古人诗句。有关李广的唐宋诗词有很多，因此元代戏剧也经常引用或化用现成的诗句表情达意，而其中往往涉及李广，如以下两部戏剧：

> 无钱的可要亲近，则除是驴生戟瓮生根。佛留下四百八门衣饭，俺占着七十二位凶神。才定脚谢馆接迎新子弟，转回头霸陵谁识旧将军？投奔我的都是那矜爷害娘、冻妻饿子、折屋卖田、提瓦罐爻槌运；那些个慈悲为本，多则是板障为门。
>
> ——关汉卿《杜蕊娘智赏金线池》②

> 【混江龙】有等人精神发愤，都待要习文演武立功勋。演武的不数那南山射虎，习文的堪叹这西狩获麟。获麟的鲁国岂知夫子圣，射虎的霸陵谁问你个旧将军。屈沉杀一身英勇，枉费尽半世辛勤。对面儿高车驷马，转回头可早衰草荒坟。我待要抛家业，乐闲身，或是琴一操，酒三巡。我为甚一生潇散不恋那一生钱，大刚来这十年富贵也只是十年运。运去呵，有如那风摇画烛，天散也的这浮云。
>
> ——刘君锡《庞居士误放来生债》③

如上所示，元代戏曲较少直接对李广进行评价或形象改造，而是惯于引用唐代诗句，原因并不难推测：元代戏剧无意用李广创作戏剧，而更深层的原因是把李广当人作典故用，又考虑到合辙押韵的需要，引用唐诗就是最好的选择了。

---

① 张月中、王钢主编：《全元曲》，中州古籍出版社 1996 年版，第 354 页。
② （元）关汉卿撰，王学奇、吴振清、王静竹校注：《关汉卿全集校注》，河北教育出版社 1988 年版，第 292 页。
③ 张月中、王钢主编：《全元曲》，中州古籍出版社 1996 年版，第 1419 页。

关汉卿戏中的"霸陵谁识旧将军"引用的是唐代诗人胡曾的《咏史诗·霸陵》中的后两句"况是四方无事日，霸陵谁识旧将军"。关汉卿引用这一句为的是说明娼家对床头金尽的嫖客不加理睬，全然不顾往日的交情。刘君锡戏剧中的"射虎的霸陵谁问你个旧将军"，非胡曾原句，而是化用胡曾的诗句，意在讽刺当时社会的世态炎凉。

第七节　宋、金、元武庙中的李广祭祀

唐代重视武庙祭祀，在设置武庙祭祀时首次将李广列入祭祀对象，这在李广接受史上具有重要意义。宋代同样重视武成王的祭祀，据《宋史》记载：

> 太祖建隆三年（962），诏修武成王庙，与国学相对，命左谏议大夫崔颂董其役，仍令颂检阅唐末以来谋臣、名将勋绩尤著者以闻。
>
> （建隆）四年四月（963），帝幸庙，历观图壁，指白起曰："此人杀已降，不武之甚，何受享于此？"命去之。
>
> 景德四年（1007），诏西京择地建庙，如东京制。
>
> 大中祥符元年（1008），加谥昭烈。①

如上所记，宋初便重建武成王庙，恢复了对武成王的祭祀。又据《通志·艺文略第三·史类第五·职官》记载，宋代曾撰有《武成王庙配享事迹》三十卷，《通志》注曰："宋朝乾德三年（965）修自太公及张良以下七十三人。"②此书早已失传，无法考证。但据《通志》的记载，大致可以推断出，北宋之初不但恢复了武成王庙的祭祀，而且恢复并扩展了唐德宗建中三年（782）的六十四名将，发展成为"七十三人"，这里面应该就有李广。战争的需要促使朝廷重视武庙的祭祀。庆历元年（1041），宋军败于西夏。第二年，又迫于辽朝的压力而增加岁币。因此，朝廷为了加强武备，振奋军威，鼓励作战，恢

---

① （元）脱脱等：《宋史》卷一〇五，中华书局1977年版，第2556页。
② （宋）宋樵：《通志》卷六五，中华书局1987年版，第779页。

复武成王庙祭祀，创设武学于武成王庙。基于战争需要的大环境，武成王庙继续发展。宣和五年（1123）对李广的国家祭祀来说意义非凡，李广不但入选武成王庙从祀资格而且还获得了追尊的爵位。据《宋史》记载：

> 礼部言："武成王庙从祀，除本传已有封爵者，其未经封爵之人，齐相管仲拟封涿水侯、大司马田穰苴横山侯、吴大将军孙武沪渎侯、越相范蠡遂武侯、燕将乐毅平虏侯、蜀丞相诸葛亮顺兴侯、魏西河守吴起封广宗伯、齐将孙膑武清伯、田单昌平伯、赵将廉颇临城伯、秦将王翦镇山伯、汉前将军李广怀柔伯、吴将军周瑜平虏伯。"于是释奠日，以张良配享殿上，管仲、孙武、乐毅、诸葛亮、李绩并西向；田穰苴、范蠡、韩信、李靖、郭子仪，并东向。东庑，白起、孙膑、廉颇、李牧、曹参、周勃、李广、霍去病、邓禹、冯异、吴汉、马援、皇甫嵩、邓艾、张飞、吕蒙、陆抗、杜预、陶侃、慕容恪、宇文宪、韦孝宽、杨素、贺若弼、李孝恭、苏定方、王孝杰、王晙、李光弼，并西向；西庑，吴起、田单、赵奢、王翦、彭越、周亚夫、卫青、赵充国、寇恂、贾复、耿弇、段颎、张辽、关羽、周瑜、陆逊、羊祜、王浚、谢玄、王猛、王镇恶、斛律光、王僧辩、于谨、吴明彻、韩擒虎、史万岁、尉迟敬德、裴行俭、张仁亶、郭元振、李晟，并东向。凡七十二将云。①

这份名单非常完整。主祀（或称主祭）为武成王，配享为张良，配祀为管仲、孙武、乐毅、诸葛亮、李绩、田穰苴、范蠡、韩信、李靖、郭子仪等十人，为武庙"十哲"，相当于孔门"十哲"。剩余六十一人皆为从祀，合计七十二人配武成王主祀，对应了孔门的七十二贤。宋徽宗祭祀武成王庙增扩了从祀的阵容，从六十四扩容为七十二——与孔门七十二贤相对应。此时，武庙也完成了如同文庙一样的祭祀体系，春秋仲月上戊日行祭礼，这在我国古代国

---

① （元）脱脱等：《宋史》卷一〇五，中华书局1977年版，第2557页。

家祭祀史上是一件具有里程碑式意义的大事件。最重要的是，给李广追尊了一个爵位——怀柔伯。李广一生汲汲于封侯，但不幸的是最后只能饮恨自刭。宋徽宗的做法是给了李广一个安慰奖——"伯"只比"侯"低一级。但问题是，既然是安慰奖，而且李广已经作古一千两百年了，为什么不直接追尊李广一个侯爵呢？只能说明当时的礼部很认真，他们发现无论如何李广都达不到封侯的标准，所以勉强追尊李广一个"伯"的爵位。"怀柔"二字当取谨慎善守之意，因为《史记》本传载李广任右北平太守时"匈奴闻之，号曰'汉之飞将军'，避之数岁，不敢入右北平"。明代有个叫施聚的将领，他谨慎善守，守辽东二十年无事，所以朝廷封他为"怀柔伯"也是同样的道理。作为国家祭祀，对主祀、配享、配祀和从祀都应该有赞语。《武成王庙配享事迹》三十卷早佚，但幸运的是，南宋末年由陈元靓收录元代以前各类图书编纂而成的《事林广记》在"武庙从祀"词条中还是完整记录了包括武成王被追尊"昭烈"之后（1008）所有奉祀人员的赞语，虽不一定是《武成王庙配享事迹》中的详细内容，但应该能大致反映北宋前期朝廷对于武成王庙奉祀人员的看法，其李广的赞语是这样写的：

> 雄气无敌，亦远斥侯，能缚射雕，尝格猛兽，有勇有方，少年
>
> 讷口，千载庙食，斯为不朽。[1]

赞语为八个四字句，前六个四字句把李广能征善战、长于骑射、带兵有方、讷口少言等特点都概括了出来，最后"千载庙食，斯为不朽"是祭祀的常用语。通过这四组韵语，我们发现后世对于李广的认识是很全面的。李广个人能力很强，品格高尚，然而他人生的最大缺憾就是没有能够封侯，而这里面也确实没有说到李广的军功。以此而论，宋徽宗追尊李广的"怀柔伯"还是很公正、很客观的。

随着宋朝灭亡，国家武庙祭祀逐渐衰微。金元之际，对于武成王的祭祀依

---

① （宋）陈元靓编：《新编纂图增类群书类要事林广记后集》卷四，日本元禄十二年（1699）翻刻元泰定二年（1325）本。

然延续，但主祀、配享和配祀人员发生了很大变化，据《金史·礼志八》记载：

> 泰和六年，诏建昭烈武成王庙于阙庭之右，丽泽门内。其制一遵唐旧，礼三献，官以四品官已下，仪同中祀，用二月上戊。

> （泰和）七年，完颜匡等言："我朝创业功臣，礼宜配祀。"于是，以秦王宗翰同子房配武成王，而降管仲以下。又跻楚王宗雄、宗望、宗弼等侍武成王坐，韩信而下降立于庑。又黜王猛、慕容恪等二十余人，而增金臣辽王斜也等。其祭，武成王、宗翰、子房各羊一、豕一，余共享羊八，无豕。①

从"其制一遵唐旧"来看，金朝对于武成王的祭祀应该是延续了"六十四将"的从祀制度，如果金朝延续了唐王朝"唯享武成王及留侯，而诸将不复祭"的旧制，那么也就不会有后面泰和七年对于从祀人员名单的诸多调整。这里面应该还有李广，他被金朝人继续祭祀着，被视为历代名将的代表之一。

相比于唐、宋和金朝，元朝的武成王祭祀就越发简单了，据《元史·祭祀志》记载：

> 武成王立庙于枢密院公堂之西，以孙武子、张良、管仲、乐毅、诸葛亮以下十人从祀。每岁春秋仲月上戊，以羊一、豕一、牺尊、象尊、笾、豆、俎、爵，枢密院遣官，行三献礼。②

武成王祭祀只有武成王一个主祀和"十哲"作为配祀，留侯张良从配享降格为配祀，就更不要说李广了。武成王祭祀到明朝宣告结束。明朝刚建国，朱元璋便去掉了武成王的王号，并取消武庙祭，以姜太公从祀帝王庙。中国古代完整的、系统的，存在了六百多年的武庙祭祀就此消失，独留文宣王庙的祭祀发展至今，而李广在武成王庙中也结束了他的从祀地位。

总体来看，李广的国家祭祀经历了唐、后唐、宋、金四个王朝。李广第一次入选国家祭祀的武成王庙是在唐代，正值唐代武庙祭祀的高潮期，但在

---

① （元）脱脱等：《金史》卷三五，中华书局 1975 年版，第 818 页。

② （明）宋濂等：《元史》卷七六，中华书局 1976 年版，第 1903 页。

唐代存在了近两百年的武成王庙祭祀中，李广仅仅被祭祀了四年。唐亡之后的后唐享国只有十四年，对"后唐复之"的乐观猜测，李广最多也就被祭祀了十四年。李广真正被尊重、被认可是在两宋，尤其在北宋。在北宋，李广不但仍在从祀之列，还被封了伯爵。他之自刎是为避免受辱，而他在死了一千两百年之后竟然被追封了仅次于侯的爵位，这与李广本身关系并不大，而是拜司马迁的精彩描写和深刻的思考所赐。李广在宋代一直被祭祀，直到宋朝灭亡。金朝在后期行将灭亡的二十几年里，又恢复了唐代的武成王庙祭祀旧制，对李广的国家祭祀又延续了二十几年，这也是李广国家祭祀待遇的结束。

武庙信仰消失了三百多年后，清朝雍正皇帝虽然又追封关羽为武圣，各地的关帝庙也大为兴盛，人们也习惯性地将关帝庙称为武庙。但实际上，关羽为主神的关帝庙只有关兴与周仓从祀左右，从来没有亚圣十哲和古今七十二名将，无法与文庙比肩。民国时关羽和岳飞同被尊为武圣，武庙内左祀关圣帝君，右祀岳武穆王，他们还分别有十二名将陪祀，然并无李广，与原先的武庙也完全不同。

从唐代起祭祀以武成王为主的古代名将，其原因国家治理无外乎"文治武功"，又因为"国之大事，唯祀与戎"，所以唐朝祭祀文宣王的同时，祭祀武成王就显得很必要了。具体来说，唐朝以武立国，但承平日久之后，重文轻武之风蔓延。统治者为了提倡和维护尚武精神，就将对太公吕尚的祭祀上升到国家祭祀层面，借此提高武人地位，推崇尚武之风。正如《新唐书》所记载的那样，开元十九年始置太公尚父庙，"中春、中秋上戊祭之，牲、乐之制如文宣。出师命将，发日引辞于庙"。贞元四年（788）左司郎中严涚等人讨论要取消武成王的王爵时曾说："上元之际，执事者苟意于兵，遂封王爵"，这说的是事实。而左领军大将军令狐建等二十四人说的"兵革未靖，宜右武以起忠烈。今特贬损，非劝也"，也是很有道理的。总之，对于武成王的祭祀，显示了唐王朝对于武功军事的重视。

进入宋代也是一样的，如绍兴十一年（1141）国子监丞林保给宋高宗上了一封奏章说："窃见昭烈武成王享以酒脯而不用牲牢，虽曰时方多事，礼用绵蕝，然非所以右武而励将士也。乞今后上戊释奠用牲牢，以管仲至郭子仪十八人祀于殿上。"① 丞林保此言是想通过提高武成王的牺牲祭品规格、增加配祀人数的做法达到崇尚勇武、激励将士的目的，而皇帝的批复也非常简答而直接——"从之"。这说明君臣之间的想法是一致的，都想通过祭祀古代军功卓撰人物的做法达到崇尚勇武、激励将士奋勇守边、杀敌的目的。无论是对主祀姜太公还是对所有配从的名将的追尊，都显示出国家对军事武功的重视。当然，历朝历代对从祀人员的更改又显示出不同的时代特点，但主流并未发生变化。李广正是经历了这个变化的过程，他可以看作我国古代武成王庙祭祀的风向标，有他出现时国家对于军事关注正盛，而李广不出现在武成王庙的从祀行列中时，说明国家比较忽略对武庙的祭祀。

小　结

两宋在李广形象接受史上具有重要的意义，诸多的开创性使得宋代在整个李广形象接受史上足以媲美唐代。具体而言，这些创新可以归纳为五个方面：一是两宋之交由辛弃疾、陆游等人赋予李广以爱国主义内涵；二是宋人好论，既包括对李广的讨论，也包括对《史记·李将军列传》的批评，这都是唐人所没有做过的事情；三是宋人首次将李广引进文艺理论界，尤其是《沧浪诗话》所开创的以李广、程不识比喻不同风格的诗人、诗作，对后世影响深远；四是宋人敢于在易类、类书、笔记等著作中表达意见，这是很少见的，也是很难得的；五是李广在武庙中的祭祀，不但继续长时间地祭祀李广，而且给李广追封了爵位，这是亘古未有之事，表达了宋人对李广的充分肯定。

---

① （元）脱脱等：《宋史》卷一〇五，中华书局1977年版，第2557页。

第七章 明代李广形象塑造的继承与创新

从国家传统来说，明朝的建立又恢复了汉唐那样的国家形态，统一而强大。因此明朝的文化和文学状况并不同于宋元，而更趋近于唐，但宋元的影响又是很重要的，这一点在李广形象接受上得到了很好的反映。明代的李广接受，在诗歌上深受唐宋影响，不但数量多，而且吟咏的主题也如唐代一样多集中在难封、数奇、隐逸上；其创新之处也非常明显，集中体现在诗人借李广以歌咏爱国情怀，在这点上又与宋有相似之处；在文章上，明人较宋人更长于议论李广，尤其在将领的选择、比较上，涌现了若干专论李广的文章；在杂说、笔记类著作上也如宋代一样屡见新鲜观点；明代小说、戏剧大兴，故明代文化对李广形象接受之最大特色在于明代小说和戏剧，尽管作品并不多，但毕竟昭示了与前代之不同；至于诸子之学如易学、医药、艺术论、文论、棋类、蒙学、类书、军事学、碑文等方面皆成绩平平，每每谈及李广却少特出之处。

第一节 明代爱国诗人与李广形象

明代同唐代一样，是个统一的大帝国，其诗作深受唐诗影响，出现了很多歌行体、边塞诗，如李昌祺的《拟唐塞下曲八首》、王世贞的《张将军歌》、钱谦益的《李将军挽歌》、李梦阳的《云中曲》、吴国伦的《塞上曲》、王家屏的《征西将军出塞歌》、唐伯元的集杜诗等。这些诗写得固然很好，但这些诗并不能彰显出涉李广的明代诗歌的主要特色。相反，明代涉及李广的诗作，最大的特色是从宋代继承而来，即爱国主义。唐代国力强盛，所以尽管唐朝与周边国家、地区不断发生矛盾，但唐诗中的李广形象并无爱国之内涵。宋代不同，大宋与金矛盾不断，故宋代诗词中的李广形象有了爱国的内涵。明代同样存在同鞑靼、瓦剌之间的矛盾，还存在同倭寇的战争，所以明诗用李广书写爱国思想就显得很宝贵。

一、"庚戌之变"与《顺义战》中的李广形象

明嘉靖二十九年（1550）六月，俺答汗率军进攻大同。大同总兵仇鸾重赂俺答，请求勿攻大同，移攻他处，俺答遂由古北口进攻北京。明世宗即拜仇鸾为大将军，节制诸路兵马。兵部尚书丁汝夔问严嵩如何战守，严嵩说塞上打仗，败了可以掩饰，京郊打仗，败了不可掩饰，俺答不过是掠食贼，饱了自然便去。因而丁汝夔会意，戒诸将勿轻举。诸将皆坚壁不战，不发一矢。于是俺答兵在城外自由焚掠，凡骚扰八日，于饱掠之后，得到明朝通贡的允诺，仍由古北口退去，史称"庚戌之变"。对于这场耻辱的浩劫，明朝有人用诗作进行反映，如皇甫冲的《顺义战》：

> 邻有顺义人，告我庚戌事。八月月生魄，传道俺达至。
>
> 朝闻古北屯，暮见辽阳骑。李生正下帷，奋激报守吏。
>
> 守吏不敢言，双目但直视。驰马归赴敌，城门忽已闭。
>
> 登城望家室，膏血乃涂地。里闾尽烧焚，妻孥身首异。
>
> 李生按剑怒，眦裂声色厉。讵惜山中美，甘心河东弃。
>
> 惜哉无一兵，不能为之计。乃有陈使君，挺身独不避。
>
> 下令开四门，弯弓插两帜。左书报仇文，右写勤王字。
>
> 当门据胡床，潜军弛衔辔。李生与之俱，不觉增勇气。

胡虏来觇窥，一矢两酋殪。胡惊辖指奔，仓皇解围去。

城邑不破残，凡以二子庇。功高主不知，事往名亦坠。

李广岂数奇，耿恭终弃置。斯理自古然，况乃居今世。

请君勿复言，此事犹为细。①

嘉靖二十九年（1550）秋，俺答进犯宣府（今河北省张家口市宣化地区），攻占蓟州，进兵密云、怀柔、通州，分兵昌平，京城戒严。皇甫冲是一位颇具正义感和爱国心的诗人，他善骑射，好谈兵，其诗作深受杜诗影响，较多地接触社会现实问题。面对"庚戌之变"，诗人倍感愤怒，于是有《顺义战》一诗。俺答汗部为元朝蒙古人后裔，其兵力仍以骑兵著称，开头两句"朝闻古北屯，暮见辽阳骑"两句极言俺答进兵之迅速，军情之紧急。诗中有个李姓男子——李生，见情势危急便"奋激报守吏"，而令人吃惊的是守吏却干瞪眼，不敢出兵。情急之下，李生不顾自家性命，毅然决定亲赴疆场，但当他赶到城门的时候却发现城门已经关闭。当他登上城楼却看到敌人四处焚掠、自己家破人亡的惨痛情景，李生不由得声色俱厉地责问守吏："讵惜山中美，甘心河东弃？"作为国家军队人员，你怎能忍心不做抵抗、放弃河山，置民众的生命于不顾？李生既非军人，又非军官，手下无兵，面对这种情形也实是无可奈何。幸好，有一位军官陈使君，也是赤胆忠心的爱国之辈，但见他"下令开四门，弯弓插两帜。左书报仇文，右写勤王字。当门据胡床，潜军弛衔辔"。有了陈使君，李生也勇气倍增，冲上战场与敌搏斗。这个李生不但一腔报国热诚，还兼有一身武艺，他在战场上的表现令人惊异——"一矢两酋殪"。经过一场苦战，贼兵终于退去，而城池并未受到损害。接下来的诗句似是作者与李、陈二人的"对话"，又似是诗人自言自语。这一切都是李生和陈使君奋力拼杀的结果，却并不为人所知，尤其不为上层统治者所知道，即"功高主不知，事往名亦坠"。该如何宽慰李、陈二人，诗人想到了"数

① （明）皇甫冲：《皇甫昆季集》，《四库全书存目丛书》本，第111—112页。

奇"的李广，想到了自古而然的悲剧。不过是从古而今见惯了的"不平事"罢了，当今遇见也不必吃惊，"请君勿复言，此事犹细"，请你不要说了，这都是小事。这两句既像是李、陈二人的回答，又像是作者自问自答，无论是哪一个，都突出了作者对于李、陈二人深沉的敬佩与同情。

二、倭寇之患、戚继光的戍边之志以及李广形象

明朝中后期内忧外患。北有蒙古内犯，南有倭寇之患，后者一度十分严重，威胁着沿海国防，国家利益受到很大威胁。抗倭名将戚继光是那个年代的一个传奇，他十岁时就立下了"封侯非我意，但愿海波平"（《韬钤深处》）的鸿志。成年后，戚继光有志于抗倭大业，联合俞大猷等人抗击倭寇十余年，扫平为祸多年的倭患，确保了沿海人民的生命财产安全；后来他又镇守北方，抗击蒙古部族内犯，保障了北部疆域的安全。戚继光是一名儒将，不但战场上是杀敌英豪，过着"一年三百六十日，多是横戈马上行"的生活（《马上作》），在文艺上亦颇为不凡。他在戎马倥偬之际，既写成了《纪效新书》等军事著作，还留下了诗文篇章，有《止止堂集》五卷行世。其中以诗为主，亦有祭告、奏凯、悼亡等方面的文章。《四库全书总目》谓："继光有平倭功，当时推为良将，诗亦伉健近燕、赵之音"，"考继光有《登盘山绝顶》七律一首，格律颇壮。"[1] 以下所录即为戚继光之《登盘山绝顶》：

> 霜角一声草木哀，云头对起石门开。
>
> 朔风虏酒不成醉，落叶归鸦无数来。
>
> 但使雕戈销杀气，未妨白发老边才。
>
> 勒名峰上吾谁与？故李将军舞剑台。[2]

隆庆二年（1568），明穆宗让戚继光在蓟州总理军事，镇守蓟州、永平、山海等地。时北蛮子侵略青山口，戚继光引兵将其击退，这首诗正是此时所写。

---

① （清）永瑢等：《四库全书总目》卷一七八，中华书局1997年版，第2475页。

② （明）戚继光撰，王熹校释：《止止堂集》，中华书局2001年版，第97页。

时戚继光登蓟州盘山之顶，慷慨之余写下此诗。此诗开篇便与众不同，"霜角一声草木哀"一句写出军阵之威武，"霜角"指边寒地区戍卒吹的号角，军人之风顿现。前两联的写景并非无意之句，其"朔风""虏酒"无不突出戍守之意。后两联才是诗之核心所在，"但使雕戈销杀气，未妨白发老边才"两句很容易让人联想起王昌龄的"但使龙城飞将在，不教胡马度阴山"（《出塞二首》其一）和杜甫的"呜呼！何时眼前突兀见此屋，吾庐独破受冻死亦足！"（《茅屋为秋风所破歌》），都是为国所想，都是为国献身，位置不同，心思略异。尾联两句"勒名峰上吾谁与？故李将军舞剑台"中的"勒名峰上"指盘山石刻。自唐代以后，多有名人游历盘山题书镌刻崖壁。盘山摩崖石刻最早出现在唐代，唐左金吾卫将军、御史大夫李从简游盘山舞剑台，在舞剑台上面摩崖镌刻"李从简曾游李靖舞剑台"10个字，这是盘山出现的年代最早的摩崖石刻。著名的李靖舞剑台就在盘山之上。《钦定盘山志》卷一载：

> 【舞剑台】盘山五峰昔称五台，其西台即唐李靖舞剑处也。卫公以雄才伟略佐唐家有天下，尝登此台。台高平无所蔽，天风吹衣白日朗照，塞垣辽海之形胜历历在指掌间，宜当时击剑长歌，慨当以慷，尽露英雄本色，千百年后石色泉声，凛然作风云气。①

初唐李靖一生征战数十年，为唐王朝的建立及发展立下赫赫战功，名列"凌烟阁二十四功臣"之一。戚继光同样为国尽忠，他自然对李靖膜拜不已，所以尾联两句的自问自答正是表达了自己建功立业的理想和愿望。然而翻阅《止止堂集》的注释却发现注释说李将军即李广，现代的一些赏析著作如窦永丽、王洪的《明清诗赏析》则认为"李将军"兼指李靖和李广。

无论诗中"故李将军"是否专指李广，戚继光与李广都是分不开的。王世贞曾经因为接受了戚继光所赠的一把宝剑而一气写了十首诗相赠，名为《戚将军赠宝剑歌（十首）》，其第四首中就又见到了李广的身影。

---

① （清）蒋溥：《钦定盘山志》卷一，影印《文渊阁四库全书》本。

　　毋嫌身价抵千金，一寸纯钩一寸心。

　　欲识命轻恩重处，灞陵风雨夜来深。①

关于如何理解这首诗，可见诗前小序。全文如下：

　　戚将军逐贼至闽海中，夜半见赤光起波际，使善没者探之，乃一古铁锚也，重可二百斤，纯绿透莹。将军素有中散之技，因合闽中铁丝鬐炼之，凡百余火。以其半为刀八。又重炼其半百余火，为剑三，俱作青色，烂烂射眼。一以自佩，一赠汪中丞。以遗余，许为十绝句以谢，挥笔便就，文不加点。酒间歌之，此剑当铿然和我矣。

序中提到了"戚将军逐贼至闽海中"，即戚继光在福建剿灭倭寇之战，其时是嘉靖四十一年（1562），倭寇进犯福建，倭寇声势浩大，戚继光受命带兵消灭倭寇。先是大破横屿倭寇，斩首两千二百余级。而后乘胜追击，倭寇大败。对于逃跑的穷寇，戚继光一路狂追，斩首无数，福建的倭寇很快平定。戚继光有一首诗记录了这次战争：

　　万人一心兮太山可撼，惟忠与义兮气冲斗牛。

　　主将亲我兮胜如父母，干犯军法兮身不自由。

　　号令明兮赏罚信，赴水火兮敢迟留？

　　上报天子兮下救黔首，杀尽倭奴兮觅个封侯。

——《凯歌》②

从这首《凯歌》中，可以看出一个武将勇气和对胜利的渴望。战场上戚继光捷报频传，然而仕途中戚继光并非一帆风顺。在奸相严嵩的淫威笼罩之下，戚继光也是屡遭诬陷打击。正如王世贞给戚继光写的这首诗所说的那样"风雨夜来"。王世贞无疑是同情戚继光的，诗里面的"霸陵"明显用的是霸陵尉事件的典故，意即像霸陵尉那样的小人是不会安分守己的，会时不时想着搞

---

① （明）王世贞：《弇州山人四部稿》卷五〇。

② （明）戚继光撰，王熹校释：《止止堂集》，中华书局2001年版，第19页。

垮戚继光。潜台词是如李广那样的名将又怎会沉沦，一定会复出，所以戚继光也一定会继续抗倭大业，这既是对朝廷的讽刺也是对戚继光的理解、支持和劝勉。

第二节　明代其他诗人作品中的李广形象

明代的爱国诗中偶有李广出现，但类似《顺义战》这样的优秀叙事诗并不多，更多的是类似唐诗那样的边塞诗、乐府歌行诗，读来似有唐诗味道，却彰显不出明代的特色，下面拣其较有特点者记述如下。

一、张元凯与李广的精神契合

张元凯是明代中后期一个很特别的诗人，其诗文集名为《伐檀斋集》。《四库全书总目》对于张元凯的事迹言之甚简，谓"元凯字左虞，吴县人。以世职为苏州卫指挥，再督漕北上，自免归。少受毛氏诗，折节读书，寄情诗酒。王世贞常序其诗，比之于沈庆之、曹景宗。"① 王世贞为张元凯《伐檀斋集》写的序言里介绍了一些张元凯的事迹及性格特点、诗作风格：

> 余所善张将军，居平呐呐，若不出口，而其勒悍卒，挽强弩，跃马顾盼，有凭陵广武意。至于命亲，知浮大白，鲸吸牛饮，飞不及停，居然高阳酒人也。酒后耳热，慷慨谈说天下事。或意有所不可，白眼骂坐，皆稍稍避去，其人当不能为诗，即为诗，而得一二易水语，发立骨飞，以附于燕赵之后止矣……今天下幸承平无事，故张将军不治兵，而得以其间治诗，第仅能以一诗人名张将军，而所谓勒悍挽强，顾盼凭陵之态，敛之乎伊吾嗫嚅之地而已矣。然使张将军而以一诗人名于天下后世，彼固甘之。何者，彼睥睨于其僚

---

① （清）永瑢等：《四库全书总目》卷一七二，中华书局 1997 年版，第 2327 页。

舍，而数从余于东海上，不以余之侘傺龌龊而有倦心意者，其有真

嗜也。①

张元凯不但同李广一样是将军出身，而且其"居平呐呐，若不出口，而其勒

悍卒，挽强弩，跃马顾盼，有凭陵广武意"。竟同李广有诸多的相似之处，都

是讷口少言，都以力战为名，都善骑射，张元凯俨然是李广再世。张元凯又

颇好饮酒，其"至于命亲，知浮大白，鲸吸牛饮，飞不及停，居然高阳酒人

也"酷似被称为"酒中仙"的李白，恰巧李白也在诗中表达过他是李广的后

人，"本家陇西人，先为汉边将"（《赠张相镐》）。其"酒后耳热，慷慨谈说

天下事"又与辛弃疾"醉里挑灯看剑，梦回吹角连营"颇有几分相像，而辛

弃疾在《卜算子》和《八声甘州》里以李广自喻。然而张元凯并不治兵，而

是治诗，那么他的诗作风格也就不难猜测了。更重要的是张云凯钟情于作诗，

王世贞说他："以一诗人名于天下后世，彼固甘之。""有真嗜也"，张元凯是

真的热爱写诗，真的热爱李广。张元凯的诗集中有六首诗作都涉及李广，有

的抒发自己东山再起的意愿，如"慷慨醉中言，何时起李广"（《圖山朱都尉

过访留宿草堂中夜不寐情见乎词》），有的自豪于自己的射艺，如他的《射》：

期门结伴试穿杨，忽断秋空朔雁行。

猿臂自夸如李广，应弦曾倒左贤王。②

这首《射》乃是他《军中乐二十首》的第十一首。诗人在诗前小序中说：

余结发时阅史册载古名将度绝幕以邀奇勋，乃心翩翩向慕之也。

抚壮而世及戎官，则束湿文法无能远引尺寸以自树，服兜鍪而荷剑

戟不过以之趋蹡蒲伏于街亭司府耳。嗟嗟，人役扰扰十年载，罹患

侮命也。何如壬申岁复有漕渠之役，秋泊潞河塞垣在望，乃拟军中

乐凯数事而为歌诗，座客能为燕赵声，酒酣击节，况如从事于嫖姚

武刚车前也。

---

① （明）张元凯：《伐檀斋集·原序》，影印《文渊阁四库全书》本。

② （明）张元凯：《伐檀斋集》卷二，影印《文渊阁四库全书》本。

从这则序言可以看出，张元凯心慕功勋而又遗憾于未能驰骋沙场，他创作这二十首军中乐所享受的乐趣就是"况如从事于嫖姚武刚车前"，简单些说就是聊以慰藉自己未能从戎的遗憾之心。再如其第四首：

> 汉家飞将会龙城，面缚千群向柳营。
>
> 幕府何须计首级，但图麟阁是功名。①

此诗之慷慨壮阔直可混入唐诗。然而张元凯咏李广之作中最优秀的并非这首，而是另一首诗，名为《射虎》：

> 李广不得志，屏居蓝田间。大荒久尘埃，猿臂日闲闲，高秋偶会猎，白额藏草菅。咆哮应弦倒，单车负以还。烹之侑斗酒，鞟也何斑斑。卒史北平来，为言兵入关。天子思飞将，趣装出南山。此时灞陵尉，已醒多愁颜。②

这首诗并不同于张元凯歌颂战争的一般诗作，而是专咏霸陵尉事件之经过，是古来作家、诗人所没有尝试过的。这首诗前述李广不得志，在蓝田打猎，而省去了李广被霸陵尉阻在城外等主要的、也是人们耳熟能详的故事情节，最后两句"此时灞陵尉，已醒多愁颜"最为精彩。《史记·李将军列传》载霸陵尉阻挡李广入城时是醉酒的状态，而当李广重新被起用，霸陵尉的酒一定是醒了，所以此时的状态是"已醒多愁颜"。一个"愁"字极其生动地写（想象）出了霸陵尉在李广被重新起用之后的准确感受。

二、前后"七子"及陈子龙诗中的李广形象

明代弘治、正德年间的前七子李梦阳、何景明等人与嘉靖、隆庆年间以李攀龙、王世贞为代表的后七子，虽年代前后相继，但他们的文学主张是一致的。李攀龙、王世贞等人重揭李梦阳、何景明等人复古的"旗鼓"，都强调诗必盛唐，走上了一条以复古为革新的老路，掀起了一场文学复古运动。他

---

① （明）张元凯：《伐檀斋集》卷二，影印《文渊阁四库全书》本。
② （明）张元凯：《伐檀斋集》卷一，影印《文渊阁四库全书》本。

们的文学主张是学盛唐诗，他们的创作也是这样的。他们的很多作品都富有盛唐之气，尤其是那些有李广出现的诗作，盛唐之气颇浓。这其中又以李梦阳、王世贞的诗最为显著。另外，陈子龙身处明清易代之际，身兼大臣、学者，是著名的民族英雄。其诗作亦屡见李广形象，并且颇具盛唐之气。

（一）李梦阳诗中李广形象的盛唐气

明孝宗弘治时期，宰相李东阳的"馆阁体"大行其道，而李梦阳十分反对这种萎靡不振的诗风，他倡导诗必盛唐，追求逼肖前人，崇尚盛唐诗宏大的气魄与雄奇、豪放的风格。李梦阳本人的一些诗作也确实达到了这样的境界，而李广形象无疑为这些诗作添彩不少。例如他的《李广》一诗：

> 李广昔未遇，射猎谁见称。君王犹未识，他人宁不轻。日从田间饮，夜止灞上亭。醉尉前呼呵，小吏亦见凌。一朝剖郡符，飞盖赴北平。凭轼览百邑，树羽宁千城。亭障不设燧，枥马跃顿缨。弯弓射虎归，淡淡黄云生。自从结发战，舍镝无虚鸣。威慑五单于，胡人寁寐惊。孰知身运乖，数奇竟无成。壮颜逐年衰，白发忽见婴。寄言雄图者，俟命莫吞声。①

李梦阳的这首五古专咏李广却又不同于《史记·李将军列传》，他对李广事迹进行了重新设计。李梦阳诗中的李广，早年善射而未遇，落魄到一个醉尉小吏也敢呼呵、欺凌他。"一朝剖郡符"改变了李广的命运，他在战场上令胡人胆寒不已，却又无奈于"数奇竟无成"。这首诗将李广形象改编成了一个一般意义上的由不遇到遇，最后竟无功而返的故事，其中既不提李广杀霸陵尉，也不提李广之死，最后两句道出了此诗主旨："寄言雄图者，俟命莫吞声"。请那些有理想的人注意，人生遇到艰难听天由命即可，不要无声地悲泣。这首诗的结论并不重要，重要的是李梦阳如唐人般改编了李广故事，在叙事上

---

① （明）李梦阳：《空同集》卷九，上海古籍出版社 1991 年版，第 66 页。

也似王维等人，颇具创造力。

最能体现李梦阳学习盛唐诗气魄和豪放雄奇风格的并非此诗，而是他的《送李中丞赴镇》：

> 黄云横天海气恶，前飞鹫鸽后叫鹤。阴风夜撼医巫闾，晓来雪片如手落。中丞按辔东视师，躬历险隘挥熊貔。已严号令偃鼓角，更扫日月开旌旗。椎牛李牧将士跃，射虎李广匈奴知。屯田金城古不谬，卖剑渤海今其时。塞门萧萧风马鸣，长城雪残春草生。低飞鸿雁胡沙静，远遁鲸鲵瀚海清。不观小范擒戎日，谁信胸中十万兵！①

此诗开篇"黄云横天海气恶"即有李贺"黑云压城城欲摧"（《雁门太守行》）之感，而沈德潜也说这首诗"地最工起手，苍凉沉郁，神乎老杜"②。"前飞鹫鸽后叫鹤"亦给人很强的压迫感，接下来的两句"阴风夜撼医巫闾，晓来雪片如手落"将边阵环境描写得有如岑参"轮台九月风夜吼，一川碎石大如斗，随风满地石乱走"（《走马川行奉送封大夫出师西征》）般险恶。接下来的战争描写则完全按照唐诗写法来写，作者想象中丞已经身临战场，他"按辔东视""历险隘挥熊貔"，战场之上鼓角齐鸣、旌旗招展，李牧、李广一样的将领冲锋陷阵。然后又建议中丞要学赵充国屯田之策和龚遂的息兵重田。诗的最后用范仲淹的典故夸赞李中丞之贤能。据《孔氏谈苑》记载，景祐二年（1035）十一月，范仲淹以天章阁待制权知开封府。其内刚外和，决事如神，京师谣曰："朝廷无忧有范君，京师无事有希文。""宝元中，元昊叛，上知其才兼文武，起师延安，日夕训练精兵。贼闻之曰：'无以延州为意，今小范老子腹中有数万甲兵，不比大范老子可欺也。'戎人呼知州为老子，大范谓雍也。"③ 李梦阳最后用这个典故对李中丞既是一种赞美，又是一种期望，这

---

① （明）李梦阳：《空同集》卷二一，上海古籍出版社1991年版，第163页。
② （清）沈德潜编：《明诗别裁集》卷四，上海古籍出版社1979年版，第96页。
③ （宋）孔平仲撰，王恒展校点：《孔氏谈苑》卷三，齐鲁书社2014年版，第95页。

与杜甫"但见文翁能化俗，焉知李广未封侯"（《将赴荆南，寄别李剑州》）异曲同工。此诗提及李广之时如盛唐之李白、王维，体现了"前七子""诗必盛唐"的理论追求。

（二）王世贞诗中的李广形象及慕唐之风

王世贞，字元美，明代文学家、史学家。李攀龙故后，王世贞独领文坛。以王世贞、李攀龙为主要代表的"后七子"同"前七子"一样，主张"文主秦汉，诗规盛唐"。他对于盛唐诗推崇之至，曾言：

> 盛唐之于诗也，其气完，其声铿以平，其色丽以雅，其力沉而雄，其意融而无迹，故曰盛唐其则也。[①]

从这段文字来看，王世贞对盛唐诗简直是顶礼膜拜，他对盛唐诗之"气""声""色""力""意"都推崇之至，评价之全面与评价之高度都无以复加。在理论的导向之下，王世贞的诗歌创作也尽显盛唐之风。王世贞诗中屡屡出现李广形象，粗略统计，其诗集中共有 30 首以上的诗作涉及李广，居历代之冠。王世贞甚至有一首诗就是写给李广的：

> 闻道匈奴骑，犹惊飞将锋。马蹄终自老，猿臂欲谁封。得一中原重，无双异代容。长令草间镝，霜色满卢龙。
>
> ——《吊故李北平广》[②]

李广乃一介武夫，与文人并无瓜葛，因此李广自刎之后一直到明代之初，并未见到针对李广的悼亡之作。王世贞做了这件前无古人之事，是一首迟到了一千七百多年的悼亡诗，王世贞成了李广千年之后的知音。从王世贞这首诗的题目和诗作内容上来看，此诗并非戏作，而是很严肃的一首悼亡诗。"吊"言其题材，"故"源自霸陵尉事件中的"故将军"，李广乃其姓名，"北平"言李广曾被天子"召拜为右北平太守"。此诗首联"匈奴""飞将"直指李

---

① （明）王世贞：《弇州山人四部稿》卷六五《徐汝思诗集序》。
② （明）王世贞：《弇州山人四部稿》卷二五。

广，言李广以抗击匈奴为己任；颔联"自老""猿臂""欲谁封"言李广老而未封侯；颈联大略映射李广虽为汉文帝器重，尽管"李广才气，天下无双"，李广却只能在后世得到认可；尾联情景交融，在"草间""霜色"映衬之下，将李广射箭入石的故事叙说完毕，并借以突出后世对李广的崇敬之感。前文所述，李商隐给他的岳父写过两篇祭文，其中的长篇祭文《祭外舅赠司徒公文》以李广喻指其人。李商隐在这篇祭文中说"李广名重，王商貌异。征毂方推，行台遽至。塞水分溜，边城早寒。凫钟响远，鼍鼓声干。九国遗戎，咸忧其族灭；三州戎卒，休歌于路难。排闼无及，持符载泣"。这一系列四言句不啻于一首唐诗，悲壮而雄阔。这与王世贞的《吊故李北平广》别无二致，也正体现出王世贞此诗得唐诗之风。

王世贞好咏史，其《弇州山人续稿》卷四有《咏史》一百首，其中有两首与李广有关，一首专咏李广，一首亦与李广有紧密关联。

> 孝武驱三方，快若风扫翳。及乎遇匈奴，往往不得志。长平既雄武，冠军复剽锐。横穿单于幕，直夺金人祭。拓地城五原，雪雠光九世。是时李飞将，子长所深寄。天幸与数奇，词组成轩轾。竟令挞伐威，寥寥无可记。
>
> ——《咏史》其十七①

> 李广僇降羌，百战侯不成。虞诩僇降羌，百口不一增。所以辛酒泉，终屈赵营平。天子诛南越，霜戈荡烟箐。畴举螳螂臂，卤级千万赢。斗印悬肘间，焉能使无腥。
>
> ——《咏史》其二十一②

"孝武"一首专咏汉武帝与匈奴作战，其初登皇位与匈奴作战并未如意。后来汉武帝重用卫青、霍去病等年轻将领，因此在汉匈战争中大获全胜。不但杀伐甚多，而且收获畜牧无数，基本肃清了匈奴之患，甚至夺得了匈奴祭天的

---

① （明）王世贞：《弇州山人续稿》卷四，明万历刻本。
② （明）王世贞：《弇州山人续稿》卷四，明万历刻本。

金人。接下来是王世贞的议论，他认为司马迁因为深切同情李广，"是时李飞将，子长所深寄"，所以有"天幸与数奇"的结论，以为卫霍取胜、封侯是"天幸"，而李广悲剧则是"数奇"，卫、霍与李广竟有了低高之别。王世贞对此是不认可的，他认为卫、霍功高而位尊，其文字记述竟"寥寥无可记"，实在是不公平，而造成这种局面的正是《史记》作者司马迁。对此，王世贞说得很清楚——"子长所深寄"，司马迁对李广情有独钟，而这正印证了李广的名将之称实源于司马迁之刻意树立——成一家之言。"李广"一首则专门针对李广任陇西太守时坑杀八百已降羌兵而发议论，他说李广杀降，戎马一生却未能封侯；东汉的虞诩做朝歌县长的时候杀贼数百人，难免有冤枉的，此后二十多年，家里再没有增加一口人；西汉辛武贤主张同时攻击鲜水上的罕羌、秆羌等诸羌，而赵充国主张对罕羌、秆羌等诸羌不予攻击，先对先零进行诛伐，来震动罕、秆诸羌，他们必然会悔过，重归善良。从而赦免他们的罪行，选择懂得他们习俗的好官员调理安抚，这是保全军队稳操胜券安定边防的策略。结果辛武贤等虽然也斩杀、收降羌人总计六千多人，而赵充国没有进兵竟也收降五千多人。从总体上说，辛武贤杀羌人并非上策。汉武帝征调十万兵马轻易荡平南越，很多州县不战而向汉朝投降，南越对比汉朝确实如螳臂当车。王世贞此番比较，结论是"斗印悬肘间，焉能使无腥"，言外之意是战争中的将领手握兵权，要想不杀人是不可能的。这对李广实际上还是一种批评，战场之上杀人难免，但不必要的杀戮就要尽量避免。

（三）陈子龙《东武吟行》中的李广形象

陈子龙是一个具有独立意识的杰出爱国人士，他早年曾受夏允彝推崇，于崇祯初年参加"复社"，又与夏允彝等结"几社"，为"几社六子"之一。弘光元年（1645），与沈犹龙起兵松江开展抗清活动，事败隐居。永历元年（1647），为提督吴胜兆作书潜通明守将黄斌卿反正，泄密被捕，投水殉国。陈子龙被誉为"明诗殿军"，其诗具有沉雄瑰丽的独特风貌。他的古体诗作慷慨激越，亦颇近盛唐，比如他的《出塞曲》《云中边词》《猛虎行》等都颇近唐人之作。这里仅举其《东武吟行》为例，一窥其诗风：

> 我本陇西士，结发事戎行。少从李将军，转战阴山旁。
>
> 跃马追胡儿，流矢爄有光。匈奴避飞将，士卒皆扬扬。
>
> 汉家日拜侯，我军声不张。将军七十余，部曲都老苍。
>
> 一失贵人意，道路为迷亡。帐中既引决，幕下奔他方。
>
> 我来青门外，种瓜瓜已长。侧闻上祠雍，车骑何辉煌。
>
> 倚杖瞻路陌，掩抑自相望。前者主家奴，后者邯郸倡。
>
> 貂蝉为君饰，金玉为君装。功业既不就，叹羡徒悲凉。
>
> 壮士久摧没，鄙人何足伤。①

此诗视角非常独特。开头两句竟以第一人称"我"开头，"结发事戎行"初读，以为是写李广年少，然而读至第三句"少从李将军"始悟：这首诗的叙述者是李广的一个部下。"转战阴山旁。跃马追胡儿，流矢爄有光。匈奴避飞将，士卒皆扬扬"，写的是这个陇西士随李广作战的情景，"跃马""追胡儿""流矢"描写的是战场拼杀之残酷；"匈奴避飞将，士卒皆扬扬"两句则概述李广之威名。"汉家日拜侯，我军声不张"是这首诗的一大转折，"李广难封""数奇"之痛，忽然而至。将军一人不得意，作为部下的"陇西士"也都跟着不沉下僚，过上了"种瓜瓜已长"这种不得已的闲适的生活。看见别人出行车马豪华、锦帽貂裘，主人公难免艳羡悲凉，只能自己劝自己。很多壮士都是如此命运，自己又有什么值得悲伤的呢？此诗对于人物形象的塑造、故事的讲述以及情感的抒发都像极了王维的《老将行》，也像极了鲍溶的《苦哉远征人》，尽得唐诗之妙。

---

① （明）陈子龙撰，施蛰存、马祖熙标校：《陈子龙诗集》卷二，上海古籍出版社 2006 年版，第 33 页。

第三节　明代著述中的"将论"与李广形象

明代诗学崇尚盛唐之风，而在文章上则亦有学宋之风。中国古代一直存在北方少数民族和中原汉族之间的矛盾，汉有匈奴，唐有吐蕃，宋有辽金，明有鞑靼、瓦剌，基于这种情况，明代文人很重视将领的问题，产生了一批专论将领和专论李广的文章。这些文章谈到将领时往往会以李广作例，加深了对李广的认识。这些文章都围绕李广发论，但观点各有千秋。

一、王维桢、董其昌对李广的批评

王维桢，明朝华州平定里（今华县）人。王维桢博学多才，虽掌文墨，却志在经世，关心边防兵备，密切关注北方蒙和东南倭寇的威胁。他的文章亦多涉战争、军事，比如他的《制将策》就是一篇专论战争中如何选将的应用文。在文章的开头他首先提出一个问题：将领听命于皇帝的直接管理和将领在外自我决断，哪个更合理，并且将李牧作为"将军制之"，将李广作为"君制之"的代表进行对比评价：

> 问古之言：君将将，将将兵；又曰阃以外者将军制之。夫云将将是将听君制之，曰：将军制之则君不以制令，便宜也。此两言者，孰当也？李牧之才不溢于李广，而牧祇以赵，许便宜得以擅断横行，匈奴不敢近塞。汉诚广勿使当单于，令广军出东道，广失志，卒败。由斯而观，则言将军制之者，岂当乎？①

在接下来的议论中，"愚读史传至李牧则叹赵王贤，至李广则叹武帝明"是整篇文章的核心。王维桢以为李牧是一个具有"料敌之智"的将领，所以王维桢认为赵王把军权交给李牧而不对李牧的军事行动加以干扰是正确的，认为

---

① （明）王维桢：《槐野先生存笥稿》卷一四，明万历三十四年（1606）黄升王九叙刻本。

赵王"可谓善假权者"。相反，王维桢认为李广缺乏这种"料敌之智"，他的能力仅为"一校之长，非大将之器也"。所以王维桢认为武帝令广军统于青，受青约束是正确的，他认为"武帝善假权，亦善惜权。他主不及也"。所以尽管汉武帝直接管理李广，李广依然战败而身死就不奇怪了，而"大将军青亦阴受上诫，以为李广老，数奇，毋令当单于"，也就显得很明智了。他将李牧和李广作为"将军制之""君将将"的典型案例：

> 故李牧损赵军，而赵王不问非宥之也，不当问也，所谓阃以外将军制之也。汉止广，勿当单于者，非少广故抑顿之也，不可不制也。所谓君将将者也。

在文章的后面，王维桢先言为将之难，又言人君御将之难。紧接着王维桢又从两方面说理，一则他认为人君"将将"，需要"鉴别诚精则任不谬，处置得宜则责不怨"，即人君管理将领首先需要深刻认识将领才不会任命错。其次人君还要正确处置将领相关事宜，这样就不会引发将军的怨言。二则"将军制之"的时候，王维桢以为"恃权而纵，则君与之便宜者，反大将之鸩酒也"，即将在外君命有所不受时不能够放纵权力，如果那样势必会引来灾祸。总结王维桢对李广的看法，李广是一个受汉武帝"将将"管理的将领，他缺乏"料敌之智"，才能够不上一个大将军，汉武帝对李广"毋令当单于"的做法是正确的。

董其昌同样认为李广能力不足而对李广进行了批评，并从创作角度分析了司马迁扬李广、贬卫霍的原因。《史记·李将军列传》中的李广与历史上的李广并非一回事，司马迁在塑造李广形象的时候，对李广形象进行了改造，这种"改造"的重要内容之一便是解释李广之所以难封的原因——"数奇"。司马迁用命运来解释李广难封，而并不怀疑李广的能力。董其昌《读卫霍李广传》认为，司马迁内心有所郁结，其好任侠，尤爱悲剧人物，重李广而轻卫、霍，认为李广难封的原因主要在汉武帝，因此对汉武帝颇有微词。董其昌并不认同司马迁的观点，他认为汉武帝重用卫、霍而又嘱咐卫青不让李广当于单于是正确的，认为汉武帝"知人能任将"，是"帝之善将将者"。在谈到司马迁缘何抑卫、霍时，董其昌还提出了一个新的推测，他说：

> 原夫西汉承战国余习，士大夫皆以招贤养客者为贤，卫霍独否，以故子长少之彼其进游侠而退处士亦近此意，盖有激云尔。①

大意是西汉沿袭了战国养士的余习，例如田蚡、刘安、窦婴等人悉数养士。而卫青、霍去病就不养士，这是司马迁所不屑的，所以他贬抑卫、霍而褒扬李广。这种看法或许有其合理之处，但说服力并不强。

二、孙升、何良俊对李广的批评以及高岱、林右对李广悲剧的思考

司马迁在《史记·李将军列传》中提到了李广的廉洁问题，关于此，明代文人也很关注。例如孙升有篇文章名为《廉将说》②，对李广的廉洁进行了褒扬，以为李广可作为古代廉洁将帅的代表。何良俊，松江华亭（今上海奉贤柘林）人，明代戏曲理论家。他也同意孙升的看法，认为李广是廉将的代表。他在给王维桢的一封信中谈到了当时的国家形势，对当时将帅的贪婪行为进行了批评，他说：

> 今将帅领士卒临阵而斗米尺帛。皆取给于有司。有司每每节缩财费不称功赏夫李广之为帅、朝廷赐予、悉陈之麾下、使士卒裁取为用、以李广名将、其待士如此、尚不能以得志、今将帅欲用士卒之命。而有司每失士卒之心。虽使李广复生、欲其制胜得乎。

——《与王槐野先生书（倭寇钱法门摊）》③

这段文字以李广廉洁仍不得志为例，说明当时的将帅贪于斗米尺帛，而不将之分给士卒。对比汉代"得赏赐辄分其麾下"的李广，所以何良俊气愤地说：

---

① 《董思白先生小品》卷二。
② （明）何乔远：《皇明文征》卷四二，明崇祯四年（1631）刻本。
③ （明）陈子龙、徐孚远、宋征璧等选辑：《明经世文编》卷二〇四，中华书局1962年影印版，第2145页。

"虽使李广复生、欲其制胜得乎。"这是对李广廉将形象的最好评价。

自从司马迁在《史记·李将军列传》中提到汉文帝曾经赞扬李广说"惜乎，子不遇时！如令子当高帝时，万户侯岂足道哉"之后，有些学者就开始对汉文帝识才而不用才进行批评，似乎李广怀才不遇是从汉文帝时代就开始了。明代学者林右对此并不认可，他从历史的角度出发，站在汉文帝的角度进行了再思考，得出的结论也有一定合理性：

> 汉文帝谓李广曰：惜乎，子不遇时。如子当高帝时，万户侯岂足道哉？夫爵赏出于帝。帝既知广之才，即以此与之，无不可者也。而何必待夫高帝之时乎？吾以是知帝之用心。当刘项之际，尤民惨于干戈，略以尽矣。至帝之时，皆残罢之余孑，且休息固当养之于富庶，教之以和平。广诚才不遇一骁将耳，兹非其任也。非其任遽以爵归之，是天子以爵私与人也其，去邓通之宠无几。广之贤爵其非所任，亦必不受也，若倚广之才日与天下之兵驱驰绝塞外，与匈奴相斗争，是后日武帝之为也。乌能养大汉四百年之民心？至正帝虐用之，亦不忍背乎。幸武帝生文帝之后，故足以肆其为，不幸生文帝之时，吾知汉之为汉，未可知也。何者？民未受其德而适承其害，其谁怀之？此汉之业虽创于高祖，实固于帝也钦。虽然帝之不用广，是矣。贾谊亦弃之不用，何哉？

——《题李广》①

林右的这篇文章逻辑非常清晰，开头设问说汉文帝既已知晓李广才气，那么直接给李广封侯不就行了吗？为什么要说高皇帝呢？林右道出了汉文帝的心声。高祖为建立汉朝而大肆用兵，至文帝时已经承平三四十年，并无战事。李广即使有一身本事，也并无骋才的机会，这是李广很不幸的地方。

明代史学家高岱有一篇著名的文章名为《将难》，在论述汉代将领受制于

---

① （明）林右：《天台林公辅先生文集》不分卷，清康熙间查慎行家抄本。

文法之吏时同样提到了李广，解释了李广之死悲剧的原因：

> 攻战之进取必有期，会胜败之形势必有关，白首虏之多寡必有文籍，行阵之左验必有姓名，血战之余未遑救危扶伤，而将且亟呼吏士趣治文，移甲胄之人不闲，刀笔一有舛误则彼此会勘甲乙，参决便以文法绳其主将，未录其克敌之功，而先治其欺罔之罪。呜呼！武夫沫血于戎马，文吏指摘于簿书。死士转斗于疆场，逢掖阔谈于庭署。虽有折冲之略报国之忠几何不摧挠而悔恨乎？此魏尚之辱、周勃之恐、李广甘刎首之惨、少卿忍降虏之羞而不堪对文法之吏也。①

这段话总结了文法之吏对武将的种种约束和限制。武将在沙场之上舍生忘死，而文吏则严格地审查武将的所有言行是否符合规定，一旦发现错误便依照法律进行惩处，而置其军功于不顾。这会严重损伤武将的报国之志，人为造成很多悲剧。高岱列举了很多人的悲剧，如文帝时的魏尚，因上报朝廷的杀敌数字与实际不符，差了六颗首级，魏尚被削职查办，夺了封爵，判了一年徒刑。若不是冯唐为之辩解，魏尚恐难复职。周勃贵为前朝丞相，在被逮捕入狱之后同样害怕狱吏，竟"不知置辞"。若不是他"以千金予狱吏"，恐怕就有性命之忧了。当周勃终于被皇帝释放并恢复爵位的时候，周勃说："我曾经率领百万大军，然而怎么知道狱吏的尊贵呀！"由此足见文法之吏在武将面前的尊贵。李广在最后一次攻击匈奴的时候，因为贻误军机而将被军法惩处，正如李广所言："广结发与匈奴大小七十余战，今幸从大将军出接单于兵，而大将军又徙广部行回远，而又迷失道，岂非天哉！且广年六十余矣，终不能复对刀笔之吏。"李广的这段话包含了三层意思：一是李广将一生都奉献给了抗击匈奴的事业上，功劳、苦劳都很多；二是有幸随卫青出征匈奴大单于，却又偏偏迷失道路，他认为这是天命；三是李广已经是一个六十多岁

---

① （明）高岱：《文章辨体汇选》卷四一九，影印《文渊阁四库全书》本。

的老将军了，哪里能再受文法之吏的询问、调查和惩处？这是导致李广自杀的直接原因。至于李陵是否因为不甘受文法之吏的侮辱而投降，不得而知，但上面所举的三个例子都足以证明武将是多么忌惮文吏之贵，这对武将的报国之志是具有很大的伤害的。

明代的各种著作种类颇丰，除了单篇文章外，还有一些专著问世。在军事著作方面，除了《武编前集》《武编后集》《筹海图编》等之外，尹宾商的《兵罍》在当时的军事理论界具有重要的地位。其卷一"煦（六则）"中就提到了李广。"煦"本意为曝晒并使干燥，引申为温暖。在"煦"字条下面的六则事例中，李广事迹居第四。六则故事之前，尹宾商用了一段话分析爱护士兵的重要性：

> 视卒如婴儿，故可与之赴深溪。视卒如爱子，故可与之俱死……人君且然，而况于将乎？故古之良将，贤者，礼而禄之；勇者，赏而劝之；饥者，给食而饲之；寒者，解衣而衣之；有难，则以身先之；有功，则以身后之；伤者，泣而抚之；死者，哀而葬之；军井未汲，将不言渴；军米未炊，将不言饥；军火未燃，将不言寒；军幕未拽，将不言热；夏不操扇，冬不披裘，雨不张盖，财不私己，劳必共众，凡以拊循士卒而致其死命也。经曰：能爱人之生者，可使人舍生而赴死，能亲人之身者，能使人捐身以犯难。①

这段话的前四句极其精练地总结了爱护士卒的作用，爱士卒如爱自己的婴孩，则士兵才能与将领共赴难、同生死。接着又从诸多方面列举了古代良将如何善待自己的士卒，而结果是被善待的士卒可以誓死效命他们的将帅。文章最后引用了宋代许洞的兵书《虎钤经》中的两句话："能爱人之生者，可使人舍生而赴死；能亲人之身者，可使人捐身而犯难"②。这两句非常准确地概括了

---

① （明）尹宾商：《兵罍》，载《中国兵书集成》编委会编《中国兵书集成》，解放军出版社、辽沈书社1994年版，第828页。
② （宋）许洞撰，魏鸿译注：《虎钤经》卷三，中华书局2017年版，第62页。

爱护士卒的目的与结果，这不能不让人想起李广来。尹宾商接下来列举了六个案例，在楚国的申公巫臣、魏国的吴起之后，紧接着就是李广。一直以来，对李广爱护士卒的评价并没有什么变化，最早如唐代类书《白孔六帖》将李广爱护士卒归纳为"行惠"，宋代《册府元龟》将其归纳为"仁爱"。然而在理论上关注这个问题的还是首次，不但归纳出将帅爱护士卒的具体做法，而且强调了爱护士卒的实际效用，这是我国军事理论史上对李广爱护士卒的第一次正式评价。

第四节　明代小说对《史记·李将军列传》的改编

李广形象自《史记》完成之后，便逐渐为历代读者所关注。南北朝志怪小说在中国小说史上具有重要的地位，是我国小说发展的萌发形态，其中某些小说如《搜神记》中就已经出现了李广形象：

> 楚熊渠子夜行，见寝石，以为伏虎，弯弓射之，没金铩羽。下视，知其石也。因复射之，矢摧无迹。汉世复有李广，为右北平太守，射虎得石，亦如之。刘向曰："诚之至也，而金石为之开，况于人乎！夫唱而不和，动而不随，中必有不全者也。夫不降席而匡天下者，求之己也。"①

从整个小说史发展来看，这是李广进入小说的滥觞。其后，沿着这条路，李广形象经过唐代"志怪"与"传奇"的融合，继续发展，逐渐形成了一些成熟的李广小说。

唐代的小说以传奇为主，却没有涉李广者。唐代变文有提及李广的作品——《李陵变文》，其中只有一个很短的细节涉及李广：

> 司马迁见是三代军将，向帝殿前口奏："陛下！臣闻陵祖李广，

---

① （晋）干宝：《搜神记》卷一一，台北新文丰出版公司 1985 年版，第 127 页。

名闻海内，勇管（冠）三军，廿余年·（积）量砂幕（沙漠）。若使边庭苦战，中国获安，兴功若此。臣闻陵又邂·（逅）事急降胡，获计未成，不久应出。母既非罪，伏乞宽刑，在后不来，臣即甘心鼎镬。"武帝闻言，舍其母罪。①

宋代小说当中并没有专门讲述李广故事的作品，但李广的形象却已进入小说家创作的视野，例如《大宋宣和遗事》当中提到了"小李广花荣"，即花荣的绰号叫"小李广"，这明显是出于对李广的尊重。然而对于花荣为何会有这样一个绰号，并无交代。倒是周密的《宋江三十六赞》中有这样的评语，言："小李广花荣：心慕汉夺马而归，汝能慕广何忧数奇。"②从这句话，大致可以归纳出宋代小说中对李广的认知，即对国家（汉朝）忠诚，有优秀的作战能力（骑、射），以及"数奇"。有趣的是，明代天启年间，魏忠贤的同党王绍徽仿照《水浒传》的方式，编东林党108人为《东林点将录》，其中竟有"天英星小李广福建道御史李应升"。近代汪辟疆又按照《东林点将录》的方式，撰《光宣诗坛点将录》，其中也有李广身影，是为"天英星小李广花荣陈曾寿"。由于《水浒传》的传播，李广也越来越为人所知。

元代的小说关涉李广的也很少，唯《全相平话三国志平话》涉及李广：

当日，太师领军兵五十余万，战将千员，左有义儿吕布。布骑赤兔马，身披金铠，头带獭豸冠，使丈二方天戟，上面挂黄幡豹尾，步奔过骑为左将军。右边有汉李广之后李肃，戴银头盔，身披银锁甲白袍，使一条丈五倒须悟钩枪，叉弓带箭。用文者，有大夫李儒；用武者，有吕布，李肃，三人辅佐董卓。董卓领军到西凉府，一鼓而收，招安到四大寇张李等大军三十余万，前来东都洛阳。约离洛阳西北二十余里，差夫修城一座，号曰郿坞城。令张李屯驻军兵，打请官粮。董卓作乱，常有谋汉天下之心。丞相火速出宅，见李肃

① 潘重规编著：《敦煌变文集新书》，文津出版社1983年版，第893—907页。
② （宋）周密：《癸辛杂识续集》卷上，影印《文渊阁四库全书》本。

至曰:"吕布杀了太师身死,我若见吕布,碎尸万段!"王允曰:"将军错矣。今汉天下四百余年,尔祖李广扶持汉室。今董卓弄权,吕布除之,尔言杀吕布,天下骂名,不类尔之上祖。可以除昏立明,是大丈夫也。"①

这段文字涉及李广的地方用于介绍李肃,目的仅仅是为了突出人物之有出处,促进读者尽快熟悉小说中的人物。

到了明代,小说大行其道,竟出现了一部完整的李广小说,名为《汉李广世号飞将军》②,为论述方便,全文过录如下:

入话:

楚汉相驰百战兴,至今何代不谈兵?

凌烟阁上从头数,安得无征见太平?

这四句诗,说武官万死千生,开疆展土,非小可事。伏羲、神农之时已前,并无征战。自轩辕黄帝之时,蚩尤作乱,黄帝命风后为师,破蚩尤涿鹿之野,自此始用兵戈。五帝之时,便有征战。三代春秋,互相吞并,东夷西戎,南蛮北狄。

世言匈奴倚仗人强马壮,不时侵犯中原。秦始皇筑万里长城,以拒胡虏。秦灭汉兴,传至文帝,二十三年为君,多被匈奴所扰。十四年上,匈奴数十万入寇萧关,边廷告急。文帝下诏招军,良家子弟应募者,量才授职。于山西成纪得一人,姓李名广。其祖李信,秦时为将,跟逐王翦攻燕有功。专习弓箭,自谓传得甘宁、纪昌之法。久居陇西槐里,后迁成纪,世世家传箭法。

文帝时,李广与弟李蔡一同应募,随军征战,出萧关,首先射死匈奴百余人。匈奴大溃,回长安面君,封为中郎将。弟李蔡封为

---

① (元)佚名《全相平话五种·全相平话三国志平话》,浙江人民美术出版社 2017 年版,第 380 页。

② (明)洪楩撰,程毅中校注:《清平山堂平话校注·欹枕集下》,中华书局 2012 年版,第 450—459 页。

武骑常侍。

一日，广从文帝上林射猎，忽然深草中赶起一只猛虎，众家躲避。广骑马向前，拈弓搭箭，一箭正中虎腰，坠坡而死。山后喊声不绝，又于山边赶出一虎。广听知，飞马转过山脚，正遇虎相近，一箭去，正中虎目，直透过脑而死。文帝亲见李广射死二虎，交取金百两，绢百匹以赏之，俯其背，谓广曰："惜乎，子不遇时！若子在高帝时，封万户侯，岂足道哉！"那时文帝尊儒好礼，不尊武官，故发此言。乃李广命薄，不得加封。有诗云：

射虎英雄孰可加？君王俯背重咨嗟。

高皇若遇封侯易，从此功名到底差。

文帝崩，景帝立，除李广为陇西都尉，改附武骑郎。值吴楚乱，帝命周亚夫为将，收吴楚。加广为骁骑都尉、前部先锋。首先射死二将，连胜数阵。梁王见，喜，以将军印背了。广背身先士卒，连立奇功，吴楚平，班师回朝。谏议大夫奏："广乃先锋，不当背将军印。将功折罪，不与赏赐。"迁上谷郡太守。

匈奴日夜侵边，广累战累胜。公孙昆邪见景帝，泣而奏曰："广之才气，天下无双。自负其能，凡与虏战，不顾生死。然一旦去之，诚为可惜，乃废国家栋梁也。"往任上谷郡太守。

广至上郡，未及半年，匈奴广入。广领上郡岳兵出战，连胜数阵。奏闻景帝。帝遣中贵孟优，往军前探虚实，见广，问破虏事。广白曰："视匈奴如小儿耳！"中贵要看战斗，广以无人敢敌，遂引数千骑，请中贵看破虏。

是日，出到野外，并不见匈奴，迤逦袭去，见空中一皂雕飞翔，广取弓欲射，只听得弓弦响，雕坠空而下，广问曰："何人射中皂雕？"从骑皆言："不曾放箭。"广飞马观之，山坡下有三人，各乘骏马，披项服，控弓矢而望。广引军追之。射雕者见中贵衣锦袍于军中，意必是主帅，一箭射来，正中心窝，坠马而死。广大怒，拍马赶上，射杀二人，一人逃命。广曰："此必射雕者!"飞马赶上，生擒付从者，只引十余骑，再寻匈奴。忽尘土起，万余骑从上峪中出。广取出百箭，百中。箭尽，匈奴不退。广引十余骑上山，下马离鞍高卧。匈奴视之，恐有埋伏，不敢上山击之，徐徐引军退走。广见山下军中一人，金甲白马，乃匈奴王子，为首阿廷。广不起而射之，一箭中面颜而死。匈奴大退，广乘势杀之，败归沙溪，以功上奏。官僚言："可赏!"景帝曰："损吾中贵孟优，不可赏，将功折罪。"除广未央宿卫。

四年，匈奴十余万出雁门。帝遣广为将，引军三万迎之。广受命，至雁门关，忽然风寒卧病不起。匈奴攻击得紧，诸军催战，广怒气上马，与虏交锋。胡将四人并力攻广，广病躯不能胜，被胡将刺于马下。胡人大呼曰："王子传旨，拿得李广，可生擒来!"因此不杀，用皮囊中盛贮，夹于两马间。汉军大败，损将折军。广在皮囊中，诈取死不动，胡人以为真死，开囊视之，大呼一声，如巨雷，胡人措手不及，被广跃起，夺枪刺杀，抢马一匹骑回，再聚败残兵将，连夜去劫掳营寨。匈奴大败，归沙溪去了。

广班师回长安，省官奏广折军大半。帝怒，将广下廷尉问罪。于法当斩，遇大赦，免罪。罢官闲居蓝田山中庄上，与颍阴侯婴孙强为友，每日以饮酒散闷。

居数年。一日，天寒大雪，广乘匹马、挟弓箭，往婴孙强庄上相探，本人设酒相待，为言："寨上辛苦立下大功，今日朝廷不用，空闲了英雄手段!"自歌自叹一回，不胜大醉。强留宿，广不肯，乘兴上马。风雪正急，策马而行，忽古木号风，举头视之，见一猛虎卧于林前，广急拈弓搭箭，尽力射去。射得火光进散，其虎不动，广拍马近前观之，乃墓前石虎也。其箭射入石中半寸。广方知，衔住箭头。广自惊异，再回马于旧射虎之处，再放十余箭，箭头皆不能入石。广方知始见时将谓真虎，乃施神力；今已知之，心中慢力不能及也，呵呵大笑，策马回庄。

时已初更时分，但雪光夜明，因此不觉。至霸陵桥上，廷尉引军喝曰："此何人也？"广曰："吾乃前将军李广。"廷尉曰："今将军尚不敢夜行，何况前将军乎？"喝军士挽广下马，吊于桥上。冻至天明，韩安国见广吊于桥上，喝令放之。

后半年，匈奴入寇，杀辽西太守，边报甚急。帝遣韩安国为将破之。安国到边廷，连输数阵，上表乞李广救援。帝宣广为北平太守兼将军，上边破虏。广至，乞霸陵廷尉为先锋，尉只得去北平。韩安国言："匈奴势大不可敌。"广差霸陵廷尉引千骑出阵，大败而归。广曰："昔时在霸陵如此英雄，今日临边如此败也！"廷尉无言。广命斩之。

广引军出，匈奴一见，望风而走，大呼曰："飞将军来也！"自此世号"飞将军"。

匈奴遁去，广回长安。韩安国奏功，帝欲加官。霸陵尉家人诣阙，告广起？仇报，无罪斩尉。改帝怒，将功折罪，再为闲人。

后武帝登基，匈奴左贤王拥精兵二十万，入寇中原。群臣奏请博望侯张骞为帅。骞保举广同行。武帝准奏，加广为前将军，与骞同赴边上。整肃队伍，与骞分兵作两路破匈奴，骞从东道入，广从西道。

广留军陆续进发，先与长子李敢引五十骑长驱大进，正与匈奴左贤王军马相迎，胡兵十万，旗幡蔽日而来。汉军大起。广与子李敢曰："汝可持刃以遏其后，如军士退者立斩。吾当以身先之。"左贤王乘大蠹年，于军中调遣。广引千余骑先冲入阵中。匈奴掩面大呼曰："飞将军又来也！"李敢随军士攻击，胡兵四散奔走。广死左贤王，纵马追杀败散、被箭所伤、死于沙场者，勿知其数。广回，正迎左贤王大纛车，就乘而回，路遇张骞，骞将为是胡兵，将本部军围定。广备说其事，骞大喜。

边上平复，张骞、李广回长安面君。入奏上："广在塞上乘左贤王车，意图不仁。"送下廷尉问罪。骞力奏："广大小功次十余件，杀死左贤王，皆广之功也。不因误坐王车，乞圣情宽恕！"帝命将功折罪，废为庶人。

后匈奴又犯三关，至急，人奏请大将退之。武帝乃命卫青为帅，保外甥霍去病为先锋。大臣奏曰："李广累战匈奴，匈奴大惧，号曰'飞将军'。如此人去，必有大获捷报。"帝宣广为前将军，随卫青上边。广此时已老，带子李敢、李椒同至塞上。

卫青分兵三路：青自取中原，霍去病东路，广取西路。约至接天岭取齐。

广与二子引兵马万余，迤逦杀奔北边来。一日，天降大雾，漫山蔽野，意不知东西。广恐失误限期，从军马行。至日午，方始雾收。广军有曾北征者，见路生涩，勒住人马，回报李广。广由未信，只顾纵军前进。整行一日，至山，广方信差了路途，急从令回军，路上迎见汉军报来："卫青、霍去病两路军马，大破匈奴，已到接天岭屯驻。"广仰天叹曰："吾自幼从军，多功沙漠，今已年老，终生不遇，奈何命薄耶！"晚至岭下，见卫青时，功劳已自报朝廷去了，广郁郁不乐。朝廷使命至，宣卫青班师。广与子敢曰："宁死番地，我无面目见朝廷矣！"

霍去病至，曰："朝廷要斩汝首，以正慢功之罪。"霍去病随卫青还国。广思："空归人世，一生不遇，几遭黜逐，万代笑耻！"帐中拔剑自刎而死。如此一个将军，化作南柯一梦！

后来，李敢、李禹刺霍去病。朝廷命霍去病子霍光为勘官，见李氏子子孙孙不绝，必世世报仇，遂解释其事。李氏子、李陵，皆李广之后也。

王勃作滕王阁诗序一联："冯唐易老，李广难封。"冯唐如此足智多谋之士，年老不得重用，李广如此雄才豪气之将，终身不得封侯，皆时也，运也，命也！

胡曾先生有四句诗：

原头日落雪边云，犹放韩卢避兔群。

况是西方无事日，霸陵谁识旧将军？①

分析这部小说，其所叙李广的主要事迹与《史记·李将军列传》基本一致，然而小说的整体面貌与史传却大为不同，可将这部小说视为对李广形象的一次似是而非的重塑。改造的结果是使李广这个汉代人能够成功地被明代读者接受并为之扼腕不已。而我们要讨论的问题则是这部小说，至于创作者是如何加工《史记·李将军列传》的，不外内容和形式两个方向。从内容而言，小说的矛盾冲突性和故事性无疑是最核心的价值所在；从形式而言，文体特点和语言特点无疑是最明显了。

一、内容方面的改编对主题的影响

李广身上的矛盾性集中体现在"数奇"，即有才华、有功劳而又没有封侯；李广身上的故事性则体现在故事内容的丰富性和发展性上。与成熟的小说相比，《史记》在表现矛盾冲突上还是要逊色一些。一则是史书需要秉笔直书，不能为了表现什么而随意修改；二则是因为史书讲究史料记载的丰富性，容不得史官随意增删。小说则不然，只要有助于突出主要矛盾，就可以进行创作，即使是以史传为基础的历史小说也具有这个特点。在故事性上就更是这样了，史传记录往往具有故事性，却不能为了故事性而牺牲历史记载的客

---

① （清）彭定求等编：《全唐诗》卷六四七，中华书局1960年版，第7436页。

观性，而且史传记录往往不会太详细，有很多空白；而故事性是小说的核心特点之一，为了故事性可以对史料进行任意裁剪，可以填补任何历史空白。上述的小说《汉李广世号飞将军》据《史记·李将军列传》而来，很好地体现了上述的分析，具体方式有四：增补、删节、夸饰、改写。

（一）增补情节

所谓"增补"就是"无中生有"，即虽然小说是根据《史记·李将军列传》所改编的，但某些故事情节却是作者自己想象出来的。增补情节的作用分为三类。

突出李广"数奇"的悲剧命运　汉文帝对李广"知而不遇"受到不少人的批评，而这正好体现了李广的"数奇"命运。小说开头有李广射死两只老虎一段，这段并不见诸任何资料，却详细地道出了李广射杀两只虎的情形，一只"正中虎腰，坠坡而死"，一只"正中虎目，直透过脑而死"。那为什么小说作者要写这段呢？原因其实不难推测。汉文帝曾经夸赞李广："惜乎，子不遇时！若子在高帝时，封万户侯，岂足道哉！"《史记》载当时"（广）尝从行，有所冲陷折关及格猛兽"，这句话写得太过笼统，读者由这句话并看不出李广有多么勇猛。而这个情节能很好地说明李广的才气，所以这段补写是有意义的。另外，这段描写后面还多了一段汉文帝赏赐李广金银、绢帛，并抚其背夸赞李广的细节描写，后面还加了一句"那时文帝尊儒好礼，不尊（遵）武官，故发此言。乃李广命薄，不得加封。"这两段多出来的文字乍一看来似乎无足轻重，实际上恰恰显示了小说创作者对于李广悲剧性的思考。汉文帝奖赏李广是对能力的认可，而并没有加封李广，这是李广在文帝时代的"数奇"悲剧。小说作者用"文帝尊儒好礼，不尊（遵）武官"解释汉文帝缘何不加封李广，也是有意义的，如前文所述，宋代杨万里认为汉文帝对李广是有"知"的，但是没有"遇"。因为君主"浅于知而深于思，薄今而厚古"。小说的解释相对于杨万里的解释更加合理一些，当时的情形是汉代在开国之初便奉行道家的无为思想，对匈奴长期实行和亲政策，那么李广这样的勇猛战将又怎么会有用武之地！汉武帝以后的历代王朝均以儒家思想为统治思想，小说作者不了解当时的情况，为了方便当时读者理解，或有意或无意地把道家说成儒家，也是可以理解的，而这也正体现了这部小说的明代特点。

李广在武帝时代依然"数奇"。小说在叙述李广跟随博望侯张骞挂帅出征匈奴时，增补了杀死左贤王、缴获"大纛车"的事件，戏剧化地突出了李广的悲剧命运。李广从未杀死过左贤王这样等级的匈奴高级将领。李广此次出征匈奴拼死战斗，最后因为"广军几没"因而"无赏"。但小说并不是这样写的，而是凭空增加了杀死左贤王，还缴获了左贤王"大纛车"的事件。"纛"指帝王车舆上的饰物，"大纛车"当指古时军队主帅乘坐的指挥车。李广在此次战斗中不但杀死了"勿知其数"的匈奴，杀死了左贤王，还夺得左贤王的大纛车，而且就乘坐着这辆车回大营。在被张骞部下误以为是匈奴车舆而围住后，李广出来解释清楚原委，张骞也很高兴。李广要立大功了，然而李广"数奇"，所以小说作者让别人向皇帝告状：李广要"意图不仁"，结果张骞一番说情，皇帝将李广"废为庶人"。

使故事发展连绵起伏 《史记·李将军列传》载李广故事尽管有起伏，然而起伏较少，缺乏节奏感。为了弥补这些问题，小说的作者数次增加李广先立功再闯祸的情节，因而落得个"将功折罪"、贬为庶人的结果。这几番起伏一直在突出李广的"数奇"，而且令李广故事写得张弛有度，节奏感很强。

李广第一次立功是平定吴楚之乱，结果因为受梁王将军印而"将功折罪"；李广第二次立功是在中贵人事件中，他射中匈奴王子阿廷，这本是大军功，皇帝却因为李广没有保护好中贵人而第二次"将功折罪"。中贵人事件《史记·李将军列传》有载，中贵人并没有死，李广也并没有杀死匈奴王子，这些都是小说作者想出来的，尤其后者的增加，这是小说作者想让李广立功，好让李广后面再次"将功折罪"。李广第三次立功是调任右北平太守时期，小说言李广"匈奴一见，望风而走"，这是史书有记载的，其中的"韩安国奏功，帝欲加官"是小说作者增补的。小说作者又一次想让李广立功，甚至封官，然而后面小说作者又增加了霸陵尉家人状告李广公报私仇、杀死无辜霸陵尉的情节，结果"帝怒，将功折罪，再为闲人"。李广第四次"将功折罪"就是上述小说作者增加的李广杀死匈奴左贤王、缴获左贤王大纛车的事件。李广确实"数奇"，但据《史记·李将军列传》记载，李广并没有立过像样点的军功，小说作者增加的这些李广立功而旋又因祸"将功折罪"的情节，一次又一次地强化了李广的"数奇"特点，使小说叙事具有音乐的节奏美感。

使故事情节更丰满　由于史料繁多，所以史书撰写过程中必然会斟酌删减，很多细节都被删减，因而史书一般都颇具框架而缺乏血肉。小说则不然，除了框架，更强调细节的丰富性。《汉李广世号飞将军》这部小说的很多细节都处理得很好。例如据《史记》记载，李广一向"以力战为名"，对于其因何被俘，《史记·李将军列传》中只有一句"广时伤病"。小说则就此展开，把历史的空白补了出来："忽然风寒卧病不起。匈奴攻击得紧，诸军催战，广怒气上马，与虏交锋。胡将四人并力攻广，广病躯不能胜，被胡将刺于马下。"李广被俘是因为生病，很突然且不影响以后的生活，这里的"风寒"就属于合理想象。生病了，本应该休息，但是匈奴不会让你休息——"匈奴攻击得紧"，而汉军需要李广——"诸军催战"，所以"广怒气上马，与虏交锋"，就显得很合理了。更为不幸的是，李广在战场上并非一对一与敌人拼杀，而是以一敌四。在这种情况下李广的胜算自然小很多。不过还好，匈奴王子下令要活捉李广，所以李广才免于一死，但被俘就在所难免。小说增补这样一个情节，使得故事由原来的"骨感"，立刻就变得"丰满"起来，合情又合理。

又如李广射石一事。对于李广为什么能将箭射进石头，一般都会如《史记·李将军列传》那样，认为李广"以为虎而射之"。虽然这样说大致是可以说服读者的，但《汉李广世号飞将军》这部小说在这一点上做得比一般人都更好。他增加了这样一段文字："射得火光逬散，其虎不动，广拍马近前观之，乃墓前石虎也。"将石头看成老虎，是比较勉强的。小说将石头写成了"石虎"，石头是其内，老虎是其外，这样解释李广将石头当成老虎来射再合适不过。然而野外又怎会有"石虎"呢？小说作者在"石虎"前还加了"墓前"二字，野外才有墓，墓前才有"石马"，合情合理。

再有李广最后一次"亡导""失道"的情形，《史记·李将军列传》说得也并不清晰。小说则增加了一个小的细节：

> 一日，天降大雾，漫山蔽野，意不知东西。广恐失误限期，从军马行。至日午，方始雾收。广军有曾北征者，见路生涩，勒住人马，回报李广。广犹（由）未信，只顾纵军前进。整行一日，至山，广方信差了路途，急从（令）回军。

观《史记·李将军列传》，读者对于李广如何迷路完全不知道情形，而这段补充描写解决了这个问题。"大雾"使部队完全不知方向，李广也很着急，雾散之时有人告诉李广迷失方向，李广没有相信。走了一整天，李广才意识到方向错了，但为时已晚。虽然于《史记》并不完全相合，但对于迷失道路叙述的还是比较清楚的，想象也比较合理，使情节丰富了起来。

改变故事结局　《史记·李将军列传》所载李广故事的结局是李广身死，李广三子当中的两个先李广而死，李敢被霍去病杀死，李敢的遗腹子李陵投降匈奴之后。小说并没有延续这个结局：

> 后来，李敢、李禹刺霍去病。朝廷命霍去病子霍光为勘官，见李氏子子孙孙不绝，必世世报仇，遂解释其事。李氏子（禹）李陵，皆李广之后也。

李敢刺霍去病，霍去病的儿子霍光作为法官审理此事①，他的做法是"解释其事"，不予追究，两家冰释前嫌。出于对李广的热爱，作者在小说中给李广及

---

① 霍光和霍去病是异母兄弟关系，非父子关系。这是小说的一个常识性错误。

李氏家族一个美好的结局。

（二）删节内容

为了集中叙述故事，这部小说省略了很多内容，包括与程不识对比军队管理模式、与李蔡对比人品，以及李广猿臂、李广廉洁、王朔望气等。这些内容在史书中当然是很必要的，可以令读者从各个方面认识李广。然而作为小说，需要保持小说主题的始终统一，可有可无的材料必然会被小说删节。而小说所删除的也不一定都合适，例如中贵人事件中李广遭遇众多匈奴骑兵，小说中删去了史书中李广的一系列精彩表现，而代之以"广引十余骑上山，下马离鞍高卧。匈奴视之，恐有埋伏，不敢上山击之，徐徐引军退走"。《史记·李将军列传》这段故事的描写可以说是最为精彩了，不但写出了李广的"勇"，更写出了他的"智"。写出了他临危不惧的胆识和睿智，写出了他对"兵不厌诈"的精彩运用，以及他"置之死地而后生"的决心。面对几十倍兵力于自己的敌人，李广不但不逃跑，而且还向着敌人前进；不但下马，而且还解鞍；不但不避免引起敌人的注意，还主动射死匈奴中"出护其兵"的白马将。李广部下的表现写得同样生动，他们先是"大惊"，然后是"大恐"，再后来是紧张地问："虏多且近，即有急，奈何？"故事紧张而又紧凑。小说却将这段删掉了。

（三）夸饰

艺术创作离不开各种创作手法，夸饰是其中重要的一种人物塑造手段。小说《汉李广世号飞将军》为了表现李广形象之勇猛善战，多次在《史记·李将军列传》的基础上运用夸饰手段突出李广形象。李广之"数奇"集中体现在李广的军功于难以封侯，小说为了突出李广之军功，就在史传的基础上大肆夸张李广的军功。例如李广先后杀死无数匈奴兵卒，更重要的是杀死了匈奴王子阿廷、左贤王，还俘获了左贤王乘坐的车舆，这都是很大的功劳。

在描写具体战斗的时候，小说作者更是处处夸张。例如据历史记载，中贵人事件中，李广带领百骑遭遇了匈奴数千骑，这个敌我数量对比已经很大了。然而在小说中李广"只引十余骑，再寻匈奴"，遭遇的却是"万余骑从上峪中出"。敌我人数比是1:1000，更为夸张的是李广不但"取出百箭，百中"，还一箭射死了匈奴王子阿廷。这个王子被李广"一箭中面颜而死"，如此夸张简直把李广描写成了战神。再如后面李广与李敢跟随张骞征伐匈奴，史传说李广以郎中令将四千骑出右北平，遭遇了匈奴左贤王将四万骑的包围，敌我人数对比是1:10，然而李广沉着应战，用大黄弩杀死敌人一名裨将，结果是匈奴军乃解去，广军几没。在小说中，李广父子所引骑兵减至一千，匈奴左贤王的兵马则增至十万。敌我人数对比被夸张成了1:100，结果李广不但杀得敌人"四散奔走"，还杀死了匈奴左贤王，俘获了他的座驾大纛车。李广不但以少胜多，而且取上将人头，小说的特点愈加明显。

（四）改写

小说的创作为主题服务，立足事实却并不囿于史实。小说《汉李广世号飞将军》对李广事迹不但增补、删节，甚至对某些情节完全改写，达到了重塑李广形象的效果，这里面最为突出的当数霸陵尉事件。

《史记·李将军列传》中有关此事的记录不过150字，情节也很简单，李广晚归，城门关闭，霸陵尉酒醉之后拒绝让李广入城，并扬言："今将军尚不得夜行，何乃故也！"而李广在被拜为右北平太守之后便请霸陵尉与俱，至军而斩之。历史上关于李广怒杀霸陵尉的批评之声不绝于耳，北宋王得臣在《麈史·鉴戒》甚至说："李广之不侯，史氏以为杀已降。余谓非特此，其杀灞陵尉亦甚哉！广自抵阴谲，岂止不侯而已哉！至陵身臣虏，而李氏夷灭，亦显报矣。"[1] 王得臣以为李广杀霸陵尉同杀降一样，同样导致了李广不侯。

---

① （宋）王得臣：《麈史》卷下，上海书店出版社1990年影印版，第4页。

此后还有不少人同意王得臣的说法，可见李广怒杀霸陵尉对李广形象的伤害是很大的。然而在可以随意塑造人物形象的小说中，《汉李广世号飞将军》完全改写了这个情节：一是霸陵尉由无辜变成了有辜。霸陵尉不只拒绝李广入城，而是非常恶劣地"喝军士挽广下马，吊于桥上"，霸陵尉把李广直接吊在了桥上，而且"冻至天明"。这两句话将霸陵尉直接就塑造成了一个恶劣的官僚，势利至极。这样一来，小说的读者在读到后面李广杀死霸陵尉也就不会太过批评霸陵尉了。史书中的霸陵尉尽管酒醉，但他秉公办事，也并未伤害李广，被李广杀死，属于无辜被杀害，李广自然会被批评。小说中的霸陵尉不但出口伤人，而且将李广吊在桥上，冻了一夜。李广杀了他，读者也不会同情霸陵尉，反倒会同情无辜被冻了一夜的李广。小说作者在极力改善李广形象。二是李广杀死霸陵尉的过程亦与史传不同。史传中李广杀死霸陵尉只用了两句话："广即请霸陵尉与俱，至军而斩之"。小说并不是这样写的，李广将霸陵尉调至军中并没有立即杀死，而是给了霸陵尉一支千人的骑兵部队，让他冲锋陷阵，结果当然是"大败而归"。李广还对霸陵尉说："昔时在霸陵如此英雄，今日临边如此败也！"李广的这番话算是结结实实地报了当日霸陵尉侮辱、折磨自己的深仇，言外之意是霸陵尉有能力整治一个人，却没有能力带兵打仗，属小人。之后，霸陵尉被杀，这在李广看来也算是废物利用了一次。本来霸陵尉尽职尽责守城门，被李广杀害属于被冤杀；但到了小说里面，霸陵尉被改编成了一个势利的残暴小人，打仗不行，折磨人在行。在这种情况下，李广报仇杀死霸陵尉，而且是给了霸陵尉上阵杀敌的机会之后才杀死他，读者也就自然会原谅李广。

二、形式方面的改造与李广故事的明代讲述

在形式方面，《汉李广世号飞将军》的变革主要体现在两个方面，一是小说的体裁面貌上；一是语言上。明代是小说盛行的年代，例如《三国演义》《水浒传》等都产生在这个年代。这些小说在体裁面貌上都有基本相同的形式

特点，例如小说开头都会有诗词入话以及一小段开头语；小说中间一般都会有诗词，用以评价人物、描写环境、总结故事等；小说的结尾一般也都会用诗词总结本章或本回的内容。小说《汉李广世号飞将军》具备以上全部特征，本来是史传正史，却被小说作者成功改造成了一部明代的章回体小说。开头四句入话说："楚汉相驰百战兴，至今何代不谈兵？凌烟阁上从头数，安得无征见太平？"紧接着用了一段话解释这四句诗，大意是和平需从战争得来，尤其抵抗周边民族的侵扰，历代不绝，逐渐引出李广故事。中间汉文帝知而未遇李广，小说的作者同样用一首诗进行总结，感叹李广"数奇"："射虎英雄孰可加？君王抚（俯）背重咨嗟。高皇若遇封侯易，从此功名到底差。"小说的结尾引用唐代胡曾的咏史诗总结李广故事，"原头日落雪边云，犹放韩卢避兔群。况是西方无事日，霸陵谁识旧将军？"

　　《汉李广世号飞将军》与同时代的《三国演义》等历史演义小说具有同样的大背景，因此它们在语言风格上也颇为相近。从语言上我们可以很明显地感觉到《汉李广世号飞将军》的明代特点。名词类如英雄、君、臣、手段等在《史记》中很少出现，然而在《水浒》《三国》中则处处可见，明代民间文化中的君臣观念和英雄观念都比较强，因而当明代小说家改编李广故事的时候就免不了把这些概念融进李广故事当中。还有一些战争词汇在《史记》中也很少见到，但在《三国》《水浒》中则很常见，如将功折罪、对阵、劫掳营寨等常常见诸《水浒传》中。据笔者统计，《水浒传》中"战阵"之"阵"共出现过 1054 处，例如第八十八回"颜统军阵列混天象，宋公明梦授玄女法"就有两次这样的表述："目今宋先锋被大辽兀颜统军把兵马摆成混天阵势，连输了数阵。""宋江连败数阵，坚守不出，无计可施，屯驻不敢轻动。"《汉李广世号飞将军》小说中也出现了 5 处"阵"，例如"加广为骠骑都尉、前部先锋（峰）。首先谢死二将，连胜数阵"，"广领上郡岳兵出战，连胜数阵"，"安国（谷）到边廷，连输数阵，上表乞李广救援"等。再如小说作者最后对李广的评价说："冯唐如此足智多谋之士，年老不得重用，李广如此雄才豪气之将，终身不得封侯，皆时也，运也，命也!"这其中的"时也，运也，命也!"并不见于《史记》，却经常见诸明代小说中，比如《水浒传》第六十一回"吴用智赚玉麒麟，张顺夜闹金沙渡"中，吴用带着李逵去北京游说卢俊义入伙，在大街上扮作算命先生，口内就是这样说的："乃时也，运也，命也。知生知死，知因知道。若要问前程，先请银一两。"

第五节　明代诸子百家对李广形象的接受

明代的诸子百家关注李广者不少，包括笔记、蒙学、棋艺、戏曲、类书等，然创见不多，多承宋元旧说，偶有新见于此摘录品评。

一、笔记的李广形象

明代笔记涉及李广者约有二三十家，其说多承宋代旧说，其中略有新鲜者唯《五杂组》和《四友斋丛说》两部。谢肇淛以一个晚明文人的眼光，观照天与地、人与事，撰成了《五杂组》这样一部百科全书，其中有很多新见，或称"偏见"，读来颇有意味，其中有一条就涉及李广：

> 班固之不及子长，直是天分殊绝，其文采学问，固不让也。然史之体裁，至扶风而姓备。譬之兵家，龙门则李广，扶风则程不识耳。①

如前文所述，宋代严羽《沧浪诗话》曾经将李、杜诗法比喻为李广、程不识。无独有偶，谢肇淛在谈到司马迁和班固的史才之时，同样用李广和程不识比喻。其大意当指司马迁才华横溢，如李广治军般遣词造句，哪里有水草就在哪里安营扎寨，不但烂若披锦，而且无处不善。班固中规中矩，为史书撰写形成严格之体制，行文也往往见宝。当然，谢肇淛对司马迁更为推崇，他说：

---

① （明）谢肇淛：《五杂组》卷九，上海书店出版社 2009 年版，第 267 页。

> 淮阴侯之用兵，司马子长之文章，王右军之作字，皆师心独创，
>
> 纵横变化无不如意，亦其天分高绝，非学力可到也。①

从这段话可以更清楚地看到谢肇淛对司马迁的推崇，言其"天分高绝，非学力可到也"，就如司马迁说："广为人长，猿臂，其善射亦天性也，虽其子孙他人学者，莫能及广"一样，他们都看到了别人的优长之处并予以肯定和赞美。

有褒就有贬。李广身上有诸多缺点，尤其怒杀霸陵尉被历代评论者所诟病，明代笔记同样有这样的表述。《四友斋丛说》"求志"部分有这样一段记录：

> 韩信既封齐王，返淮阴，即召向所辱二少年出其胯下者，用以为二都尉，其与李广因霸陵尉"故将军"之言，一复将，即诛之，其量之大小，盖不侔矣。史谓李广之死，天下士大夫知与不知，皆为流涕，然则于信又当何如哉！②

李广之杀霸陵尉确实不应该，从古至今批评者不乏其人，何良俊同样批评李广怒杀霸陵尉，长于角度新鲜。何良俊谈到了韩信的胯下之辱，韩信封了齐王之后回到了淮阴老家，他把当年侮辱他的那两个市井无赖找到了面前，不但没有报复他们，而是封他们作了都尉。这是何等的心胸？然而李广在受到侮辱之后，一旦恢复将军身份，就把霸陵尉召到大营之中斩杀了。简直是判若云泥，而这也就可以理解为什么韩信封侯、拜齐王，而李广一直"为二千石四十余年"。何良俊进一步说《史记》记载说李广死后，"天下士大夫知与不知，皆为流涕"，李广如此心胸尚有如此待遇，那么韩信又当怎样呢？

二、明代戏曲中的李广形象

明代戏曲即元代戏曲的基础上发展而来，戏曲中依然没有李广形象，而只有唱词中出现了李广。总结明代戏曲中的李广形象，其特点主要有二：一

---

① （明）谢肇淛：《五杂组》卷九，上海书店出版社 2009 年版，第 267 页。

② （明）何良俊撰，李剑雄校点：《四友斋丛说》卷三〇，上海古籍出版社 2012 年版，第 197 页。

是主题集中，二是偶引诗词。明代有九部戏剧提到了李广，但这九部戏剧作品在提到李广时都集中于表达李广难封或者数奇，例如郑若庸《玉玦记》第十九出"赴试"说"奈李广未侯真数奇"，杨柔胜《玉环记》第十四出"韦皋延宾"说"李广谁怜不拜侯"，吾邱瑞《运甓记》第十七出"问卜决疑"说"李广到老不侯"等，这些表达除文字略有不同外，大意都是感叹李广难封。本书在论述元代戏曲时曾经说过，元代戏曲唱词经常引用唐宋诗句，明代戏剧也有这样的特征，例如汤显祖《紫钗记》第三十五出"节镇还朝"：

> 独携堂印坐西州。一剑霜飞雁影秋。却笑班超容易老。焉知李广不封侯。自家刘公济，镇守玉门关外，推毂几年，拓地千里。落日已收番帐尽，长河流入汉家清。昨奉圣旨，着下官还朝，总管殿前诸军事；李君虞加秘书郎，改参卢太尉孟门军。早晚参军书到也。①

很明显，"焉知李广不封侯"一句引用了杜甫《将赴荆南寄别李剑州》中的诗句"但见文翁能化俗，焉知李广未封侯"。汤显祖引杜甫的诗句，与杜甫诗句的意蕴基本一致，都谓主人公有生前之时。除此之外，冯惟敏的《不伏老》还引用了王维的诗句：

> 【醋葫芦】恋则恋富春泽七里滩，喜则喜柴桑村五株柳。（〔副末〕老先生下顾，有何见教？）〔末〕为则为陈雷胶漆意绸缪。（〔副末〕老先生素称有修五凤楼手段，今其时矣！何故高蹈远引？）〔末〕说则说老手能修五凤楼，怕则怕遭逢不偶。（卫青不败由天幸，李广无功缘数奇。如今也论不得好手段了！）〔末〕恨则恨飞将军白首未封侯。②

这段人物语言中的"卫青不败由天幸，李广无功缘数奇"出自王维的《老将

---

① （明）汤显祖撰，周秦、刘玮评注：《紫钗记》，百花文艺出版社 2014 年版，第 230 页。
② （明）冯惟敏撰，谢伯阳编纂：《冯惟敏全集》，齐鲁书社 2007 年版，第 488 页。

行》，在这部戏中表达的同样是"数奇""不封侯"，而且后面又提到了"恨则恨飞将军白首未封侯"，这与其他戏曲的主题是一致的。

小　结

历史是在积累中渐进发展，就李广形象的接受而言，明代是在积极学习唐宋的过程中又自觉或不自觉地进行了一些新的尝试，并且取得了不俗的成就。唐代是一个伟大的时代，它所开创的昂扬的盛唐风气为明代前后七子所继承。两宋之际辛弃疾、陆游等人赋予了李广形象以爱国的内涵，明代诗人很好地继承了这种爱国热忱，并在诗作里面用李广的形象进行表达。当他们清剿倭寇之患的时候，李广身上的爱国内涵就又一次闪现出来，这是李广形象第一次体现在中华民族抵御外侮上，其影响是巨大的。清代抗击英军侵略，后来抗日战争中蒋介石亲自为李广墓碑题词也正是受了宋明两代爱国诗人的影响。此后，李广形象中的爱国主义内涵便不断闪烁。除了爱国思想，明代人同样继承了宋人长于思考的特点，王维桢、董其昌、孙升、何良俊、高岱等人并非空泛地发表议论，而是能够结合国家形势发表议论，具有针对性，这是很难得的。除此之外，明代历史上足以奠定李广接受史地位的就是明代的话本小说《汉李广世号飞将军》。自《史记·李广将军列传》和《汉书·李广传》之后，这是首次见到如此完整地演绎李广故事。这部话本小说在整体框架上以《史记》为主干进行再创作，就像《三国演义》之于《三国志》。《三国志》是严肃的史书，经过很多人尤其经过明代人的加工，最后成书的《三国演义》在价值观、语言表达等方面俨然成了明代的故事。《汉李广世号飞将军》也是一样，虽然这部小说改编自《史记·李将军列传》，但在整体面貌上却与《史记·李将军列传》呈现出一种似是而非的感觉。这应当源于故事整体框架的保留和诸多细节的改写。而最重要的改写当数最后对李广的评价，司马迁强调的是人生价值："桃李不言，下自成蹊"，而《汉李广世号飞将军》强调的是是人生命运，"皆时也，运也，命也"。正史与小说的不同于此形成鲜明的对比。这部小说用明代特有的方式重新叙述李广故事，在改编艺术上多所创造，是很值得重视的一篇小说，对民国以后有关李广的小说、戏剧渐兴具有重要影响。

第八章　清代李广形象的创新与总结

文学即人学，人是有生命的，是有生老病死的，文学似乎也是这样的。文学到了清代，各种文学形态似乎都在自觉走向一种回顾式的辉煌与总结。就李广接受而言，同样是这样。诗文作品中的李广形象至清代呈现一种爆发式的发展，涉及李广的诗词数量几乎是唐、宋、元、明四代之和，而且继承了多数前代诗作的风格。咏李广的诗人上至皇帝下至布衣，作者众多，诗作题材丰富，咏物、叙事、说理等无所不包，很好地反映了清代社会的主要社会风貌和时代特点。就文章而言，同样是这种情形，除了应用文、公文外，还有书信、序言等各种题材，作者身份众多，风格多样。史学研究方面同样有很多成果，诸如赵翼的《廿二史札记》、王夫之的《读通鉴论》、章学成的《文史通义》、清高宗弘历《御批历代通鉴辑览》等对李广多所关注。清代的笔记作品也很多，而且名家众多，例如顾炎武之《日知录》就多次提及李广。在文艺理论方面，用李广讨论文艺问题的诗话、绘画类著述数量远超前代。清代类书亦远超前代，不但数量多，而且出现了《渊鉴类函》《骈字类编》等大型类书。清代历史小说盛行，李广是汉代名将，所以清代的小说提及李广者甚多，但专门讲述李广故事的小说尚无。其他如易类、小学、方志、地理以及各种诸子之作如楹联等方面亦都广泛涉及李广，只不过数量不多。由上可见，作为我国封建社会的最后一个历史阶段，就李广接受史而言，清代在唐、宋、元、明的基础上，在广度和深度上皆有开拓，是李广形象接受的大总结阶段。

第一节　清诗中的李广形象与清代的时代特点

清代关涉李广的诗文数量远超前代，数量在 130 首以上。不但平稳地继承了唐、宋、元、明四代诗作的主要特点，而且在深度和广度上以及某些细微之处还有创新。例如以前李广形象的传播和接受都在社会中层、上层的雅诗当中，较少出现在白话诗当中，而在清代就出现了类书于《红楼梦》开篇的《好了歌》那样的劝世白话诗——《心命歌》：

> 心好命又好，富贵直到老。心好命不好，天地终须保。命好心不好，中途夭折了。心命俱不好，贫贱受烦恼。心乃命之源，最要存公道。命乃形之本，穷通难自料。信命不修心，阴阳恐虚矫。修心不听命，造物终须报。李广诛降卒，封侯事虚杳。宋祁救蝼蚁，及第登科早。善乃福之基，恶乃祸之兆。阴德与阴功，存忠更存孝。富贵有宿因，祸福人自招。救困与扶危，胜如做斋醮。天地有洪恩，日月无私照。子孙受余庆，祖宗延寿考。我心与彼心，各欲致荣耀。彼此一般心，何用相计较。第一莫欺骗，第二休奸狡。萌心欲害人，鬼神暗中笑。命有五分强，心要十分好。心命两修持，便是终身宝。
>
> ——钱德苍《解人颐》①

这首五言白话诗主要关注点在于劝人"心""命"双修，其劝人向善弃恶，劝人积"阴德""阴功"，劝人"忠""孝"，劝人"莫欺骗""休奸狡"，最终实现"富贵直到老"的生活目的。这首诗以一种朴素的、通俗的方式对民众进行教化，劝人向善是没错的，但其中的因果报应、心命理论、阴德阴

---

① （清）钱德苍辑，古青标点、注释：《解人颐》，三环出版社 1992 年版，第 13 页。

功、鬼神观念等封建糟粕是必须要批判的。诗中谈到善恶报应时所举事例就谈到了李广杀降，这是一个从汉代王朔以来就有的古老命题，"祸莫大于杀已降，此乃将军所以不得侯者也"。到了清代的民间，这件事被凝练为"李广诛降卒，封侯事虚杳"。由此可见，李广形象的主要内涵无论古今还是雅俗，都集中于"李广难封"的命运及其原因的探讨。当然，就清代诗歌对李广形象接受的总体而言，情况就复杂多了，而创造性也就更显而易见了。

一、台湾悼亡诗、咏物诗作品中的李广形象与唐宋之风

李广研究的主阵地就时代而言，一直以来都在唐代，以后就鲜有学者触及；就地域而言，李广研究一直以大陆为主，缺乏针对古代台湾诗的李广接受研究。目前已经有了类似《台湾文献丛刊》《台湾古籍丛刊》《台湾文献史料丛刊》等大型台湾文献总集。总体而言，目前所见关涉李广形象的清代台湾诗歌总体水平很高，尤其悼亡诗、咏物诗深有寄托。从本质上来看，台湾诗中李广形象的塑造与运用，根源还是唐宋。

悼亡诗的写作往往离不开赞誉，自目前可见的最早的《荆州刺史度尚碑》（东汉永康元年）开始，李广便时常出现在悼亡诗和碑文里面。下面的这首《过林刚愍公祠》就是这样一首哀悼诗：

> 将军崛起东海东，顾盼咄叱生云风；孤军长驱救闽、浙，戴天不共金田洪。是时金陵大营始败衄，将军百战百奏功；从容袤带开幕府，南天锁钥方寄公。挺身愿作中流砥，未勒燕然心不已；忽闻乡井起妖氛，回戈一击元凶死（谓平戴潮春乱）。羽书南剑报垂危，誓师横渡去如飞；老貔卧道貉子过，不能扑杀非男儿！细析营头风萧飒，星沈五丈天胡酷！李广平生得士心，缟素一军齐痛哭。有司星夜叩天阍，噩耗传来动至尊；诏立专祠建功地，千秋万世慰忠魂。龙溪、鲲岛遥相望，祀典年年无废旷；无端左股割蓬莱，故国回头似天上！我来下马

感沧桑，萋萋春草墩山旁；伤心庙貌依然在，谁为前朝吊国殇！

————郑玉田《过林刚愍公祠》①

作者郑玉田于史无载，这首诗所哀悼的人"林刚愍公"却很有名。林文察（1828—1864），字子明，福建彰化县阿罩雾庄（今台湾省台中县雾峰乡）人，清代著名台籍将领。林文察曾协助平定小刀会起义、戴潮春事件。太平天国的李世贤、汪海洋合陷漳州，林文察寡不敌众，战死，赠太子少保，予骑都尉兼一云骑尉世职，谥刚愍。光绪四年（1878），在漳州建专祠。光绪十六年（1890），由福建台湾巡抚刘铭传奏请，在台湾省城建专祠。郑玉田的这首诗就是在他在台湾拜祭林文察祠后所作。此诗前半部分回顾了林文察的大致经历，例如"忽闻乡井起妖氛，回戈一击元凶死"两句即注明"谓平戴潮春乱"，叙事较为明确、具体。"李广平生得士心，缟素一军齐痛哭"两句则转为对林文察的赞誉及对林文察战死的哀痛，这里用的就是《史记·李将军列传》中的"及死之日，天下知与不知，皆为尽哀"。最后两句"伤心庙貌依然在，谁为前朝吊国殇！"写得甚为悲痛，作者的情感在最后这两句得以充分表达。这首诗的格调不能不让我们想到唐代人的同类著作，如许浑的《伤虞将军（一作伤河东虞押衙）》"可怜身死家犹远，汴水东流无哭声"、顾非熊的《哭韩将军》"将军不复见仪形，笑语随风入杳冥。战马旧骑（一作驱行）嘶引葬，歌姬新嫁哭辞灵"，以及王维的《故西河郡杜太守挽歌三首》和常建的《吊王将军墓》。

天上去西征，云中护北平。生擒白马将，连破黑雕城。

————王维《故西河郡杜太守挽歌三首·其一》②

嫖姚北伐时，深入强千里。战余落日黄，军败鼓声死。尝闻汉飞将，可夺单于垒。今与山鬼邻，残兵哭辽水。

————常建《吊王将军墓》③

① 郑玉田：《汝南诗草》，第123页。
② （唐）王维撰，陈铁民校注：《王维集校注》卷三，中华书局1997年版，第250页。
③ （清）彭定求等编：《全唐诗》卷一四四，中华书局1960年版，第1461页。

简单一对比，我们就能发现郑玉田此诗根源在唐代，一是感情之深挚；一是李广形象之运用。

林占梅与林文察是同时人，字雪村，号鹤山。清淡水厅竹堑（今新竹市）人。祖父绍贤（1761—1829）经办台湾盐务，为竹堑巨富；父祥瑞（1797—1862）早卒。年十四，尝随岳父黄骧云北上京师任职。林占梅急公好义，道光二十一年（1841），因捐防鸡笼英军之犯，获贡生加道衔；道光二十三年（1843），因捐防八里坌，获知府即选；道光二十四年（1844），募勇扼守大甲溪，绝嘉、彰各邑漳泉械斗蔓延，赏戴花翎；咸丰三年（1853），林恭事变，协办全台团练，捐津米三千石，准简用浙江道；咸丰四年（1854），克复艇匪黄位之乱，加盐运使衔；同治元年（1860），毁家纾难，协助朝廷平戴潮春事件有功，加布政使衔。道光二十九年（1849），构筑潜园，雅集诗骚。文酒之盛，冠于北台。其作品风格多样，平易晓畅法白居易，感时忧国似陆放翁，伤感兴怀如吴梅村。林占梅所撰之悼亡诗很好地体现了他的见闻、经历以及他最突出的诗作风格：

> 蓦地惊闻到讣音，台阳又见将星沉。朋情金石君为最，交谊芝兰此独深。被谤马援冤刺骨，难封李广痛铭心！伏波横海功何在，举目诸孤泪不禁！
>
> ——林占梅《倪敏堂参戎四月十四日病殁于台镇中营任内，惊闻讣音，作诗哭之》①

此诗与上述王维和常建的诗风格同样非常相似。王维的诗写得"悲而不痛"，因为从内容来看，这明显是一篇命题诗；常建的诗可谓"悲痛至极"，而林占梅的诗则明显是继承了常建的深情传统，是"悲而且痛"的一首好诗。诗的第一句"蓦地惊闻到讣音"中"蓦地""惊闻""讣音"三个词很清晰地交代了作者突然听到有人噩耗时的吃惊，"台阳又见将星沉"则点明去世的是一名

---

① 林占梅：《潜园琴余草简编》，载台湾银行经济研究室编辑《台湾文献丛刊》，台湾银行1968年版，第125页。

武将。在交代了和倪敏堂的友情后，作者写道："被谤马援冤刺骨，难封李广痛铭心！"马援虽身死仍然蒙冤，而李广难封则使作者感到"痛铭心"。最后两句"伏波横海功何在，举目诸孤泪不禁"是作者对倪敏堂遭受不公平待遇的同情及其不幸离世的悲伤。

二、明清易代、抵抗外侮之际爱国诗作中的李广形象

赋予李广形象以爱国主义内涵最早的当数两宋之交的辛弃疾、陆游等人，他们以诗词反映抗金之志；到了明代则是皇甫冲、戚继光等人用诗歌反映鞑靼、瓦剌对明朝之侵扰以及抗倭事业；至清，情况有所变化，清诗中不但有易代之际的故国情怀，更有抗日保台等内容，这其中以丘逢甲最具代表性。

易代之际的爱国人士以谈迁为典型。谈迁，史学家，原名以训，字仲木，号射父，浙江海宁（今浙江海宁西南）人。明亡后改名迁，字孺木，以明明代移民之志，他还自称"江左遗民"。谈迁终生不仕，如司马迁一般用毕生精力创作史书，《国榷》是他的心血所在。其专叙明代历史，记录了很多史实，纠正了很多谬误，被吴晗评价为"爱国的历史学家"①。作为一个有理想的历史学家，谈迁不但专力写作史书，尽管他自谦"非能诗者"，却也存了千首诗之多。更为可贵的是，他的诗中数次谈及李广，而且全是模拟乐府旧题，用一种曲折的方式表达了他对当时社会的不公和人生悲剧的反思。如其《入塞曲》说："翕侯既降胡。李广陷文簿。诸校各叙功。曲折可指数。"② 正如前述明代史学家高岱《将难》所言："武夫沫血于戎马，文吏指摘于簿书。死士转斗于疆场，逢掖阔谈于庭署。虽有折冲之略报国之忠几何不摧挠而悔恨乎？"③ 将领受制于文法之吏，如李广这样的名将又怎能不受约束和惩处，这会严重损伤武将的报国之志，人为造成很多悲剧。他的《关山月》将此写了

---

① （清）谈迁撰，汪北平点校：《北游录》，中华书局1997年版，吴晗代序《爱国的历史家谈迁》。
② （清）谈迁撰，汪北平点校：《北游录》，中华书局1997年版，第155页。
③ （明）高岱：《文章辨体汇选》卷四一九，影印《文渊阁四库全书》本。

出来："太白将高李广黜，夜半万鬼鸣啾啾。"① 他的另一首《从军行》也反引出了李广的命运悲剧："李广终不封。斗印出上指。司马门方高。何况汉天子。"②

丘逢甲（1864—1912），字仙根，又字吉甫，号蛰庵、仲阏、华严子，别署海东遗民、南武山人、仓海君。丘逢甲出生于台湾省苗栗县，是晚清抗日保台志士、爱国诗人。光绪二十年（1894），中日甲午战争爆发，丘逢甲身在台湾，十分关注战争的发展，曾请求台湾巡抚唐景崧批准他创办抗日保台义军。光绪二十一年（1895），中、日签订了丧权辱国的《马关条约》，激起了全国人民的义愤。丘逢甲悲愤交加，当即刺血上书，抗议李鸿章的卖国行径。清廷不顾全国人民的愤怒反对，执意割让台湾，下令唐景崧率领官员内渡，委派李鸿章的儿子李经方为割台特使。丘逢甲则与日军展开抗战，坚持台湾永远不离开祖国，但很快基隆就失陷，台北兵乱，被日军轻易占领。丘逢甲亦兵败而退，不得已而离开台湾回内地。

光绪二十二年（1896），丘逢甲自内渡回粤后，心情异常郁闷，时时刻刻都在关注台湾，写下了《天涯》《愁云》等不少诗作。这首《客邸晚怀二首·其二》就是当时丘逢甲心境的真实写照：

> 西山残照下城阴，萧瑟天涯客思深。风雨暖寒诸弟梦，关河眠食老亲心。消磨侠胆犹看剑，留恋同声未碎琴。绕遍南枝何处借？夜乌啼急正投林。百粤山河霸气凉，干戈初定客还乡。愁心似海犹添水，短鬓惊秋早欲霜。醉尉径能欺李广，冷曹应共笑冯唐。豪情倘觉销难得，又听城笳送夕阳。③

丘逢甲身为台湾人，眼睁睁看着台湾落入日寇之手而无能为力，其内心之悲愤可想而知。不但如此，与丘逢甲的悲愤交加相比，内陆地区的世态炎凉和

---

① （清）谈迁撰，汪北平点校：《北游录》，中华书局 1997 年版，第 163 页。
② （清）谈迁撰，汪北平点校：《北游录》，中华书局 1997 年版，第 170 页。
③ （清）丘逢甲：《岭云海日楼诗钞》卷二，上海古籍出版社 1982 年版，第 31 页。

人情冷暖也让丘逢甲郁闷不已，他在诗中直言："愁心似海犹添水，短鬓惊秋早欲霜。"这让他想起了当年被一个小小霸陵尉欺辱的"前将军"李广，以及九十多岁才被举荐当官的冯唐，但丘逢甲收复失地的豪情并不会因此而褪去。这让我们想起了辛弃疾的那首《八声甘州·夜读李广传不能寐因念晁楚老杨民瞻约同居山间戏用李广事赋以寄之》：

> 故将军饮罢夜归来，长亭解雕鞍。恨灞陵醉尉，匆匆未识，桃李无言。射虎山横一骑，裂石响惊弦。落魄封侯事，岁晚田园。

> 谁向桑麻杜曲，要短衣匹马，移住南山？看风流慷慨，谈笑过残年。汉开边，功名万里，甚当年健者也曾闲？纱窗外，斜风细雨，一阵轻寒。①

这首词最后的"斜风细雨""轻寒"与丘逢甲诗尾的"城笳送夕阳"寓意基本一致，绝非寻常写景，而是有所喻指。辛弃疾年轻时起兵抗金，南归以后虽有所作为，但终究不得志。辛弃疾惯于同恶势力作斗争，时常遭到朝中奸臣的嫉恨，屡被迫害。辛弃疾反观自己的"难封""数奇"，他想到了李广，自己同李广不是一样的吗？然而辛弃疾内心是强大的，"轻寒"之"轻"并非真"轻"，而是辛弃疾看得轻。这与丘逢甲又是多么相似！丘逢甲的爱国之心，竟又似杜甫之"国破山河在，城春草木深"，令人敬佩。

三、清代乐府、歌行诗中李广形象的盛唐之风

乐府歌行不唯唐代所独有，但乐府歌行在唐代之盛行却是不争的事实，尤其是在盛唐。宋、元、明、清各个时代都有唐代乐府歌行的模拟之作，而且有些作品往往艺术水准很高，清代一些作品尤其如此。例如下面的一首《战城南》拟作：

> 朝战城之南，暮战城之北。阗然一鼓两阵交，杀气暗天太阳白。

---

① （宋）辛弃疾：《辛弃疾词集》卷二，上海古籍出版社 2016 年版，第 110 页。

将士奋呼击贼，无不以一当百。矢石既竭，继以锋锷。自未至申，敌兵乃却。将军战胜气如虎，立马军前点部伍。西山日落东山昏，收兵渡河河水浑。白骨堆中鬼语聚，黄沙田上寒邻屯。战马惊鸣不肯行，腥风吹透伤刀痕。旧卒三十万，半作离乡魂。将军要封侯，未肯入雁门。君不见汉李广，数不偶而奇。又不见班定远，白头归已迟。将军兮将军，胡不归享太平时。

——岳端《战城南》①

岳端，清代诗人。后改名蕴端，清宗室，安和亲王第三子，封勤郡王。后因事夺爵。其工诗好客，有《扬州梦》传奇一本，《曲录》传于后世。这首《战城南》一如汉乐府古题"战城南"那样，是军乐，用于"以建威扬德、风敌劝士"②。《战城南》古题开头说："战城南，死郭北，野死不葬乌可食"③。其后描写战争之残酷："为我谓乌：'且为客豪，野死谅不葬，腐肉安能去子逃？'水深激激，蒲苇冥冥。枭骑战斗死，驽马徘徊鸣。筑室，何以南何以北，禾黍不获君何食？愿为忠臣安可得？思子良臣，良臣诚可思，朝行出攻，暮不夜归。"李白的《战城南》描写较艺术："去年战，桑乾源；今年战，葱河道。"④ 元代耶律铸《古战城南》开篇说："结陈背南河，指顾望城北。"⑤ 明代刘基也有《战城南》拟作："朝战城南门，暮战城北郭。"⑥ 刘基的这首诗中间大部同古题一样描写战争之惨烈，但结尾成了歌功颂德："归帝乡，乐熙熙，际天所覆罔不来。小臣献凯未央殿，陛下垂拱安无为。"岳端的这首诗开头为"朝战城之南，暮战城之北。"这种互文式起句明显是承乐府古题、李

① （清）岳端：《玉池生稿》，载《清代诗文集汇编》编纂委员会编《清代诗文集汇编》，上海古籍出版社 2010 年版，第 43 页。

② （宋）郭茂倩编：《乐府诗集》卷一六，中华书局 1998 年版，第 223 页。

③ （宋）郭茂倩编：《乐府诗集》卷一六，中华书局 1998 年版，第 228 页。

④ （唐）李白撰，詹锳主编：《李白全集校注汇释集评》卷三，百花文艺出版社 1996 年版，第 350 页。

⑤ （元）耶律铸：《双溪醉隐集》卷二，影印《文渊阁四库全书》本，第 16 页。

⑥ （明）刘基撰，林家骊点校：《刘基集》卷一六，浙江古籍出版社 1999 年版，第 219 页。

白、刘基一路而来，诗的主要内容同样是描写战争过程和惨烈状况，并无新鲜之处。这首诗的创新之处在于结尾。自古而今的《战城南》作品，首次提到具体人物的是张正见的《战城南》"战罢披军策，还嗟李少卿"①。然后是唐代僧贯休的《战城南》"轻猛李陵心，摧残苏武节"。但僧贯休的创造性在于后面首次提到了"封侯"，"十载不封侯，茫茫向谁说"②。在《战城南》首次提到李广并且抒发"难封"之意的，是清代的岳端，他的诗结尾说："君不见汉李广，数不偶而奇。又不见班定远，白头归已迟。将军兮将军，胡不归享太平时。"岳端在这首诗的结尾感叹李广的"数奇""难封"，又说班超出使西域三十年，归来已经快要七十岁，才被拜为射声校尉。所以作者劝这位如李广般不得志的老将军不要再执着地拼死沙场。整首诗在继承的基础上进一步将《战城南》的关注点由战争本身转向个人悲剧命运的哀叹，具有创新意义。

清代一些歌行诗也作得很好，颇有盛唐之气，例如陈廷敬的《射虎行》：

> 北平太守飞将军，城南射猎天风昏。射虎中石没羽箭，至今石戴霜花痕。萧关昔日良家子，结发从军动边鄙。寂寞南山忆夜行，霸陵亭尉醉呵止。一朝飞盖来北平，三边夜无刁斗声。将军善射出天性，射敌欲尽兼射生。虎也腾伤上猿臂，将军意气轻搏刺。怒形威振万物伏，精爽足可贯厚地。我来访古卢龙傍，广不逢时吾黯伤。吹箫屠狗有异表，时来起作诸侯王。③

陈廷敬（1638—1712），本名陈敬，字子端，号说岩、午亭，泽州府阳城县中道庄（今山西省晋城市阳城县北留镇皇城村）人。清代宰相、学者。陈廷敬工于诗文，器识高远，文词渊雅，撰有《午亭文编》五十卷，收录于《四库全书》，其中诗歌二十卷。此一首《射虎行》虽名为《射虎行》却并非专写

---

① （宋）郭茂倩编：《乐府诗集》卷一六，中华书局 1998 年版，第 236 页。
② （宋）郭茂倩编：《乐府诗集》卷一六，中华书局 1998 年版，第 237 页。
③ （清）陈廷敬：《午亭文编》卷三，影印《文渊阁四库全书》本。

李广射虎，而是借以感慨如李广一样的生不逢时之辈。此时之最大特点是叙事时间的不断转换，开头"北平太守飞将军，城南射猎天风昏。射虎中石没羽箭"，三句写的是西汉李广射虎之情景。而接下来的"萧关昔日良家子"又将时间往前推，回顾李广之刚刚从军之时。一直回顾到李广射虎被霸陵尉呵止，以及李广猿臂善射和"以力战为名"。及至"我来访古卢龙傍，广不逢时吾黯伤"两句，几乎回顾了李广的一生，至此将时间又拉至眼前，并且点出诗旨是感伤李广生不逢时。而那些生而逢时的呢？陈廷敬用到一个典故"吹箫屠狗"，吹箫者系春秋时伍员，其父兄为楚平王所杀，遂出逃，吹箫乞食于吴市，后助吴王阖闾伐楚。屠狗谓荆轲与之交游纵酒者，又西汉初大将樊哙亦尝屠狗为业，则吹箫屠狗指沦落市井的奇人。陈廷敬意为倘若逢时，连市井奇人都有发迹的预兆，有可能将来就做到诸侯王。而像李广这样"数奇"之人，即使一生都沙场拼杀又能如何，还不是逃不脱"难封"和"自刎"的噩运。

四、清代射虎诗中的李广形象

从金元开始盛行的射虎诗往往习惯引入李广形象，明代继有张元凯《射虎》等诗也习惯在射虎诗中引入李广形象。至清代，射虎诗陡增，总计有35首之多，其中乾隆皇帝一人独占12首，这是诗界鲜见的现象。在这些射虎诗当中约有半数都涉及李广将军，而乾隆皇帝一人便有4首写到了李广。

> 李广诚卑耳，刘昆或诞乎。

> ——《射虎川》①

> 孙权却笑为车怯，李广徒闻没石能。

> ——《射虎川遵长城岭而西绝壁嵌丹灌丛缬绿我皇祖西巡时射虎处也神武泉在其旁因成是什用志景钦》②

① （清）清高宗弘历：《御制诗四集》卷八〇，影印《文渊阁四库全书》本。
② （清）清高宗弘历：《御制诗初集》卷三六，影印《文渊阁四库全书》本。

莫怪刎身屈绝域，霸陵祸伏故将军。

——《咏李广射虎玉韘》①

斩将夺旗有若此，卞庄李广非所知。

——《射虎行》②

据清史记载，雍正立弘历为储君之后，加强了对他的教育，除了文化教育之外，又以宗室重臣允禄、允禧等教其火器使用和弓马骑射。很快弘历便兼通满、汉文，遍习文武。乾隆崇尚武功，乾隆时期武功繁盛，在平定边疆地区叛乱方面作出了巨大成绩，并且完善了对西藏的统治，再次将新疆纳入中国版图，清朝的版图由此达到最大化。乾隆本人也十分热衷于涉猎活动，现收藏于北京故宫博物院，由郎世宁等人创作的绢本设色画《乾隆皇帝射猎图》即是最直接的证明。结合这些背景再来看上述四首射虎诗中的李广形象便会发现，作为一个有作为的、集文治武功于一身的伟大的帝王。乾隆心胸开阔，所以他写李广都是贬抑的写法，言语之中不无骄傲之意。

清代一些诗人的射虎诗表现出了很强的创造性，不同于以往的同类型作品。如黎简的题画诗《射虎图歌》就显示出了很强的绘画特点。黎简（1747—1799），字简民，一字未裁。号石鼎、狂简、未道人、百花村夫子，号二樵。广东顺德人。黎简多才多艺，既擅篆刻、园林设计，又擅词曲，尤以诗、书、画三绝驰名于世。黎简中年时声名远扬，却不慕名利，很多人求而不得见，世人目之为"狂"，他因此自号曰"狂简"。黎简生前即俘刻诗集《五百四峰堂诗钞》，加之后面的"续集"，其诗歌总数在二千首以上，其中的题画诗颇能体现出"诗中有画，画中有诗"的特点，例如他的这首《射虎图歌》：

猛虎得人只数尺，将军昨夜箭入石。山风偃木髯竖戟，将军眼

---

① （清）清高宗弘历：《御制诗五集》卷四二，影印《文渊阁四库全书》本。
② （清）清高宗弘历：《御制诗二集》卷五二，影印《文渊阁四库全书》本。
①此诗下有按语"李陵谓广徒失贵臣之意刎身绝域之表，此虽痛父之意耶，然广因忌霸陵醉时之呵请与俱，至军而斩之，以小恨而擅杀人，则其死亦有以自取之也。"

晴如虎绿。目光电交倚一镞，镞弗应弦则手搏。后有陡削前绝趋，
虎进不已人负嵎，人虎不得少踟蹰。欲急已迟拟即失，将军气盛体
若櫎，肘如枯枝杯不溢。彼何人斯李广真，谁其写之曹将军，不尔
安得梦入神。我欲短衣驰匹马，今人旁观汗犹泻，况乃左右匍伏者。①

黎简此诗善于用动词，一幅静态的《射虎图》画，经黎简的一番描写，画面
就动了起来。不但人物有连续性的动作描写如"镞弗应弦则手搏"，连写景的
语句都有动作如"山风偃木"，这让整幅画面都"动"了起来，于是就形成了
"势"，即形成了一种沉浸式的体验——"后有陡削前绝趋，虎进不已人负嵎，
人虎不得少踟蹰。欲急已迟拟即失"。人与虎在画面中充满了矛盾，紧张的状
态被黎简写得生动无比，"踟蹰""欲急"等动词令画中的故事顿时紧张起来。
而描写将军的语句"将军气盛体若櫎，肘如枯枝杯不溢"则又让读者安下心
来。那么这位将军是谁呢？中间两句设问式的语句："彼何人斯李广真，谁其
写之曹将军。"交代了画中人是李广——著名的射虎将军，而作者也是一位将
军——"曹将军"。这首诗最后更进一步夸张地写出了观众对于这幅画的观
感："今人旁观汗犹泻，况乃左右匍伏者。"这幅画之紧张让观众看得"泻汗"
不已，有些观众甚至"匍伏"在地，好像曹将军的这幅画让李广和老虎都活
了起来。黎简的诗写得非常成功，深得绘画之妙，非能诗善画者不能得。

施闰章，字尚白，号愚山。江南宣城（今安徽省宣城市宣州区）人。清
初政治家、文学家。施闰章博览经史，工诗词古文学，与高咏主持东南诗坛
数十年。与宋琬有"南施北宋"之誉。他也有一首射虎歌很出名，突出的特
点是动词的运用：

歙城西，二虎排闼哑人，猎者不能捕。将军怒，马一出得之，
啖予虎炙，醉为之歌。

将军世胄冠三秦，身经百战开风尘。力排华岳今不用，挂剑发

---

① （清）黎简撰，梁守中校辑：《五百四峰堂诗钞》卷二二，中山大学出版社 2000 年版，第
275 页。

戈勇且仁。马头忽听河西哭，山君咆哮出山腹。将军怒掣金仆姑，
笑看白额如黄犊。伏者为雌腾者雄，阴风猎猎青林中。雕弧五石洞
双腋，霹雳一响群山空。须臾叱咤取虎炙，折柬还招长揖客。匕首
纵横似逐鹿，冰盘玉斝何狼藉。胡将军，君不闻李广射石扬英声，
孝侯殪虎成令名。不若双擒破虎穴，天都赖尔为长城。明朝振策攀
黄岳，许我披榛放胆行。

——施闰章《胡将军射双虎歌》①

这首诗如元、明射虎诗一样，并非撰写李广射虎，而是以李广写他人射虎。
从序言来看，施闰章诗中所谓的胡将军确实射死了两只吃人的老虎，而且请
施闰章一起享用了老虎的肉。施闰章的描写注重夸张的运用，如说老虎跳出，
谓"山君咆哮出山腹"；说胡将军勇猛，谓"笑看白额如黄犊"；描写射虎过
程，谓"雕弧五石洞双腋，霹雳一响群山空"。描写吃虎肉的过程，谓"须臾
叱咤取虎炙"。施闰章甚至谓胡将军射虎要远胜李广和周处，盛赞其"天都赖
尔为长城"，能令作者放心攀登黄岳而无所畏惧。

同为《射虎行》，金志章的诗又不同于以上诸诗，他是在自叙行程所见中
描写李守戎之射虎情形，并将之比喻为李广：

北风卷地尘沙黄，杲杲塞日无晶光。山城荦确少行迹，猛虎昼
出蹲南冈。双睛睒睒射惊电，耸尻竖尾如竿枪。咆哮踞地地欲裂，
百兽走匿山魈藏。爪牙铦利意饕餮，家家闭户群苍皇。陇西飞将勇
莫当，世家猿臂能挽强。须髯蝟磔气勃发，直视斑子如跛羊。长弓
大箭走相博，瞋目叱咤声雷踉。洞胸贯胁猛竟殪，负隅不动偻然僵。
樵苏从此少患害，行李来往仍穰穰。我时驱车出北口，逢君迎谒趋
道傍。为余津津淡且喜，英风爽飒神飞扬。须臾健儿舁虎至，余威
尚觉生风霜。羡君除暴真健者，当路岂复忧豺狼。安边今时重将率，

---

① （清）施润章撰，何庆善、杨应芹点校：《施愚山集》卷一四，黄山书社 1992 年版，第 290 页。

如君定合膺非常。封侯他日振先烈，坐见节镇开岩疆。

　　　　　　——金志章《岔道射虎行为李守戎作》①

金志章，生卒年不详，约康熙末前后在世。其清才渊雅，耽诗，与杭世骏、厉鹗齐名。金志章性闲旷，山行终日不厌。目前可见其《江声草堂诗集》存世，其中有《敝帚集》一卷、《梅东集》一卷、《始游集》一卷、《镜中集》一卷、《瞻云集》一卷、《谷云集》一卷、《海浦归耕集》二卷等七部诗集共八卷。其中《始游集》乃其游粤西之诗作，《谷云集》为其官口北时之诗作。上述《岔道射虎行为李守戎作》就是金志章在张家口游览时的诗作。这首诗的前两句写景，为虎之出现铺设紧张的景色："北风卷地尘沙黄，杲杲塞日无晶光。"接下来便描写老虎的凶猛模样，"爪牙铦利意饕餮，家家闭户群苍皇"两句概括了老虎之可怕。接着作者以"陇西飞将勇莫当，世家猿臂能挽强"两句让李广出场，经过一番搏斗，终于老虎被打死——"洞胸贯胁猛竟毙"，而百姓的生活也恢复了平静的日常。接着"我"出现，在夸了这个李广般的射虎英雄李守戎之后，便鼓励他从戎边塞，因为"安边今时重将率"——国家因为安定边境的缘故，非常重视武将。并且对他寄予了厚望——"封侯他日振先烈，坐见节镇开岩疆"。这是一首纪行诗，叙事完整而细节清晰，作者以李广比喻射虎之人，围绕射虎展开叙述，结尾劝人从戎边塞，不同于以往诗人，有创新之意。

除此之外，还有一些律绝同样描写李广射虎，而表现出了不同的特点：

　　一身都是力，不偶数迍邅。亦识将军勇，其如天子偏！谗言金可铄，神射石能穿。经过北平地，天高月不圆！

　　　　　　——许南英《李广射虎》②

---

① （清）金志章：《江声草堂诗集》，载《清代诗文集汇编》编纂委员会编《清代诗文集汇编》，上海古籍出版社 2010 年版，第 423 页。

② （清）许南英：《窥园留草》，载陈庆元主编，罗大佑等撰，陈未鹏等点校《台湾古籍丛编》（第九辑），福建教育出版社 2017 年版，第 454 页。

　　老将威名震北平，却教顽石落魂惊。笑他试剑原儿戏，未必吟

成猛虎行。

　　力如虎尤猛，心比石还坚。以此威弧矢，何愁不应弦。

——金朝觐《李将军射虎石二首》①

许南英是清代台湾 33 位科举进士之一。1895 年，清政府在甲午战败后被迫签订《马关条约》，将台湾割让日本。许南英毅然投笔从戎，统领兵丁扼守台南，抗击日寇入侵。台南沦陷前一天，他才由部下护送出城，后被迫离台，悲愤内渡福建，因此许南英的诗自有一股梗概之气。许南英的这首《李广射虎》并未描述李广如何射虎，他所关注的是李广之"不偶数迍邅"，以及他对李广"数奇"的强烈态度——"经过北平地，天高月不圆!"

　　金朝觐，字平亭，号銮坡，锦州义县人，隶汉军镶黄旗。生卒年不详，大约生于 1780 年。活动在嘉庆道光年间。程伟元及门弟子，高鹗好友。在沈阳书院学习时，是当时东北著名诗人，缪公恩推许他"天资颖迈，雄视文坛"（《三槐书屋诗钞序》）。他的这两首诗对李广射石大加赞赏，开头两句"老将威名震北平，却教顽石落魂惊"写得慷慨至极，令人印象深刻。后面一个"笑"写尽豪放的姿态。第二首诗与第一首完全不同，他通过四句诗分析了李广何以能令箭射入石头。李广力大而且内心坚定，作者最后说有了这样的人，射箭"何愁不应弦"。关于李广射石，多数人都在分析李广是否能够射进石头，以及是"石没羽"还是镞入石。金朝觐非常肯定李广的射石能力，并从能力和内心两个方面予以解释，这对李广是一种坚决的肯定，不同于其他人的射虎诗。

五、其他人诗作中的李广形象

　　清代咏李广的诗作众多，除上述作者、作品外，还有很多著名诗人留下

---

　　① （清）金朝觐：《三槐书屋诗钞》卷三，上海书店出版社 1994 年版，第 863 页。

诗词作品，例如屈大均、宋琬以及一些词人作品。清代专以李广为题的作品当数屈大均最多，除了《李广》还有《咏李广三首》，怀古诗《永平》《出永平作》也是咏李广之作，合计有六首之多，是历史上歌咏李广作品最多的诗人。

> 秋风吹老北平城，飞将增人慷慨情。长臂双如猿有势，大黄一发虎无声。陇西风节羞降敌，武帝思私悔请行。一石自从深饮羽，至今雕鹗过犹惊。

> ——《李广》①

> 铁骑横穿万马分，大黄亲解左贤军。汉家飞将多猿臂，射虎天山箭没云。

> 解鞍山下卧黄云，两翼从容百骑分。射杀匈奴白马将，生擒不少射雕群。

> 抱儿鞭马向南飞，射杀追军绝塞归。小队蓝田围猎罢，霸陵呵止不曾非。

> ——《咏李广三首》②

> 碣石悬天柱，卢龙接北庭。海吞滦漆白，山拥蓟辽青。古塞燕王筑，雄关汉将扃。威名思李广，猿臂障朝廷。

> ——《永平》③

> 洪河无停流，惊枝无栖翰。志士生乱离，七尺敢怀安。青萍不刈黍，明月宁沉渊。断袂别亲友，成败俱不还。诛秦报天下，一死如泰山。宝马与美人，乌足酬燕丹。驱车出卢龙，迢递度渝关。二水交滦漆，千峰连贺兰。征蓬自回转，去雁群飞翻。悲歌吊飞将，

① （清）屈大均撰，陈永正等校笺：《屈大均诗词编年校笺》卷二，上海古籍出版社 2017 年版，第 129 页。

② （清）屈大均撰，陈永正等校笺：《屈大均诗词编年校笺》卷二，上海古籍出版社 2017 年版，第 130 页。

③ （清）屈大均撰，陈永正等校笺：《屈大均诗词编年校笺》卷二，上海古籍出版社 2017 年版，第 128 页。

声振长城间。猛虎为我啸，玄猿为我叹。奚儿动成群，箜篌对月弹。

弥令远游子，侧听心哀酸。

——《出永平作》①

屈大均身处明清易代之际，是著名的学者、爱国诗人，他的前半生致力于反清运动。据年谱记载，他十八岁时就从陈邦彦军，并且独当一队，这不能不让人想起宋代辛弃疾。虽然这两位英雄并不能改变历史的走向，但在泥沙俱下的滚滚洪流中，他们的抗争本身就是意义所在，他们的名字一定会被历史所铭记。巧的是他们又都长于文章、诗词，所以我们从他们的诗词中往往能体会到他们的内心。顺治七年（1650），清兵围困广州，屈大均为避祸，于番禺县雷峰海云寺削发为僧。顺治十三年（1656），以化缘为名开始云游四海，奔走吴越、幽燕、齐鲁、荆楚、秦晋大地，北游关中、山西，入会稽至南京谒明孝陵。又上北京，登景山寻得崇祯死所哭拜，与顾炎武、李因笃、朱彝尊等交往。顺治十五年（1658）东出山海关，留意山川险阻，暗图复业。而上述诸诗就是屈大均行经秦皇岛卢龙县时拜访李广射石处的诗作。《李广》是一首纯粹的怀古诗，首句"秋风吹老北平城"中"秋风吹老"和"北平"两个短语立时就给整首诗带来了历史感和沧桑感，而"北平"即"天子乃召拜广为右北平太守"之"北平"，即今河北省秦皇岛市卢龙县。"飞将增人慷慨情"一句道出了作者的感受——慷慨。后面四句"猿臂""大黄""降敌""武帝"是关键词，点出了李广形象内涵的四个方面。最后的两句"一石自从深饮羽，至今雕鹗过犹惊"则点出了作者游历李广射石处所生发的历史想象——当年李广所射的箭，至今鹰隼飞过都还害怕，可见李广之威猛。相比于这首怀古诗，屈大均下面的三首咏史诗在叙述李广事迹的时候便具体多了。《咏李广》三首诗，每首诗叙述李广的一件事。第一首说的是汉武帝元狩二年（前121年），李广同张骞合力攻匈奴，李广军被匈奴围困，但李广父子英勇杀敌，

---

① （清）屈大均撰，陈永正等校笺：《屈大均诗词编年校笺》卷二，上海古籍出版社2017年版，第129页。

最后功过相抵。第二首说的是中贵人事件，第三首说的是李广被俘以及霸陵尉事件。由这四句，我们看出屈大均对李广事迹非常熟悉，而且反复出之以律绝，足见屈大均对李广的仰慕。

《永平》和《出永平作》又不同于以上所分析之诗，第一首言来卢龙，第二首言离卢龙，而情感却又不同。结合当时清军灭南明的形势以及屈大均当时的心境，"威名思李广，猿臂障朝廷"两句当是此诗核心所在。李广乃边将，而结合屈大均对明朝之忠心，则李广所"障"之"朝廷"必定指明朝。屈大均创作此诗多半是在借古之李广抒发一己的抗清之志，所谓"借他人酒杯浇自己块垒"。《出永平作》比《永平》复杂些，首两句"洪河无停流，惊枝无栖翰"描述了作者深处乱世之中无处安身的焦虑。"志士生乱离，七尺敢怀安"正应了开头两句，屈大均作为一个有志之士，身处离乱，焉能苟且偷安？"断袂别亲友，成败俱不还"两句是自述当时心境。"诛秦报天下，一死如泰山"及以下八句则明言抗清之志。接下来屈大均又一次哀悼李广并着重表达一己之悲："悲歌吊飞将，声振长城间。猛虎为我啸，玄猿为我叹。"当时清廷已经基本控制全国，因此"奚儿"应该是处处可见，这令屈大均愤懑不已。所以最后两句"弥令远游子，侧听心哀酸"表达了屈大均无比的辛酸与苦闷。

综上，可以看出屈大均如此频繁地写诗吟咏李广，并非单纯怀古、咏史，而是在李广身上寄托了自己强烈的爱国之情和亡国之痛，他的抗清之心和报国之志使李广形象的内涵更具体也更丰富了。

清诗一直在模仿、总结中发展，有时因为诗人气质与盛唐诗人相似，竟也出现了一些颇似盛唐的好诗，如满族将领胜保就有这样一首诗留存于世：

豪华艳说五陵游，燕颔何人更虎头。百战雄心驰露布，一时将略奇风流。敢拼直谏扶中叶，愧播虚名动九州岛岛。四十须眉犹未老，休嗟李广不封侯！[1]

---

① （清）龙顾山人纂，卞孝萱、姚松点校：《十朝诗乘》卷一五，福建人民出版社2000年版，第620页。

胜保，字克斋，出身于清代满洲镶白旗，举人，以乙榜任国子监祭酒，转翰林，并且在朝期间忧心国事多次上疏参与。曾先后参加过镇压太平军、捻军的起义。"庚申之变"之际，还在河北通州八里桥抵抗过英法联军，最终战败，受炮弹伤。同治初，胜保被弹劾逮捕进京，过山西桥头时写了这首题壁诗。最后，胜保因为"撄时忌"而"狱词未具，上书自辩，坐赐死"。胜保热衷于战争，有一定的抱负，他的这首题壁诗可能是他留下的唯一一笔墨。此诗末尾两句"四十须眉犹未老，休嗟李广不封侯！[①]"写得慷慨淋漓，直逼盛唐，有类权澈的"久戍曷辞苦，数战期封侯。不学竖儒辈，谈经空白头"（《题沈黎城》）、李白的"晓战随金鼓，宵眠抱玉鞍。愿将腰下剑，直为斩楼兰"（《塞下曲》）和"黄金白璧买歌笑，一醉累月轻王侯"（《忆旧游寄谯郡元参军》），然而胜保终究因为自己的狂傲和不羁而付出了生命的代价。正如《十朝诗乘》于此诗下所言：

冯鲁川《感事》诗云："台章岂尽缘功罪，盘水终当感圣明。"

盖以负意气，撄时忌，君子惜之。

胜保其人富有意气，他的题壁诗亦写得意气风发，虽然仅有此一首诗留世，但因为意气，因为李广，颇富盛唐之气。

第二节　清代文史诸子对李广的关注

清代文史著作很多，对于李广的关注点也比较多，但由于前代对李广形象内涵已经作了很全面的开拓，因此清代多数文史著作对李广的关注都缺乏创新，只有少数几篇文章有些新意。

---

① （清）龙顾山人纂，卞孝萱、姚松点校：《十朝诗乘》卷一五，福建人民出版社 2000 年版，第 620 页。

一、顾炎武对李广射石的质疑及郑板桥画论中的李广形象

这里首先要提到顾炎武，他是明末清初的杰出的思想家、经学家、史地学家，他的《日知录》中有一篇名为"李广射石"的文章，充满了怀疑精神。他不但怀疑永平府的李广射石处是否真的是李广射石处，甚至怀疑李广是否曾经射石，在李广研究上给我们以诸多启发：

> 今永平府卢龙县南有李广射虎石。广为右北平太守，而此地为辽西郡之肥如，其谬不辨自明。《水经注》言右北平西北百三十里有无终城，亦非也。考右北平郡，前汉治平刚，后汉治土垠。郦氏所引《魏氏土地记》曰："蓟城东北三百里有右北平城。"此后汉所治之土垠，而平刚则在卢龙塞之东北三四里，乃武帝时郡治，李广所守，今之塞外，其不在土垠明矣。又考《西京杂记》述此事则云"猎于冥山之阳。"《庄子》言："南行者至于郢，北面而不见冥山。"司马彪注："冥山，北海山名。"是广之出猎乃冥山，而非近郡之山也。新序曰："楚熊渠子夜行，见寝石，以为伏虎。关弓射之，灭矢饮羽。下视，知石也。却复射之，矢摧无迹。"《韩诗外传》、张华《博物志》亦同。是射石者又熊渠而非李广也。【原注】《吕氏春秋》作养由基，王充《论衡》同。《黄氏日抄》曰："此事每载不同，要皆野人相承之妄言耳。"即使二事偶同，而太史公所述本无其地，今必欲指一卷之石以当之，不已惑乎？①

顾炎武精于文史考证，他的这篇文章对于李广研究具有重要的实证意义。李广射石是李广形象含义的重要组成部分，《史记·李将军列传》载李广曾任右北平太守，在任期间李广曾射箭入石，右北平李广射石处就成了凭吊李广的重要地方。问题是右北平在哪里？是否如本书前面提到的屈大均用六首诗专

---

① （清）顾炎武撰，黄汝成集释，栾保群、吕宗力校点：《日知录集释》卷二五，上海古籍出版社 2014 年版，第 558 页。

门吟咏的永平？李广射石的地方又是哪里？李广是否真的射过石头？顾炎武提出了问题，又否定了诸多古籍的意见，但并没有给出答案。顾炎武此文开头便说卢龙为辽西郡的肥如，自然不对。顾炎武接着广引《水经注》《魏氏土地记》的记载，指出这些古籍的记载存在诸多抵牾之处，结论是《史记·李将军列传》中的右北平并非永平，而在塞外某地。① 顾炎武又根据《西京杂记》《庄子》的相关记载指出李广射石在冥山，距离右北平城是比较远的，并非近处。顾炎武又根据刘向《新序》、韩婴《韩诗外传》、张华《博物志》的记载，推断射石者非李广，而是熊渠。顾炎武说，即使李广也真的恰巧将石头看作老虎而将箭射进过石头里，但司马迁并没有说明射石的具体地方，那么现在就指着一块石头说这就是李广所射的石头，这不是欺骗人吗？

除此之外，在艺术领域还有一篇文章同样颇具创造性，那就是郑板桥的《题宋拓圣教序》。本书前文在讲到司马迁塑造李广形象的创作思想问题时谈到，程不识在汉代历史上无足轻重，但他出现在李广的传记中，意义只有一个，那就是借以突出李广形象特点——李广相对宽松的治军方法，然而后代对于李广和程不识的认识却走向了另一个方向，人们同样关注李、程二人的对比关系，但重点并非是李广，而是对比本身。在文艺理论领域，宋代和明代关于李广和程不识都有过精彩论述，宋代严羽《沧浪诗话》曾经将李、杜诗法比喻为李广、程不识，说："少陵诗法如孙、吴，太白诗法如李广。少陵如节制之师。"② 认为李白于诗歌才华天赋，而杜甫规矩方严。明代的谢肇淛在谈到司马迁和班固的史才时，同样用李广和程不识作比喻，认为"班固之不及子长，直是天分殊绝，其文采学问，固不让也。然史之体裁，至扶风而姓备。譬之兵家，龙门则李广，扶风则程不识耳。"③ 认为司马迁才华横溢，

① 关于此，清代一些考证类的著作也有提及，如《日下旧闻考》卷一一七云：原渔阳有北平故城，汉将军李广为郡守，出猎遇草中石谓是伏虎引弓射之没羽即此处（《隋图经》）。臣等谨按，北平故城遗址无考。燕山距州东南五十五里，与遵化玉田接壤。
② （宋）严羽撰，郭绍虞校释：《沧浪诗话校释》，人民文学出版社2000年版，第170页。
③ （明）谢肇淛：《五杂组》卷九，上海书店出版社2009年版，第267页。

如李广治军般遣词造句，哪里有水草就在哪里安营扎寨，不但烂若披锦，而且无处不善。而班固中规中矩，为史书撰写形成严格之体制，行文也往往见宝。到了清代，郑板桥在书法碑帖领域又用李广和程不识作比喻：

> 此《圣教序》之未断本也。非复唐拓，亦是宋、元间物。惜其拓手卤莽，伤于水墨，如"宇宙千劫，凡愚疑惑"等字皆漫漶，共两页十六行，入后则无不善也。自"微言广被"以下，甚铓铩皆可观。近世绛云楼藏本为最，后入泰兴季沧苇家，价六百金。何义门、王篛林两先生皆有善本，曾见之。商丘宋氏本最明晰，今归德州卢雅雨先生，盖以二百六十金收之。此本不逮诸家，非时代之后，而拓者之咎也。昔为枣强郑氏物，今归板桥郑氏。乾隆廿四年七月十九日，橄榄轩主人燮记。……或问此贴与定武《兰亭》孰优劣，愚曰：未易言也。《兰亭》乃一时高兴所至，天机鼓舞，岂复自知！如李广、郭汾阳用兵，随水草便益处，军人皆各得自由，而未尝有失。至《圣教序》，字字精悍，笔笔严紧，程不识刀斗森严，李临淮旌旗整肃，又是一家气象。板桥郑燮。

——郑板桥《题宋拓圣教序》①

《兰亭序》和《圣教序》都是书法名家王羲之的字，那么这两幅作品又有什么不同呢？如何评定高下呢？郑板桥说对比这两幅作品"未易言"，即很难说明白，所以他采用了一种简单形象的方法来表达，他说王羲之创作《兰亭序》时是"一时高兴所至，天机鼓舞，岂复自知！"正如李广治军"随水草便益处，军人皆各得自由，而未尝有失"。而《圣教序》"字字精悍，笔笔严紧"，如程不识带兵一样，"刀斗森严"。这样一比喻，这两幅字的差别就很形象了，《兰亭序》潇洒随意而灵动有余，如李广治军；《圣教序》谨严有力，规矩之中方见笔力，如程不识。郑板桥很好地继承了严羽创立的李、程比喻说理方

---

① （清）郑板桥撰，卞孝萱、卞岐编：《郑板桥全集》卷八，凤凰出版社 2012 年版，第 282 页。

式，形象地对比了《兰亭序》和《圣教序》。

书法之外，清代绘画领域同样有人用李、程二人作比喻，以期明白晓畅地说理，比如高士奇的《江村销夏录》就有这样的文章。《江村销夏录》是清代高士奇创作的中国书画撰录，这部书按照时代先后顺序撰录自藏与亲见书画，起自晋王羲之，迄于明代沈周，并附有高氏评语、跋语。此书卷一所记宋李龙眠《设色莲社图》就涉及李广和程不识，曰：

> 予家向藏元颜秋月所写《莲社图》高头卷，纸本，人物长六、七寸，全用水墨。位置虽法伯时，而山林树石，淋漓之势，另有一种天趣。款题树杪，"颜辉"二字，放逸不羁；印文可寸许，文字漫灭。今复见是轴，益知笔墨具有渊源。李之精严、颜之疏逸，正如李广、程不识之用兵，不妨各极其长耳。①

此段文字所言之李龙眠即清代画家李公麟，《莲社图》是其代表作，现藏南京市博物馆。此图所画故事为宗教故事，说的是东晋僧人惠远等十八人在庐山东林寺建莲社，故所画的画名为《莲社图》。颜秋月是元代绘画名家，高士奇此文称其藏有颜秋月之《莲社图》，则两幅莲社图势必会进行比较，高士奇的结论是：李公麟的画精严，似"击刁斗"之程不识；颜秋月的画疏逸，似"人自便"之李广。高士奇对这两幅画并没有进行高下相比，而是用了一个巧妙的比喻，将之比喻为李广和程不识，并无偏颇。最后的结论是"不妨各极其长耳"，恰当而又形象！

二、清代史学对李广的关注

尽管清代的史学研究明显盛于前朝，是历史上史学研究最为繁盛的阶段，出现了很多史学著作。例如赵翼的《廿二史札记》、王夫之的《读通鉴论》、章学成的《文史通义》、高宗弘历的《御批历代通鉴辑览》、曾国藩的《经史

---

① （清）高士奇撰，邵彦校点：《江村销夏录》卷一，辽宁教育出版社2001年版，第17页。

百家杂钞》等都多次提及李广。同清代文章一样，清代史学著作当中关于李广的真知灼见比较少，唯个别著作有些新论，如赵翼《廿二史札记》注意到了《史记·李将军列传》和《汉书·李广传》之几处不同：

> 《李广传》，《史记》广为匈奴所得，络而盛两马间，广伴死，睨其旁一胡儿骑善马，乃忽腾而上，推堕儿，乘其马归。《汉书》谓抱胡儿，鞭马南驰。①
>
> ——卷一·《史》《汉》不同处
>
> 《李广传》，《汉书》增广斩霸陵尉自劾，武帝不责，反加奖誉一诏。②
>
> ——卷二·汉书增事迹

除了对比《史记·李将军列传》和《汉书·李广传》的不同外，赵翼针对李广也有一些深入思考。例如他注意到《史记》并无李陵传，将其附在《史记·李将军列传》后面，而《汉书》有《李陵苏武传》，这是为什么呢？赵翼的解释颇有说服力："盖迁以陵事得祸，故不敢多为辨雪也。《汉书》特为陵立传，详述其战功，极有精彩，并述司马迁对上之语，为之剖白。"③再如针对李广的"数奇"命运，一般论者包括司马迁本人都认为汉武帝一句"李广老，数奇，毋令当单于，恐不得所欲"，对李广是一种不公，认为李广难封与之有关。对此，赵翼在卷二"汉武用将"一则中说得很有道理。他认为汉武帝在用将方面颇多值得称赞之处，例如他"所用皆跅弛之士，不计流品也"。还认为汉武帝"操纵赏罚，亦实有足以激劝者"。他还认为汉武帝用将唯才是举，并不计较曾经的成败，这里他特别提出了李广的两件事，一是李广与张骞，俱出右北平击匈奴。广失亡多，骞后期（迟误预定会合之期限），皆当斩，皆许赎为庶人。二是李广被俘逃回之后当斩，亦赎为庶人。李广作

---

① （清）赵翼撰，曹光甫校点：《廿二史札记》卷一，凤凰出版社 2008 年版，第 15 页。
② （清）赵翼撰，曹光甫校点：《廿二史札记》卷二，凤凰出版社 2008 年版，第 21 页。
③ （清）赵翼撰，曹光甫校点：《廿二史札记》卷二，凤凰出版社 2008 年版，第 20 页。

为将军，他的这两次战场表现足以治死罪，但汉武帝并没有杀死他，而只是"赎为庶人"。而且后面又都重新起用李广，对待李广很是宽容。赵翼还认为汉武帝用将还有"任用时，不拘以文法（法令）"的特点，他所举的例子只有一个，那就是李广怒杀霸陵尉以后给汉武帝上疏认罪，而汉武帝"不惟不以为罪，反奖誉之"。这些都很能说明汉武帝对待李广并无不公。作为帝王，汉武帝考虑的是大局，他需要能征善战的将领，所以并不计较将领的"流品"，正所谓"大行不顾细谨"。汉武帝很看重李广的才能，所以他数次赦免李广的死罪。因为作战需要能征善战的将领，所以当汉武帝考虑到李广年老的时候，他才偷偷嘱咐卫青"李广老，数奇，毋令当单于，恐不得所欲"。汉武帝观察到了李广的"数奇"，而且说了出来，并无过错。那么李广难封的原因也就不言自明了——与汉武帝无关，李广之"难封"还得从自身寻找原因。

王夫之是一个深刻的思想家，他的史学著作《读通鉴论》常常蕴含一些新论。例如卷三就谈到了李广和程不识的治军方法问题：

> 太史公言："匈奴畏李广之略，士卒亦乐从广而苦程不识。"司马温公则曰："效不识，虽无功犹不败；效李广，鲜不覆亡。"二者皆一偏之论也。以武定天下者，有将兵，有将将。为将者，有攻有守，有将众，有将寡。不识之正行伍，击刁斗，治军簿，守兵之将也。广之简易，人人自便，攻兵之将也。束伍严整，斥堠详密，将众之道也。刁斗不警，文书省约，将寡之道也。严谨以攻，则敌窥见其进止而无功。简易以守，则敌乘其罅隙而相薄。将众以简易，则指臂不相使而易溃。将寡以严谨，则拘牵自困而取败。故广与不识，各得其一长，而存乎将将者尔。将兵者不一术，将将者兼用之，非可一律论也。人主，将将者也。大将者，将兵而兼将将者也。①

从上面的文字看，王夫之否定了司马迁，也否定了司马光，他觉得他们

---

① （清）王夫之撰，舒士彦点校：《读通鉴论》卷三，中华书局2013年版，第52页。

对于李广和程不识的看法都属于"一偏之论"。看来王夫之对李、程二人并不偏重谁，这与《记纂渊海》"殊途同归"，但《记纂渊海》是类书，表达了观点已经是额外的事了，详说理由是不可能的，而王夫之可以。他这篇短文的主要观点是程不识和李广并无优劣之分，而是代表了两种类型的将领。程不识长于守，故而能够指挥众多的军队，因此他需要建立健全各种军队制度。一旦让程不识这样的严格而谨慎的部队进攻，就容易让敌人发现行动而不能成功。李广惯于进攻，长于指挥较少的精锐部队，机动灵活是其最主要的特点，没有必要遵守苛刻的军队制度，这会使军队受到拘束和相互牵制不能灵活机动而导致失败。用李广这样的纪律松弛的部队来防守，那就会被敌人钻空子而导致失败。王夫之最后的结论是：李广和程不识各有所长，军队管理不只一种方法，将领应当广泛吸收各种军事管理办法，并加以灵活应用，这才是取胜之道。在王夫之看来，李广和程不识并无优劣之分，这种观点是很新鲜的，他既看重程不识的严以治军，也看重李广的"人人自便"，认为各有优长，有"将将"，有"将兵"，最好的将领则是兼而用之。王夫之的论述逻辑清晰而说理透彻，他将一直以来对李广和程不识的朴素认识上升到了军事管理理念的高度，相比于何去非的《何博士备论》这样一部军事著作却显得更加理性，也更具启发性，王夫之思想家的特点由此可见一斑。

综上，我们发现清代文史诸子对于李广的关注主要集中在两件事情上：一是对李广射石的怀疑；二是对比李、程二人不同的治军方法。像顾炎武、王夫之这样的学问大家都对李广有所议论，这是清代学者重视李广的典型代表。

第三节 清代笔记、小说对李广形象的再创作

到了清代，李广形象的接受走向更广阔的空间，不再局限于诗文，而是向着小说、戏剧、笑话一路发展，甚至在科考中亦能见到李广，例如下面这两则笑话逸事就是明显的例子：

一仆姓李，矮甚，先文康名之曰"射"。客曰："公殆用李广故事耶？"公笑曰："因此仆寸身耳。"客为失笑。

——宋荦《筠廊偶笔》①

考试改用策论，而应试者于所出之题，大率茫无所知，盖若辈本未读书也。某县正场首题为"李广程不试（当为'识'）治军繁简论"，有父子同应试者，子问父以题解，父曰："李广程者，其人姓李名广程，不识治军繁简者，不知治军繁简之道也。"

——徐珂《清稗类钞·考试类·县试题解县试题解》②

第一则笑话显示出人们对于李广之接受早已经走入日常生活，接受范围扩大了很多。第二则材料则进一步显示出李广还被用在科考题目上，这也说明李广接受的范围越来越广了，也显示出人们对李广、程不识治军方法的进一步认识。

在小说领域，清代没有专门的李广小说，一些小说偶尔提及李广倒是很常见，而更常见的是章回体小说中的李广诗，例如《说岳全传》第十四回"岳飞破贼酬知己　施全剪径遇良朋"其中有一首诗说："浩气冲霄贯斗牛，萍踪梗迹叹淹留。奇才大用知何日？李广谁怜不拜侯！"③ 这首诗明显是在感慨李广难封，接下来小说的叙述也证实了这点：

岳大爷弟兄五个在路上谈论奸臣当道，难取功名。牛皋道："虽不得功名，也吃我杀得爽快！有日把那些朝内奸臣，也是这样杀杀才好！"岳大爷道："休得胡说！"王贵接口道："若不是大哥，我们在朝内就把那个什么张邦昌揪将下来，一顿拳头打死了！排得偿了他一命，不到得杀了我的头，又把我充了军去。"汤怀道："你这冒失鬼！若是外头打杀了人，将一命抵一命。皇帝金殿上打了人，就

---

① （清）宋荦撰，蒋文仙、吴法源校点：《筠廊偶笔》卷下，上海古籍出版社 2012 年版，第 32 页。
② 徐珂：《清稗类钞·考试类》（第五册），商务印书馆 1917 年版，第 27 页。
③ （清）钱彩、金丰编著：《说岳全传》第 14 回，中华书局 2009 年版，第 80 页。

是欺君的罪名，好不厉害哩！"

清代小说类似这样在章回体小说中引李广作诗表达不遇的作品还有不少，再如：

> 风吹花片过溪头，或落重或落沟。奴有卫青能尚主，功如李广
> 未封侯。穷通每自机缘合，巧拙难将理数求。邹衍谭天聊自慰，免
> 将幽愤看吴钩。

——《金屋梦》第十五回
《给孤寺残米收贫　兀术营盐船酬药》①

当然，也有个别作品吟咏李广仁爱士卒的，例如署名天花才子所撰的《快心编》第二十三回"喜儿硬证鸳鸯鞋张哲义认螟蛉女"末尾所写的诗：

> 凯旋千里息风尘，玉诏遥颁自紫宸。推爱三军思李广，不残百
> 姓想曹彬。望旌迎拜马前吏，拥旆争看市上民。莫道显荣诚盛事，
> 沙场劳苦不堪陈。②

这首诗是在李绩带领柳俊、石珮珩二人平寇立功之后写的，用以表达李绩仁爱士卒，在清代章回体小说中是比较少见的。

除此之外，在一般的小说中，李广只是被提到而已，而且往往都是表达"难封"之意，如《痴人福》第八回"田北平虔诚沐浴变形换面受皇恩"吴氏说：

> 吴氏道："两副封诰，都争不到手，还有何颜再生在世上。争第
> 一既没有状元福气，争第二又失了榜眼便宜，再休想琼林特设探花
> 位。官花双朵插在帽檐边，刘贲下第心无愧，李广封侯不算奇。教
> 人悔生了文场末号，吃尽了许多亏。他们出家的既然还了俗，我这

---

① （清）丁耀亢撰，陆合、星月校点：《金屋梦》第15回，齐鲁书社1988年版，第126页。
② （清）天花才子撰，松岭点校：《快心编全传》第23回，浙江古籍出版社1987年版，第434页。

还俗的，自然要出家了。"①

清代这样的小说还有很多，如王浚卿《冷眼观》第二十六回、陈端生《再生缘》第二回等都是这样的。

这里特别要再提一下《金屋梦》，因为其第三十三回"清河县李铭传信齐王府银姐逢时"当中有一段文字提到了李广，并且对霸陵尉形象进行了根本性的改编：

吴惠出得店门，从东一人骑马，跟随着十数个人，俱是军官打扮，大帽罩甲，也有拿着琵琶胡琴的，也有拿着弹弓气球的，一路上人俱起立两边，这少年扬鞭仰面，甚是气势。正是：

春花春草自春风，何论深红与浅红。

绿帻从来夸董偃，锦堂常是理秦宫。

每嫌资格尊文士，免较勤劳列武功。

一曲琵琶登上座，邓通曾也列侯封。

原来这八句诗，单说无人定位，物无定价，世无定情，事无定理。那汉公主收了卖珠儿董偃，汉武帝这等一个英雄，不加罪他，反封他为官，以悦公主之意。霍家奴秦宫，擅了霍夫人房帏之宠，乐比王侯。那唐人李贺有诗曰："秦宫一生花底活。"就是卫青大将军，也曾做那平阳公主家奴，后来位极人臣，不久公主驸马亡了，即以卫青配他旧主。看官到此，你说世间的人，还讲谁该是贵的，谁该是贱的？今日有权有势，前呼后拥的，妆点出许多威武。一时失了势，那前日奉承我的，伴伴不采，好似不识面的模样。那小人贱役，一时侥幸得了权位，就把那眉毛竖起，鼻子朝天，那些逢迎的人，又去逢迎他了。

休说这小人的眼孔，原是浅的，就是豪杰，也要眼里起火。即

---

① （清）佚名：《痴人福》第8回，上海古籍出版社2016年影印日本东京大学藏嘉庆乙丑春云秀轩刻本，第324页。

如汉朝两个国戚，窦婴封了魏其侯，田蚡封了武安君。只因武安有宠，那魏其侯他来一饭也不可得，因而成仇，借灌夫使酒骂座，以致灭族之祸。只因眼里有个武安君，心里口里放不下他。那李广因行军失道，贬谪了将军之职，在灞陵打猎，归路夜晚，那灞陵有一守门小吏轻他失势，便关了城门不肯开，便又奚落了两句道："如今时势，只有新将军，那有旧将军？"到底不肯开门。那李将军在风雪中，立于城门之下。后来李广起用，才诛那守门小吏。因此说物无有一定的价，也没有一定的情理，只看今日李铭便了。即如李铭、吴惠两个小优，在西门庆家下答应，只因李铭遇了金将干离不，纳了他家李娇儿、李桂姐为妾，使他顶了一个营官，做起偌大体面。小人志满气高，自然要夸大起来，谁去查他的根脚？①

这段文字提到了霸陵尉事件，对读《史记·李将军列传》我们发现这段文字非常有意思。总结这段文字的核心，无非是要说明这样一个道理：人之命运本就无常，所以不能拘泥于眼前的形势，而要发展地看待和对待身边之人。作者所举的霸陵尉事件也未尝不可，然而作者为说理方便，却对霸陵尉事件进行了根本性的变革。前文讲到明代小说《汉李广世号飞将军》对霸陵尉事件进行过大胆的改编，这段文字为了说明人之命运起伏无常，也对《史记·李将军列传》中的霸陵尉事件进行了大胆的改编，主要体现在以下几个方面：

（一）情节的嫁接

这段叙述文字一开头便说李广"因行军失道，贬谪了将军之职"，对于熟悉李广的人来说，这明显是一个错误。李广"行军失道"是他最后一次与匈奴作战（汉武帝元狩四年），因为失道李广被要求"之幕府对簿"，而李广为尊严缘故不愿"终不能复对刀笔之吏"而"引刀自刭"。据《史记·李将军

---

① （清）丁耀亢撰，陆合、星月校点：《金屋梦》第33回，齐鲁书社1988年版，第288—290页。

列传》记载，霸陵尉事件之前李广被撤将军之职是因为汉武帝元光六年（前129年），李广以卫尉身份作为将军，出雁门打击匈奴，却不幸被俘。李广虽然顺利逃回，但作为一个败军之将，李广回朝之后还是被汉廷废为平民。那我们不禁要问，这两件事前后相差十年，作者为什么要将李广失道这个情节嫁接到霸陵尉事件之前呢？这还得从这两件事上说起："失道"非李广之错，而"被俘"则属能力不足，为了塑造李广光辉的形象是不惜嫁接情节的。李广之所以能因为打猎晚归而被霸陵尉拒之门外，如果说李广是因为战败被俘而被贬为庶民，肯定会有损李广形象，但如果说李广是因为"失道"而战败被贬，则无损于李广形象——作者的这个嫁接是有意而为之的。

（二）叙述言语的倾向性

作者叙述霸陵尉事件是有其倾向性的，而这种倾向性会通过叙述语言最直观地显示出来。虽然这件事一共只有几句话而已，但叙述语言的倾向性还是很明显地可以看出来，主要体现在"那灞陵有一守门小吏轻他失势，便关了城门不肯开，便又奚落了两句""后来李广起用，才诛那守门小吏。"两句中的几个动词和副词上：

轻　"轻"是"轻视"之省。故事一开始，李广还没有喊门霸陵尉便"轻"之，这说明霸陵尉是认识李广的，也知道李广的遭遇。既然知道李广，也知道李广刚刚被撤掉将军之职还"轻"之，则如这段文字之前所言，霸陵尉就是"小人"一个了。

关　"关"是一个主动性的动词。史书所载是李广到达城门之时，城门已关，因而李广不得进。但在这段文字中，霸陵尉是因为"轻"李广而"关"门的，这两个动词是有因果关系的，那么霸陵尉的"小人"形象就更生动了。

奚落　李广失势是因为"失道"，有些委屈，稍有怜悯之心的人便不会落井下石。霸陵尉则是不但"关"门，还进一步"奚落"李广，这就不能不让李广生出"恨"人之心了。

才 经过以上数次的改动，霸陵尉已经被塑造成了一个让人杀之而后快的角色，所以小说作者在叙述李广杀掉霸陵尉的时候用了一个"才"，爱憎之情显而易见。

诛 《史记·李将军列传》叙述李广杀霸陵尉时说："至军而斩之。""斩"字没有任何倾向性，而这部小说用了"诛"字这样一个带有"春秋笔法"意味的字眼，使霸陵尉成了一个该杀之小人。

此外，"小吏"一词也颇能看出小说作者对霸陵尉的态度，"那灞陵有一守门小吏轻他失势"，一句中"小吏"一词用以表达霸陵尉官职的卑微。而"后来李广起用，才诛那守门小吏"。一句中的"小吏"一词则不但写出霸陵尉官职卑微，更透出霸陵尉的小人嘴脸。

（三）人物语言的改造

无论是《史记·李将军列传》还是这部小说，人物语言都很少，霸陵尉都只说了一句话，然而就这一句话，丁耀亢也没有放过。《史记·李将军列传》中霸陵尉说："今将军尚不得夜行，何乃故也！"《金屋梦》中的霸陵尉说："如今时势，只有新将军，那有旧将军?"虽然说的都是前将军和现将军，但味道完全不一样。《史记·李将军列传》中霸陵尉的话并无歧视之意，大意只是说谁都不能"夜行"，与前将军还是现将军并无关系，一律平等。然而《金屋梦》中霸陵尉的话则完全变了味道。丁耀亢为了塑造霸陵尉的小人嘴脸，还给他加了一句词"如今时势"。这句话很耐人寻味，霸陵尉不讲寻常道理，而是依照"如今"的"时势"来办事，已经有了趋炎附势的意味。后面"只有新将军，哪有旧将军?"不但印证了前一句话趋炎附势的味道，而且增加了人物的可恨程度——霸陵尉向其他趋炎附势的人一样，只看重新将军的权威，而蔑视旧将军。

（四）对前代小说情节的继承

前文曾详细分析过明代小说《汉李广世号飞将军》对《史记·李将军列

传》的改编，其中就有对霸陵尉事件中环境的改编。《汉李广世号飞将军》将霸陵尉事件发生的环境由"夜"改编成了"雪夜"，环境恶劣了很多。《汉李广世号飞将军》就继承了这个改编，还让李广"在风雪中，立于城门之下。"经过小说作者一次又一次的改编和不断地渲染，霸陵尉被丁耀亢塑造成了一个可恨、可杀的十足小人。

综上，《汉李广世号飞将军》《进屋梦》两篇小说都对霸陵尉事件进行了成功的改编，使这件事的性质发生了彻底的改变。《史记》中的霸陵尉是一个尽忠职守的城门官，尽管他酒醉却也并非欺侮李广这个前将军。而李广复职之后却将霸陵尉无辜斩杀，实在是李广之错。但小说之创作是可以根据作者的意图任意改编人物形象的，所以《汉李广世号飞将军》《进屋梦》两部小说中的霸陵尉就有了新的特点。但这两部小说中的霸陵尉形象又有不同，突出地表现在《汉李广世号飞将军》中的霸陵尉是个"恶人"，而《金屋梦》中的霸陵尉是个"小人"。《汉李广世号飞将军》中的霸陵尉并无语言欺侮李广，而是"喝军士挽广下马，吊于桥上。冻至天明"，这是个恶人。那么小说作者为什么要这么做呢？这无非是要反衬李广之"仁"——塑造李广形象之需要。《金屋梦》呢？通过叙述语言、人物语言、情节等各方面的改编，集中塑造霸陵尉趋炎附势的小人形象，这是为什么呢？当然是为了突出李广的优秀品质。李广距丁耀亢1800多年，他的故事传到清代，丁耀亢要用李广创作故事不会原文引用李广故事，那同读《史记》又有什么两样？据接受学说，接受者会按照自己的理解来解读、创作新形象，于是李广就有了新形象。他塑造李广是为赞美李广的君子之风，但丁耀亢这么做说到底是为他塑造李广的形象而服务。说到底，小说创作者是基于自己的需要，即塑造人物形象的需要而"任意"改编李广形象，而不用考虑李广形象到底是什么样的，而这正是文学接受理论的核心内涵之一。

结　　语

随着李广研究进入尾声，回溯整个李广研究的过程会发现，李广研究早已走出单纯文学接受的范畴，而是走向越来越深入、越来越宽广的研究天地。自汉代到清末，李广接受的范围在不断扩大，对李广的认识程度不断加深。后代在继承前代的基础上，不断思考李广，时代越发展，人们对李广的接受越全面。从实际情况来看，自《史记·李将军列传》写毕，最早进行李广形象接受的并非诗歌，而是史书——班固的《汉书》，同时还有王充等人的文章，诸子文章中也偶尔出现李广身影。诗歌中出现李广形象是很晚的事情，至南朝刘宋才出现了吟咏李广的第一首诗——袁淑的《效古诗》，但关涉李广的诗作一直很少，这种情况一直持续到初唐才告结束。唐代李广接受的主阵地当然是唐诗，李白、王维、杜甫等杰出诗人的不断吟咏使李广在唐代大放异彩，此后宋、元、明、清的诗作吟咏李广，其主流内涵不外唐代诗人开发的"难封""数奇""善射""射石"等。相对于整个唐代对李广的接受情况，唐诗依然只是一部分。从唐代开始，佛教、兵家、类书、蒙学等诸多领域都见到了李广的身影，最为引人注目的是李广成为武成王庙的祭祀对象，这是很少见的。李广作为诗文经常吟咏的对象，并无诗文传世，却被国家列为武庙祭祀对象，于史并不多见。司马迁的浓墨重笔不但将李广带入史书，让李广成为文学经典人物，还将李广送入庙堂，这比李广的封侯梦想更为荣光。

宋代对李广的接受远超唐代。宋代诗词对李广的吟咏除了继承唐诗传统之外，创新之处在于两宋之交的爱国情怀。辛弃疾、陆游等爱国诗人之间相互吟咏，他们的诗词作品中常见李广身影。赋予李广以爱国情怀，这是宋代诗人的贡献，这种爱国情怀一直影响到清末。宋人文章好发议论，他们创造性地将李广引入诗歌理论、书画理论，认真地在军事领域讨论李广治军之得失，这是唐人没有做过的。另外，在笔记著作、《易》学著作等领域，对于李广的讨论也很热烈，在国家祭祀方面也远超唐代，宋代统治者甚至给李广封了一个怀柔伯的爵位，虽然未能如李广之愿封侯，但这已经是个很不错的安慰奖了。金、元对于李广形象的接受深受唐诗影响，虽然作品较少，但也并非没有好作品，如贝琼的《李将军歌》堪称元代学唐咏李广的冠冕之作。另外，黄镇成的《李将军歌》、郭钰的《峡江王巡检》与贡性之的《从军谣送王仪之》也都非常显著地学唐。金、元有若干"射虎"之作，尽显盛唐边塞之气，如乃贤之《答禄（达鲁）将军射虎行（并序）》、李俊民之《辽漆水郡王降虎（陈仲和之远祖）》以及虞集之《射虎歌》等都是其中的杰作。在学宋上，则以张弘范的《读李广传》最具代表性。

明代的李广接受在全面学唐宋的基础上主要突出的同样是爱国情怀，"庚戌之变"外，以戚继光为主要代表的抗倭诗代表了明代爱国诗歌的最前沿，李广形象的内涵再次扩展。在军事领域，明代对"武将"的关注度很高，而这其中对李广的定位就显得很准确了。作为一个"名将"，他的实际作用是不能与"良将"相比的。最能代表明代李广接受成果的，当数明代小说《汉李广世号飞将军》，这部专写李广故事的小说在多个方面展现出了很强的创造性，是小说史上第一部优秀的李广小说。

清代作为我国封建社会的最后一个王朝，在李广形象接受这个问题上突出的特点是作品多，类型丰富，而总体水平呈下降水平。即以诗歌为例，除了学唐、学宋之外，清代关涉李广的诗作首先表现在一批台湾的杰出诗作涌入诗坛；其次是一些明末清初遗民诗作以及以丘逢甲为代表的爱国诗人的作品，能够很好地反映当时的国际、国内情况。清代文章主要以一些大家的作品为代表，如顾炎武的《日知录》中就有一篇专门论述李广射石处以及怀疑李广是否射石的文章，颇有些质疑的味道。再次还有郑板桥将李广和程不识引入书法领域评论，这是宋代严羽《沧浪诗话》将李、程引入诗评以后的深刻影响。清代史学研究兴盛，产生了诸如赵翼的《廿二史札记》、王夫之的《读通鉴论》、章学成的《文史通义》等一大批史学研究巨著，而这些著作基本都涉及了李广，他们观点新鲜而说理清晰，很值得关注。清代并无专门之李广小说，很多小说都是偶尔涉及李广，而且从中也可以一窥清代小说在李广接受上的主要特点。

综上所述，李广接受早已超出文学接受的范畴，我们姑且可以称为李广的社会接受，涉及社会生活的方方面面，除了诗文还有《周易》、军事、艺术、国家祭祀等多个领域，这在其他文学人物是很难想象的，也正显示了李广接受研究的价值所在。李广之价值不仅仅在于"难封"，更在于其内涵的丰富性，在于各个领域都可以从李广身上找到可接受的角度，从而使李广形象的内涵更加丰富。

参考文献

著作

1. （春秋）孙武：《孙子集注》，明嘉靖三十四年（1555）谈恺刻本。

2. （战国）孙膑撰，骈宇骞等译注：《孙子兵法》，中华书局 2007 年版。

3. （战国）吴起撰，邱崇丙译注：《吴子兵法》，中国社会出版社 2005 年版。

4. （战国）荀况撰，张觉校注：《荀子校注》，岳麓书社 2006 年版。

5. （战国）庄子撰，方勇译注：《庄子》，中华书局 2015 年版。

6. （秦）商鞅撰，高亨注译：《商君书注译》，中华书局 1974 年版。

7. （汉）刘向撰，陈茂仁校注：《新序校证》，花木兰文化出版社 2007 年版。

8. （汉）王充撰，黄晖校释：《论衡校释》，中华书局 1990 年版。

9. （汉）许慎撰，汤可敬译注：《说文解字》，中华书局 1981 年版。

10. （汉）班固撰，（唐）颜师古注：《汉书》，中华书局 1962 年版。

11. （汉）刘安撰，杨有礼注说：《淮南子》，河南大学出版社 2010 年版。

12. （汉）司马迁撰，（宋）裴骃集解，（唐）司马贞索引，（唐）张守节正义：《史记》，中华书局 1959 年版。

13. （汉）扬雄撰：韩敬译注：《法言全译》，巴蜀书社 1999 年版。

14. （汉）扬雄撰，汪荣宝义疏，陈仲夫点校：《法言义疏》，中华书局1987年版。

15. （汉）郑玄注：《礼记正义》，中华书局2009年版。

16. （三国魏）曹植撰，赵幼文校注：《曹植集校注》，中华书局2016年版。

17. （三国魏）孔融撰，杜志勇校注：《孔融陈琳合集校注》，河北教育出版社2013年版。

18. （三国魏）王弼注，楼宇烈校释：《老子道德经注校释》，中华书局2016年版。

19. （晋）干宝：《搜神记》，台北新文丰出版公司1985年版。

20. （晋）葛洪：《西京杂记》，中华书局1985年版。

21. （晋）皇甫谧原著，（清）任渭长、沙英绘，刘晓艺撰文：《高士传》，上海古籍出版社2014年版。

22. （晋）袁弘撰，周天游校注：《后汉纪校注》，天津古籍出版社1987年版。

23. （北魏）郦道元撰，陈桥驿校证：《水经注校证》，中华书局2013年版。

24. （唐）白居易等编著：《白孔六帖》，景印《文渊阁四库全书》本。

25. （唐）戴孚撰，方诗铭辑校：《广异记》，中华书局1992年版。

26. （唐）董诰等编：《全唐文》，中华书局1983年版。

27. （唐）杜甫撰，（清）仇兆鳌注：《杜诗详注》，中华书局1979年版。

28. （唐）房玄龄等：《晋书》，中华书局1974年版。

29. （唐）李白撰，詹锳主编：《李白全集校注汇释集评》，百花文艺出版社1996年版。

30. （唐）李瀚撰，（宋）徐子光集注：《蒙求集注》，景印《文渊阁四库全书》本。

31. （唐）李延寿：《北史》，中华书局1974年版。

32. （唐）李延寿：《南史》，中华书局1975年版。

33. （唐）令狐德棻等：《周书》，中华书局 1974 年版。

34. （唐）刘禹锡撰，《刘禹锡集》整理组点校，卞孝萱校订：《刘禹锡集》，中华书局 1990 年版。

35. （唐）刘禹锡撰，陶敏校注，陶红雨校：《刘禹锡全集编年校注》，岳麓书社 2003 年版。

36. （唐）刘长卿撰，杨世明编年校注：《刘长卿集编年校注》，人民文学出版社 1999 年版。

37. （唐）卢纶撰，刘初棠校注：《卢纶诗注》，上海古籍出版社 1989 年版。

38. （唐）骆宾王撰，（清）陈熙晋笺注：《骆临海集笺注》，上海古籍出版社 1985 年版。

39. （唐）欧阳询撰，汪绍楹校：《艺文类聚》，上海古籍出版社 2007 年版。

40. （唐）释道世：《法苑珠林》，《四部丛刊》本。

41. （唐）释道宣编著：《广弘明集》，景印《文渊阁四库全书》本。

42. （唐）王勃撰，（清）蒋清翊注：《王子安集注》，上海古籍出版社 1995 年版。

43. （唐）王昌龄撰，胡问涛、罗琴校注：《王昌龄集编年校注》，巴蜀书社 2000 年版。

44. （唐）王昌龄撰，李云逸注：《王昌龄诗注》，上海古籍出版社 1984 年版。

45. （唐）王维撰，陈铁民校注：《王维集校注》，中华书局 1997 年版。

46. （唐）温庭筠撰，刘学锴校注：《温庭筠全集校注》，中华书局 2007 年版。

47. （唐）姚江、虞世南辑，（明）海虞、陈禹谟校并补注：《北堂书钞》，明万历二十八年（1600）刻本。

48. （唐）朱景玄撰，吴企明校注：《唐朝名画录校注》，黄山书社 2016 年版。

49. （后晋）刘昫：《旧唐书》，中华书局 1975 年版。

50. （宋）曾季狸：《艇斋诗话》，《四库未收书辑刊》本。

51. （宋）陈元靓编：《新编纂图增类群书类要事林广记》，日本元禄十二年（1699）翻刻元泰定二年（1325）本。

52. （宋）董逌撰，何利民点校：《广川书跋》，浙江人民美术出版社 2016 年版。

53. （宋）方岳撰，秦效成校注：《秋崖诗词校注》，黄山书社 1998 年版。

54. （宋）郭茂倩编：《乐府诗集》，中华书局 1998 年版。

55. （宋）何去非撰：《何博士备论》，影印《文渊阁四库全书》本。

56. （宋）洪迈撰，孔凡礼点校：《容斋随笔》，中华书局 2005 年版。

57. （宋）胡仔：《苕溪渔隐丛话》，人民文学出版社 1984 年版。

58. （宋）华岳撰，马君骅点校：《翠微南征录北征录合集》，黄山书社 2014 年版。

59. （宋）黄彻：《䂬溪诗话》，人民文学出版社 1986 年版。

60. （宋）黄庭坚撰，郑永晓整理：《黄庭坚全集辑校编年》，江西人民出版社 2008 年版。

61. （宋）黄震：《黄氏日抄》，影印《文渊阁四库全书》本。

62. （宋）孔平仲撰，王恒展校点：《孔氏谈苑》，齐鲁书社 2014 年版。

63. （宋）李樗：《毛诗李黄集解》，影印《文渊阁四库全书》本。

64. （宋）李杞：《用易详解》，影印《文渊阁四库全书》本。

65. （宋）李焘：《续资治通鉴长编》，台湾商务印书馆 1986 年版。

66. （宋）李心传：《建炎以来系年要录》，上海古籍出版社 1992 年版。

67. （宋）林景熙：《霁山文集》，影印《文渊阁四库全书》本。

68. （宋）刘昌诗：《芦浦日记》，影印《文渊阁四库全书》本。

69. （宋）刘过：《龙洲集》，影印《文渊阁四库全书》本。

70. （宋）刘克庄撰，辛更儒校注：《刘克庄集笺校》，中华书局 2011 年版。

71.（宋）刘宰编著：《漫塘集》，影印《文渊阁四库全书》本。

72.（宋）刘子翚：《屏山集》，影印《文渊阁四库全书》本。

73.（宋）陆游著，钱仲联、马亚中主编：《陆游全集校注》，浙江教育出版社 2011 年版。

74.（宋）欧阳修等：《新唐书》，中华书局 1975 年版。

75.（宋）潘自牧：《记纂渊海》，影印《文渊阁四库全书》本。

76.（宋）司马光编著，（元）胡三省音注：《资治通鉴》，中华书局 1976 年版。

77.（宋）宋樵：《通志》，中华书局 1987 年版。

78.（宋）苏轼撰，（清）王文诰辑注，孔繁礼点校：《苏轼诗集》，中华书局 1982 年版。

79.（宋）苏轼撰，孔凡礼点校：《苏轼文集》，中华书局 1986 年版。

80.（宋）王安石撰，李壁笺注：《王荆文公诗笺注》，上海古籍出版社 2010 年版。

81.（宋）王得臣：《麈史》，上海书店出版社 1990 年影印版。

82.（宋）王应麟撰，张三夕、杨毅点校：《汉艺文志考证》，中华书局 2011 年版。

83.（宋）王应麟撰，郑振峰等点校：《通鉴答问》，中华书局 2012 年版。

84.（宋）王宗传：《童溪易传》，影印《文渊阁四库全书》本。

85.（宋）魏庆之撰，王仲瘟点校：《诗人玉屑》，中华书局 2007 年版。

86.（宋）辛弃疾：《辛弃疾词集》，上海古籍出版社 2016 年版。

87.（宋）许洞撰，魏鸿译注：《虎钤经》，中华书局 2017 年版。

88.（宋）严羽撰：郭绍虞校释，《沧浪诗话校释》，人民文学出版社 2000 年版。

89.（宋）杨简：《杨氏易传》，影印《文渊阁四库全书》本。

90.（宋）杨万里：《诚斋集》，《四部丛刊》本。

91. （宋）岳珂：《宝真斋法书赞》，影印《文渊阁四库全书》本。

92. （宋）张嵲：《紫微集》，影印《文渊阁四库全书》本。

93. （宋）郑景望：《蒙斋笔谈》，影印《文渊阁四库全书》本。

94. （宋）周密：《癸辛杂识续集》，影印《文渊阁四库全书》本。

95. （宋）周密撰，朱菊如、段飔等校注：《齐东野语校注》，华东师范大学出版社 1987 年版。

96. （宋）佚名：《群书会元截江网》，影印《文渊阁四库全书》本。

97. （金）李俊民：《庄靖集》，山西古籍出版社 2006 年版。

98. （金）王若虚：《滹南遗老集》，《丛书集成新编》本。

99. （金）元好问撰，狄宝心校注：《元好问诗编年校注》，中华书局 2011 年版。

100. （元）贝琼撰，李鸣校点：《贝琼集》，吉林文史出版社 2010 年版。

101. （元）贡性之：《南湖集》，影印《文渊阁四库全书》本。

102. （元）关汉卿撰，王学奇、吴振清、王静竹校注：《关汉卿全集校注》，河北教育出版社 1988 年版。

103. （元）郭钰：《静思集》，影印《文渊阁四库全书》本。

104. （元）黄镇成：《秋声集》，影印《文渊阁四库全书》本。

105. （元）唐元：《筠轩集》，影印《文渊阁四库全书》本。

106. （元）脱脱等：《金史》，中华书局 1975 年版。

107. （元）脱脱等：《宋史》，中华书局 1977 年版。

108. （元）耶律铸：《双溪醉隐集》，影印《文渊阁四库全书》本。

109. （元）虞集撰，王颋点校：《虞集全集》，天津古籍出版社 2007 年版。

110. （元）元好问编，张静校注：《中州集校注》，中华书局 2018 年版。

111. （元）张弘范：《淮阳集》，影印《文渊阁四库全书》本。

112. （元）周巽：《性情集》，影印《文渊阁四库全书》本。

113. （元）佚名《全相平话五种·全相平话三国志平话》，浙江人民美术出版社 2017 年版。

114. （明）陈子龙、徐孚远、宋征璧等选辑：《明经世文编》，中华书局 1962 年影印版。

115. （明）陈子龙撰，施蛰存、马祖熙标校：《陈子龙诗集》，上海古籍 出版社 2006 年版。

116. （明）冯惟敏撰，谢伯阳编纂：《冯惟敏全集》，齐鲁书社 2007 年版。

117. （明）高棅编著，（明）桂天祥批点：《批点唐诗正声》，明嘉靖间 胡缵宗刻本。

118. （明）高岱：《文章辨体汇选》，影印《文渊阁四库全书》本。

119. （明）顾可久注：《唐王右丞诗集注说》，明万历十八年（1590）吴 氏漱玉斋刻本。

120. （明）何良俊撰，李剑雄校点：《四友斋丛说》，上海古籍出版社 2012 年版。

121. （明）何乔远：《皇明文征》，明崇祯四年（1631）刻本。

122. （明）洪楩撰，程毅中校注：《清平山堂平话校注》，中华书局 2012 年版。

123. （明）胡应麟：《诗薮》，《续修四库全书》本。

124. （明）胡震亨：《唐音癸签》，上海古籍出版社 1981 年版。

125. （明）皇甫冲：《皇甫昆季集》，《四库全书存目丛书》本。

126. （明）李梦阳：《空同集》，上海古籍出版社 1991 年版。

127. （明）林右：《天台林公辅先生文集》不分卷，清康熙间查慎行家抄本。

128. （明）凌蒙初：《初刻拍案惊奇》，天津古籍出版社 2004 年版。

129. （明）刘基撰，林家骊点校：《刘基集》，浙江古籍出版社 1999 年版。

130. （明）陆云龙等辑：《翠娱阁评选皇明十六名家小品》，明崇祯六年 （1633）峥霄馆刻本。

131. （明）倪谦：《倪文僖集》，影印《文渊阁四库全书》本。

132.（明）戚继光撰，王熹校释：《止止堂集》，中华书局2001年版。

133.（明）宋濂：《元史》，中华书局1976年版。

134.（明）汤显祖撰，周秦、刘玮评注：《紫钗记》，百花文艺出版社2014年版。

135.（明）王世贞撰，罗仲鼎校注：《艺苑卮言校注》，齐鲁书社1992年版。

136.（明）王世贞：《弇州山人四部稿》，影印《文渊阁四库全书》本。

137.（明）王维桢：《槐野先生存笥稿》，明万历三十四年（1606）黄升王九叙刻本。

138.（明）谢肇淛：《五杂组》，上海书店出版社2009年版。

139.（明）邢昉：《唐风定》，民国二十三年（1934）刻本。

140.（明）徐师曾撰，罗根则校点：《文体明辨序说》，人民文学出版社1998年版。

141.（明）杨慎撰，王仲镛笺证：《升庵诗话笺证》，上海古籍出版社1987年版。

142.（明）尹宾商：《兵畾》，载《中国兵书集成》编委会编《中国兵书集成》，解放军出版社、辽沈书社1994年版。

143.（明）张元凯：《伐檀斋集》，影印《文渊阁四库全书》本。

144.（清）清高宗弘历：《御制诗四集》，影印《文渊阁四库全书》本。

145.（清）陈廷敬：《午亭文编》，影印《文渊阁四库全书》本。

146.（清）丁耀亢撰，陆合、星月校点：《金屋梦》，齐鲁书社1988年版。

147.（清）高士奇撰，邵彦校点：《江村销夏录》，辽宁教育出版社2001年版。

148.（清）顾嗣立编：《元诗选》，中华书局1987年版。

149.（清）顾炎武撰，黄汝成集释，栾保群、吕宗力校点：《日知录集释》，上海古籍出版社2014年版。

150.（清）蒋溥：《钦定盘山志》，影印《文渊阁四库全书》本。

151.（清）焦循撰，沈文倬点校：《孟子正义》，中华书局 2017 年版。

152.（清）金朝觐：《三槐书屋诗钞》，上海书店出版社 1994 年版。

153.（清）金志章：《江声草堂诗集》，载《清代诗文集汇编》编纂委员会编《清代诗文集汇编》，上海古籍出版社 2010 年版。

154.（清）黎简撰，梁守中校辑：《五百四峰堂诗钞》，中山大学出版社 2000 年版。

155.（清）刘熙载撰，袁津琥校注：《艺概注稿》，中华书局 2009 年版。

156.（清）龙顾山人纂，卞孝萱、姚松点校：《十朝诗乘》，福建人民出版社 2000 年版。

157.（清）潘德舆撰，朱德慈辑校：《养一斋诗话》，中华书局 2010 年版。

158.（清）彭定求等编：《全唐诗》，中华书局 1960 年版。

159.（清）钱彩、金丰编著：《说岳全传》，中华书局 2009 年版。

160.（清）钱德苍辑，古青标点、注释：《解人颐》，三环出版社 1992 年版。

161.（清）丘逢甲：《岭云海日楼诗钞》，上海古籍出版社 1982 年版。

162.（清）屈大均撰，陈永正等校笺：《屈大均诗词编年校笺》，上海古籍出版社 2017 年版。

163.（清）沈德潜编：《明诗别裁集》，上海古籍出版社 1979 年版。

164.（清）沈德潜撰，霍松林校注：《说诗晬语》，人民文学出版社 1979 年版。

165.（清）施补华：《岘佣说诗》，载（清）王夫之等撰，丁福保辑《清诗话》，上海古籍出版社 2015 年版。

166.（清）施润章撰，何庆善、杨应芹点校：《施愚山集》，黄山书社 1992 年版。

167.（清）宋荦撰，蒋文仙、吴法源校点：《筠廊偶笔》，上海古籍出版社 2012 年版。

168. （清）谈迁撰，汪北平点校：《北游录》，中华书局 1997 年版。

169. （清）天花才子撰，松岭点校：《快心编全传》，浙江古籍出版社 1987 年版。

170. （清）王夫之撰，舒士彦点校：《读通鉴论》，中华书局 2013 年版。

171. （清）王世禛选，李永祥撰：《唐人万首绝句选校注》，齐鲁书社 1995 年版。

172. （清）翁方纲：《石洲诗话》，人民文学出版社 1981 年版。

173. （清）吴乔：《围炉诗话》，《丛书集成初编》本。

174. （清）许南英：《窥园留草》，载陈庆元主编，罗大佑等撰，陈未鹏等点校《台湾古籍丛编》（第九辑），福建教育出版社 2017 年版。

175. （清）严可均辑：《全上古三代秦汉三国六朝文·全陈文》，中华书局 1985 年版。

176. （清）永瑢等：《四库全书总目》，中华书局 1997 年版。

177. （清）岳端：《玉池生稿》，载《清代诗文集汇编》编纂委员会编《清代诗文集汇编》，上海古籍出版社 2010 年版。

178. （清）赵殿成：《王右丞集笺注》，上海古籍出版社 1998 年版。

179. （清）赵尔巽等：《清史稿》，中华书局 1977 年版。

180. （清）赵翼撰，曹光甫校点：《廿二史札记》，凤凰出版社 2008 年版。

181. （清）郑板桥撰，卞孝萱、卞岐编：《郑板桥全集》，凤凰出版社 2012 年版。

182. （清）佚名：《痴人福》，上海古籍出版社 2016 年影印版。

183. 北京大学古文献研究所编：《全宋诗》，北京大学出版社 1998 年版。

184. 陈文忠：《中国古典诗歌接受史研究》，安徽大学出版社 1998 年版。

185. 傅璇琮编：《唐人选唐诗新编》，陕西人民教育出版社 1996 年版。

186. 郭绍虞集解：《杜甫戏为六绝句集解》，人民文学出版社 1978 年版。

187. 郭绍虞主编：《清诗话续编·载酒园诗话又编》，上海古籍出版社

1983 年版。

188. 韩兆琦：《史记评议赏析》，内蒙古人民出版社 1985 年版。

189. 黄怀信：《论语汇校集释》，上海古籍出版社 2008 年版。

190. 林占梅：《潜园琴余草简编》，载台湾银行经济研究室编辑《台湾文献丛刊》，台湾银行 1968 年版。

191. 鲁迅：《汉文学史纲要》，人民文学出版社 1956 年版。

192. 逯钦立辑校：《先秦汉魏晋南北朝诗·梁诗》，中华书局 1988 年版。

193. 吕培成等编：《司马迁与史记论集》（第六辑），陕西人民出版社 2004 年版。

194. 倪璠笺注，许逸民点校：《庾子山集注》，中华书局 2008 年版。

195. 聂石樵：《司马迁论稿》，中华书局 2010 年版。

196. 钱钟书：《谈艺录》，商务印书馆 2011 年版。

197. 台湾银行经济研究室编辑：《台湾文献丛刊》，台湾银行 1968 年版。

198. 唐圭璋编纂：《全宋词》，中华书局 1999 年版。

199. 王世舜、王翠叶译注：《尚书》，中华书局 2012 年版。

200. 王云五主编：《河南程氏遗书》，商务印书馆 1935 年版。

201. 王兆鹏：《唐诗排行榜》，中华书局 2011 年版。

202. 夏南强：《类书通论》，湖北人民出版社 2001 年版。

203. 徐珂：《清稗类钞》，商务印书馆 1917 年版。

204. 杨伯峻编著：《春秋左传注》，中华书局 1995 年版。

205. 杨树达：《论语疏证》，上海古籍出版社 1986 年版。

206. 杨天才、张善文译注：《周易》，中华书局 2011 年版。

207. 张伯伟：《全唐五代诗格汇考》，江苏古籍出版社 2002 年版。

208. 张大可：《司马迁生年研究》，商务印书馆 2019 年版。

209. 张景星、姚培谦、王永琪编选：《元诗别裁集》，上海古籍出版社 1979 年版。

210. 张清华：《王维年谱》，学林出版社 1988 年版。

211. 张月中、王钢主编：《全元曲》，中州古籍出版社 1996 年版。

212. 郑鹤声：《司马迁年谱》，商务印书馆 1933 年版。

213. 钟敬文主编，郭必恒等撰：《中国民俗史》（汉魏卷），人民出版社 2008 年版。

214. 周绍良、赵超主编：《唐代墓志汇编续集》，上海古籍出版社 2001 年版。

215. 朱德才主编：《增订注释全宋词》，文化艺术出版社 1997 年版。

216. 傅璇琮主编：《唐才子传校笺》，中华书局 1987 年版。

217. 朱光潜：《悲剧心理学》，江苏文艺出版社 2009 年版。

218. 朱立元：《接受美学》，上海人民出版社 1989 年版。

219. ［德］黑格尔著：《美学》，朱光潜译，商务印书馆 1979 年版。

220. ［俄］别列金娜选集：《别林斯基论文学》，梁真译，新文艺出版社 1958 年版。

221. ［联邦德国］H. R. 姚斯、［美］R. C. 霍拉勃著：《接受美学与接受理论》，周宁、金元浦译，辽宁人民出版社 1987 年版。

论文

1. 查洪德：《元代诗学"主唐""宗宋"论》，《晋阳学刊》2013 年第 5 期。

2. 丛月明：《李广难封——一个文学命题的产生》，《文艺评论》2012 年第 6 期。

3. 葛景春：《李白"诗仙"、杜甫"诗圣"之称的出处与来源考辨》，《中州学刊》2020 年第 10 期。

4. 巩宝平：《李广难封之因诠释》，《长安大学学报》（社会科学版）2010 年第 2 期。

5. 古春梅：《正视性格缺陷　完善人格培养——〈史记·李将军列传〉中李广悲剧命运的启示》，《语文学刊》2009 年第 6 期。

6. 顾庆文：《〈史记·李将军列传〉的选材特色》，《文学教育》（上）2008 年第 9 期。

7. 郭庆林：《试析"飞将军"李广的弱点》，《南阳师范学院学报》（社会科学版）2012 年第 8 期。

8. 黄永堂：《论〈李将军列传〉》，《贵州文史丛刊》1985 年第 4 期。

9. 孔庆蓓：《浅谈唐代边塞诗中的李广意象》，《名作欣赏》2012 年第 29 期。

10. 李建中：《自卑情结与悲剧意识——司马迁悲剧心理探幽》，《唐都学刊》1995 年第 4 期。

11. 李丽：《20 世纪 80 年代以来"李广难封"问题研究》，《北华大学学报》（社会科学版）2007 年第 4 期。

12. 李颖：《浅谈唐诗的李广意象》，《传承》2012 年第 4 期。

13. 林珊：《唐代边塞诗中的李广》，《牡丹江教育学院学报》2009 年第 4 期。

14. 史庭宇：《万古悲风——解读李广家族悲剧之谜》，《乐山师范学院学报》2006 年第 8 期。

15. 王传武：《李广的悲剧与"意外后果"》，《陕西师范大学学报》（哲学社会科学版）2006 年第 2 期。

16. 王群：《一曲悲歌唱尽，无限惋惜在心——李将军悲剧的性格因素》，《文学界》（理论版）2011 年第 3 期。

17. 魏琼琼：《李贺诗歌接受史上的"第一读者"与"第二读者"》，《盐城工学院学报》（社会科学版）2015 年第 3 期。

18. 吴汉林：《李广的遗憾》，《南方论刊》1994 年第 9 期。

19. 吴小如：读《史记·李将军列传》，《中华活页文选》（教师版）2008

年第 3 期。

20. 杨宁宁：《从汉匈战争中认识真实的李广》，《中央民族大学学报》（哲学社会科学版）2005 年第 5 期。

21. 张清改：《从儒墨文化冲突的角度看李广、岳飞的人生悲剧》，《山东省农业管理干部学院学报》2009 年第 2 期。

22. 张小锋：《漠北大捷与李广之死》，《历史教学》2007 年第 7 期。

23. 赵满海：《李广两任上郡太守考论——兼论〈史记〉、〈汉书〉互校》，《中国典籍与文化》2007 年第 4 期。

24. 蔡丹：《古代诗人接受〈史记〉论稿》，陕西师范大学博士学位论文，2012 年。

25. 赵望秦：《唐诗中的"龙城"与"卢龙"——从王昌龄〈出塞二首〉之一说起》，《陕西师范大学学报》（哲学社会科学版）2007 年第 5 期。

后　记

　　当这本书大致完成的时候，我对李广的一系列疑问并没有完全解决掉，直到我看到一本书，叫《洞悉需要》，作者叫吴碧君。我如饥似渴地读完了这本书。吴碧君说："人的活动总是受某种需要驱使，需要一旦被意识到并形成动机驱使人去行动时，就会产生巨大而持久的动力。所有人类的创造发明都是需要召唤而来，所有人类的物质精神文明成果都是需要结出的果实。"这时，我好像顿悟了：李广形象的生成以及后世的不断重塑，不都是源于需要吗？司马迁之所以将李广推上历史舞台，之所以大书特书李广形象，其实是在满足自己的三方面的需要：自己的人生悲剧情绪需要借李广来发泄，自己的好"奇"之心需要借李广来满足，自己"不朽"的人生价值观需要借李广来表达——他需要将李广塑造为一个不朽的悲剧名将形象。司马迁成功了，从此以后，李广从一个历史上本应该默默无闻的小角色一变而为西汉名将。相应地，我们也从李广读懂了司马迁。此后，李广形象不断被重塑，而原因无一例外地，都是因为需要。班固在《李广苏建列传》中没有完全引用《李将军列传》原文，而是有所变动，那是班固突出自己史书写作风格的需要；刘向在《新序》中论述"精诚"用的是熊渠子射箭入石的故事，干宝在引用刘向这段文字的时候，加进了李广射石入石的故事，那是援近事以说理的需要；《水经注》《文心雕龙》《昭明文选注》《类书》等这类书出现李广形象，是文献征引的需要；唐人好引李广入诗多是抒发仕途不顺之情感的需要，其中之李白、杜甫、王维等人又各有其不同需要，所以他们诗中的李广形象不尽相同，创作手法也不一样；李广在唐代和宋代进入武庙祭祀是国家对于尚武精神的需要；南宋之初辛弃疾、陆游，明代的皇甫冲、戚继光，清代的丘逢甲等人吟咏李广是爱国之需要；李广被宋代、清代的诗论家、画论家、书法家引入文章是出于文艺说理之需要；明代的小说《汉李广世号飞将军》重塑李广形象本身就是目的所在，而清代小说《金屋梦》重塑李广形象则只是为说理方便，并不计较对李广形象改造了多少。需要理论一直被证明着：全国多地为李广建庙就是华夏子孙表达对共同祖先崇拜的需要。威廉·莎士比亚说："一千个读者眼中就会有一千个哈姆雷特。"为什么会这样？我以为是因为每个人都有自己不同的需要，每个领域都有各自的需要，每个时代也都有独特的需要。历史上的李广从未变化，司马迁笔下的李将军形象也从未变化，变化的是不同领域的读者和不同时代的读者，他们在各自不同需要的引领下看到了不同的李广，或者说从不同的角度看李广，他们根据自己的需要或突出李广形象的某一点，或夸大李广形象的某一面，或重塑李广形象整体。所以我们能从很多领域看到李广形象，能从西汉以后的所有时代都看到李广形象，古代能看到，近代能看到，当代也能看到。而所有这些由需要引发的发生在李广形象之上的有趣的现象，其实都指向一个重要的理论问题——接受学，不只是文学接受学，还有文化接受学。这也就是说，接受学，无论是文学还是文化，从来都不是毫无条件地、全盘地接受，而都是基于自身需要进行有选择的接受。而当我门想要考察接受主体的特殊性的时候，只需要沿着接受结果溯流而上，便可以看到接受者的面目，这是接受学的重要意义之一。

思考至此，我忽然觉得轻松了许多，毕竟多年的疑惑得到了解释。但紧接着又觉得沉重了许多，就像《离骚》所说："路漫漫其修远兮"。为什么呢？因为民国时期、现当代的李广接受我还并没有关注，关于李广我已经有了一个宏大的计划，接下来我就只能"上下求索"了。幸好，我已经有了这本书，已经有了七十万字的资料积累，已经有了几个志同道合的朋友，接下来就剩加紧赶路了。

这本书的完成并不是我一人的功劳。我要感谢好多人。首先是我的三位老师。第一位当然是我的导师詹福瑞先生。从 2004 年入詹门开始，至今已经18 年了，在这 18 年里，詹老师对我帮助极多。尽管我一贯驽钝，但老师从来都不吝帮助我，让我这笨学生感激涕零。老师在给我的第一部专著《唐代战争诗研究》写的"序言"中直言对我充满希望，我觉得很惭愧，直到现在才隐约找到方向，我一定加紧努力，希望还不晚，实在是不想辱没师门。第二位是山东大学文学院的李剑锋老师，作为我的博士后合作导师，李老师一直很关心我的学习，这本书作为我博士后的出站成果也多得李老师指导，在这里真诚地感谢李老师！第三位是为本书题写书名的张瑞君老师！按照辈分来讲，张老师是我的师叔，他兼善文学与书法，令我很是敬佩，所以我很冒昧地请张老师题写书名。没想到张老师不但欣然应允，而且当天便写好两幅字并发照片过来，这真是太令我意外了，学生这里鸣谢了！

还要感谢我的同事李清章老大哥。这本书的出版就是他帮忙联系了后面要感谢的人民出版社的邵编辑。老李学问做得好，人也非常好，是我学习的榜样。人民出版社的邵永忠邵编辑对于我这本书的编辑出版有极重要的推动作用。当初刚刚联系到邵编辑的时候，他夸我的选题有意思，这给了我很多信心，因为李广这么小的一个话题，写成书，会不会没人愿意看？我没啥信心。有了邵编辑的鼓励，我挺高兴的。但邵编辑说希望能把唐代以后对于李广形象的接受都写出来，这个给我增加了很多工作。说实话，我原来只写到了唐代。唐代以后没写，倒不是没有准备，唐代以后一直到民国，凡是有关李广的文史资料我基本已经搜罗殆尽，基本观点也有，只是苦于没有时间整理。邵编辑并没有催我交稿，而是一直鼓励我：钱不急，稿子也不急，你慢慢写，写完再说。于是我就开始慢慢写，这一写就是一年的功夫。我把之前积累的资料看完、归类并吃透并不容易。有的资料可以在网上找到评论、解释，但更多的资料是网上并没有任何可参考的信息，于是很多材料就只能依靠我自己解读、评价，这个很费精力，熬夜是经常的，因为白天总是忙忙碌碌，很难静下来写写或者是想想。本来准备好的 18 万字，到写完整部书稿，已经到了 47 万字之多，而且还并没有涉及民国和现当代。但就古代而论，是可以交作业了。于是我把稿子发给了邵编辑，接下来就该邵编辑忙碌了。邵编辑谦虚而谨慎，温和而持重，他的鼓励和引导给了我前进的动力，真的是非常感谢！我想人民出版社正是因为有一群像邵编辑这样的好编辑，才能在出版界享有如此高的地位和声誉吧。

我还想感谢一个我未曾谋面却相谈甚欢的人，他就是甘肃省天水市秦州区李广墓景区服务中心柴登奎副主任。为了研究的方便，我从网上找到了李广墓景区的联系方式并贸然打电话过去，令我没有想到的是李广墓景区的柴主任竟然很热情地答应帮助我，并给予了我以最大程度的帮助，这让我喜出望外。李广墓景区内所有我需要的资料，他都拍了照片给我，这让我的眼界拓展了许多。同为八零后，本来就好沟通，再加上柴老弟还是退伍军人，为人开朗，这就让我们俩可以更好地沟通。他热情而爽朗，关于李广的有关问题，我们总是及时电话沟通。由于柴主任的帮助，我的李广研究已经远远超越纸面上的探讨，而是走向广阔的社会，走向西北，走向东南，走向全国，甚至从国内走向国外。我想我和柴老弟出于对李广的共同的喜爱，以后合作的机会一定还有很多，见面是必然的事，到时候把酒言欢是一定的，而长久合作也是一定的。而最希望的还是我们能一起做点大事，能挖掘到李广形象更深刻、更丰富的内涵，也让李广形象更加深入人心，能更好地体现李广形象在当代的爱国主义内涵和积极追求人生价值的内涵。

最后要感谢的是河北工程大学，正是因为有了学校的资金支持，有了博士科研启动经费，我的这部书才有了出版的可能。科研的发展离不开经费，人才的发展离不开支持，学校对我们这些博士的支持，我们是很感激的，同时我们也愿意拿出诚意来回报学校，实现学校发展和个人发展的相互促进！

王福栋于邯郸

2022 年 12 月 20 日凌晨

责任编辑:邵永忠　詹　夺
封面设计:黄桂月
封面题字:张瑞君

图书在版编目(CIP)数据

李广研究/王福栋　彭宏业 著. —北京:人民出版社,2023.1
ISBN 978-7-01-025360-2

Ⅰ.①李… Ⅱ.①王… ②彭… Ⅲ.①中国历史-古代史-纪传体 ②《史记》-研究Ⅳ.①K204.2

中国版本图书馆 CIP 数据核字(2022)第 257260 号

李广研究
LIGUANG YANJIU

王福栋　彭宏业　著

人民出版社 出版发行
(100706　北京市东城区隆福寺街 99 号)

北京中科印刷有限公司印刷　新华书店经销

2023 年 1 月第 1 版　2023 年 1 月北京第 1 次印刷
开本:710 毫米×1000 毫米 1/16　印张:32.75　字数:460 千字

ISBN 978-7-01-025360-2　定价:100.00 元

邮购地址 100706　北京市东城区隆福寺街 99 号
人民东方图书销售中心　电话 (010)65250042　65289539